CORNEILLE

THÉATRE CHOISI

Supplément au Théâtre classique,

COMPRENANT

1º **NICOMEDE**
accompagné d'un commentaire suivi,

2º Des extraits de

MÉDÉE — POMPEE — LE MENTEUR — RODOGUNE
HERACLIUS — DON SANCHE — ŒDIPE — LA TOISON D'OR — SERTORIUS
OTHON — SOPHONISBE — AGESILAS — ATTILA

avec notes, analyses et appréciations littéraires,

PAR

LE P. A. SENGLER

de la Compagnie de Jésus

ÉDITION CLASSIQUE

conforme au nouveau programme,
à l'usage des candidats
au baccalauréat ès lettres, aux brevets de capacité
et au diplôme d'études de l'enseignement secondaire
classique et spécial.

LIBRAIRIE DE J LEFORT

IMPRIMEUR EDITEUR

LILLE	PARIS
rue Charles de Muyssart, 24	rue des Saints-Pères, 30

P. CORNEILLE

THÉATRE CHOISI

Propriété de l'Éditeur.

TOUS DROITS RESERVES

Lille. — Typographie J. Lefort, rue Charles de Muyssart, 24.

P. CORNEILLE

THÉATRE CHOISI

Supplément au Théâtre classique,

COMPRENANT .

1º **NICOMÈDE**

accompagné d'un commentaire suivi ;

2º Des extraits de

MÉDÉE — POMPÉE — LE MENTEUR — RODOGUNE
HÉRACLIUS — DON SANCHE — ŒDIPE — LA TOISON D'OR — SERTORIUS
OTHON — SOPHONISBE — AGÉSILAS — ATTILA

avec notes, analyses et appréciations littéraires,

PAR

LE P. A. SENGLER

de la Compagnie de Jésus.

EDITION CLASSIQUE

conforme au nouveau programme,
à l'usage des candidats
au baccalauréat ès lettres, aux brevets de capacité
et au diplôme d'études de l'enseignement secondaire
classique et spécial.

LIBRAIRIE DE J. LEFORT

IMPRIMEUR EDITEUR

LILLE   PARIS
rue Charles de Muyssart, 24   rue des Saints-Pères, 30

PRÉFACE

Les nouveaux programmes ont élargi le champ des études littéraires. La formation intellectuelle des élèves ne perdra-t-elle pas en profondeur ce qu'elle gagne en surface ? on peut le craindre avec raison. Néanmoins, en ce qui touche Corneille, nous aurions mauvaise grâce à nous plaindre. Aussi bien la jeunesse ne peut que profiter à son école. L'admiration publique lui a depuis longtemps décerné le nom de *Grand*; plus que tout autre, en effet, il a eu la force et le sublime en partage. S'il n'a pas constamment la perfection régulière et la pureté élégante de la forme, il garde toujours le don suprême d'elever l'âme, et de faire vibrer en elle tout ce qu'elle a de plus noble par le spectacle émouvant de l'héroïsme.

L'enseignement officiel, en inscrivant *Nicomède* à côté du *Cid*, en adoptant d'une manière plus générale tout le *Théâtre de Corneille*, s'est associé au mouvement de réhabilitation qui s'est produit depuis cinquante ans en faveur de notre grand poète. Une critique étroite et jalouse avait fini par persuader à la France, qu'après avoir jeté un éclat incomparable par ses quatre premiers chefs-d'œuvre, le génie de Corneille s'était éteint tout d'un coup; à part quelques lueurs fugitives, on ne trouvait plus dans le reste de sa carrière que ténèbres, incohérence et faiblesse pitoyable. Boileau, par ses fades épigrammes, avait commencé l'attaque au profit de Racine; Voltaire l'avait continuée pour son propre compte, et La Harpe s'était empressé de jurer par la parole du maître.

Pour avoir une idée de la conjuration formée par le XVIIIe siècle contre la gloire de Corneille, il faut entendre d'Alembert écrivant d'un ton magistral à Voltaire : « A l'exception de quelques scènes du *Cid*, du cinquième acte de *Rodogune* et du quatrième d'*Héraclius*, je ne vois rien, dans Corneille en particulier, de cette terreur et de cette pitié qui fait l'âme de la tragédie. » (17 oct. 1761.) Geoffroy le premier, au commencement de ce siècle, eut le courage d'élever la voix contre un pareil ostracisme : « Voilà d'étranges assertions, s'écriait-il à propos du jugement de d'Alembert ; voilà un extrait bien maigre de la gloire et du génie de Corneille Le grand Corneille réduit à deux actes et à quelques scènes ! »

Notre siècle s'est montré plus juste · l'indignation de Geoffroy a eu des échos. La critique contemporaine comprend mieux le génie, la langue et le système dramatique de Corneille. *Pompée*, *Rodogune*, *don Sanche*, *Nicomède*, *Sertorius* ont trouvé des vengeurs ; *Agésilas* et *Attila* eux-mêmes commencent à relever la tête après deux siècles de proscription (1). Nous sommes loin de réclamer pour toutes ces œuvres une admiration sans réserve ; mais, avec le savant doyen de la Faculté des lettres de Lyon, M. Heinrich, nous sommes d'avis « qu'il n'en est pas une où le grand poète ne se montre par quelque endroit... Que sera-ce dans les pièces que quelques taches à peine gâtent ou déparent ? Avec quel enthousiasme accueillerions-nous aujourd'hui, si elles se produisaient sur notre scène avec les modifications que notre civilisation réclame, la plupart de ces *pièces de décadence*, dont nos écoliers répètent machinalement la condamnation sans les avoir jamais lues ? »

Notre dessein n'a pas été de faire une œuvre de critique ; nous avons cru bon cependant de dire à nos jeunes lecteurs notre pensée sur le grand tragique.

---

(1) V. M. GUIZOT, *Corneille et son temps;* M. GÉRUZEZ, *Hist de la litt. franç ;* M CHARAUX, *P. Corneille;* M. HEINRICH, *sur Sertorius;* M. GODEFROY, *Hist. de la litt franç.;* M J LEVALLOIS, *Corneille inconnu,* etc.

L'ouvrage que nous leur offrons est un supplément au *Théâtre classique* désormais insuffisant.

Sans parler des pièces nouvellement ajoutées au programme, les épreuves écrites et orales du baccalauréat, des examens de l'enseignement secondaire spécial et même primaire, supposent une étude large et approfondie de l'histoire de la littérature française. Or, les cours qui l'exposent, quelque développés qu'ils soient, peuvent à peine signaler les endroits remarquables des œuvres les plus célèbres. Le professeur sans doute en lira quelques morceaux en classe; mais de cette rapide lecture, que restera-t-il ? Et cependant, il faut plus qu'un vague souvenir de quelques belles tirades, pour parler avec justesse d'une tragédie, et surtout pour l'exposer ou la juger dans une composition écrite. C'est pour faciliter aux professeurs et aux élèves une étude si importante, que nous avons composé ce recueil. Bien que le génie austère de notre poète le porte à peindre plutôt la vertu que le vice, nous avons été attentif néanmoins à écarter tous les passages dont la lecture pouvait offrir quelque danger.

Au texte collationné sur l'édition des *Grands Ecrivains de la France* (1), nous avons ajouté des notes, des analyses et des appréciations, pour aider les élèves à entrer dans l'esprit de chaque pièce, à bien saisir le sujet, à suivre la marche de l'action, à comprendre les caractères, enfin à ressentir cette noble et douce admiration pour la vertu où Corneille avait placé l'idéal de son art. Notre but a été moins de discuter les formes grammaticales, que de signaler et de mettre en relief les beautés littéraires : car nous estimons que rien ne forme le goût, comme la contemplation intelligente du beau. Nous nous sommes gardé, selon l'expression d'un critique peu suspect, de *condamner*

---

(1) Les savantes notices de M. Regnier nous ont beaucoup servi pour l'historique des pièces contenues dans ce recueil.

*le vieux poète à traîner à son pied le Commentaire de
Voltaire*, comme un boulet de forçat, trop longtemps le
grand Corneille a eu à subir cette humiliation. Aujourd'hui
personne ne songe plus à défendre ce triste *factum*, œuvre
d'une légèreté incroyable, doublée de la plus mesquine
jalousie. Nous nous sommes attaché, dans plusieurs de
nos remarques, à réfuter les principales objections et les
théories les plus étranges de Voltaire, si de temps en
temps nous citons les éloges que lui arrachent les beautés
les plus saillantes, nos lecteurs comprendront l'importance
de ces aveux.

La tragédie de *Nicomède* est reproduite en entier dans
notre recueil ; son mérite d'un côté, le programme de l'autre, nous en faisaient une loi. Nous l'avons même accompagnée d'un commentaire suivi, et d'un questionnaire qui
résume les observations éparses dans l'avis *Au lecteur*,
dans l'*Examen* de la pièce, dans nos analyses et nos remarques. Nous ne saurions trop recommander les *Préfaces*
et les *Examens* de Corneille : on y trouve les indications
les plus précieuses sur l'auteur, sur son œuvre et sur son
temps ; ses *Examens*, en particulier, publiés en 1660,
renferment presque tous des discussions fort intéressantes,
où le poète, avec une ingénuité charmante, constate ses
succès et ses échecs, avoue ses torts, défend son propre
génie, trop pressé quelquefois de rendre les armes.

Et maintenant, chers jeunes gens, vous surtout qui
mettez votre idéal dans le Vrai, le Beau et le Bien, et dont
l'âme se sent faite pour de grandes choses, aimez et lisez
Corneille. C'est avoir beaucoup avancé, que de se plaire
à la lecture d'un poète qu'on a justement appelé « le
peintre par excellence de la grandeur morale (1). »

(1) Tivier, *Hist. de la litt. franç*

PIERRE
CORNEILLE
1606-1684.

LE GRAND CORNEILLE

« Ce qu'il y a eu en lui de plus éminent, c'est *l'esprit qu'il avait sublime.* » La Bruyère a trouvé le trait caractéristique de Corneille.

C'est à son esprit tourné au grand, à l'idéal, que nous devons ce sublime de pensée, d'image, de sentiment, qui étincelle partout dans ses ouvrages ; tant de situations merveilleuses qui, par l'opposition des plus nobles caractères, par le choc inattendu des plus vives passions, nous étonnent, nous captivent, nous jettent dans des incertitudes pleines d'angoisses, nous font pleurer d'admiration ou frissonner de terreur ; enfin un genre tragique nouveau, supérieur à ce qui précéda Corneille, et que personne après lui n'a pu soutenir à la hauteur où il l'avait porté.

Son genre et son style

Corneille a créé le genre héroïque, c'est-à-dire un système de tragédie fondé sur l'héroïsme, sur le spectacle des plus grandes âmes aux prises avec les plus grandes passions, et sortant victorieuses de la lutte par un effort surhumain de la vertu.

« Ce genre, dit Geoffroy, consiste dans la noblesse des caractères, dans l'élévation des sentiments, dans une grandeur idéale ; on y songe moins à inspirer la terreur et la pitié qu'a exciter l'admiration. Le genre de Corneille est le meilleur : il nourrit l'esprit, au lieu de le gâter par des fictions absurdes ; il élève l'âme au lieu de l'amollir par des passions dangereuses, et de la blaser par des secousses trop violentes. »

L'admiration, dont Corneille fait le *ressort principal* de son art, n'est pas une admiration froide et sèche, qui laisse le cœur indifférent ; c'est au contraire une admiration éminemment pathétique, parce qu'il la fait naître du jeu même des passions ; rien d'ailleurs n'est plus émouvant que le spectacle des grandes vertus, triomphant, à force de courage, de l'ambition, de l'amour, de la haine, du crime ou du malheur.

Dans Corneille, l'admiration accompagne, purifie, ennoblit la pitié et la terreur : aussi l'on peut dire que le théâtre de ce grand homme, à partir du *Cid* où il prit tout son essor, est l'école même de l'héroïsme.

Corneille a le style sublime, comme l'esprit et le cœur. Dans les sujets élevés, dans les situations tragiques, il a une majesté de langage, une vigueur, une fermeté incomparables. Quand l'intérêt se relâche, le style fléchit parfois jusqu'à la négligence et à l'incorrection : mais ces défauts même font aimer davantage la simplicité naïve d'un si fier génie.

« La rudesse et la familiarité du style de Corneille, en certains endroits, semblent relever encore ses traits fiers et sublimes : on croit voir un héros simplement vêtu, et qui dédaigne d'appeler la parure au secours de sa bonne mine ; rien n'enchante plus les connaisseurs que cette alliance du beau génie avec la simplicité et la négligence. » (Geoffroy.)

MÉDÉE

TRAGÉDIE
1635.

Epître dédicatoire.

MONSIEUR (1),

Je vous donne *Médée* (2), toute méchante qu'elle est, et ne vous dirai rien pour sa justification. Je vous la donne pour telle que vous la voudrez prendre, sans tâcher à prévenir ou violenter vos sentiments par un étalage des préceptes de l'art, qui doivent être fort mal entendus et fort mal pratiqués quand ils ne nous font pas arriver au but que l'art se propose. Celui de la poésie dramatique est de plaire, et les règles qu'elle nous prescrit ne sont que des adresses pour en faciliter les moyens au poète, et non pas des raisons qui puissent persuader aux spectateurs qu'une chose soit agréable quand elle leur déplaît....

PERSONNAGES :

CRÉON, roi de Corinthe.
ÉGÉE, roi d'Athènes.
JASON, mari de Medée.
POLLUX, argonaute, ami de Jason.
CRÉUSE, fille de Créon.
MÉDÉE, femme de Jason.
CLÉONE, gouvernante de Créuse.
NERINE, suivante de Médée.
THEUDAS, domestique de Créon.
TROUPE DES GARDES DE CRÉON.

La scène est à Corinthe.

(1) L'inscription portait : *A Monsieur P. T. N. G.* On ignore le nom.
(2) Médée était fille d'Æétès, roi de Colchide, et de la magicienne Hypsée. Après avoir aidé Jason à enlever la Toison d'Or, elle s'enfuit avec ce prince à Colchos, où elle rajeunit son père Éson ; ayant fait égorger Pélias, sous prétexte de le rajeunir, elle dut s'enfuir avec Jason à Corinthe. Après la sanglante catastrophe qui fait le sujet de la pièce, elle épousa Égée. Bientôt chassée d'Athènes pour avoir tenté d'empoisonner Thésée, fils d'Égée et d'Ethra, elle retourna dans sa patrie où elle remit sur le trône son père, ou, selon quelques auteurs, Jason avec qui elle s'était réconciliée.

MÉDÉE

Examen par Corneille.

Cette tragédie a été traitée en grec par Euripide, et en latin par Sénèque; et c'est sur leur exemple que je me suis autorisé à en mettre le lieu dans une place publique, quelque peu de vraisemblance qu'il y ait à y faire parler des rois, et a y voir Médée prendre les desseins de sa vengeance. Elle en fait confidence, chez Euripide, à tout le chœur, composé de Corinthiennes sujettes de Créon, et qui devaient être du moins au nombre de quinze, a qui elle dit hautement qu'elle fera périr leur roi, leur princesse et son mari, sans qu'aucune d'elles ait la moindre pensée d'en donner avis à ce prince.

Pour Sénèque, il y a quelque apparence qu'il ne lui fait pas prendre ces résolutions violentes en présence du chœur, qui n'est pas toujours sur le théâtre, et n'y parle jamais aux autres acteurs; mais je ne puis comprendre comme, dans son quatrième acte, il lui fait achever ces enchantements en place publique; et j'ai mieux aimé rompre l'unité exacte du lieu, pour faire voir Médée dans le même cabinet où elle a fait ses charmes, que de l'imiter en ce point.

Tous les deux m'ont semblé donner trop peu de défiance à Créon des présents de cette magicienne, offensée au dernier point, qu'il témoigne craindre chez l'un et chez l'autre, et dont il a d'autant plus de lieu de se défier, qu'elle lui demande instamment un jour de délai pour se préparer à partir, et qu'il croit qu'elle ne le demande que pour machiner quelque chose contre lui, et troubler les noces de sa fille.

J'ai cru mettre la chose dans un peu plus de justesse, par quelques précautions que j'y ai apportées : la première, en ce que Créuse souhaite avec passion cette robe que Médée empoisonne, et qu'elle oblige Jason à la tirer d'elle par adresse; ainsi, bien que les présents des ennemis doivent être suspects, celui-ci ne le doit pas être, parce que ce n'est pas tant un don qu'elle fait qu'un paiement qu'on lui arrache de la grâce que ses enfants reçoivent; la seconde, en ce que ce n'est pas Médée qui demande ce jour de délai qu'elle emploie à sa vengeance, mais Créon qui le lui donne de son mouvement, comme pour diminuer quelque chose de l'injuste violence qu'il lui fait, dont il semble avoir honte en lui-même; et la troisième enfin, en ce qu'après les défiances que Pollux lui en fait prendre presque par force, il en fait faire l'épreuve sur une autre, avant que de permettre à sa fille de s'en parer....

Quant au style, il est fort inégal en ce poème; et ce que j'y ai mêlé du mien approche si peu de ce que j'ai traduit de Sénèque, qu'il n'est point besoin d'en mettre le texte en marge pour faire discerner au lecteur ce qui est de lui ou de moi. Le temps m'a donné le moyen d'amasser assez de forces pour ne laisser pas cette différence si visible dans le *Pompée*, où j'ai beaucoup pris de Lucain, et ne crois pas être demeuré fort au-dessous de lui quand il a fallu me passer de son secours.

MÉDÉE

Analyse

Créon, roi de Corinthe, a reçu à sa cour Jason et Médée; menacé de la guerre par les Thessaliens, s'il ne renvoie au moins Médée, il se soumet et offre à Jason la main de sa fille Créuse; Jason l'accepte, pour conserver ses enfants avec lui. Telle est la situation au moment où s'ouvre la pièce. — Furieuse d'être ainsi trahie, Médée forme le dessein de se venger à l'aide de la magie. En même temps Créuse est menacée par Égée, roi d'Athènes, à qui elle avait promis sa main.

Cependant Créuse, ayant manifesté le désir de se parer de la magnifique robe de Médée, celle-ci la lui envoie après l'avoir infectée des poisons les plus subtils. A peine Creuse et son père ont-ils touché le funeste vêtement, qu'ils meurent consumés par les flammes. Médée n'est point satisfaite. Après avoir ouvert à Égée les portes de la prison, où il était enfermé pour avoir essayé d'enlever Creuse, elle se décide à égorger ses propres enfants, par vengeance contre Jason, qui les lui avait refusés. Tandis que Jason se tue de désespoir, elle s'enfuit à Athènes auprès du roi Égée.

Appréciation.

La *Médée* de Corneille, tout imparfaite qu'elle est, renferme de très grandes beautés. Le caractère principal y est tracé de main de maître : c'est bien la *Medea ferox invictaque* que veut Horace; ni dans Euripide, ni dans Sénèque, elle n'est aussi altière, aussi impétueuse, aussi indomptable.

« Une mère qui égorge ses enfants pour se venger de l'infidélité de leur père, est un objet qui fait frémir la nature; et si cette mère barbare est encore une sorcière abominable qui fait périr sa rivale dans les plus cruels tourments, met le feu à son palais et s'élève dans les airs sur un char traîné par les dragons, on conviendra que rien ne lui manque pour être un personnage éminemment tragique... Le chef-d'œuvre du génie est de prêter à cette scélérate des sentiments, des combats, des remords qui nous touchent. » (GEOFFROY, sur la *Médée* de Longepierre.)

On peut regretter que Corneille ait négligé une source de pathétique dont Euripide a tiré un parti merveilleux : l'introduction sur la scène des deux petits enfants qui vont être immolés; Médée, à leur vue, sent se réveiller toute sa tendresse, de là un combat admirable entre son cœur de mère et sa soif de vengeance. Euripide est plus touchant, Corneille plus terrible. Ce n'est pas que Corneille ait omis d'adoucir les traits horribles de cette furie : il nous intéresse à son sort par le tableau de ses malheurs, en même temps qu'il nous épouvante par sa férocité.

La contexture de la pièce est défectueuse; la scène reste vide plusieurs fois; les monologues sont trop nombreux et trop longs, les personnages secondaires sont faibles, celui de Pollux est à peu près inutile; le style

MÉDÉE

est parfois langoureux, même trivial; le dénoûment enfin manque de moralité. Créuse, Créon, Jason et ses enfants succombent, et la magicienne s'envole triomphante; le poète pouvait et devait corriger la fable, surtout pour un auditoire chrétien. Malgré ces défauts, Fontenelle a raison de dire que « Corneille, après avoir fait un essai de ses forces dans ses six premières pièces, prit tout à coup l'essor dans *Médée*, et monta jusqu'au tragique le plus sublime. » Voltaire lui-même avoue que cette pièce est un chef-d'œuvre en comparaison de presque tous les ouvrages dramatiques qui la précédèrent.

Corneille n'avait pas encore vingt-neuf ans.

ACTE PREMIER

Scène I. Jason raconte à Pollux comment, pour rester à Corinthe avec ses enfants, il consent à répudier Médée et à épouser Créuse. Pollux n'approuve qu'à demi cet acte d'ingratitude, et il avertit Jason que dès lors il aura tout à craindre de la puissante magicienne. — *Scène II.* Jason, resté seul, gémit sur le trouble qui bouleverse son âme; mais malgré tout, il aime encore plus Créuse qu'il ne regrette Médée. — *Scène III.* Il demande à Créuse de s'employer auprès de Créon pour que ses deux jeunes enfants ne soient pas compris dans l'exil de leur mère; Créuse le lui promet, en exigeant à son tour une faveur qu'elle lui révèlera plus tard. Jason et Créuse se retirent, et Médée paraît.

SCÈNE IV
MÉDÉE.

Souverains protecteurs des lois de l'hyménée (1),
Dieux garants de la foi que Jason m'a donnée,
Vous qu'il prit à témoins d'une immortelle ardeur
Quand par un faux serment il vainquit ma pudeur,
Voyez de quel mépris vous traite son parjure,
Et m'aidez à venger cette commune injure :
S'il me peut aujourd'hui chasser impunément,
Vous êtes sans pouvoir ou sans ressentiment.
   Et vous, troupe savante en noires barbaries (2),
Filles de l'Achéron, pestes, larves, furies,
Fières sœurs, si jamais notre commerce étroit
Sur vous et vos serpents me donna quelque droit,

---

(1) Cette entrée de Médée, invoquant les dieux protecteurs de la foi conjugale, est de nature à produire un grand effet : la pompe du langage répond à la grandeur du sujet.

(2) Après avoir imploré la justice du ciel, la magicienne s'adresse à l'enfer; l'assurance de son discours fait prévoir qu'elle ne sera que trop exaucée; le style est d'une solennité effrayante

Sortez de vos cachots avec les mêmes flammes
Et les mêmes tourments dont vous gênez les âmes;
Laissez-les quelque temps reposer dans leurs fers :
Pour mieux agir pour moi faites trêve aux enfers;
Apportez-moi du fond des antres de Mégère
La mort de ma rivale, et celle de son père;
Et si vous ne voulez mal servir mon courroux,
Quelque chose de pis pour mon perfide époux :
Qu'il coure vagabond de province en province,
Qu'il fasse lâchement la cour à chaque prince;
Banni de tous côtés, sans bien et sans appui,
Accablé de frayeur, de misère, d'ennui,
Qu'à ses plus grands malheurs aucun ne compatisse;
Qu'il ait regret à moi pour son dernier supplice;
Et que mon souvenir jusque dans le tombeau
Attache à son esprit un éternel bourreau.
Jason me répudie! et qui l'aurait pu croire?
S'il a manqué d'amour, manque-t-il de mémoire?
Me peut-il bien quitter après tant de bienfaits?
M'ose-t-il bien quitter après tant de forfaits (1)?
Sachant ce que je puis, ayant vu ce que j'ose,
Croit-il que m'offenser ce soit si peu de chose?
Quoi! mon père trahi, les éléments forcés,
D'un frère dans la mer les membres dispersés,
Lui font-ils présumer mon audace épuisée?
Lui font-ils présumer qu'à mon tour méprisée,
Ma rage contre lui n'ait par où s'assouvir,
Et que tout mon pouvoir se borne à le servir?
Tu t'abuses, Jason, je suis encor moi-même.
Tout ce qu'en ta faveur fit mon amour extrême,
Je le ferai par haine; et je veux pour le moins
Qu'un forfait nous sépare, ainsi qu'il nous a joints;
Que mon sanglant divorce, en meurtres, en carnage,
S'égale aux premiers jours de notre mariage,
Et que notre union, que rompt ton changement,
Trouve une fin pareille à son commencement.

(1) « Ces vers sont dignes de la vraie tragédie, et Corneille n'en a guère fait de plus beaux. » (Voɫт) — Médée rappelle ses *bienfaits* et ses *forfaits*, également propres à faire ressortir l'ingratitude de son époux. La tirade tout entière est admirable de pensée et de style.

« Les crimes que Médée a commis en faveur de Jason, sont dans ce qu'on appelle *l'avant-scène*; le spectateur n'y pense pas; on ne les considère que comme des bienfaits qui doivent lui attacher son époux, qui le rendent plus coupable en la rendant plus malheureuse. Plus l'ingratitude de Jason est affreuse, plus la vengeance de Médée est excusable, suivant les maximes de l'art dramatique. » (GEOFFROY.)

Déchirer par morceaux l'enfant aux yeux du père
N'est que le moindre effet qui suivra ma colère ;
Des crimes si légers furent mes coups d'essai :
Il faut bien autrement montrer ce que je sai ;
Il faut faire un chef-d'œuvre (1), et qu'un dernier ouvrage
Surpasse de bien loin ce faible apprentissage.
  Mais pour exécuter tout ce que j'entreprends,
Quels dieux me fourniront des secours assez grands ?
Ce n'est plus vous, enfers, qu'ici je sollicite ·
Vos feux sont impuissants pour ce que je médite.
Auteur de ma naissance, aussi bien que du jour,
Qu'à regret tu dépars à ce fatal séjour,
Soleil (2), qui vois l'affront qu'on va faire à ta race,
Donne-moi tes chevaux à conduire en ta place ;
Accorde cette grâce à mon désir bouillant ;
Je veux choir sur Corinthe avec ton char brûlant ;
Mais ne crains pas de chute à l'univers funeste :
Corinthe consumé garantira le reste ;
De mon juste courroux les implacables vœux
Dans ses odieux murs arrêteront tes feux ;
Créon en est le prince, et prend Jason pour gendre :
C'est assez mériter d'être réduit en cendre,
D'y voir réduit tout l'isthme, afin de l'en punir,
Et qu'il n'empêche plus les deux mers de s'unir.

SCÈNE V
MÉDÉE, NÉRINE.

MÉDÉE.

Eh bien ? Nérine, à quand, à quand cet hyménée (3) ?
En ont-ils choisi l'heure ? en sais-tu la journée ?
N'en as-tu rien appris ? n'as-tu point vu Jason ?
N'appréhende-t-il rien après sa trahison ?
Croit-il qu'en cet affront je m'amuse à me plaindre ?
S'il cesse de m'aimer, qu'il commence à me craindre ;
Il verra, le perfide, à quel comble d'horreur
De mes ressentiments peut monter la fureur.

  (1) Ce dernier trait fait frissonner : quel sera ce *chef-d'œuvre* de sa vengeance, si les crimes horribles qu'on vient de lire n'ont été que des coups d'essai ?
  (2) Issue du Soleil, Médée demande à disposer de ses feux, pour consumer Corinthe avec ses ennemis dans un immense embrasement qui dévore l'isthme tout entier : voilà sa soif de vengeance.
  (3) On sent, à cette impatience fébrile, à ces questions vives et répétées, à ces menaces terribles, quelle agitation règne au fond de ce cœur ulcéré : « C'est une âme impétueuse, qui ne peut souffrir l'outrage, » dit sa nourrice dans Euripide.

ACTE I, SCÈNE IV

NÉRINE.

Modérez les bouillons de cette violence,
Et laissez déguiser vos douleurs au silence.
Quoi! Madame, est-ce ainsi qu'il faut dissimuler?
Et faut-il perdre ainsi des menaces en l'air?
Les plus ardents transports d'une haine connue
Ne sont qu'autant d'éclairs avortés dans la nue,
Qu'autant d'avis à ceux que vous voulez punir,
Pour repousser vos coups, ou pour les prévenir.
Qui peut, sans s'émouvoir, supporter une offense,
Peut mieux prendre à son point le temps de sa vengeance,
Et sa feinte douceur, sous un appas mortel,
Mène insensiblement sa victime à l'autel.

MÉDÉE.

Tu veux que je me taise et que je dissimule!
Nérine, porte ailleurs ce conseil ridicule :
L'âme en est incapable en de moindres malheurs,
Et n'a point où cacher de pareilles douleurs.
Jason m'a fait trahir mon pays et mon père (1),
Et me laisse au milieu d'une terre étrangère,
Sans support, sans amis, sans retraite, sans bien,
La fable de son peuple, et la haine du mien :
Nérine, après cela tu veux que je me taise!
Ne dois-je point encore en témoigner de l'aise,
De ce royal hymen souhaiter l'heureux jour,
Et forcer tous mes soins à servir son amour?

NÉRINE.

Madame, pensez mieux à l'éclat que vous faites :
Quelque juste qu'il soit, regardez où vous êtes;
Considérez qu'à peine un esprit plus remis
Vous tient en sûreté parmi vos ennemis.

MÉDÉE.

L'âme doit se roidir plus elle est menacée (2),
Et contre la fortune aller tête baissée.
La choquer hardiment, et sans craindre la mort,
Se présenter de front à son plus rude effort.
Cette lâche ennemie a peur des grands courages,
Et sur ceux qu'elle abat redouble ses outrages.

(1) C'est ce souvenir continuel de ses bienfaits, de ses souffrances passées, de son injure présente, qui rend supportable une femme si odieuse d'ailleurs par ses crimes.

(2) Ces sentences si fortes préparent le trait qui va suivre.

NÉRINE.
Que sert ce grand courage où l'on est sans pouvoir?
MEDÉE.
Il trouve toujours lieu de se faire valoir.
NÉRINE.
Forcez l'aveuglement dont vous êtes séduite,
Pour voir en quel état le sort vous a réduite.
Votre pays vous hait, votre époux est sans foi :
Dans un si grand revers que vous reste-t-il?
MEDEE.
Moi (1)
Moi, dis-je, et c'est assez.
NÉRINE.
Quoi! vous seule, Madame?
MÉDÉE.
Oui, tu vois en moi seule et le fer et la flamme,
Et la terre, et la mer, et l'enfer, et les cieux,
Et le sceptre des rois, et la foudre des dieux.
NÉRINE.
L'impétueuse ardeur d'un courage sensible
A vos ressentiments figure tout possible :
Mais il faut craindre un roi fort de tant de sujets.
MEDEE.
Mon père, qui l'était, rompit-il mes projets?
NÉRINE.
Non ; mais il fut surpris, et Créon se défie :
Fuyez, qu'à ses soupçons il ne vous sacrifie.
MEDEE.
Las! je n'ai que trop fui; cette infidélité
D'un juste châtiment punit ma lâcheté.
Si je n'eusse point fui pour la mort de Pélie,
Si j'eusse tenu bon dedans la Thessalie,
Il n'eût point vu Créuse, et cet objet nouveau
N'eût point de notre hymen étouffé le flambeau.

(1) Ce *moi* est sublime d'énergie et de fierté. Jeté à la fin et comme au sommet du vers, il laisse loin derrière lui le *Medea superest* de Sénèque, c'est la même pensée, le même sentiment : mais quelle différence dans l'expression ! L'énumération un peu emphatique qui suit, loin d'affaiblir l'effet, l'achève et la porte au plus haut point, en découvrant aux regards tout ce que la rage de cette furie possède de moyens de nuire. On croit voir se dresser l'Alecton de Virgile, la tête hérissée de serpents, et les mains armées de ses torches enflammées.

ACTE II

NÉRINE.

Fuyez encor, de grâce.

MÉDÉE.

Oui, je fuirai, Nérine,
Mais avant de Créon on verra la ruine.
Je brave la fortune ; et toute sa rigueur,
En m'ôtant un mari, ne m'ôte pas le cœur ;
Sois seulement fidèle, et, sans te mettre en peine,
Laisse agir pleinement mon savoir et ma haine.

NÉRINE, *seule*.

Madame.... Elle me quitte au lieu de m'écouter.
Ces violents transports la vont précipiter (1) :
D'une trop juste ardeur l'inexorable envie
Lui fait abandonner le souci de sa vie.
Tâchons, encore un coup, d'en divertir le cours.
Apaiser sa fureur, c'est conserver ses jours.

ACTE SECOND

Scène I. Médée reçoit de sa confidente le conseil d'épargner Jason ; elle s'y rend en considération de l'amour qu'elle suppose encore à ce prince, mais Créuse et son père périront. — *Scène II.* Créon s'étonne que Médée n'ait pas encore obéi à l'ordre qui la bannit. Il lui apprend que pour toute grâce il laissera ses enfants à Jason, et ne lui donne qu'un jour pour délibérer sur le lieu de sa retraite. Médée lui reproche avec énergie l'injustice d'une pareille conduite. — *Scène III.* Créon délibère avec Jason et Créuse sur les moyens de calmer le courroux d'Égée, délaissé par Créuse. — *Scène IV.* Créuse révèle à Jason l'objet de son désir secret : elle voudrait se parer de la robe de Médée (2). — *Scène V.* Égée se plaint à Créuse de son abandon, repousse ses excuses et se retire en proférant des menaces.

---

(1) Médée, après un éclat si formidable, ne pouvait quitter la scène qu'avec précipitation, emportée par sa fureur. Le spectateur reste dans l'épouvante, et s'attend aux coups les plus tragiques.

(2) Qu'elle a fait un beau choix ! jamais éclat pareil
    Ne sema dans la nuit les clartés du soleil ;
    Les perles avec l'or confusement mêlées,
    Mille pierres de prix sur ses bords étalées,
    D'un mélange divin éblouissent les yeux ;
    Jamais rien d'approchant ne se fit en ces lieux.

C'est une jeune fille qui décrit ce qui a ébloui ses yeux, ce qui bientôt, hélas ! va être son tourment et causer sa mort.

ACTE TROISIEME

Scène I. Nérine vante la puissance magique de Médée. — *Scène II.* Jason prie Nérine de lui obtenir la robe convoitée par Créuse. Médée survient et arrête Jason qui cherche à se dérober à sa vue.

SCÈNE III
MÉDÉE, JASON, NÉRINE.

MÉDÉE.

Ne fuyez pas, Jason, de ces funestes lieux (1).
C'est à moi d'en partir : recevez mes adieux.
Accoutumée à fuir, l'exil m'est peu de chose ;
Sa rigueur n'a pour moi de nouveau que sa cause.
C'est pour vous que j'ai fui, c'est vous qui me chassez
  Où me renvoyez-vous si vous me bannissez ?
Irai-je sur le Phase, où j'ai trahi mon père,
Apaiser de mon sang les mânes de mon frère ?
Irai-je en Thessalie, où le meurtre d'un roi
Pour victime aujourd'hui ne demande que moi ?
Il n'est point de climat dont mon amour fatale
N'ait acquis à mon nom la haine générale ;
Et ce qu'ont fait pour vous mon savoir et ma main
M'a fait un ennemi de tout le genre humain.
Ressouviens-t-en (2), ingrat ; remets-toi dans la plaine
Que ces taureaux affreux brûlaient de leur haleine ;
Revois ce champ guerrier dont les sacrés sillons
Elevaient contre toi de soudains bataillons ;
Ce dragon qui jamais n'eut les paupières closes ;
Et lors préfère-moi Créuse, si tu l'oses.
Qu'ai-je épargné depuis qui fut en mon pouvoir ?
Ai-je auprès de l'amour écouté mon devoir ?
Pour jeter un obstacle à l'ardente poursuite
Dont mon père en fureur touchait déjà ta fuite,
Semai-je avec regret mon frère par morceaux ?
A ce funeste objet épandu sur les eaux,
Mon père, trop sensible aux droits de la nature,
Quitta tous autres soins que de sa sepulture ;
Et par ce nouveau crime émouvant sa pitié,
J'arrêtai les effets de son inimitié.

(1) Cette scene est admirablement graduée De la plainte douce et attendrissante, Médée passe peu à peu aux reproches les plus accablants, aux invectives, aux sarcasmes, aux menaces ; enfin, se radoucissant avec une hypocrisie calculée. elle prend le ton de la prière, pour obtenir de conserver ses enfants Une grande éloquence anime ses discours.

(2) Ce *tu* qui succède brusquement à *vous*, marque le progrès de la passion dans un cœur qui a besoin d'éclater, après un moment de contrainte.

Prodigue de mon sang, honte de ma famille,
Aussi cruelle sœur que déloyale fille,
Ces titres glorieux plaisaient à mes amours ;
Je les pris sans horreur pour conserver tes jours.
Alors, certes, alors mon mérite etait rare ;
Tu n'étais point honteux d'une femme barbare
Quand à ton père usé je rendis la vigueur,
J'avais encor tes vœux, j'étais encor ton cœur;
Mais cette affection, mourant avec Pélie,
Dans le même tombeau se vit ensevelie :
L'ingratitude en l'âme, et l'impudence au front,
Une Scythe en tes bras te fut lors un affront ;
Et moi, que tes désirs avaient tant souhaitée,
Le dragon assoupi, la toison emportée,
Ton tyran massacré, ton père rajeuni,
Je devins un objet digne d'être banni.
Tes desseins achevés, j'ai mérité ta haine :
Il t'a fallu sortir d'une honteuse chaîne,
Et prendre une moitié qui n'a rien plus que moi,
Que le bandeau royal, que j'ai quitté pour toi.

JASON.

Ah! que n'as-tu des yeux à lire dans mon âme (1),
Et voir les purs motifs de ma nouvelle flamme !
Les tendres sentiments d'un amour paternel
Pour sauver mes enfants me rendent criminel,
Si l'on peut nommer crime un malheureux divorce
Où le soin que j'ai d'eux me réduit et me force.
Toi-même, furieuse, ai-je peu fait pour toi
D'arracher ton trepas aux vengeances d'un roi?
Sans moi ton insolence allait être punie ;
A ma seule prière on ne t'a que bannie.
C'est rendre la pareille à tes grands coups d'effort :
Tu m'as sauvé la vie, et j'empêche ta mort.

MEDEE.

On ne m'a que bannie ! ô bonté souveraine (2) !
C'est donc une faveur, et non pas une peine !
Je reçois une grâce au lieu d'un châtiment,
Et mon exil encor doit un remercîment !
  Ainsi l'avare soif du brigand assouvie,
Il s'impute à pitié de nous laisser la vie :
Quand il n'égorge point, il croit nous pardonner,
Et ce qu'il n'ôte pas, il pense le donner.

(1) Plus la défense de Jason est faible, plus on plaint l'épouse infortunée.
(2) Quelle ironie amère ! quels traits sanglants !

JASON.

Tes discours, dont Créon de plus en plus s'offense,
Le forceraient enfin à quelque violence.
Eloigne-toi d'ici tandis qu'il t'est permis :
Les rois ne sont jamais de faibles ennemis.

MÉDÉE.

A travers tes conseils je vois assez ta ruse :
Ce n'est là m'en donner qu'en faveur de Créuse.
Ton amour, déguisé d'un soin officieux,
D'un objet importun veut délivrer ses yeux.

JASON.

N'appelle point amour un change inévitable,
Où Créuse fait moins que le sort qui m'accable.

MÉDÉE.

Peux-tu bien, sans rougir, désavouer tes feux?

JASON.

Eh bien, soit; ses attraits captivent tous mes vœux :
Toi qu'un amour furtif souilla de tant de crimes,
M'oses-tu reprocher des ardeurs légitimes?

MÉDÉE.

Oui, je te les reproche, et de plus....

JASON.

        Quels forfaits?

MÉDÉE.

La trahison, le meurtre, et tous ceux que j'ai faits.

JASON.

Il manque encor ce point à mon sort déplorable,
Que de tes cruautés on me fasse coupable.

MÉDÉE.

Tu présumes en vain de t'en mettre à couvert :
Celui-là fait le crime à qui le crime sert.
Que chacun, indigne contre ceux de ta femme,
La traite en ses discours de méchante et d'infâme :
Toi seul, dont ses forfaits ont fait tout le bonheur,
Tiens-la pour innocente, et défends son honneur.

JASON.

J'ai honte de ma vie, et je hais son usage,
Depuis que je la dois aux effets de ta rage.

MÉDÉE.

La honte généreuse, et la haute vertu!
Puisque tu la hais tant, pourquoi la gardes-tu?

ACTE III, SCÈNE III

JASON.

Au bien de nos enfants, dont l'âge faible et tendre
Contre tant de malheurs ne saurait se défendre :
Deviens en leur faveur d'un naturel plus doux.

MÉDÉE.

Mon âme à leur sujet redouble son courroux.
Faut-il ce déshonneur pour comble à mes misères,
Qu'à mes enfants Créuse enfin donne des frères !
Tu vas mêler, impie, et mettre en rang pareil
Des neveux de Sisyphe avec ceux du Soleil !

JASON.

Leur grandeur soutiendra la fortune des autres ;
Créuse et ses enfants conserveront les nôtres.

MEDEE.

Je l'empêcherai bien, ce mélange odieux,
Qui déshonore ensemble et ma race et les dieux.

JASON.

Lassés de tant de maux, cédons à la fortune.

MÉDEE.

Ce corps n'enferme pas une âme si commune ;
Je n'ai jamais souffert qu'elle me fît la loi,
Et toujours ma fortune a dépendu de moi.

JASON.

La peur que j'ai d'un sceptre....

MÉDÉE.

                    Ah ! cœur rempli de feinte
Tu masques tes désirs d'un faux titre de crainte :
Un sceptre est l'objet seul qui fait ton nouveau choix.

JASON.

Veux-tu que je m'expose aux haines de deux rois,
Et que mon imprudence attire sur nos têtes,
D'un et d'autre côté, de nouvelles tempêtes?

MÉDÉE.

Fuis-les, fuis-les tous deux ; suis Médée à ton tour,
Et garde au moins ta foi, si tu n'as plus d'amour.

JASON.

Il est aisé de fuir, mais il n'est pas facile
Contre deux rois aigris de trouver un asile.
Qui leur résistera, s'ils viennent à s'unir?

MÉDÉE.

Qui me résistera, si je te veux punir,
Déloyal? Auprès d'eux crains-tu si peu Médée?
Que toute leur puissance, en armes débordée,
Dispute contre moi ton cœur qu'ils m'ont surpris,
Et ne sois du combat que le juge et le prix!
Joins-leur, si tu le veux, mon père et la Scythie :
En moi seule ils n'auront que trop forte partie.
Bornes-tu mon pouvoir à celui des humains?
Contre eux, quand il me plaît, j'arme leurs propres mains;
Tu le sais, tu l'as vu, quand ces fils de la Terre
Par leurs coups mutuels terminèrent leur guerre.
 Misérable! je puis adoucir des taureaux;
La flamme m'obeit, et je commande aux eaux,
L'enfer tremble, et les cieux, sitôt que je les nomme :
Et je ne puis toucher les volontes d'un homme!
Je t'aime encor, Jason, malgré ta lâcheté;
Je ne m'offense plus de ta légèreté :
Je sens à tes regards decroître ma colère;
De moment en moment ma fureur se modère;
Et je cours sans regret à mon bannissement,
Puisque j'en vois sortir ton établissement.
Je n'ai plus qu'une grâce à demander ensuite :
Souffre que mes enfants accompagnent ma fuite;
Que je t'admire encore en chacun de leurs traits,
Que je t'aime et te baise en ces petits portraits;
Et que leur cher objet, entretenant ma flamme,
Te presente à mes yeux aussi bien qu'à mon âme.

JASON.

Ah! reprends ta colère, elle a moins de rigueur.
M'enlever mes enfants, c'est m'arracher le cœur;
Et Jupiter, tout prêt à m'écraser du foudre,
Mon trépas à la main, ne pourrait m'y résoudre
C'est pour eux que je change; et la Parque, sans eux,
Seule de notre hymen pourrait rompre les nœuds.

MEDEE.

Cet amour paternel, qui te fournit d'excuses,
Me fait souffrir aussi que tu me les refuses :
Je ne t'en presse plus, et, prête à me bannir,
Je ne veux plus de toi qu'un léger souvenir.

JASON.

Ton amour vertueux fait ma plus grande gloire :
Ce serait me trahir qu'en perdre la memoire;
Et le mien envers toi, qui demeure éternel,

T'en laisse en cet adieu le serment solennel.
Puissent briser mon chef les traits les plus sévères
Que lancent des grands dieux les plus âpres colères ;
Qu'ils s'unissent ensemble afin de me punir,
Si je ne perds la vie avant ton souvenir !

SCÈNE IV
MÉDÉE, NÉRINE.

MÉDÉE.

J'y donnerai bon ordre : il est en ta puissance
D'oublier mon amour, mais non pas ma vengeance ;
Je la saurai graver en tes esprits glacés
Par des coups trop profonds pour en être effacés.
Il aime ses enfants, ce courage inflexible :
Son faible est découvert ; par eux il est sensible (1)
Par eux mon bras, armé d'une juste rigueur,
Va trouver des chemins à lui percer le cœur.

NÉRINE.

Madame, épargnez-les, épargnez vos entrailles ;
N'avancez point par là vos propres funérailles :
Contre un sang innocent pourquoi vous irriter,
Si Creuse en vos lacs se vient précipiter ?
Elle-même s'y jette, et Jason vous la livre...

ACTE QUATRIÈME
SCÈNE I
MÉDÉE, NÉRINE.

MÉDÉE, *seule dans sa grotte magique.*

C'est trop peu de Jason, que ton œil me dérobe,
C'est trop peu de mon lit : tu veux encor ma robe,
Rivale insatiable, et c'est encor trop peu,
Si, la force à la main, tu l'as sans mon aveu :
Il faut que par moi-même elle te soit offerte,
Que perdant mes enfants, j'achète encor leur perte ;
Il en faut un hommage à tes divins attraits,
Et des remercîments au vol que tu me fais.
Tu l'auras : mon refus serait un nouveau crime :
Mais je t'en veux parer pour être ma victime (2),

---

(1) Médée triomphe, elle a découvert le faible de son époux il aime ses enfants C'est dans ses enfants, qui sont aussi les siens, qu'elle le frappera.

(2) Médée se venge comme Dejanire delaissée par Hercule. (V. SOPH., *Trachin*, et FENELON, *Telem*, XI.)

Et sous un faux semblant de libéralité,
Soûler et ma vengeance et ton avidité.
  Le charme est achevé, tu peux entrer, Nérine (1).

(*Nérine sort, et Médée continue*).

Mes maux dans ces poisons trouvent leur médecine :
Vois combien de serpents à mon commandement
D'Afrique jusqu'ici n'ont tardé qu'un moment,
Et contraints d'obéir à mes charmes funestes,
Ont sur ce don fatal vomi toutes leurs pestes.
L'amour à tous mes sens ne fut jamais si doux
Que ce triste appareil à mon esprit jaloux.
Ces herbes ne sont pas d'une vertu commune :
Moi-même en les cueillant je fis pâlir la lune,
Quand, les cheveux flottants, le bras et le pied nu,
J'en depouillai jadis un climat inconnu.
Vois mille autres venins : cette liqueur épaisse
Mêle du sang de l'hydre avec celui de Nesse;
Python eut cette langue; et ce plumage noir
Est celui qu'une harpie en fuyant laissa choir;

---

(1) Cette scène d'incantation n'est-elle pas contraire aux règles de l'art? et, en général, l'usage des opérations magiques n'est-il pas incompatible avec la dignité de la tragédie?
  Chez des peuples qui croient à ces communications surnaturelles de l'homme avec les puissances infernales, l'emploi de la magie, dans l'épopée comme sur le théâtre, non seulement n'est pas contraire à la vraisemblance, mais il peut prêter aux effets les plus tragiques. Un homme à la fois méchant et puissant inspire la terreur : quel effroi ne doit pas inspirer un scélérat doublé de la malice de l'enfer! Il est vrai que le merveilleux doit être employé sur la scène avec une extrême prudence et manié avec beaucoup de mesure ; la gravité du jeu et la couleur sombre du style doivent être en harmonie avec l'action sinistre de ces furies à face humaine. (Cf. LUCAIN, *Ph.* VI.)
  Les anciens croyaient à la magie ; les peuples chrétiens savent par leur foi de quel pouvoir odieux disposent en certains cas permis par Dieu, des âmes vouées à l'enfer. Euripide, Senèque, Corneille, pouvaient donc présenter à leurs spectateurs une magicienne fameuse dans l'exercice même de son art détestable. Shakespeare aussi, on le sait, a placé dans *Macbeth* une scène de sorcières, mais avec des détails d'une trivialité révoltante qui contraste singulièrement avec la dignité de Corneille; qu'on en juge par ce passage :
  « *Première sorcière*. Trois fois le chat tigré a miaulé. — *Deuxième sorcière*. Et trois fois le jeune hérisson a gémi une fois — *Première sorcière*. Tournons en rond autour de la chaudière, et jetons dans ses entrailles empoisonnées.... Crapaud, qui pendant trente et un jours et trente et une nuits, endormi sous la plus froide pierre, t'es rempli d'un âcre venin, va bouillir le premier dans la marmite enchantée... » (Acte V, scène I.)
  M. Guizot pense que le ridicule même d'un tel spectacle en augmente l'effet (Notice sur *Macbeth*.) Il faudrait supposer le spectateur tellement dominé par la terreur, qu'il ne sente plus ce qu'une pareille scène a de ridicule et de dégoûtant.

Par ce tison Althée assouvit sa colère,
Trop pitoyable sœur et trop cruelle mère;
Ce feu tomba du ciel avecque Phaéthon,
Cet autre vient des flots du pierreux Phlégéthon;
Et celui-ci jadis remplit en nos contrées
Des taureaux de Vulcain les gorges ensoufrées.
Enfin, tu ne vois là poudres, racines, eaux,
Dont le pouvoir mortel n'ouvrît mille tombeaux :
Ce présent déceptif a bu toute leur force,
Et bien mieux que mon bras vengera mon divorce.
Mes tyrans par leur perte apprendront que jamais....
Mais d'où vient ce grand bruit que j'entends au palais?

Après cette incantation, Nérine apprend à Médée qu'Égée a tenté en vain d'enlever Créuse de force; Jason a délivré la princesse et jeté son rival dans un cachot. — *Scène II.* Pollux avertit Créon d'appréhender la vengeance de Médée. — *Scène III.* Cléone annonce au roi que Médée, loin de témoigner aucun ressentiment contre Créuse, vient de lui envoyer la robe demandée. Pollux redoute quelque enchantement. — *Scène IV.* Stances d'Égée dans sa prison : il gémit sur son infortune. — *Scène V.* Tout à coup Médée lui apparaît et le délivre par l'art de la magie; elle l'envoie à Athènes et lui promet de le rejoindre, après s'être vengée.

ACTE CINQUIÈME

Scène I. Médée s'informe de l'effet produit par son présent : elle apprend que Créuse et Créon sont la proie des flammes. — *Scène II.* Elle délibère alors si elle fera périr ses propres enfants.

MÉDÉE.

Est-ce assez, ma vengeance, est-ce assez de deux morts?
Consulte avec loisir tes plus ardents transports.
Des bras de mon perfide arracher une femme,
Est-ce pour assouvir les fureurs de mon âme?
Que n'a-t-elle déjà des enfants de Jason,
Sur qui plus pleinement venger sa trahison!
Suppléons-y des miens; immolons avec joie
Ceux qu'à me dire adieu Créuse me renvoie.
Nature, je le puis sans violer ta loi;
Ils viennent de sa part, et ne sont plus à moi.
Mais ils sont innocents; aussi l'était mon frère :
Ils sont trop criminels d'avoir Jason pour père;
Il faut que leur trépas redouble son tourment;
Il faut qu'il souffre en père aussi bien qu'en amant.

Mais quoi ! j'ai beau contre eux animer mon audace,
La pitié la combat, et se met en sa place ;
Puis, cédant tout a coup la place à ma fureur,
J'adore les projets qui me faisaient horreur :
De l'amour aussitôt je passe à la colère,
Des sentiments de femme aux tendresses de mère.
   Cessez dorénavant, pensers irrésolus (1),
D'épargner des enfants que je ne verrai plus.
Chers fruits de mon amour, si je vous ai fait naître,
Ce n'est pas seulement pour caresser un traître :

---

(1) A ce monologue si froid, où le remords est trop vite étouffé par les cris de la vengeance, opposons la fameuse scène d'Euripide.

« .. .. O mes enfants ! mes enfants ! vous avez donc une ville, une maison à habiter, et pour toujours, loin de moi, malheureuse ! sans votre mère. Et moi, je m'en vais dans l'exil, vers une autre terre, avant d'avoir pu jouir de vous, de vous avoir vus heureux ; je n'ordonnerai point votre hymen ; je ne parerai point l'épouse ; je ne porterai point le flambeau sacré ; infortunée ! voilà l'effet de mes emportements..... Chers enfants ! c'est donc en vain que je vous ai élevés, que j'ai supporté pour vous tant d'inquiétudes, tant de peines ! Helas ! que d'espérances j'avais placées en vous ! Vous deviez me nourrir dans ma vieillesse, m'ensevelir de vos mains apres ma mort ; tendres soins, si désirés des mortels ! et maintenant c'en est fait de cette douce attente. Privée de ses enfants, votre mere va traîner une vie triste, misérable ; vous-mêmes, vous ne la verrez plus ; il vous faudra passer à une existence nouvelle.... Hélas ! hélas ! ô mes enfants ! pourquoi ce regard ? pourquoi ce sourire, ce dernier sourire ?.... Que ferai-je, malheureuse ?.... Tout mon cœur s'en va, ô femmes, sitôt que je rencontre l'œil serein de mes enfants.... Non, je ne puis : loin de moi ce barbare dessein. Je les emmènerai hors d'ici. Non certes, non : périssent mes desseins !... Mais cependant que fais-je ? veux-je donc encourir leur risée ? mes ennemis resteront-ils sans châtiment ? Rappelons notre audace, accomplissons notre œuvre : c'est faiblesse de me laisser ainsi amollir le cœur par ces lâches pensées. Allez, enfants, rentrez. Arrête, ô mon courroux, arrête, n'achève pas : épargne tes enfants, malheureuse ; ils te suivront hors de ces lieux, ils te réjouiront dans ton exil.... Non : par les dieux des enfers, par les démons vengeurs, non, il n'en sera point ainsi. Je ne souffrirai point que mes enfants soient en butte aux outrages, à la violence : ne faut-il pas qu'à la fin ils y succombent, qu'ils périssent, et puisque c'est une nécessité, je veux les tuer moi-même, moi qui les ai fait naître. Leur sort est arrêté, rien ne peut les y soustraire.... Et déjà la couronne est sur le front de la jeune princesse ; déjà elle expire, je le sais, enveloppée de la fatale robe. Je veux leur parler une dernière fois. Donnez, mes chers enfants, donnez-moi votre main ; que votre mère la baise. O chères mains, levres chéries aimable aspect, nobles traits de mes enfants... Soyez heureux ! mais non pas ici : le bonheur de cette terre, votre père vous l'a ravi.... Délicieux embrassements ! Ces fraîches et tendres joues, cette douce haleine.... Sortez, sortez : je ne puis plus soutenir votre vue ; je cède à l'excès de mes maux. Cet acte que je vais commettre, j'en comprends toute l'horreur : mais la passion qui pousse l'homme aux plus grands crimes, la passion est plus forte que les conseils de ma raison. »

ACTE V

Il me prive de vous, et je l'en vais priver,
Mais ma pitié renaît, et revient me braver,
Je n'exécute rien, et mon âme éperdue
Entre deux passions demeure suspendue.
N'en délibérons plus, mon bras en résoudra.
Je vous perds, mes enfants ; mais Jason vous perdra ;
Il ne vous verra plus.... Créon sort tout en rage:
Allons à son trépas joindre ce triste ouvrage.

Scène III. Créon, enveloppé par les flammes, exhale sa colère. — *Scène IV.* Il pousse, à la vue de sa fille, de douloureux gémissements, et vaincu par la souffrance, il se frappe d'un coup de poignard. — *Scène V.* Jason survient et voit Créuse mourante ; il lui promet de lui survivre, et résolu à se venger de Médée, il met en délibération s'il ne donnera pas la mort à ses enfants. — *Scène VI.* Médée le raille amèrement, et lui apprend qu'elle vient de commettre elle-même ce dernier forfait. Pendant que Jason la menace encore, elle disparaît au milieu des airs. Jason se tue de désespoir.

Apres Medee, parurent :
L'Illusion (1), comédie, représentée en 1636;
Le Cid, tragédie, représentée en 1636 ;
Horace, tragédie, représentée en 1640 ;
Cinna, tragédie, représentée en 1640 ;
Polyeucte (2), tragédie, représentée en 1640.

(1) L'*Illusion*, au dire de Corneille lui-même, est *une pièce capricieuse, un monstre étrange*, qui n'a pas laissé de plaire par sa nouveauté; elle s'est soutenue au théâtre jusqu'à la mort de son auteur. On y trouve le fameux *Matamore*, type du soldat fanfaron; qu'on en juge par ces rodomontades :

> Pauvre homme, sais-tu bien que mon nom effroyable
> Met le grand Turc en fuite, et fait trembler le diable;
> Que pour t'anéantir je ne veux qu'un moment ?
> .. Les feux que (ce fer) jette en sortant de prison
> Auraient en un moment embrasé la maison,
> Devore tout à l'heure ardoises et gouttières,
> Faîtes, lattes, chevrons, montants, courbes, filières,
> Entretoises, sommiers, colonnes, soliveaux,
> Pannes, soles, appuis, jambages, traveteaux,
> Portes, grilles, verrous, serrures, tuiles, pierre,
> Plomb, fer, plâtre, ciment, peinture, marbre, verre,
> Caves, puits, cours, perrons, salles, chambres, greniers,
> Offices, cabinets, terrasses, escaliers,
> Juge un peu quel désordre ... (Acte III, scènes III et IV)

(2) Ces quatre dernières tragédies se trouvent dans le Théâtre classique.

LA MORT DE POMPÉE

TRAGÉDIE

1641.

A MONSEIGNEUR L'ÉMINENTISSIME CARDINAL MAZARIN.

Monseigneur,

Je présente le grand Pompée à Votre Éminence, c'est-à-dire le plus grand personnage de l'ancienne Rome au plus illustre de la nouvelle; je mets sous la protection du premier ministre de notre jeune roi un héros qui, dans sa bonne fortune, fut le protecteur de beaucoup de rois, et qui dans sa mauvaise eut encore des rois pour ses ministres. Il espère de la générosité de Votre Éminence, qu'elle ne dédaignera pas de lui conserver cette seconde vie que j'ai tâché de lui redonner, et que, lui rendant cette justice qu'elle fait rendre par tout le royaume, elle le vengera pleinement de la mauvaise politique de la cour d'Égypte. Il l'espère, et avec raison, puisque, dans le peu de séjour qu'il a fait en France, il a déjà su de la voix publique, que les maximes, dont vous vous servez pour la conduite de cet État, ne sont point fondées sur d'autres principes que ceux de la vertu. Il a su d'elle les obligations que vous a la France de l'avoir choisie pour votre seconde mère, qui vous est d'autant plus redevable, que les grands services que vous lui rendez sont de purs effets de votre inclination et de votre zèle, et non pas des devoirs de votre naissance. Il a su que Rome s'est acquittée envers notre jeune monarque de ce qu'elle devait à ses prédécesseurs par le présent qu'elle lui a fait de votre personne. Il a su d'elle enfin que la solidité de votre prudence et la netteté de vos lumières enfantent des conseils si avantageux pour le gouvernement, qu'il semble que ce soit vous à qui, par un esprit de prophétie, notre Virgile ait adressé ce vers il y a plus de seize siècles, *Tu regere imperio populos, Romane, memento*. Voilà, Monseigneur, ce que ce grand homme a appris en apprenant à parler français, *Pauca, sed a pleno venientia pectore veri*. Et comme la gloire de Votre Éminence est assez assurée sur la fidélité de cette voix publique, je n'y mêlerai point la faiblesse de mes pensées, ni la rudesse de mes expressions, qui pourraient diminuer quelque chose de son éclat; et je n'ajouterai rien aux célèbres témoignages qu'elle vous rend, qu'une profonde vénération pour les hautes qualités qui vous les ont acquis, avec une protestation très sincère et très inviolable d'être toute ma vie,

Monseigneur ..

POMPÉE

AU LECTEUR

Je me contenterai de t'avertir que l'auteur dont je me suis le plus servi a été le poète Lucain, dont la lecture m'a rendu si amoureux de la force de ses pensées et de la majesté de son raisonnement, qu'afin d'en enrichir notre langue, j'ai fait cet effort pour réduire en poème dramatique ce qu'il a traité en épique. Tu trouveras ici cent ou deux cents vers traduits ou imités de lui, que tu reconnaîtras aux mêmes marques que tu as déjà reconnu ce que j'ai emprunté de D. Guilain de Castro dans *le Cid*. J'ai tâché de suivre ce grand homme dans le reste, et de prendre son caractère quand son exemple m'a manqué : si je suis demeuré bien loin derrière, tu en jugeras....

PERSONNAGES :

JULES CÉSAR.
MARC ANTOINE.
LÉPIDE.
CORNÉLIE, femme de Pompée.
PTOLOMÉE, roi d'Egypte
CLÉOPATRE, sœur de Ptolomée.
PHOTIN, chef du conseil d'Egypte.
ACHILLAS, lieutenant général des armées du roi d'Egypte.
SEPTIME, tribun romain, à la solde du roi d'Egypte.
CHARMION, dame d'honneur de Cléopâtre.
ACHORÉE, écuyer de Cléopâtre.
PHILIPPE, affranchi de Pompée.
Troupe de Romains.
Troupe d'Egyptiens.

La scène est à Alexandrie, dans le palais de Ptolomée.

Analyse.

Ptolomée, informé de la prochaine arrivée de Pompée à Alexandrie, délibère sur la réception qu'il doit lui faire, et se résout à l'assassiner. Il espère se concilier ainsi la faveur de César et conserver le trône d'Egypte dont il a usurpé la moitié sur sa sœur Cléopâtre. — Sur les ordres du roi, Pompée a la tête tranchée ; mais bientôt César arrive, et au lieu de savoir gré de ce crime à Ptolomée, il ne lui témoigne que de la colère et du mépris. Le roi conspire alors contre la vie de César ; mais Cornélie déjoue ses projets en révélant le complot au vainqueur de Pharsale. Ptolomée est tué en combattant à la tête des conjurés ; César, victorieux, s'apprête à couronner Cléopâtre et à rendre à Pompée les honneurs suprêmes.

Appréciation.

Pompée tué et vengé, voilà le sujet de la pièce ; Corneille ne sépare pas le crime du châtiment. Aussi quand on entre pleinement dans ce grand drame, on n'est complètement satisfait que lorsqu'on a vu l'illustre mort vengé, honoré par César lui-même. Voilà l'unité d'action, très réelle, bien qu'elle échappe au premier coup d'œil.

« Le sujet de *Pompée*, dit Geoffroy, est héroïque et pathétique tout à la fois ; il émeut le cœur, il élève l'âme Quelques littérateurs disputent à ce poème le nom de tragédie ; il ne faut pas disputer sur les mots : si *la Mort de Pompée* n'est pas une tragédie, c'est un chef-d'œuvre dramatique. Pompée n'y paraît pas, mais il remplit la pièce c'est la mort de ce grand homme et les suites de cette mort ; c'est le succès de Pharsale remis en question ; c'est le plus important, le plus auguste spectacle que le génie puisse offrir à l'imagination des hommes instruits et sensés.... Dans aucune pièce, Corneille n'a plus sensiblement empreint son génie créateur. Avoir pu fonder l'intérêt d'une tragédie sur un héros qui n'y paraît pas, c'est une entreprise dont il n'y avait que Corneille qui pût sortir avec succès. Quels caractères que ceux de César, de Cornélie et même de Cléopâtre ! Combien n'était-il pas difficile de faire parler César ? Quel auteur n'eût pas été écrasé sous le poids d'un tel personnage ? quelle conception sublime que celle du caractère de Cornélie ! toute la grandeur, toute la fierté romaine respire dans cette femme admirable. Il fallait un César pour une Cornélie Ces deux âmes paraissent faites l'une pour l'autre. Corneille a puisé dans l'histoire celle de César ; mais, rival de la nature, il a fait lui-même, à l'image de César, l'âme de Cornélie. Le vrai sublime répandu dans ces deux rôles suffirait seul pour élever cette tragédie fort au-dessus des ouvrages les plus vantés du dernier siècle ; elle mérite un rang distingué parmi les chefs-d'œuvre de son auteur. »

L'éminent critique a raison : *ubi plura nitent in carmine, non ego paucis offendar maculis*, dit Horace avec le bon sens.

Les taches ici, ce sont quelques hyperboles outrées, deux ou trois scènes de galanterie trop chères aux contemporains du poète, quelques tirades affectées dans les discours de Cornélie ; mais le beau éclate partout, dans le style, dans les caractères, dans les situations, dans les sentiments. On est étonné de voir des âmes si magnanimes, il semble, en présence de tant d'héroïsme, que le génie ait atteint les dernières limites de la grandeur morale (1)

---

(1) Racine, bon juge en pareille matière, associait *Pompée* aux plus belles tragédies de Corneille : « La scène retentit encore des acclamations qu'excitèrent à leur naissance *le Cid, Cinna, Pompée*, tous ces chefs-d'œuvre représentés depuis sur tant de théâtres, traduits en tant de langues, et qui vivent à jamais dans la bouche des hommes. » (*Réponse au discours de réception de Th. Corneille à l'Académie française.*)

ACTE PREMIER
SCÈNE I
PTOLOMÉE, PHOTIN, ACHILLAS, SEPTIME.

PTOLOMÉE.

Le destin se déclare (1); et nous venons d'entendre
Ce qu'il a résolu du beau-père et du gendre.
Quand les dieux étonnés semblaient se partager,
Pharsale a décidé ce qu'ils n'osaient juger.
Ses fleuves teints de sang, et rendus plus rapides
Par le débordement de tant de parricides (2),
Cet horrible débris d'aigles, d'armes, de chars,
Sur ces champs empestés confusément épars,
Ces montagnes de morts privés d'honneurs suprêmes,
Que la nature force à se venger eux-mêmes,
Et dont les troncs pourris exhalent dans les vents
De quoi faire la guerre au reste des vivants,
Sont les titres affreux dont le droit de l'épée,
Justifiant César, a condamné Pompée.
Ce déplorable chef du parti le meilleur,
Que sa fortune, lasse, abandonne au malheur,
Devient un grand exemple, et laisse à la mémoire
Des changements du sort une éclatante histoire.
Il fuit, lui qui, toujours triomphant et vainqueur,
Vit ses prospérités égaler son grand cœur;
Il fuit, et dans nos ports, dans nos murs, dans nos villes;
Et, contre son beau-père ayant besoin d'asiles,
Sa déroute orgueilleuse en cherche aux mêmes lieux
Où contre les Titans en trouvèrent les dieux :
Il croit que ce climat, en dépit de la guerre,
Ayant sauvé le Ciel, sauvera bien la terre,
Et, dans son désespoir à la fin se mêlant,
Pourra prêter l'épaule au monde chancelant (3).

(1) Cette délibération commence la pièce avec une solennité imposante : il s'agit de la vie ou de la mort de Pompée. Le sort de ce grand homme est entre les mains d'un roi égoïste et lâche, entouré de vils courtisans.

Corneille excelle dans les scènes de ce genre : qu'on se rappelle la délibération d'Auguste (*Cinna*, acte II, sc. I); la fameuse conférence de Sertorius et de Pompée (*Sertorius*, acte III, sc. I); et le conseil d'Attila demandant aux rois Ardaric et Valamir s'il doit préférer l'alliance des Francs à celle de Rome (*Attila*, acte I, sc. II).

(2) Malgré l'enflure de quelques hyperboles, ce début a une majesté lugubre qui commande l'intérêt et dispose l'âme au grand débat qui va s'ouvrir.

(3) Allusion à la fable de l'Atlas.

Oui, Pompée avec lui porte le sort du monde,
Et veut que notre Egypte, en miracles féconde,
Serve à sa liberté de sépulcre ou d'appui,
Et relève sa chute, ou trébuche sous lui.
 C'est de quoi, mes amis, nous avons à résoudre (1).
Il apporte en ces lieux les palmes, ou la foudre :
S'il couronna le pere, il hasarde le fils;
Et, nous l'ayant donnée, il expose Memphis.
Il faut le recevoir, ou hâter son supplice,
Le suivre, ou le pousser dedans le precipice.
L'un me semble peu sûr, l'autre peu généreux;
Et je crains d'être injuste, ou d'être malheureux.
Quoi que je fasse enfin, la fortune ennemie
M'offre bien des périls, ou beaucoup d'infamie :
C'est à moi de choisir, c'est à vous d'aviser
A quel choix vos conseils me doivent disposer.
Il s'agit de Pompée; et nous aurons la gloire
D'achever de César ou troubler la victoire;
Et je puis dire enfin que jamais potentat
N'eut à délibérer d'un si grand coup d'Etat (2).

PHOTIN.

Sire, quand par le fer les choses sont videes,
La justice et le droit sont de vaines idees;
Et qui veut être juste en de telles saisons
Balance le pouvoir, et non pas les raisons.
Voyez donc votre force; et regardez Pompée,
Sa fortune abattue, et sa valeur trompee.
César n'est pas le seul qu'il fuie en cet état :
Il fuit et les reproches et les yeux du sénat,
Dont plus de la moitie piteusement étale
Une indigne curée aux vautours de Pharsale;
Il fuit Rome perdue; il fuit tous les Romains,
A qui par sa défaite il met les fers aux mains;
Il fuit le désespoir des peuples et des princes
Qui vengeraient sur lui le sang de leurs provinces,
Leurs états et d'argent et d'hommes epuisés,
Leurs trônes mis en cendres, et leurs sceptres brisés :
Auteur des maux de tous, il est à tous en butte,
Et fuit le monde entier ecrasé sous sa chute.

(1) On est dans le sujet : l'action commence Que deviendra l'illustre vaincu de Pharsale, le triomphateur de l'Asie et de l'Europe, sans asile aujourd'hui dans l'univers encore plein de ses trophees ?

(2) Ptolomée entrevoit son devoir et mesure le danger; ses doutes trahissent déjà une âme peu royale : avec lui nous attendons avec anxiété les avis de ses ministres.

Le défendrez-vous seul contre tant d'ennemis?
L'espoir de son salut en lui seul était mis;
Lui seul pouvait pour soi : cédez alors qu'il tombe.
Soutiendrez-vous un faix sous qui Rome succombe,
Sous qui tout l'univers se trouve foudroyé,
Sous qui le grand Pompée a lui-même ployé?
Quand on veut soutenir ceux que le sort accable,
A force d'être juste on est souvent coupable :
Et la fidelité qu'on garde imprudemment,
Après un peu d'éclat, traîne un long châtiment,
Trouve un noble revers, dont les coups invincibles,
Pour être glorieux, ne sont pas moins sensibles.
  Sire, n'attirez point le tonnerre en ces lieux;
Rangez-vous du parti des destins et des dieux;
Et sans les accuser d'injustice ou d'outrage,
Puisqu'ils font les heureux, adorez leur ouvrage;
Quels que soient leurs décrets, déclarez-vous pour eux,
Et pour leur obeir perdez le malheureux.
Pressé de toutes parts des colères célestes,
Il en vient dessus vous faire fondre les restes;
Et sa tête, qu'à peine il a pu dérober,
Toute prête de choir, cherche avec qui tomber.
Sa retraite chez vous en effet n'est qu'un crime;
Elle marque sa haine, et non pas son estime;
Il ne vient que vous perdre en venant prendre port :
Et vous pouvez douter s'il est digne de mort!
Il devait mieux remplir nos vœux et notre attente,
Faire voir sur ses nefs la victoire flottante;
Il n'eût ici trouvé que joie et que festins :
Mais puisqu'il est vaincu, qu'il s'en prenne aux destins
J'en veux à sa disgrâce, et non à sa personne (1) :
J'exécute à regret ce que le ciel ordonne;
Et du même poignard pour Cesar destine
Je perce en soupirant son cœur infortuné
Vous ne pouvez enfin qu'aux dépens de sa tête
Mettre à l'abri la vôtre, et parer la tempête.
Laissez nommer sa mort un injuste attentat :
La justice n'est pas une vertu d'état.
Le choix des actions ou mauvaises ou bonnes
Ne fait qu'anéantir la force des couronnes :
Le droit des rois consiste à ne rien epargner;

---

(1) C'est la morale du succès et de l'intérêt, si commode pour la peur Pompée est malheureux, il faut l'abandonner; le secourir, c'est s'exposer soi-même; son arrivée même est un crime, puisqu'elle compromet le roi ; Pompée est digne de mort : politique égoïste et lâche !

La timide équité détruit l'art de régner.
Quand on craint d'être injuste, on a toujours à craindre;
Et qui veut tout pouvoir doit oser tout enfreindre,
Fuir comme un déshonneur la vertu qui le perd,
Et voler sans scrupule au crime qui le sert.
    C'est là mon sentiment. Achillas et Septime
S'attacheront peut-être à quelque autre maxime.
Chacun a son avis; mais, quel que soit le leur,
Qui punit le vaincu ne craint point le vainqueur.

ACHILLAS.

Sire, Photin dit vrai; mais, quoique de Pompée
Je voie et la fortune et la valeur trompée,
Je regarde son sang comme un sang précieux
Qu'au milieu de Pharsale ont respecté les dieux.
Non qu'en un coup d'état je n'approuve le crime;
Mais, s'il n'est nécessaire, il n'est point légitime.
Et quel besoin ici d'une extrême rigueur?
Qui n'est point au vaincu ne craint point le vainqueur.
Neutre jusqu'à présent, vous pouvez l'être encore (1);
Vous pouvez adorer César, si l'on l'adore.
Mais, quoique vos encens le traitent d'immortel,
Cette grande victime est trop pour son autel;
Et sa tête immolée au dieu de la victoire
Imprime à votre nom une tache trop noire :
Ne le pas secourir suffit sans l'opprimer.
En usant de la sorte on ne vous peut blâmer.
Vous lui devez beaucoup; par lui Rome animée
A fait rendre le sceptre au feu roi Ptolomée :
Mais la reconnaissance et l'hospitalité
Sur les âmes des rois n'ont qu'un droit limité;
Quoi que doive un monarque, et dût-il sa couronne,
Il doit à ses sujets encor plus qu'à personne,
Et cesse de devoir quand la dette est d'un rang
A ne point l'acquitter qu'aux dépens de leur sang.
S'il est juste d'ailleurs que tout se considère,
Que hasardait Pompée en servant votre père?
Il se voulut par là faire voir tout-puissant,
Et vit croître sa gloire en le rétablissant.
Il le servit enfin, mais ce fut de la langue;
La bourse de César fit plus que sa harangue :
Sans ses mille talents, Pompée et ses discours
Pour rentrer en Egypte étaient un froid secours.
Qu'il ne vante donc plus ses mérites frivoles,

---

(1) Achillas conseille la neutralité : ne tuez pas, mais ne recevez pas ; cette conclusion, pour être moins brutale, est tout aussi lâche.

Les effets de César valent bien ses paroles :
Et, si c'est un bienfait qu'il faut rendre aujourd'hui,
Comme il parla pour vous, vous parlerez pour lui :
Ainsi vous le pouvez et devez reconnaître.
Le recevoir chez vous, c'est recevoir un maître,
Qui, tout vaincu qu'il est, bravant le nom de roi,
Dans vos propres états vous donnerait la loi
Fermez-lui donc vos ports, mais épargnez sa tête.
S'il le faut toutefois, ma main est toute prête ;
J'obéis avec joie, et je serais jaloux
Qu'autre bras que le mien portât les premiers coups.

SEPTIME.

Sire, je suis Romain, je connais l'un et l'autre.
Pompée a besoin d'aide, il vient chercher la vôtre :
Vous pouvez, comme maître absolu de son sort,
Le servir, le chasser, le livrer vif, ou mort.
Des quatre le premier vous serait trop funeste (1),
Souffrez donc qu'en deux mots j'examine le reste.

Le chasser, c'est vous faire un puissant ennemi.
Sans obliger par là le vainqueur qu'à demi,
Puisque c'est lui laisser et sur mer et sur terre
La suite d'une longue et difficile guerre,
Dont peut-être tous deux également lassés
Se vengeraient sur vous de tous les maux passés.
Le livrer à César n'est que la même chose :
Il lui pardonnera, s'il faut qu'il en dispose,
Et, s'armant à regret de générosité,
D'une fausse clémence il fera vanité,
Heureux de l'asservir en lui donnant la vie,
Et de plaire par là même à Rome asservie,
Cependant que, forcé d'épargner son rival,
Aussi bien que Pompée il vous voudra du mal.
Il faut le délivrer du péril et du crime,
Assurer sa puissance, et sauver son estime,
Et du parti contraire, en ce grand chef détruit,
Prendre sur vous la honte, et lui laisser le fruit.

C'est là mon sentiment, ce doit être le vôtre :
Par là vous gagnez l'un, et ne craignez plus l'autre.
Mais suivant d'Achillas le conseil hasardeux,
Vous n'en gagnez aucun, et les perdez tous deux (2).

(1) Quel langage indigne, dans la bouche d'un Romain, envers le plus grand des Romains ! C'est un échappé des guerres civiles, qui a renié les gloires de sa patrie.

(2) Les trois ministres ont parlé ; on n'a pas entendu un seul accent généreux. Voilà bien *ces âmes que le ciel ne forma que de boue*, comme dit plus loin Corneille . il fallait peindre toute la bassesse d'une cour avilie.

PTOLOMÉE.

N'examinons donc plus la justice des causes,
Et cédons au torrent qui roule toutes choses.
Je passe au plus de voix, et de mon sentiment
Je veux bien avoir part à ce grand changement.
Assez et trop longtemps l'arrogance de Rome
A cru qu'être Romain c'était être plus qu'homme.
Abattons sa superbe avec sa liberté (1);
Dans le sang de Pompée éteignons sa fierté;
Tranchons l'unique espoir où tant d'orgueil se fonde,
Et donnons un tyran à ces tyrans du monde :
Secondons le destin qui les veut mettre aux fers,
Et prêtons-lui la main pour venger l'univers.
Rome, tu serviras : et ces rois que tu braves,
Et que ton insolence ose traiter d'esclaves,
Adoreront César avec moins de douleur,
Puisqu'il sera ton maître aussi bien que le leur.
Allez donc, Achillas, allez avec Septime
Nous immortaliser par cet illustre crime.
Qu'il plaise au ciel ou non, laissez-m'en le souci.
Je crois qu'il veut sa mort puisqu'il l'amène ici.

ACHILLAS.

Sire, je crois tout juste alors qu'un roi l'ordonne.

PTOLOMEE.

Allez, et hâtez-vous d'assurer ma couronne;
Et vous ressouvenez que je mets en vos mains
Le destin de l'Egypte et celui des Romains (2).

SCÈNE II

PTOLOMÉE, PHOTIN.

PTOLOMÉE.

Photin, ou je me trompe, ou ma sœur est déçue.
De l'abord de Pompée elle espère autre issue :
Sachant que de mon père il a le testament,
Elle ne doute point de son couronnement;

(1) Vainement Ptolomée affecte des airs d'indépendance et de fierté nationale : il cède lâchement *au torrent qui roule toutes choses*. Achillas achève de le rassurer par la plus vile flatterie.

(2) Corneille a mis dans cette scène la force des pensées et la majesté du raisonnement, qu'il admirait en Lucain. « C'est, dit Voltaire, une des plus belles expositions qu'on ait vues sur aucun théâtre ; les anciens n'ont rien qui en approche ; elle est auguste, intéressante, importante ; elle entre tout d'un coup en action ; les autres expositions ne font qu'instruire du sujet de la pièce, celle-ci en est le nœud »

Elle se croit déjà souveraine maîtresse
D'un sceptre partagé que sa bonté lui laisse;
Et, se promettant tout de leur vieille amitié,
De mon trône en son âme elle prend la moitié,
Où de son vain orgueil les cendres rallumées
Poussent déjà dans l'air de nouvelles fumées.

PHOTIN.

Sire, c'est un motif que je ne disais pas,
Qui devait de Pompée avancer le trépas.
Sans doute il jugerait de la sœur et du frère
Suivant le testament du feu roi votre père,
Son hôte et son ami, qui l'en daigna saisir :
Jugez après cela de votre déplaisir.
Ce n'est pas que je veuille, en vous parlant contre elle
Rompre les sacrés nœuds d'une amour fraternelle;
Du trône et non du cœur je la veux éloigner :
Car c'est ne régner pas qu'être deux à régner.
Un roi qui s'y resout est mauvais politique;
Il détruit son pouvoir quand il le communique;
Et les raisons d'Etat... Mais, sire, la voici (1).

SCENE III

PTOLOMÉE, CLÉOPATRE, PHOTIN.

CLEOPATRE.

Sire, Pompée arrive, et vous êtes ici (2)!

PTOLOMEE.

J'attends dans mon palais ce guerrier magnanime,
Et lui viens d'envoyer Achillas et Septime.

CLÉOPATRE.

Quoi! Septime à Pompée, à Pompée Achillas (3)!

PTOLOMÉE.

Si ce n'est assez d'eux, allez, suivez leurs pas.

(1) A peine le crime résolu, le châtiment commence ; Cléopâtre, que l'on croit abattue par le même coup qui frappe Pompée son protecteur, va tout arrêter par son ambition hautaine.

(2) Quel reproche dans ce mot si bref! Après la solennité de la délibération, la vivacité de la lutte.

(3) « Ce vers en dit plus que vingt n'en pourraient dire. La simple exposition des choses est quelquefois plus énergique que les plus grands mouvements de l'éloquence. Voilà le véritable dialogue de la tragédie; il fait penser plus qu'il ne dit. Corneille est le premier qui ait eu l'idée de cette vraie beauté. » (VOLT.)

CLÉOPATRE.
Donc pour le recevoir c'est trop que de vous-même !
PTOLOMÉE.
Ma sœur, je dois garder l'honneur du diadème.
CLÉOPATRE.
Si vous en portez un, ne vous en souvenez
Que pour baiser la main de qui vous le tenez,
Que pour en faire hommage aux pieds d'un si grand homme.
PTOLOMÉE.
Au sortir de Pharsale est-ce ainsi qu'on le nomme?
CLÉOPATRE.
Fût-il dans son malheur de tous abandonné,
Il est toujours Pompée, et vous a couronné (1).
PTOLOMÉE.
Il n'en est plus que l'ombre, et couronna mon père,
Dont l'ombre, et non pas moi, lui doit ce qu'il espère;
Il peut aller, s'il veut, dessous son monument
Recevoir ses devoirs et son remercîment.
CLÉOPATRE.
Après un tel bienfait, c'est ainsi qu'on le traite !
PTOLOMÉE.
Je m'en souviens, ma sœur, et je vois sa défaite.
CLÉOPATRE.
Vous la voyez de vrai, mais d'un œil de mépris.
PTOLOMÉE.
Le temps de chaque chose ordonne et fait le prix.
Vous qui l'estimez tant, allez lui rendre hommage,
Mais songez qu'au port même il peut faire naufrage.
CLÉOPATRE.
Il peut faire naufrage ! et même dans le port !
Quoi ! vous auriez osé lui préparer la mort?
PTOLOMÉE.
J'ai fait ce que les dieux m'ont inspiré de faire,
Et que pour mon état j'ai jugé nécessaire.
CLÉOPATRE.
Je ne le vois que trop, Photin et ses pareils

---

(1) Cléopâtre a ici le beau rôle, le rôle de la générosité, de la reconnaissance ; sa politique noble et franche forme un contraste frappant avec l'égoïsme mesquin de son frère.

Vous ont empoisonné de leurs lâches conseils :
Ces âmes que le ciel ne forma que de boue (1)....

PHOTIN.

Ce sont de nos conseils, oui, madame; et j'avoue....

CLÉOPATRE.

Photin, je parle au roi; vous repondrez pour tous
Quand je m'abaisserai jusqu'à parler à vous.

PTOLOMÉE, *à Photin.*

Il faut un peu souffrir de cette humeur hautaine;
Je sais votre innocence, et je connais sa haine;
Après tout, c'est ma sœur, oyez sans repartir.

CLÉOPATRE.

Ah! s'il est encor temps de vous en repentir,
Affranchissez-vous d'eux et de leur tyrannie;
Rappelez la vertu par leurs conseils bannie,
Cette haute vertu dont le ciel et le sang
Enflent toujours les cœurs de ceux de notre rang.

PTOLOMEE.

Quoi! d'un frivole espoir déjà préoccupée,
Vous me parlez en reine en parlant de Pompée;
Et d'un faux zele ainsi votre orgueil revêtu
Fait agir l'intérêt sous le nom de vertu!
Confessez-le, ma sœur, vous sauriez vous en taire,
N'était le testament du feu roi notre père;
Vous savez qui le garde.

CLÉOPATRE.

     Et vous saurez aussi
Que la seule vertu me fait parler ainsi (2),
Et que, si l'intérêt m'avait préoccupée,
J'agirais pour Cesar, et non pas pour Pompée.
Apprenez un secret que je voulais cacher,
Et cessez desormais de me rien reprocher.
 Quand ce peuple insolent qu'enferme Alexandrie
Fit quitter au feu roi son trône et sa patrie,
Et que, par ces mutins chassé de son Etat,
Il fut jusques à Rome implorer le sénat,
Il nous mena tous deux pour toucher son courage,
Vous assez jeune encor, moi déjà dans un âge
Ou ce peu de beauté que m'ont donné les cieux
D'un assez vif éclat faisait briller mes yeux.

---

(1) Ce trait vigoureux stigmatise Photin, comme il le mérite.
(2) Il fallait justifier la sincérité de son dévouement

César en fut épris, et du moins j'eus la gloire
De le voir hautement donner lieu de le croire;
Mais voyant contre lui le sénat irrité,
Il fit agir Pompée et son autorité.
Ce dernier nous servit à sa seule prière,
Qui de leur amitié fut la preuve dernière :
Vous en savez l'effet, et vous en jouissez.
Mais pour un tel amant ce ne fut pas assez;
Après avoir pour nous employé ce grand homme,
Qui nous gagna soudain toutes les voix de Rome,
Son amour en voulut seconder les efforts,
Et, nous ouvrant son cœur, nous ouvrit ses trésors :
Nous eûmes de ses feux, encore en leur naissance,
Et les nerfs de la guerre, et ceux de la puissance;
Et les mille talents qui lui sont encor dus
Remirent en nos mains tous nos États perdus.
Le roi, qui s'en souvint à son heure fatale,
Me laissa comme à vous la dignité royale,
Et, par son testament, qui doit servir de loi,
Me rendit une part de ce qu'il tint de moi.
C'est ainsi qu'ignorant d'où vint ce bon office
Vous appelez faveur ce qui n'est que justice,
Et l'osez accuser d'une aveugle amitié,
Quand du tout qu'il me doit il me rend la moitié.

PTOLOMÉE.

Certes, ma sœur, le conte est fait avec adresse.

CLEOPATRE.

César viendra bientôt, et j'en ai lettre expresse;
Et peut-être aujourd'hui vos yeux seront témoins
De ce que votre esprit s'imagine le moins.
Ce n'est pas sans sujet que je parlais en reine.
Je n'ai reçu de vous que mépris et que haine (1);
Et, de ma part du sceptre indigne ravisseur,
Vous m'avez plus traitée en esclave qu'en sœur;
Même, pour éviter des effets plus sinistres,
Il m'a fallu flatter vos insolents ministres,
Dont j'ai craint jusqu'ici le fer, ou le poison :
Mais Pompée, ou César, m'en va faire raison;
Et, quoi qu'avec Photin Achillas en ordonne,
Ou l'une ou l'autre main me rendra ma couronne.

(1) La reine se redresse avec fierté contre un frère qui n'a que trop méconnu ses droits.

Cependant mon orgueil vous laisse démêler
Quel était l'intérêt qui me faisait parler (1).

SCENE IV
PTOLOMÉE, PHOTIN.

PTOLOMÉE.

Que dites-vous, ami, de cette âme orgueilleuse?

PHOTIN.

Sire, cette surprise est pour moi merveilleuse,
Je n'en sais que penser; et mon cœur, étonné
D'un secret que jamais il n'aurait soupçonné,
Inconstant et confus dans son incertitude,
Ne se résout à rien qu'avec inquiétude.

PTOLOMÉE.

Sauverons-nous Pompée?

PHOTIN.

Il faudrait faire effort,
Si nous l'avions sauvé, pour conclure sa mort (2).
Cléopâtre vous hait : elle est fière, elle est belle;
Et si l'heureux César a de l'amour pour elle,
La tête de Pompée est l'unique présent
Qui vous fasse contre elle un rempart suffisant.

PTOLOMÉE.

Ce dangereux esprit a beaucoup d'artifice.

PHOTIN.

Son artifice est peu contre un si grand service.

PTOLOMÉE.

Mais si, tout grand qu'il est, il cede à ses appas?

PHOTIN.

Il la faudra flatter. Mais ne m'en croyez pas;
Et, pour mieux empêcher qu'elle ne vous opprime,
Consultez-en encore Achillas et Septime.

PTOLOMÉE.

Allons donc les voir faire, et montons à la tour;
Et nous en résoudrons ensemble à leur retour (3).

(1) Cléopâtre n'a rien obtenu; mais son intervention a jeté le trouble dans l'âme du roi : il hésite; l'intrigue est nouée par cette première péripétie.

(2) Photin est le mauvais génie de Ptolomée, comme Narcisse est celui de Néron.

(3) Le spectateur est en suspens : que va-t-on résoudre ? C'est ainsi que doit finir un acte.

ACTE DEUXIÈME

Scène I. Cléopâtre proteste, en présence de sa confidente, que jamais elle ne voudrait plaire à César au prix du meurtre de Pompée; cependant elle connaît l'amour de César pour elle; lui-même vient de l'en assurer dans une lettre où il lui annonce sa prochaine arrivée.

SCÈNE II
CLÉOPATRE, ACHORÉE, CHARMION.

CLÉOPATRE.

En est-ce déjà fait? et nos bords malheureux
Sont-ils déjà souillés d'un sang si généreux?

ACHORÉE.

Madame, j'ai couru par votre ordre au rivage (1);
J'ai vu la trahison, j'ai vu toute sa rage;
Du plus grand des mortels j'ai vu trancher le sort;
J'ai vu dans son malheur la gloire de sa mort :
Et puisque vous voulez qu'ici je vous raconte
La gloire d'une mort qui nous couvre de honte,
Ecoutez, admirez et plaignez son trépas.
 Ses trois vaisseaux en rade avaient mis voiles bas;
Et voyant dans le port préparer nos galères,
Il croyait que le roi, touché de ses misères,
Par un beau sentiment d'honneur et de devoir,
Avec toute sa cour le venait recevoir :
Mais voyant que ce prince, ingrat à ses mérites,
N'envoyait qu'un esquif rempli de satellites,
Il soupçonne aussitôt son manquement de foi,
Et se laisse surprendre à quelque peu d'effroi.
Enfin, voyant nos bords et notre flotte en armes,
Il condamne en son cœur ces indignes alarmes,
Et réduit tous les soins d'un si pressant ennui
A ne hasarder pas Cornélie avec lui :
« N'exposons, lui dit-il, que cette seule tête
A la réception que l'Egypte m'apprête;
Et tandis que moi seul j'en courrai le danger,
Songe à prendre la fuite afin de me venger.
Le roi Juba nous garde une foi plus sincère;
Chez lui tu trouveras et mes fils et ton père;
Mais quand tu le verrais descendre chez Pluton,

---

(1) « Les narrations d'Achorée, dit naïvement Corneille dans son *Examen de Pompée*, ont toujours passé pour fort belles. » Ce sera le jugement de tous les siècles. Rien de plus grave et de plus touchant que ce récit de la mort de Pompée.

Ne désespère point, du vivant de Caton. »
Tandis que leur amour en cet adieu conteste,
Achillas à son bord joint son esquif funeste.
Septime se présente, et, lui tendant la main,
Le salue empereur en langage romain;
Et, comme député de ce jeune monarque,
« Passez, seigneur, dit-il, passez dans cette barque;
Les sables et les bancs cachés dessous les eaux
Rendent l'accès mal sûr à de plus grands vaisseaux. »
Ce héros voit la fourbe, et s'en moque dans l'âme :
Il reçoit les adieux des siens et de sa femme,
Leur défend de le suivre, et s'avance au trépas
Avec le même front qu'il donnait les Etats;
La même majesté sur son visage empreinte
Entre ces assassins montre un esprit sans crainte;
Sa vertu tout entière à la mort le conduit :
Son affranchi Philippe est le seul qui le suit.
C'est de lui que j'ai su ce que je viens de dire;
Mes yeux ont vu le reste, et mon cœur en soupire,
Et croit que Cesar même à de si grands malheurs
Ne pourra refuser des soupirs et des pleurs.

CLÉOPATRE.

N'épargnez pas les miens; achevez, Achorée,
L'histoire d'une mort que j'ai déjà pleurée.

ACHORÉE.

On l'amène; et du port nous le voyons venir,
Sans que pas un d'entre eux daigne l'entretenir.
Ce mépris lui fait voir ce qu'il en doit attendre.
Enfin l'esquif aborde, on l'invite à descendre :
Il se lève; et soudain, pour signal, Achillas
Derrière ce héros tirant son coutelas,
Septime et trois des siens, lâches enfants de Rome,
Percent à coups pressés les flancs de ce grand homme,
Tandis qu'Achillas même, épouvanté d'horreur,
De ces quatre enragés admire la fureur.

CLÉOPATRE

Vous qui livrez la terre aux discordes civiles (1),
Si vous vengez sa mort, dieux, épargnez nos villes!
N'imputez rien aux lieux, reconnaissez les mains;
Le crime de l'Egypte est fait par des Romains.
Mais que fait et que dit ce généreux courage?

---

(1) Les interruptions qui coupent le récit sont fort naturelles; elles soulagent l'attention et augmentent l'intérêt.

ACHOREE.

D'un des pans de sa robe il couvre son visage,
A son mauvais destin en aveugle obéit,
Et dédaigne de voir le ciel qui le trahit,
De peur que d'un coup d'œil contre une telle offense
Il ne semble implorer son aide ou sa vengeance.
Aucun gémissement à son cœur échappé
Ne le montre, en mourant, digne d'être frappé :
Immobile à leurs coups, en lui-même il rappelle
Ce qu'eut de beau sa vie, et ce qu'on dira d'elle ;
Et tient la trahison que le roi leur prescrit
Trop au-dessous de lui pour y prêter l'esprit.
Sa vertu dans leur crime augmente ainsi son lustre,
Et son dernier soupir est un soupir illustre,
Qui, de cette grande âme achevant les destins,
Etale tout Pompée aux yeux des assassins.
Sa tête sur les bords de la barque penchée,
Par le traître Septime indignement tranchée,
Passe au bout d'une lance en la main d'Achillas,
Ainsi qu'un grand trophée après de grands combats ;
Et, pour combler enfin sa tragique aventure,
On donne à ce heros la mer pour sépulture ;
Et le tronc sous les flots roule dorénavant
Au gré de la fortune, et de l'onde, et du vent (1).
A ce spectacle affreux la triste Cornelie....

CLEOPATRE.

Dieux ? en quels déplaisirs est-elle ensevelie !

ACHOREE.

Ayant toujours suivi ce cher époux des yeux,
Je l'ai vue élever ses tristes mains aux cieux ;
Puis, cédant aussitôt à la douleur plus forte,
Tomber, dans sa galère, évanouie ou morte.
Les siens de ce désastre, à force de ramer,
L'éloignent de la rive et regagnent la mer.
Mais sa fuite est mal sûre ; et l'infâme Septime,
Qui se voit derober la moitié de son crime,
Afin de l'achever prend six vaisseaux au port,
Et poursuit sur les eaux Pompée après sa mort.
Cependant Achillas porte au roi sa conquête :
Tout le peuple tremblant en détourne la tête.
Un effroi général offre à l'un sous ses pas
Des abîmes ouverts pour venger ce trépas ;

---

(1) Cette grande et lugubre image émeut profondement : voilà le sort de l'homme qui naguère commandait au monde, faisait et defaisait les rois !

ACTE II, SCÈNE II

L'autre entend le tonnerre; et chacun se figure
Un désordre soudain de toute la nature;
Tant l'excès du forfait, troublant leurs jugements,
Présente à leur terreur l'excès des châtiments!
Philippe, d'autre part, montrant sur le rivage
Dans une âme servile un généreux courage,
Examine d'un œil et d'un soin curieux
Où les vagues rendront ce dépôt précieux,
Pour lui rendre, s'il peut, ce qu'aux morts on doit rendre,
Dans quelque urne chétive en ramasser la cendre,
Et d'un peu de poussière élever un tombeau
A celui qui du monde eut le sort le plus beau (1).
Mais comme vers l'Afrique on poursuit Cornélie,
On voit d'ailleurs Cesar venir de Thessalie :
Une flotte paraît, qu'on a peine à compter....

CLEOPATRE.

C'est lui-même, Achorée, il n'en faut point douter.
Tremblez, tremblez, méchants, voici venir la foudre (2);
Cléopâtre a de quoi vous mettre tous en poudre :
Cesar vient; elle est reine, et Pompée est vengé;
La tyrannie est bas, et le sort a changé.
  Admirons cependant le destin des grands hommes;
Plaignons-les, et par eux jugeons ce que nous sommes.
Ce prince d'un sénat maître de l'univers,
Dont le bonheur semblait au-dessus du revers,
Lui que sa Rome a vu, plus craint que le tonnerre,
Triompher en trois fois des trois parts de la terre,
Et qui voyait encore en ces derniers hasards
L'un et l'autre consul suivre ses étendards;
Sitôt que d'un malheur sa fortune est suivie,
Les monstres de l'Egypte ordonnent de sa vie :
On voit un Achillas, un Septime, un Photin,
Arbitres souverains d'un si noble destin;
Un roi qui de ses mains a reçu la couronne
A ces pestes de cour lâchement l'abandonne.
Ainsi finit Pompée, et peut-être qu'un jour
Cesar éprouvera même sort à son tour (3).

(1) Comme le néant de la gloire apparaît dans *ce peu de poussière*, dernier asile du grand Pompée! Ce trait prépare en même temps l'arrivée de Cornélie portant l'urne où seront renfermées les cendres de son époux.

(2) Cette apostrophe est superbe; l'image est sublime comme le sentiment. La conscience indignée triomphe en voyant arriver avec César la vengeance divine.

(3) Ce regard prophétique sur l'avenir est fort touchant. Une profonde tristesse s'empare de l'âme, à la vue de ces deux grands hommes tombant si misérablement et pour ainsi dire l'un sur l'autre, victimes de leur ambition.

Rendez l'augure faux, dieux, qui voyez mes larmes,
Et secondez partout et mes vœux et ses armes !

CHARMION.

Madame, le roi vient, qui pourra vous ouir.

Scène III Ptolomée croit annoncer a Cleopâtre l'arrivée de César, et il l'invite à s'en réjouir avec lui. Cléopâtre l'engage ironiquement a aller rendre hommage au rival heureux de Pompee ; elle se contentera de l'attendre. — *Scène IV.* Ptolomee consulte Photin sur le moyen de prévenir les projets ambitieux de Cléopâtre. Photin le dissuade de la faire assassiner ; il lui conseille d'aller plutôt au-devant de César et de lui offrir humblement son royaume ; César parti, on pourra se défaire de Cléopâtre.

ACTE TROISIÈME

SCENE I

CHARMION, ACHORÉE.

CHARMION.

Oui, tandis que le roi va lui-même en personne
Jusqu'aux pieds de César prosterner sa couronne,
Cléopâtre s'enferme en son appartement,
Et, sans s'en emouvoir, attend son compliment.
Comment nommerez-vous une humeur si hautaine ?

ACHORÉE.

Un orgueil noble et juste, et digne d'une reine
Qui soutient avec cœur et magnanimité
L'honneur de sa naissance et de sa dignité :
Lui pourrai-je parler ?

CHARMION.

                Non ; mais elle m'envoie
Savoir à cet abord ce qu'on a vu de joie ;
Ce qu'à ce beau présent César a témoigné ;
S'il a paru content, ou s'il l'a dédaigné ;
S'il traite avec douceur, s'il traite avec empire ;
Ce qu'à nos assassins enfin il a pu dire.

ACHORÉE.

La tête de Pompée a produit des effets
Dont ils n'ont pas sujet d'être fort satisfaits.
Je ne sais si César prendrait plaisir à feindre ;
Mais pour eux jusqu'ici je trouve lieu de craindre :
S'ils aimaient Ptolomée, ils l'ont fort mal servi.

Vous l'avez vu partir, et moi je l'ai suivi (1).
Ses vaisseaux en bon ordre ont éloigné la ville,
Et pour joindre César n'ont avancé qu'un mille.
Il venait à plein voile; et si dans les hasards
Il éprouva toujours pleine faveur de Mars,
Sa flotte, qu'à l'envi favorisait Neptune,
Avait le vent en poupe ainsi que sa fortune (2).
Dès le premier abord notre prince étonné
Ne s'est plus souvenu de son front couronné;
Sa frayeur a paru sous sa fausse allégresse;
Toutes ses actions ont senti la bassesse :
J'en ai rougi moi-même, et me suis plaint à moi
De voir là Ptolomée, et n'y voir point de roi (3);
Et César, qui lisait sa peur sur son visage,
Le flattait par pitié pour lui donner courage.
Lui, d'une voix tombante offrant ce don fatal :
« Seigneur, vous n'avez plus, lui dit-il, de rival;
Ce que n'ont pu les dieux dans votre Thessalie,
Je vais mettre en vos mains Pompée et Cornélie :
En voici déjà l'un; et pour l'autre, elle fuit,
Mais avec six vaisseaux un des miens la poursuit. »
A ces mots Achillas découvre cette tête :
Il semble qu'à parler encore elle s'apprête;
Qu'à ce nouvel affront un reste de chaleur
En sanglots mal formés exhale sa douleur;
Sa bouche encore ouverte et sa vue égarée
Rappellent sa grande âme à peine séparée;
Et son courroux mourant fait un dernier effort
Pour reprocher aux dieux sa défaite et sa mort.
César, à cet aspect comme frappé du foudre,
Et comme ne sachant que croire ou que résoudre,
Immobile, et les yeux sur l'objet attachés,
Nous tient assez longtemps ses sentiments cachés;
Et je dirai, si j'ose en faire conjecture,
Que, par un mouvement commun à la nature,

(1) « La narration du troisième acte, qui est à mon gré la plus magnifique, a été accusée de n'être pas reçue par une personne digne de la recevoir ; mais bien que Charmion qui l'écoute ne soit qu'une domestique de Cléopâtre, qu'on peut toutefois prendre pour sa dame d'honneur, étant envoyée exprès par cette reine pour l'écouter, elle tient lieu de cette reine même, qui cependant montre un orgueil digne d'elle, d'attendre la visite de César dans sa chambre sans aller au-devant de lui. » (*Examen de Pompée*, par Corneille.)

(2) Image pittoresque et gracieuse, elle met sous les yeux la rapidité triomphante du héros « en qui venir, voir et vaincre est même chose. » (Acte IV, sc III)

(3) « La peinture de l'humiliation de Ptolomée est admirable. » (Volt.)

Quelque maligne joie en son cœur s'élevait,
Dont sa gloire indignée à peine le sauvait (1).
L'aise de voir la terre à son pouvoir soumise
Chatouillait malgré lui son âme avec surprise;
Et de cette douceur son esprit combattu
Avec un peu d'effort rassurait sa vertu.
S'il aime sa grandeur, il hait la perfidie;
Il se juge en autrui, se tâte, s'étudie,
Examine en secret sa joie et ses douleurs,
Les balance, choisit, laisse couler des pleurs;
Et, forçant sa vertu d'être encor la maîtresse,
Se montre généreux par un trait de faiblesse :
Ensuite il fait ôter ce présent de ses yeux,
Leve les mains ensemble et les regards aux cieux,
Lâche deux ou trois mots contre cette insolence;
Puis tout triste et pensif il s'obstine au silence,
Et même à ses Romains ne daigne repartir
Que d'un regard farouche et d'un profond soupir (2).
Enfin ayant pris terre avec trente cohortes,
Il se saisit du port, il se saisit des portes,
Met des gardes partout et des ordres secrets,
Fait voir sa defiance ainsi que ses regrets,
Parle d'Egypte en maître, et de son adversaire
Non plus comme ennemi, mais comme son beau-père.
Voilà ce que j'ai vu.

CHARMION.

Voilà ce qu'attendait,
Ce qu'au juste Osiris la reine demandait.
Je vais bien la ravir avec cette nouvelle.
Vous, continuez-lui ce service fidèle.

ACHOREE.

Qu'elle n'en doute point. Mais César vient. Allez,
Peignez-lui bien nos gens pâles et désolés;
Et moi, soit que l'issue en soit douce ou funeste,
J'irai l'entretenir quand j'aurai vu le reste.

(1) « Quelle peinture et quelle vérité ! que ces grands traits effacent de fautes ! Rien n'est plus beau que cette tirade » (VOLT.)

(2) Voilà le grand César, digne rival du grand Pompée : c'est le vrai Romain, qui voulait vaincre noblement, mais non triompher par un assassinat. *Ce regard farouche, ce silence obstiné et ce profond soupir*, sont bien d'un heros; Cromwell, soulevant avec complaisance la tête de Charles I, n'était qu'un bourreau.

SCÈNE II

CÉSAR, PTOLOMÉE, LÉPIDE, PHOTIN, ACHORÉE,
SOLDATS ROMAINS, SOLDATS EGYPTIENS.

PTOLOMÉE.

Seigneur, montez au trône, et commandez ici.

CÉSAR.

Connaissez-vous César de lui parler ainsi (1)?
Que m'offrirait de pis la fortune ennemie,
A moi qui tiens le trône égal à l'infamie?
Certes, Rome à ce coup pourrait bien se vanter
D'avoir eu juste lieu de me persécuter;
Elle qui d'un même œil les donne et les dédaigne,
Qui ne voit rien aux rois qu'elle aime ou qu'elle craigne,
Et qui verse en nos cœurs, avec l'âme et le sang,
Et la haine du nom, et le mépris du rang.
C'est ce que de Pompée il vous fallait apprendre :
S'il en eût aimé l'offre, il eût su s'en défendre;
Et le trône et le roi se seraient ennoblis
A soutenir la main qui les a rétablis.
Vous eussiez pu tomber, mais tout couvert de gloire.
Votre chute eût valu la plus haute victoire;
Et si votre destin n'eût pu vous en sauver,
César eût pris plaisir à vous en relever.
Vous n'avez pu former une si noble envie.
Mais quel droit aviez-vous sur cette illustre vie?
Que vous devait son sang pour y tremper vos mains,
Vous qui devez respect au moindre des Romains?
Ai-je vaincu pour vous dans les champs de Pharsale?
Et, par une victoire aux vaincus trop fatale,
Vous ai-je acquis sur eux en ce dernier effort
La puissance absolue et de vie et de mort?
Moi qui n'ai jamais pu la souffrir à Pompée,
La souffrirai-je en vous sur lui-même usurpée,
Et que de mon bonheur vous ayez abusé
Jusqu'à plus attenter que je n'aurais osé?
De quel nom, après tout, pensez-vous que je nomme
Ce coup où vous tranchez du souverain de Rome,
Et qui sur un seul chef lui fait bien plus d'affront

---

(1) Une réplique si fière est un coup de foudre pour le malheureux roi. Il espérait recevoir son salaire : César l'accable sous la honte de son forfait. Tout le discours est de la même force « Le spectateur est charmé de voir ce roi abaissé et confondu. Le sublime de César passe jusque dans l'âme du lecteur » (VOLT.)

Que sur tant de milliers ne fit le roi de Pont?
Pensez-vous que j'ignore ou que je dissimule
Que vous n'auriez pas eu pour moi plus de scrupule,
Et que, s'il m'eût vaincu, votre esprit complaisant
Lui faisait de ma tête un semblable présent?
Grâces à ma victoire, on me rend des hommages
Où ma fuite eût reçu toutes sortes d'outrages;
Au vainqueur, non à moi, vous faites tout l'honneur ·
Si César en jouit, ce n'est que par bonheur.
Amitié dangereuse, et redoutable zèle,
Que règle la fortune, et qui tourne avec elle!
Mais parlez, c'est trop être interdit et confus..

PTOLOMÉE.

Je le suis, il est vrai, si jamais je le fus ;
Et vous-même avoûrez que j'ai sujet de l'être.
   Etant né souverain, je vois ici mon maître (1) :
Ici, dis-je, où ma cour tremble en me regardant,
Où je n'ai point encore agi qu'en commandant,
Je vois une autre cour sous une autre puissance,
Et ne puis plus agir qu'avec obéissance.
De votre seul aspect je me suis vu surpris :
Jugez si vos discours rassurent mes esprits;
Jugez par quels moyens je puis sortir d'un trouble
Que forme le respect, que la crainte redouble,
Et ce que vous peut dire un prince épouvanté
De voir tant de colère et tant de majesté.
Dans cet étonnement dont mon âme est frappée
De rencontrer en vous le vengeur de Pompée,
Il me souvient pourtant que s'il fut notre appui,
Nous vous dûmes dès lors autant et plus qu'à lui.
Votre faveur pour nous éclata la première,
Tout ce qu'il fit après fut à votre prière :
Il émut le sénat pour des rois outragés
Que sans cette prière il aurait négligés.
Mais de ce grand sénat les saintes ordonnances
Eussent peu fait pour nous, seigneur, sans vos finances :
Par là de nos mutins le feu roi vint à bout ;
Et, pour en bien parler, nous vous devons le tout.
Nous avons honoré votre ami, votre gendre,
Jusqu'à ce qu'à vous-même il ait osé se prendre;
Mais voyant son pouvoir, de vos succès jaloux,
Passer en tyrannie, et s'armer contre vous....

(1) Ptolomée croit se relever à force de bassesses : il ne réussit qu'à s'avilir de plus en plus; sa lâcheté fait ressortir la magnanimité de César.

ACTE III, SCÈNE II

CÉSAR.

Tout beau : que votre haine en son sang assouvie
N'aille point à sa gloire ; il suffit de sa vie.
N'avancez rien ici que Rome ose nier ;
Et justifiez-vous sans le calomnier.

PTOLOMÉE.

Je laisse donc aux dieux à juger ses pensées,
Et dirai seulement qu'en vos guerres passées,
Où vous fûtes forcé par tant d'indignités,
Tous nos vœux ont été pour vos prospérités ;
Que, comme il vous traitait en mortel adversaire,
J'ai cru sa mort pour vous un malheur nécessaire ;
Et que sa haine injuste, augmentant tous les jours,
Jusque dans les enfers chercherait du secours ;
Ou qu'enfin, s'il tombait dessous votre puissance,
Il nous fallait pour vous craindre votre clémence ;
Et que le sentiment d'un cœur trop généreux,
Usant mal de vos droits, vous rendît malheureux.
J'ai donc considéré qu'en ce péril extrême
Nous vous devions, seigneur, servir malgré vous-même ;
Et, sans attendre d'ordre en cette occasion,
Mon zèle ardent l'a prise à ma confusion.
Vous m'en désavouez, vous l'imputez à crime ;
Mais pour servir César rien n'est illégitime.
J'en ai souillé mes mains pour vous en préserver :
Vous pouvez en jouir, et le désapprouver ;
Et j'ai plus fait pour vous, plus l'action est noire,
Puisque c'est d'autant plus vous immoler ma gloire,
Et que ce sacrifice, offert par mon devoir,
Vous assure la vôtre avec votre pouvoir.

CÉSAR.

Vous cherchez, Ptolomée, avecque trop de ruses,
De mauvaises couleurs et de froides excuses.
Votre zèle était faux, si seul il redoutait
Ce que le monde entier à pleins vœux souhaitait,
Et s'il vous a donné ces craintes trop subtiles
Qui m'ôtent tout le fruit de nos guerres civiles,
Où l'honneur seul m'engage, et que pour terminer
Je ne veux que celui de vaincre et pardonner (1) ;
Où mes plus dangereux et plus grands adversaires,
Sitôt qu'ils sont vaincus, ne sont plus que mes frères ;

---

(1) Belle parole, que justifie le reste de sa vie. Les vers qui suivent sont magnifiques de pensée, de sentiment et de style : le grand cœur de César s'y montre sous un jour admirable.

Et mon ambition ne va qu'à les forcer,
Ayant dompté leur haine, à vivre et m'embrasser.
O combien d'allégresse une si triste guerre
Aurait-elle laissé dessus toute la terre,
Si l'on voyait marcher dessus un même char,
Vainqueurs de leurs discordes, et Pompée et César (1)!
Voilà ces grands malheurs que craignait votre zèle.
O crainte ridicule autant que criminelle!
Vous craigniez ma clémence! Ah! n'ayez plus ce soin;
Souhaitez-la plutôt, vous en avez besoin (2).
Si je n'avais égard qu'aux lois de la justice,
Je m'apaiserais Rome avec votre supplice,
Sans que ni vos respects, ni votre repentir,
Ni votre dignité, vous pussent garantir;
Votre trône lui-même en serait le théâtre :
Mais, voulant épargner le sang de Cléopâtre,
J'impute à vos flatteurs toute la trahison,
Et je veux voir comment vous m'en ferez raison;
Suivant les sentiments dont vous serez capable,
Je saurai vous tenir innocent ou coupable.
Cependant à Pompée élevez des autels;
Rendez-lui les honneurs qu'on rend aux immortels;
Par un prompt sacrifice expiez tous vos crimes;
Et surtout pensez bien au choix de vos victimes.
Allez y donner ordre, et me laissez ici
Entretenir les miens sur quelque autre souci.

Scène III. César apprend de la bouche d'Antoine que Cléopâtre répond à son amour; il se dispose à se rendre chez elle, lorsque les gens de Ptolomée lui amènent Cornélie prisonnière (3).

(1) On aime à voir cet amour de la paix, cette clémence pour les vaincus, les honneurs que César veut décerner à Pompée, et le châtiment qu'il compte tirer de ses meurtriers. Cicéron, plus tard, pouvait lui rendre ce beau témoignage en plein sénat : *Vidimus tuam victoriam prœliorum exitu terminatam ; gladium vagina vacuum in urbe non vidimus...* (Pro Marc., 17.)

(2) « *Souhaitez-la plutôt* est sublime. » (VOLT.) César veut venger Pompée.

(3) L'idée d'amener Cornélie prisonnière sur le théâtre de l'action, est une conception de génie : la noble fierté que le poète lui donne sera une source continuelle de sublime. Une lutte d'héroïsme va commencer entre deux âmes extraordinaires : on verra Cornélie bravant la victoire de César, et César s'élevant au-dessus de lui-même en respectant la veuve de Pompée; Cornélie sauvant son ennemi, et César honorant son rival à l'égal d'un dieu. Corneille aime à opposer de la sorte deux âmes héroïques, rivalisant ensemble de générosité. Sévère et Pauline dans *Polyeucte*, Séleucus et Antiochus dans *Rodogune*, Héraclius et Martian dans *Héraclius*, offrent, comme César et Cornélie, l'émouvant spectacle de la vertu luttant avec la vertu, et s'élevant ainsi aux plus hauts sommets du sacrifice.

SCÈNE IV
CÉSAR, CORNÉLIE, ANTOINE, LÉPIDE, SEPTIME.

SEPTIME.

Seigneur....

CÉSAR.

Allez, Septime, allez vers votre maître ;
César ne peut souffrir la présence d'un traître (1),
D'un Romain lâche assez pour servir sous un roi,
Après avoir servi sous Pompée et sous moi.
(*Septime rentre.*)

CORNÉLIE.

César, car le destin, que dans tes fers je brave,
Me fait ta prisonnière, et non pas ton esclave (2),
Et tu ne prétends pas qu'il m'abatte le cœur
Jusqu'à te rendre hommage, et te nommer seigneur ;
De quelque rude trait qu'il m'ose avoir frappée,
Veuve du jeune Crasse, et veuve de Pompée (3),
Fille de Scipion, et, pour dire encor plus,
Romaine, mon courage est encore au-dessus ;
Et de tous les assauts que sa rigueur me livre,
Rien ne me fait rougir que la honte de vivre.
J'ai vu mourir Pompée, et ne l'ai pas suivi ;
Et bien que le moyen m'en ait été ravi,
Qu'une pitié cruelle à mes douleurs profondes
M'ait ôté le secours et du fer et des ondes,
Je dois rougir pourtant, après un tel malheur,
De n'avoir pu mourir d'un excès de douleur :
Ma mort était ma gloire, et le destin m'en prive
Pour croître mes malheurs, et me voir ta captive.
Je dois bien toutefois rendre grâces aux dieux
De ce qu'en arrivant je te trouve en ces lieux,
Que César y commande, et non pas Ptolomée.
Hélas ! et sous quel astre, ô ciel, m'as-tu formée,
Si je leur dois des vœux de ce qu'ils ont permis
Que je rencontre ici mes plus grands ennemis,
Et tombe entre leurs mains plutôt qu'aux mains d'un prince
Qui doit à mon époux son trône et sa province ?
César, de ta victoire écoute moins le bruit ;

---

(1) On retrouve César dans cette foudroyante apostrophe à Septime.

(2) La grande âme de Cornélie se révèle dès ses premières paroles ; jamais on ne la verra fléchir.

(3) Cornélie avait épousé Pompée après la mort du jeune Crassus, tué avec son père dans la guerre des Parthes.

Elle n'est que l'effet du malheur qui me suit ;
Je l'ai porté pour dot chez Pompée et chez Crasse :
Deux fois du monde entier j'ai causé la disgrâce ;
Deux fois de mon hymen le nœud mal assorti
A chassé tous les dieux du plus juste parti :
Heureuse en mes malheurs, si ce triste hyménée.
Pour le bonheur de Rome, à César m'eût donnée,
Et si j'eusse avec moi porté dans ta maison
D'un astre envenime l'invincible poison !
Car enfin n'attends pas que j'abaisse ma haine :
Je te l'ai déjà dit, César, je suis Romaine ;
Et quoique ta captive, un cœur comme le mien,
De peur de s'oublier, ne te demande rien.
Ordonne ; et sans vouloir qu'il tremble ou s'humilie,
Souviens-toi seulement que je suis Cornélie.

CÉSAR.

O d'un illustre époux noble et digne moitié,
Dont le courage étonne, et le sort fait pitié !
Certes, vos sentiments font assez reconnaître
Qui vous donna la main, et qui vous donna l'être ;
Et l'on juge aisément, au cœur que vous portez,
Où vous êtes entrée, et de qui vous sortez.
L'âme du jeune Crasse, et celle de Pompée,
L'une et l'autre vertu par le malheur trompée,
Le sang des Scipions protecteur de nos dieux,
Parlent par votre bouche et brillent dans vos yeux,
Et Rome dans ses murs ne voit point de famille
Qui soit plus honorée ou de femme ou de fille.
Plût au grand Jupiter, plût à ces mêmes dieux
Qu'Annibal eût braves jadis sans vos aïeux,
Que ce héros si cher dont le ciel vous sépare
N'eût pas si mal connu la cour d'un roi barbare,
Ni mieux aimé tenter une incertaine foi,
Que la vieille amitié qu'il eût trouvée en moi ;
Qu'il eût voulu souffrir qu'un bonheur de mes armes
Eût vaincu ses soupçons, dissipé ses alarmes ;
Et qu'enfin, m'attendant sans plus se défier,
Il m'eût donné moyen de me justifier !
Alors, foulant aux pieds la discorde et l'envie,
Je l'eusse conjuré de se donner la vie (1),
D'oublier ma victoire, et d'aimer un rival
Heureux d'avoir vaincu pour vivre son égal :

---

(1) Belle pensée très heureusement rendue ; ces sentiments élevés ne nous permettent pas de nous tourner contre César, quelques vœux que nous fassions pour Cornélie.

J'eusse alors regagné son âme satisfaite,
Jusqu'à lui faire aux dieux pardonner sa défaite;
Il eût fait à son tour, en me rendant son cœur,
Que Rome eût pardonné la victoire au vainqueur.
Mais puisque par sa perte, à jamais sans seconde,
Le sort a dérobé cette allegresse au monde,
Cesar s'efforcera de s'acquitter vers vous
De ce qu'il voudrait rendre à cet illustre époux.
Prenez donc en ces lieux liberté tout entière :
Seulement pour deux jours soyez ma prisonnière,
Afin d'être témoin comme après nos débats,
Je chéris sa mémoire et venge son trépas,
Et de pouvoir apprendre à toute l'Italie
De quel orgueil nouveau m'enfle la Thessalie.
Je vous laisse à vous-même, et vous quitte un moment.
Choisissez-lui, Lépide, un digne appartement;
Et qu'on l'honore ici, mais en dame romaine,
C'est-à-dire un peu plus qu'on n'honore la reine.
Commandez, et chacun aura soin d'obéir.

CORNÉLIE.

O ciel! que de vertus vous me faites haïr (1)!

ACTE QUATRIÈME

Scène I. Ptolomée demande encore une fois conseil à ses courtisans; il s'arrête au projet d'assassiner César. — *Scène II.* Cléopâtre lui apprend qu'elle a pu fléchir César; le roi la prie d'intervenir en faveur de Photin et d'Achillas — *Scène III* Après des protestations réciproques d'amour (2), Cléopâtre demande à César, sans l'obtenir, la grâce des deux ministres

(1) Ce cri sublime résume toutes les impressions de cette scène si belle, si imposante. Cornélie, tout inflexible qu'elle est dans sa haine pour le vainqueur de son époux, ne peut s'empêcher de rendre justice à ses vertus.

(2). « Pourquoi donc, dit Voltaire, Corneille, dédaignant d'établir sur l'amour l'intérêt de ses pièces, les a-t-il refroidies par des intrigues galantes? Dans *la Mort de Pompée*, par exemple, l'amour de César et de Cléopâtre est-il digne de la tragédie? Je réponds qu'en cela Corneille s'est fort rapproché du ton de la société. La galanterie faisait partie de la politesse des grands et des rois. Toutes les cours de l'Europe, et surtout la cour de France, étaient galantes : Corneille a donc prêté à ses héros le langage que les héros de son temps étaient accoutumés de tenir dans le monde. La galanterie n'est pas à la vérité pathétique, mais elle est noble. Pour ce qui regarde la galanterie de César, elle est constatée par l'histoire. » (GEOFFROY.)

SCÈNE IV

CESAR, CORNÉLIE, CLÉOPATRE, ACHORÉE, ANTOINE, LÉPIDE, CHARMION, Romains.

CORNELIE.
Cesar, prends garde à toi (1) ·
Ta mort est résolue, on la jure, on l'apprête ;
A celle de Pompee on veut joindre ta tête :
Prends-y garde, César ; ou ton sang répandu
Bientôt parmi le sien se verra confondu.
Mes esclaves en sont ; apprends de leurs indices
L'auteur de l'attentat, et l'ordre, et les complices :
Je te les abandonne.

CÉSAR.
O cœur vraiment romain,
Et digne du héros qui vous donna la main !
Ses mânes, qui du ciel ont vu de quel courage
Je préparais la mienne à venger son outrage,
Mettant leur haine bas, me sauvent aujourd'hui
Par la moitie qu'en terre il nous laisse de lui.
Il vit, il vit encore en l'objet de sa flamme,
Il parle par sa bouche, il agit dans son âme ;
Il la pousse, et l'oppose à cette indignité,
Pour me vaincre par elle en générosité.

CORNELIE.
Tu te flattes, César, de mettre en ta croyance
Que la haine ait fait place à la reconnaissance :
Ne le presume plus ; le sang de mon époux
A rompu pour jamais tout commerce entre nous (2).
J'attends la liberté qu'ici tu m'as offerte,

---

(1) Voilà encore le sublime de Corneille. L'implacable ennemie de César vient lui sauver la vie, en lui révélant le complot tramé contre ses jours. Comme ce cri magnanime grandit la veuve de Pompee ! l'âme est transportée d'enthousiasme à la vue d'une si haute vertu. Avec Cesar, nous la saluons par des exclamations d'admiration et de reconnaissance

Voltaire ne peut s'empêcher de s'écrier ici : « Que cette générosité de Cornélie eleve l'âme ! ce n'est point de la terreur et de la pitié ; mais c'est de l'admiration. Corneille est le premier de tous les tragiques du monde qui ait excité ce sentiment et qui en ait fait la base de sa tragédie Quand l'admiration se joint à la pitié et à la terreur, l'art est poussé alors au plus haut point où l'esprit puisse atteindre. L'admiration seule passe trop vite »

(2) Le devoir d'un grand cœur accompli, le caractère de Cornélie reprend le dessus : la Romaine reparaît avec sa soif de vengeance ; l'expression en peut paraître trop forte en un moment si beau et si solennel.

Afin de l'employer tout entière à ta perte;
Et je te chercherai partout des ennemis,
Si tu m'oses tenir ce que tu m'as promis.
Mais, avec cette soif que j'ai de ta ruine,
Je me jette au-devant du coup qui t'assassine,
Et forme des desirs avec trop de raison
Pour en aimer l'effet par une trahison :
Qui la sait et la souffre a part à l'infamie.
Si je veux ton trépas, c'est en juste ennemie :
Mon époux a des fils; il aura des neveux :
Quand ils te combattront, c'est là que je le veux;
Et qu'une digne main par moi-même animée,
Dans ton champ de bataille, aux yeux de ton armée,
T'immole noblement, et par un digne effort,
Aux mânes du héros dont tu venges la mort.
Tous mes soins, tous mes vœux hâtent cette vengeance :
Ta perte la recule, et ton salut l'avance.
Quelque espoir qui d'ailleurs me l'ose ou puisse offrir,
Ma juste impatience aurait trop à souffrir :
La vengeance éloignée est à demi perdue;
Et quand il faut l'attendre, elle est trop cher vendue.
Je n'irai point chercher sur les bords africains
Le foudre souhaité que je vois en tes mains :
La tête qu'il menace en doit être frappée.
J'ai pu donner la tienne, au lieu d'elle, à Pompée :
Ma haine avait le choix; mais cette haine enfin
Sépare son vainqueur d'avec son assassin,
Et ne croit avoir droit de punir ta victoire
Qu'après le châtiment d'une action si noire.
    Rome le veut ainsi; son adorable front
Aurait de quoi rougir d'un trop honteux affront,
De voir en même jour, après tant de conquêtes,
Sous un indigne fer ses deux plus nobles têtes.
Son grand cœur, qu'à tes lois en vain tu crois soumis,
En veut aux criminels plus qu'à ses ennemis,
Et tiendrait à malheur le bien de se voir libre,
Si l'attentat du Nil affranchissait le Tibre.
Comme autre qu'un Romain n'a pu l'assujettir,
Autre aussi qu'un Romain ne l'en doit garantir.
Tu tomberais ici sans être sa victime;
Au lieu d'un châtiment ta mort serait un crime;
Et sans que tes pareils en conçussent d'effroi,
L'exemple que tu dois périrait avec toi.
Venge-la de l'Egypte a son appui fatals;
Et je la vengerai, si je puis, de Pharsale.

Va, ne perds point de temps, il presse. Adieu : tu peux
Te vanter qu'une fois j'ai fait pour toi des vœux (1).

SCENE V

CÉSAR, CLÉOPATRE, ANTOINE, LÉPIDE, ACHORÉE, CHARMION.

CESAR.

Son courage m'étonne autant que leur audace.
Reine, voyez pour qui vous me demandiez grâce!

CLEOPATRE.

Je n'ai rien à vous dire : allez, seigneur, allez
Venger sur ces méchants tant de droits violés.
On m'en veut plus qu'à vous; c'est ma mort qu'ils respirent,
C'est contre mon pouvoir que les traîtres conspirent;
Leur rage, pour l'abattre, attaque mon soutien,
Et par votre trépas cherche un passage au mien.
Mais parmi ces transports d'une juste colère,
Je ne puis oublier que leur chef est mon frère.
Le saurez-vous, seigneur? et pourrai-je obtenir
Que ce cœur irrité daigne s'en souvenir (2)?

CESAR.

Oui, je me souviendrai que ce cœur magnanime
Au bonheur de son sang veut pardonner son crime.
Adieu, ne craignez rien; Achillas et Photin
Ne sont pas gens à vaincre un si puissant destin;
Pour les mettre en déroute, eux et tous leurs complices,
Je n'ai qu'à déployer l'appareil des supplices,
Et, pour soldats choisis, envoyer des bourreaux
Qui portent hautement mes haches pour drapeaux.

(*César rentre avec les Romains.*)

CLÉOPATRE.

Ne quittez pas César; allez, cher Achorée,
Repousser avec lui ma mort qu'on a jurée;
Et, quand il punira nos lâches ennemis,
Faites-le souvenir de ce qu'il m'a promis.
Ayez l'œil sur le roi dans la chaleur des armes,
Et conservez son sang pour épargner mes larmes.

---

(1) « Ces derniers vers frappent d'admiration; et quand ce couplet est bien récité, il est toujours suivi d'applaudissements. » — (VOLT.)

(2) Cléopâtre se préoccupe de la vie de son indigne frère : ce sentiment lui fait honneur; ses craintes soutiennent l'intérêt pour le dernier acte.

ACTE V, SCÈNE I

ACHORÉE.
Madame, assurez-vous qu'il ne peut y périr,
Si mon zèle et mes soins peuvent le secourir.

ACTE CINQUIÈME

SCÈNE I

CORNÉLIE, *tenant une petite urne en sa main* (1);
PHILIPPE.

CORNÉLIE.
Mes yeux, puis-je vous croire? et n'est-ce point un songe
Qui sur mes tristes vœux a formé ce mensonge?
Te revois-je, Philippe? et cet époux si cher
A-t-il reçu de toi les honneurs du bûcher?
Cette urne que je tiens contient-elle sa cendre?
O vous, à ma douleur objet terrible et tendre (2),
Eternel entretien de haine et de pitié,
Reste du grand Pompée, écoutez sa moitié.
N'attendez point de moi de regrets ni de larmes;
Un grand cœur à ses maux applique d'autres charmes.
Les faibles déplaisirs s'amusent à parler,
Et quiconque se plaint cherche à se consoler.
Moi, je jure des dieux la puissance suprême,
Et, pour dire encor plus, je jure par vous-même,
Car vous pouvez bien plus sur ce cœur affligé
Que le respect des dieux qui l'ont mal protégé;
Je jure donc par vous, ô pitoyable reste,
Ma divinité seule après ce coup funeste,
Par vous, qui seul ici pouvez me soulager,
De n'éteindre jamais l'ardeur de le venger.
Ptolomée à César, par un lâche artifice,
Rome, de ton Pompée a fait un sacrifice;

(1) L'apparition de la veuve de Pompée en vêtements de deuil, tenant en sa main l'urne funèbre, ne peut que faire une grande impression sur les spectateurs : les paroles répondent à un spectacle si émouvant. « Cornélie dit de si belles choses, Philippe fait parler César d'une manière si noble, le nom seul de Pompée fait une telle impression, que cette scène même soutient le cinquième acte... Cette scène est un chef-d'œuvre de génie. » (VOLT.)

(2) Cette touchante apostrophe aux cendres d'un époux, d'un héros, rappelle les plaintes d'Electre, pressant contre son sein l'urne dans laquelle elle pensait tenir ce qui restait de son frère infortuné. (SOPH., *Electre*, v. 1126.) Electre est une jeune fille : sa douleur est plus vive, plus déchirante; celle de la veuve de Pompée est plus contenue, plus grave, plus majestueuse.

Et je n'entrerai point dans tes murs isolés
Que le prêtre et le dieu ne lui soient immolés.
Faites-m'en souvenir, et soutenez ma haine.
O cendres, mon espoir aussi bien que ma peine,
Et, pour m'aider un jour à perdre son vainqueur,
Versez dans tous les cœurs ce que ressent mon cœur.
Toi qui l'as honoré sur cette infâme rive
D'une flamme pieuse autant comme chetive,
Dis-moi, quel bon démon a mis en ton pouvoir
De rendre à ce heros ce funèbre devoir?

PHILIPPE.

Tout couvert de son sang, et plus mort que lui-même,
Après avoir cent fois maudit le diademe,
Madame, j'ai porté mes pas et mes sanglots
Du côté que le vent poussait encor les flots.
Je cours longtemps en vain; mais enfin d'une roche
J'en découvre le tronc vers un sable assez proche,
Où la vague en courroux semblait prendre plaisir
A feindre de le rendre, et puis s'en ressaisir.
Je m'y jette et l'embrasse, et le pousse au rivage;
Et ramassant sous lui le débris d'un naufrage,
Je lui dresse un bûcher à la hâte et sans art,
Tel que je pus sur l'heure, et qu'il plut au hasard (1).
A peine brûlait-il, que le ciel plus propice
M'envoie un compagnon en ce pieux office :
Cordus, un vieux Romain qui demeure en ces lieux,
Retournant de la ville, y détourne les yeux;
Et n'y voyant qu'un tronc dont la tête est coupée,
A cette triste marque il reconnaît Pompée.
Soudain la larme à l'œil : « O toi, qui que tu sois,
A qui le ciel permet do si dignes emplois,
Ton sort est bien, dit-il, autre que tu ne penses;
Tu crains des châtiments, attends des recompenses.
Cesar est en Egypte, et venge hautement
Celui pour qui ton zèle a tant de sentiment.
Tu peux faire éclater les soins qu'on t'en voit prendre,
Tu peux même à sa veuve en reporter la cendre.
Son vainqueur l'a reçue avec tout le respect
Qu'un dieu pourrait ici trouver à son aspect.
Achève, je reviens. » Il part et m'abandonne,
Et rapporte aussitôt ce vase qu'il me donne,
Où sa main et la mienne enfin ont renfermé
Ces restes d'un héros par le feu consume.

(1) Le récit de Philippe est d'une simplicité antique . il n'en est que plus émouvant.

CORNÉLIE.

O que sa piété mérite de louanges!

PHILIPPE.

En entrant j'ai trouvé des désordres étranges.
Tout un grand peuple armé fuyait devers le port,
Où le roi, disait-on, s'etait fait le plus fort.
Les Romains poursuivaient; et César, dans la place
Ruisselante du sang de cette populace,
Montrait de sa justice un exemple assez beau,
Faisant passer Photin par les mains d'un bourreau.
Aussitôt qu'il me voit, il daigne me connaître;
Et prenant de ma main les cendres de mon maître :
« Restes d'un demi-dieu, dont à peine je puis
Egaler le grand nom, tout vainqueur que j'en suis (1),
De vos traîtres, dit-il, voyez punir les crimes :
Attendant des autels, recevez ces victimes;
Bien d'autres vont les suivre. Et toi, cours au palais
Porter à sa moitié ce don que je lui fais;
Porte à ses déplaisirs cette faible allégeance,
Et dis-lui que je cours achever sa vengeance. »
Ce grand homme à ces mots me quitte en soupirant,
Et baise avec respect ce vase qu'il me rend.

CORNÉLIE.

O soupirs! ô respect! ô qu'il est doux de plaindre
Le sort d'un ennemi quand il n'est plus à craindre!
Qu'avec chaleur, Philippe, on court à le venger
Lorsqu'on s'y voit forcé par son propre danger,
Et quand cet intérêt qu'on prend pour sa memoire
Fait notre sûreté comme il croit notre gloire!
César est généreux, j'en veux être d'accord;
Mais le roi le veut perdre, et son rival est mort.
Sa vertu laisse lieu de douter à l'envie
De ce qu'elle ferait s'il le voyait en vie :
Pour grand qu'en soit le prix, son péril en rabat;
Cette ombre qui la couvre en affaiblit l'éclat :
L'amour même s'y mêle, et le force à combattre;
Quand il venge Pompée, il defend Cléopâtre.
Tant d'intérêts sont joints à ceux de mon époux,
Que je ne devrais rien à ce qu'il fait pour nous,

---

(1) « Les deux vers que Philippe met dans la bouche de César · *Restes d'un demi-dieu....* sont d'un sublime si touchant qu'on dit avec raison que Corneille faisait quelquefois parler les Romains mieux qu'ils ne parlaient eux-mêmes. » (VOLT.)

Si, comme par soi-même un grand cœur juge un autre,
Je n'aimais mieux juger sa vertu par la nôtre,
Et croire que nous seuls armons ce combattant,
Parce qu'au point qu'il est, j'en voudrais faire autant.

SCÈNE II

CLÉOPATRE, CORNÉLIE, PHILIPPE, CHARMION.

CLÉOPATRE.

Je ne viens pas ici pour troubler une plainte
Trop juste à la douleur dont vous êtes atteinte;
Je viens pour rendre hommage aux cendres d'un héros
Qu'un fidèle affranchi vient d'arracher aux flots,
Pour le plaindre avec vous, et vous jurer, madame,
Que j'aurais conservé ce maître de votre âme,
Si le ciel, qui vous traite avec trop de rigueur,
M'en eût donné la force aussi bien que le cœur.
Si pourtant, à l'aspect de ce qu'il vous renvoie,
Vos douleurs laissaient place à quelque peu de joie,
Si la vengeance avait de quoi vous soulager,
Je vous dirais aussi qu'on vient de vous venger,
Que le traître Photin.... Vous le savez peut-être?

CORNÉLIE.

Oui, princesse, je sais qu'on a puni ce traître.

CLÉOPATRE.

Un si prompt châtiment vous doit être bien doux.

CORNÉLIE.

S'il a quelque douceur, elle n'est que pour vous.

CLÉOPATRE.

Tous les cœurs trouvent doux le succès qu'ils espèrent.

CORNÉLIE.

Comme nos intérêts, nos sentiments diffèrent.
Si César à sa mort joint celle d'Achillas,
Vous êtes satisfaite, et je ne la suis pas.
Aux mânes de Pompée il faut une autre offrande;
La victime est trop basse, et l'injure est trop grande;
Et ce n'est pas un sang que pour la réparer
Son ombre et ma douleur daignent considérer :
L'ardeur de le venger, dans mon âme allumée,
En attendant César, demande Ptolomée.
Tout indigne qu'il est de vivre et de régner,
Je sais bien que César se force à l'épargner;
Mais quoi que son amour ait osé vous promettre,

Le ciel, plus juste enfin, n'osera le permettre ;
Et, s'il peut une fois écouter tous mes vœux,
Par la main l'un de l'autre ils périront tous deux.
Mon âme à ce bonheur, si le ciel me l'envoie,
Oubliera ses douleurs pour s'ouvrir à la joie.
Mais si ce grand souhait demande trop pour moi
Si vous n'en perdez qu'un, ô ciel, perdez le roi.

CLÉOPATRE.
Le ciel sur nos souhaits ne règle pas les choses.

CORNÉLIE.
Le ciel règle souvent les effets sur les causes,
Et rend aux criminels ce qu'ils ont mérité.

CLÉOPATRE.
Comme de la justice, il a de la bonté.

CORNÉLIE.
Oui ; mais il fait juger, à voir comme il commence,
Que sa justice agit, et non pas sa clémence.

CLÉOPATRE.
Souvent de la justice il passe à la douceur.

CORNÉLIE.
Reine, je parle en veuve, et vous parlez en sœur.
Chacune a son sujet d'aigreur ou de tendresse,
Qui dans le sort du roi justement l'interesse.
Apprenons, par le sang qu'on aura répandu,
A quels souhaits le ciel a le mieux répondu.
Voici votre Achorée.

Scène III. Achorée annonce à Cléopâtre la mort d'Achillas et celle de Ptolomée, tués tous deux, les armes à la main, en combattant contre César ; il lui raconte les efforts inutiles tentés par le général romain pour sauver le roi.

SCÈNE IV

CÉSAR, CORNÉLIE, CLÉOPATRE, ANTOINE, LÉPIDE.
ACHORÉE, CHARMION, PHILIPPE.

CORNÉLIE.
César, tiens-moi parole, et me rends mes galères.
Achillas et Photin ont reçu leurs salaires ;
Leur roi n'a pu jouir de ton cœur adouci ;
Et Pompée est vengé ce qu'il peut l'être ici.
Je n'y saurais plus voir qu'un funeste rivage

Qui de leur attentat m'offre l'horrible image,
Ta nouvelle victoire, et le bruit éclatant
Qu'aux changements de roi pousse un peuple inconstant;
Et, parmi ces objets, ce qui le plus m'afflige,
C'est d'y revoir toujours l'ennemi qui m'oblige.
Laisse-moi m'affranchir de cette indignité,
Et souffre que ma haine agisse en liberté.
A cet empressement j'ajoute une requête :
Vois l'urne de Pompée; il y manque sa tête :
Ne me la retiens plus; c'est l'unique faveur
Dont je te puis encor prier avec honneur.

CÉSAR.

Il est juste; et César est tout prêt de vous rendre
Ce reste où vous avez tant de droit de prétendre;
Mais il est juste aussi qu'après tant de sanglots
A ses mânes errants nous rendions le repos,
Qu'un bûcher allumé par ma main et la vôtre
Le venge pleinement de la honte de l'autre;
Que son ombre s'apaise en voyant notre ennui;
Et qu'une urne plus digne et de vous et de lui,
Après la flamme éteinte et les pompes finies,
Renferme avec éclat ses cendres réunies.
De cette même main dont il fut combattu,
Il verra des autels dressés à sa vertu;
Il recevra des vœux, de l'encens, des victimes,
Sans recevoir par là d'honneurs que légitimes :
Pour ces justes devoirs je ne veux que demain;
Ne me refusez pas ce bonheur souverain.
Faites un peu de force à votre impatience :
Vous êtes libre après; partez en diligence;
Portez à notre Rome un si digne trésor;
Portez....

CORNÉLIE.

Non pas, César, non pas à Rome encor (1);
Il faut que ta défaite et que tes funérailles
A cette cendre aimée en ouvrent les murailles;
Et quoiqu'elle la tienne aussi chère que moi,
Elle n'y doit rentrer qu'en triomphant de toi.
Je la porte en Afrique; et c'est là que j'espère
Que les fils de Pompée, et Caton, et mon père,

(1) Ici se montre pour la dernière fois cette âme inflexible et impitoyable dans sa vengeance : Cornélie va soulever le monde entier contre le vainqueur Le poète a observé le précepte d'Horace *servetur ad imum qualis ab incepto processerit, et sibi constet* (*Ars poet.*, 126).

Secondés par l'effort d'un roi plus généreux,
Ainsi que la justice auront le sort pour eux.
C'est là que tu verras sur la terre et sur l'onde
Le debris de Pharsale armer un autre monde ;
Et c'est là que j'irai, pour hâter tes malheurs,
Porter de rang en rang ces cendres et mes pleurs.
Je veux que de ma haine ils reçoivent des règles,
Qu'ils suivent au combat des urnes au lieu d'aigles,
Et que ce triste objet porte en leur souvenir
Les soins de le venger, et ceux de te punir.
Tu veux à ce héros rendre un devoir suprême ;
L'honneur que tu lui rends rejaillit sur toi-même :
Tu m'en veux pour témoin : j'obéis au vainqueur.
Mais ne présume pas toucher par là mon cœur ;
La perte que j'ai faite est trop irréparable ;
La source de ma haine est trop inépuisable :
A l'égal de mes jours je la ferai durer ;
Je veux vivre avec elle, avec elle expirer.
Je t'avoûrai pourtant, comme vraiment romaine,
Que pour toi mon estime est égale à ma haine ;
Que l'une et l'autre est juste, et montre le pouvoir,
L'une de ta vertu, l'autre de mon devoir ;
Que l'une est généreuse, et l'autre intéressée,
Et que dans mon esprit l'une et l'autre est forcée.
Tu vois que ta vertu, qu'en vain on veut trahir,
Me force de priser ce que je dois haïr ;
Juge ainsi de la haine où mon devoir me lie ;
La veuve de Pompée y force Cornélie.
J'irai, n'en doute point, au sortir de ces lieux,
Soulever contre toi les hommes et les dieux ;
Ces dieux qui t'ont flatté, ces dieux qui m'ont trompée,
Ces dieux qui dans Pharsale ont mal servi Pompée.
Qui, la foudre à la main, l'ont pu voir égorger :
Ils connaîtront leur faute, et le voudront venger.
Mon zele, à leur refus, aide de sa mémoire,
Te saura bien sans eux arracher la victoire ;
Et quand tout mon effort se trouvera rompu,
Cléopâtre fera ce que je n'aurai pu.
Je sais quelle est ta flamme et quelles sont ses forces.
Que tu n'ignores pas comme on fait les divorces.
Que ton amour t'aveugle, et que pour l'épouser
Rome n'a point de lois que tu n'oses briser :
Mais sache aussi qu'alors la jeunesse romaine
Se croira tout permis sur l'époux d'une reine,
Et que de cet hymen tes amis indignés

Vengeront sur ton sang leurs avis dédaignés (1).
J'empêche ta ruine, empêchant tes caresses.
Adieu : j'attends demain l'effet de tes promesses.

Scène V. César, après avoir exprimé à Cléopâtre ses regrets de n'avoir pu conserver Ptolomée, lui donne le royaume de son frère, et s'apprête à rendre les honneurs suprêmes aux restes de Pompée.

EXAMEN DE POMPÉE PAR CORNEILLE.

A bien considérer cette pièce, je ne crois pas qu'il y en ait sur le théâtre où l'histoire soit plus conservée et plus falsifiée tout ensemble. Elle est si connue, que je n'ai osé en changer les événements; mais il s'y en trouvera peu qui soient arrivés comme je les fais arriver. Je n'y ai ajouté que ce qui regarde Cornélie, qui semble s'y offrir d'elle-même, puisque, dans la vérité historique, elle était dans le même vaisseau que son mari lorsqu'il aborda en Egypte, qu'elle le vit descendre dans la barque, où il fut assassiné à ses yeux par Septime, et qu'elle fut poursuivie sur mer par les ordres de Ptolomée. C'est ce qui m'a donné occasion de feindre qu'on l'atteignit, et qu'elle fut ramenée devant César, bien que l'histoire n'en parle point. La diversité des lieux où les choses se sont passées, et la longueur du temps qu'elles ont consumé dans la vérité historique, m'ont réduit à cette falsification pour les ramener dans l'unité de jour et de lieu. Pompée fut massacré devant les murs de Pélusium, qu'on appelle aujourd'hui Damiette, et César prit terre à Alexandrie. Je n'ai nommé ni l'une ni l'autre ville, de peur que le nom de l'une n'arrêtât l'imagination de l'auditeur, et ne lui fit remarquer malgré lui la fausseté de ce qui s'est passé ailleurs. Le lieu particulier est, comme dans *Polyeucte*, un grand vestibule commun à tous les appartements du palais royal; et cette unité n'a rien que de vraisemblable, pourvu qu'on se détache de la vérité historique. Le premier, le troisième et le quatrième acte y ont leur justesse manifeste; il peut y avoir quelque difficulté pour le second et le cinquième, dont Cléopâtre ouvre l'un et Cornélie l'autre. Elles sembleraient toutes deux avoir plus de raison de parler dans leur appartement; mais l'impatience de la curiosité féminine les en peut faire sortir : l'une pour apprendre plus tôt les nouvelles de la mort de Pompée, ou par Achorée, qu'elle a envoyé en être témoin, ou par le premier qui entrera dans ce vestibule; et l'autre, pour en savoir du combat de César et des Romains contre Ptolomée et les Egyptiens, pour empê-

(1) « Pompée, à peine expiré, semble poursuivre encore ses ennemis de sa vengeance muette; au-dessus de lui plane la justice divine dans sa terrible beauté; en un clin d'œil, elle a frappé Septime, Photin, Achillas, Ptolomée, et dans le lointain nous entrevoyons une seconde tragédie, où Brutus venge sur César Cornélie et Pompée. » (CHARAUX, *Corneille*, II, 19e cours.)

cher que ce héros n'en aille donner à Cléopâtre avant qu'à elle, et pour obtenir de lui d'autant plus tôt la permission de partir....

Pour le temps, il m'a fallu réduire en soulèvement tumultuaire une guerre qui n'a pu durer guère moins d'un an...

Il y a quelque chose d'extraordinaire dans le titre de ce poème, qui porte le nom d'un héros qui n'y parle point; mais il ne laisse pas d'en être, en quelque sorte, le principal acteur, puisque sa mort est la cause unique de tout ce qui s'y passe. J'ai justifié ailleurs l'unité d'action qui s'y rencontre par cette raison que les événements y ont une telle dépendance l'un de l'autre, que la tragédie n'aurait pas été complète, si je ne l'eusse poussée jusqu'au terme où je la fais finir. C'est à ce dessein que, dès le premier acte, je fais connaître la venue de César, à qui la cour d'Egypte immole Pompée pour gagner les bonnes grâces du victorieux; et ainsi il m'a fallu nécessairement faire voir quelle réception il ferait à leur lâche et cruelle politique. J'ai avancé l'âge de Ptolomée, afin qu'il pût agir, et que, portant le titre de roi, il tâchât d'en soutenir le caractère.

Le caractère de Cléopâtre garde une ressemblance ennoblie par ce qu'on y peut imaginer de plus illustre. Je ne la fais amoureuse que par ambition, et en sorte qu'elle semble n'avoir point d'amour qu'en tant qu'il peut servir à sa grandeur.

Pour le style, il est plus élevé en ce poème qu'en aucun des miens, et ce sont, sans contredit, les vers les plus pompeux que j'aie faits (1). La gloire n'en est pas toute à moi; j'ai traduit de Lucain tout ce que j'y ai trouvé de propre à mon sujet; et comme je n'ai point fait de scrupule d'enrichir notre langue du pillage que j'ai pu faire chez lui, j'ai tâché, pour le reste, à entrer si bien dans sa manière de former ses pensées et de s'expliquer, que ce qu'il m'a fallu y joindre du mien sentît son génie, et ne fût pas indigne d'être pris pour un larcin que je lui eusse fait (2).

(1) Brébeuf, dans sa *Pharsale* (1653-1655), a rendu à Corneille un hommage d'autant plus précieux qu'il reflète le jugement de ses contemporains : « Dans ce poème inimitable qu'il a fait de la *Mort de Pompée*, il a porté si haut la vigueur de ses pensées et la majesté de son raisonnement, qu'il est sans doute malaisé de le suivre; mais je crois, lecteur, qu'il m'a été permis de n'égaler pas un style qui semble être la dernière élévation du génie, et que je ne serai pas coupable dans votre esprit pour n'avoir pas imité assez heureusement ce qui a été l'admiration de tout le monde. »

(2) Corneille avait remporté un prix de rhétorique pour une traduction en vers français d'un morceau de la *Pharsale*; ce souvenir lui fut cher toute sa vie.

LE MENTEUR

COMÉDIE

1642.

Epître dédicatoire.

Monsieur,

Je vous présente une pièce de théâtre d'un style si éloigné de ma dernière, qu'on aura de la peine à croire qu'elles soient parties toutes deux de la même main, dans le même hiver. Aussi les raisons qui m'ont obligé à y travailler ont été bien différentes. J'ai fait *Pompée* pour satisfaire à ceux qui ne trouvaient pas les vers de *Polyeucte* si puissants que ceux de *Cinna*, et leur montrer que j'en saurais bien retrouver la pompe, quand le sujet le pourrait souffrir : j'ai fait le *Menteur* pour contenter les souhaits de beaucoup d'autres, qui, suivant l'humeur des Français, aiment le changement, et, après tant de poëmes graves dont nos meilleures plumes ont enrichi la scène, m'ont demandé quelque chose de plus enjoué qui ne servît qu'à les divertir. Dans le premier, j'ai voulu faire un essai de ce que pouvait la majesté du raisonnement, et la force des vers dénuée de l'agrément du sujet ; dans celui-ci, j'ai voulu tenter ce que pourrait l'agrément du sujet dénué de la force des vers. Et d'ailleurs étant obligé au genre comique de ma première réputation, je ne pouvais l'abandonner tout à fait sans quelque espèce d'ingratitude. Il est vrai que comme, alors que je me hasardai à le quitter, je n'osai me fier à mes seules forces, et que, pour m'élever à la dignité du tragique, je pris l'appui du grand Sénèque, à qui j'empruntai tout ce qu'il avait donné de rare à sa *Médée*; ainsi, quand je me suis résolu de repasser de l'héroïque au naïf, je n'ai osé descendre de si haut sans m'assurer d'un guide, et me suis laissé conduire au fameux Lopès de Véga (1), de peur de m'égarer dans les détours de tant d'intrigues que fait notre Menteur? En un mot, ce n'est ici qu'une copie d'un excellent original qu'il a mis au jour sous le titre de *La Sospechosa Verdad*; et me fiant sur notre Horace, qui donne liberté de tout oser aux poëtes ainsi qu'aux peintres, j'ai cru que, nonobstant la guerre des deux couronnes, il m'était permis de trafiquer en Espagne. Si cette sorte de commerce était un crime, il y a longtemps que je serais

---

(1) En 1660, Corneille écrivait dans son *Examen du Menteur* : « Il m'est tombé depuis peu entre les mains un volume de don Juan d'Alarcon, où il prétend que cette comédie est à lui.... Si c'est son bien, je n'empêche pas qu'il ne s'en ressaisisse »

coupable, je ne dis pas seulement pour le *Cid*, où je me suis aidé de D. Guislain de Castro, mais aussi pour *Médée* dont je viens de parler, et pour *Pompée* même, où, pensant me fortifier du secours de deux Latins, j'ai pris celui de deux Espagnols, Sénèque et Lucain étant tous deux de Cordoue. Ceux qui ne voudront pas me pardonner cette intelligence avec nos ennemis, approuveront du moins que je pille chez eux; et soit qu'on fasse passer ceci pour un larcin ou pour un emprunt, je m'en suis trouvé si bien, que je n'ai pas envie que ce soit le dernier que je ferai chez eux. Je crois que vous en serez d'avis, et ne m'en estimerez pas moins. Je suis, MONSIEUR....

PERSONNAGES :

GÉRONTE, père de Dorante.
DORANTE, fils de Géronte.
ALCIPPE, ami de Dorante.
PHILISTE, ami de Dorante et d'Alcippe.
CLARICE, amie de Lucrèce.
LUCRÈCE, amie de Clarice.
ISABELLE, suivante de Clarice.
SABINE, femme de chambre de Lucrèce.
CLITON, valet de Dorante.
LYCAS, valet d'Alcippe.

La scène est à Paris.

Analyse.

Dorante, récemment arrivé à Paris, rencontre deux jeunes filles nommées Clarice et Lucrèce, et, sans les connaître, il demande Clarice en mariage; sur un rapport insuffisant, il s'imagine ensuite que cette dernière porte le nom de Lucrèce. Aussi, lorsque Géronte, son père, lui propose d'épouser Clarice, il refuse, soi-disant parce qu'il est déjà marié à Poitiers, en réalité parce qu'il voudrait Clarice elle-même qu'il prend à tort pour Lucrèce — Clarice apprend de Géronte que Dorante l'a trompée, et quand Dorante se présente à elle, comme il lui croit le nom de Lucrèce, il la confirme dans son erreur en parlant mal de Clarice. — Tout semble donc rompu. Sur ces entrefaites, Géronte apprend de quelle fourberie il a été dupe, et il donne à son fils une vigoureuse leçon. — Dorante déclare alors à son père qu'il désire obtenir la main de Lucrèce; ce n'est dans sa bouche qu'un nouveau mensonge; mais bientôt il reconnaît dans cette jeune fille celle qu'il préférait sa demande est acceptée, et il se réconcilie avec son père.

Appréciation.

Corneille a créé la comédie en France par *le Menteur*, comme il y avait créé la tragédie par *le Cid*. *Le Menteur* est en effet la première comédie de caractère que l'on vit sur la scène française, la première aussi où l'on entendit le vrai ton de la grande comédie.

Dorante est un jeune homme bien né, aimable, mais étourdi, extravagant, qui ment pour s'amuser, que la galanterie et la fougue de l'imagination entraînent dans les inventions les plus romanesques, dans les situations les plus critiques; la manie du mensonge est chez lui un travers plutôt qu'un vice; un escroc, un fourbe serait odieux : Dorante plaît avec ses fanfaronnades et ses tours d'esprit; on rit de bon cœur en le voyant engagé dans des pas difficiles. Un moment seulement on s'indigne, et à bon droit : c'est lorsqu'il se joue de la crédulité de son père; aussi le noble courroux du vieillard abusé nous venge bientôt de la hideuse apparition du vice poussé jusqu'à l'impudence.

Cette réprimande si vigoureuse du père, et les embarras continuels du jeune menteur, forment la moralité de la pièce. « Quand le crime est bien peint de ses couleurs, dit Corneille dans la dédicace de *la Suite du Menteur*, quand les imperfections sont bien figurées, il n'est point besoin d'en faire voir un mauvais succès à la fin pour avertir qu'il ne les faut pas imiter. »

Géronte, le vieux gentilhomme, est un fort beau caractère : c'est le père affectueux, indulgent, mais ferme; si par un excès de confiance il croit trop longtemps les contes de son fils, il se redresse de toute la hauteur de son autorité paternelle et de sa fierté de gentilhomme, dès qu'il voit ses cheveux blancs outragés par un fils menteur.

Cliton, par ses remontrances vives et brusques, fait ressortir la sotte manie de son maître. Les autres personnages sont faibles; l'intrigue, basée sur une méprise insignifiante, est à peu près nulle.

Du reste, c'est dans le *bon comique*, comme dit Geoffroy, que consiste le mérite d'une bonne comédie; et ce bon comique, Corneille l'a trouvé et en a ouvert la source dans *le Menteur* (1)

(1) « Oui, mon cher Despréaux, disait Molière à Boileau, je dois beaucoup au *Menteur*. Lorsqu'il parut, j'avais bien l'envie d'écrire, mais j'étais incertain de ce que j'écrirais; mes idées étaient confuses : cet ouvrage vint les fixer. Le dialogue me fit voir comment causaient les honnêtes gens; la grâce et l'esprit de Dorante m'apprirent qu'il fallait toujours choisir un héros du bon ton : le sang froid avec lequel il débite ses faussetés, me montra comment il fallait établir un caractère; la scène où il oublie lui-même le nom supposé qu'il s'est donné m'éclaira sur la bonne plaisanterie; et celle où il est obligé de se battre par suite de ses mensonges me prouva que toutes les comédies ont besoin d'un but moral. Enfin sans *le Menteur*, j'aurais sans doute fait quelques pièces d'intrigue, mais peut-être n'aurais-je pas fait *le Misanthrope*. — Embrassez-moi, dit Despréaux : voilà un aveu qui vaut la meilleure comédie. » (Fr. de Neufchateau, *Esprit du grand Corneille*.)

ACTE PREMIER

Scène I. Dorante expose à Cliton ses projets; il a quitté Poitiers où il étudiait le droit, et il vient se fixer à Paris. Comme il craint de ne point réussir facilement dans une si grande ville, Cliton le rassure par cette peinture de la capitale :

CLITON.

Connaissez mieux Paris, puisque vous en parlez.
Paris est un grand lieu plein de marchands mêlés :
L'effet n'y répond pas toujours à l'apparence ;
On s'y laisse duper autant qu'en lieu de France :
Et, parmi tant d'esprits plus polis et meilleurs,
Il y croît des badauds autant et plus qu'ailleurs.
Dans la confusion que ce grand monde apporte,
Il y vient de tous lieux des gens de toute sorte :
Et dans toute la France il est fort peu d'endroits
Dont il n'ait le rebut aussi bien que le choix.
Comme on s'y connaît mal, chacun s'y fait de mise,
Et vaut communément autant comme il se prise :
De bien pires que vous s'y font assez valoir (1).

Scène II. Sur ces entrefaites, Dorante voit passer deux jeunes filles. L'une d'elles, nommée Clarice, ayant fait un faux pas, Dorante lui tend la main : il en profite pour lui conter ses prétendus exploits en Allemagne.

SCÈNE III

DORANTE, CLARICE, LUCRÈCE, ISABELLE, CLITON.

DORANTE.

C'est l'effet du malheur qui partout m'accompagne.
Depuis que j'ai quitté les guerres d'Allemagne,
C'est-à-dire du moins depuis un an entier,
Je suis et jour et nuit dedans votre quartier.

CLARICE.

Quoi ! vous avez donc vu l'Allemagne et la guerre ?

DORANTE.

Je m'y suis fait quatre ans craindre comme un tonnerre (2).

(1) Le tableau n'est que trop vrai encore pour le Paris moderne.

(2) Le ton dégagé de ces aventures improvisées fait plaisir : on y voit l'absence de calcul et de préparation : c'est bien l'humeur et l'allure gasconnes.

CLITON.

Que va-t-il lui conter?

DORANTE.

Et pendant ces quatre ans
Il ne s'est fait combats, ni sièges importants,
Nos armes n'ont jamais remporté de victoire,
Où cette main n'ait eu bonne part à la gloire;
Et même la gazette a souvent divulgué....

CLITON, *le tirant par la basque.*

Savez-vous bien, monsieur, que vous extravaguez (1)?

DORANTE.

Tais-toi.

CLITON.

Vous rêvez, dis-je, ou....

DORANTE.

Tais-toi, misérable!

CLITON.

Vous venez de Poitiers, ou je me donne au diable;
Vous en revîntes hier.

DORANTE, *à Cliton.*

Te tairas-tu, maraud.

(*A Clarice*).

Mon nom dans nos succès s'était mis assez haut.

Scène IV. Cliton apprend à Dorante que l'une des deux jeunes filles s'appelle Lucrèce; Dorante se persuade que c'est celle-là même à qui il vient de parler. — *Scène V.* S'approchant d'Alcippe et de Philiste, il se prétend l'auteur d'une sérénade donnée la veille sur la Seine, et il en fait le récit le plus romanesque.

SCÈNE V

DORANTE, ALCIPPE, PHILISTE, CLITON.

PHILISTE, *à Alcippe.*

Quoi! sur l'eau la musique et la collation?

ALCIPPE, *à Philiste.*

Oui, la collation avecque la musique.

(1) « Le valet est presque toujours en action son étonnement, son impatience, son dépit, lorsqu'il entend mentir son maître, sont une source continuelle de jeu théâtral : on rit presque autant de la pantomime de Cliton que des imaginations de Dorante.» (GEOFFROY.)

PHILISTE, *à Alcippe.*

Hier au soir?

ALCIPPE, *à Philiste.*

    Hier au soir.

PHILISTE, *à Alcippe.*
          Et belle?

ALCIPPE, *à Philiste.*
                    Magnifique,

PHILISTE, *à Alcippe.*

Et par qui?

ALCIPPE, *à Philiste.*

    C'est de quoi je suis mal éclairci.

DORANTE, *les saluant.*

Que mon bonheur est grand de vous revoir ici!

ALCIPPE.

Le mien est sans pareil, puisque je vous embrasse.

DORANTE.

J'ai rompu vos discours d'assez mauvaise grâce;
Vous le pardonnerez à l'aise de vous voir.

PHILISTE.

Avec nous, de tout temps, vous avez tout pouvoir.

DORANTE.

Mais de quoi parliez-vous?

ALCIPPE.

        D'une galanterie.

DORANTE.

D'amour?

ALCIPPE.

    Je le présume.

DORANTE.

               Achevez, je vous prie,
Et souffrez qu'à ce mot ma curiosité
Vous demande sa part de cette nouveauté.

ALCIPPE.

On dit qu'on a donné musique à quelque dame.

DORANTE

Sur l'eau?

ALCIPPE.

    Sur l'eau.

DORANTE.
Souvent l'onde irrite la flamme.
PHILISTE.
Quelquefois.
DORANTE.
Et ce fut hier au soir?
ALCIPPE.
Hier au soir.
DORANTE.
Dans l'ombre de la nuit le feu se fait mieux voir.
Le temps était bien pris. Cette dame, elle est belle?
ALCIPPE.
Aux yeux de bien du monde elle passe pour telle.
DORANTE.
Et la musique?
ALCIPPE.
Assez pour n'en rien dédaigner.
DORANTE.
Quelque collation a pu l'accompagner?
ALCIPPE.
On le dit.
DORANTE.
Fort superbe?
ALCIPPE.
Et fort bien ordonnée.
DORANTE.
Et vous ne savez point celui qui l'a donnée?
ALCIPPE.
Vous en riez!
DORANTE.
Je ris de vous voir étonné
D'un divertissement que je me suis donné.
ALCIPPE.
Vous?
DORANTE.
Moi.
CLITON, *à Dorante, à l'oreille.*
Vous ne savez, monsieur, ce que vous dites.

ACTE I, SCÈNE V

DORANTE.
Tais-toi; si jamais plus tu me viens avertir....
CLITON.
J'enrage de me taire et d'entendre mentir!
PHILISTE, *a Alcippe.*
Voyez qu'heureusement dedans cette rencontre
Votre rival lui-même à vous-même se montre.
DORANTE, *revenant à eux.*
Comme à mes chers amis je vous veux tout conter (1)
J'avais pris cinq bateaux pour mieux tout ajuster;
Les quatre contenaient quatre chœurs de musique,
Capables de charmer le plus mélancolique.
Au premier, violons; en l'autre, luths et voix;
Des flûtes, au troisième; au dernier, des hautbois,
Qui tour à tour dans l'air poussaient des harmonies,
Dont on pouvait nommer les douceurs infinies.
Le cinquième était grand, tapissé tout exprès
De rameaux enlacés pour conserver le frais,
Dont chaque extrémité portait un doux mélange
De bouquets de jasmin, de grenade et d'orange.
Je fis de ce bateau la salle du festin :
Là je menai l'objet qui fait seul mon destin;
De cinq autres beautés la sienne fut suivie,
Et la collation fut aussitôt servie.
Je ne vous dirai point les différents apprêts,
Le nom de chaque plat, le rang de chaque mets.
Vous saurez seulement qu'en ce lieu de délices
On servit douze plats, et qu'on fit six services,
Cependant que les eaux, les rochers et les airs
Répondaient aux accents de nos quatre concerts.
Après qu'on eut mangé, mille et mille fusées,
S'elançant vers les cieux, ou droites ou croisées,
Firent un nouveau jour, d'où tant de serpenteaux
D'un déluge de flamme attaquèrent les eaux,
Qu'on crut que, pour leur faire une plus rude guerre,
Tout l'élément du feu tombait du ciel en terre.
Après ce passe-temps on dansa jusqu'au jour,
Dont le soleil jaloux avança le retour :
S'il eût pris notre avis, sa lumière importune
N'eût pas troublé si tôt ma petite fortune;

(1) Cette narration de la fête est extrêmement agréable, vive, gracieuse, enjouée, l'assurance du malicieux conteur, l'étonnement de ses dupes, l'indignation de Cliton en font un tableau achevé. Une sérénade de ce genre et un repas sur l'eau n'étaient guère dans les mœurs françaises · on y reconnaît la provenance espagnole de la pièce.

Mais, n'étant pas d'humeur à suivre nos désirs,
Il sépara la troupe et finit nos plaisirs.

ALCIPPE.

Certes, vous avez grâce à conter ces merveilles ;
Paris, tout grand qu'il est, en voit peu de pareilles.

PHILISTE, *à Alcippe.*

Les signes du festin ne s'accordent pas bien.

ALCIPPE, *à Philiste.*

Le lieu s'accorde, et l'heure : et le reste n'est rien.

SCENE VI

DORANTE, CLITON.

CLITON.

Monsieur, puis-je à présent parler sans vous déplaire ?

DORANTE

Je remets à ton choix de parler ou te taire ;
Mais quand tu vois quelqu'un, ne fais plus l'insolent.

CLITON.

Votre ordinaire est-il de rêver en parlant ?

DORANTE.

Où me vois-tu rêver (1) ?

CLITON.

J'appelle rêveries
Ce qu'en d'autres qu'un maître on nomme menteries.
Je parle avec respect.

DORANTE.

Pauvre esprit !

CLITON.

Je le perds
Quand je vous ois parler de guerre et de concerts.
Vous voyez sans péril nos batailles dernières,
Et faites des festins qui ne vous coûtent guères.
Pourquoi depuis un an vous feindre de retour ?

(1) Dorante prend au sérieux ses propres rêveries, ce trait achève le portrait.

ACTE SECOND.

Scène I. Géronte demande à Clarice sa main pour Dorante; un rendez-vous est donné. — *Scène II.* Pour ne pas se compromettre avec Alcippe, Clarice fait écrire à Dorante par Lucrèce. — *Scène III.* Alcippe, trompé par Dorante, reproche à Clarice la sérénade qu'elle s'est laissé donner par lui. Clarice, étonnée, le renvoie en le raillant. — *Scène IV.* Alcippe, furieux, en demandera raison à Dorante. — *Scène V.* Géronte propose à Dorante d'épouser Lucrèce; celui-ci invente, pour justifier son refus, une série de mensonges; il va jusqu'à faire croire à son père qu'il est marié à Poitiers, avec Orphise, fille d'Armedon. Géronte se résout à aller se dégager auprès du père de Clarice. — C'est dans cette scène que se trouve la description des embellissements de Paris.

GÉRONTE.

Dorante, arrêtons-nous; le trop de promenade
Me mettrait hors d'haleine, et me ferait malade.
Que l'ordre est rare et beau de ces grands bâtiments!

DORANTE.

Paris semble à mes yeux un pays de romans.
J'y croyais ce matin voir une île enchantée :
Je la laissai déserte, et la trouve habitée;
Quelque Amphion nouveau, sans l'aide des maçons,
En superbes palais a changé ses buissons.

GÉRONTE.

Paris voit tous les jours de ces métamorphoses :
Dans tout le Pré-aux-Clercs tu verras mêmes choses;
Et l'univers entier ne peut rien voir d'égal
Aux superbes dehors du Palais-Cardinal (1).
Toute une ville entière avec pompe bâtie,
Semble d'un vieux fossé par miracle sortie,
Et nous fait présumer, à ses superbes toits,
Que tous ses habitants sont des dieux ou des rois.

Dans les *scènes VI, VII, VIII*, Dorante reçoit avec une lettre signée de Lucrèce, un billet d'Alcippe qui le provoque en duel.

(1) « Aujourd'hui le Palais-Royal. Ce quartier, qui est à présent un des plus peuplés de Paris, n'était que des prairies entourées de fossés, lorsque le cardinal de Richelieu y fit bâtir son palais. Il n'est pas surprenant que Corneille, dans ses vers, cherchât à louer indirectement le cardinal de Richelieu, qui protégea beaucoup cette pièce, et même donna des habits à quelques acteurs. Il était mourant alors, en 1642. » (VOLT) L'hôtel de Richelieu, appelé d'abord *Palais-Cardinal*, prit le nom de *Palais-Royal*, quand Louis XIV, à qui Richelieu l'avait légué, vint l'habiter en quittant le Louvre.

ACTE TROISIÈME

Scène I. Dorante, après s'être battu en duel avec Alcippe, lui apprend qu'il a donné la sérénade à une tout autre personne qu'a Clarice. — *Scène II.* Philiste confirme cet aveu et révèle à Alcippe les autres fourberies de Dorante. — *Scène III.* Peu après, Clarice reconnaît dans le fils de Géronte le jeune homme des Tuileries, et elle s'emporte contre la duplicité de cet étudiant de Poitiers qui lui a fait admirer ses exploits en Allemagne; elle vient d'apprendre de plus par Géronte qu'il était déjà marié. — *Scènes IV et V.* Elle se rend cependant au balcon de Lucrèce, mais uniquement pour reprocher au menteur ses perfidies. — Alors a lieu un singulier quiproquo: Dorante reconnaît la voix de la jeune fille à laquelle il a tendu la main aux Tuileries; mais comme il lui croit le nom de Lucrèce, il lui déclare, à elle Clarice, qu'il préfère Lucrèce et qu'il déteste Clarice. Clarice, indignée, se venge, en lui reprochant ses mensonges. — *Scène VI.* Dorante se retire confus.

ACTE QUATRIÈME

SCÈNE I
CLITON, DORANTE.

CLITON.

Mais, monsieur, attendant que Sabine survienne,
Et que sur son esprit vos dons fassent vertu,
Il court quelque bruit sourd qu'Alcippe s'est battu.

DORANTE.

Contre qui?

CLITON.

    L'on ne sait, mais ce confus murmure
D'un air pareil au vôtre à peu près le figure;
Et, si de tout le jour je vous avais quitté,
Je vous soupçonnerais de cette nouveauté.

DORANTE.

Tu ne me quittas point pour entrer chez Lucrèce!

CLITON.

Ah! monsieur, m'auriez-vous joué ce tour d'adresse?

DORANTE.

Nous nous battîmes hier, et j'avais fait serment
De ne parler jamais de cet événement;
Mais à toi, de mon cœur l'unique secrétaire,
A toi, de mes secrets le grand dépositaire,
Je ne célerai rien, puisque je l'ai promis.

Depuis cinq ou six mois, nous étions ennemis.
Il passa par Poitiers, où nous prîmes querelle;
Et, comme on nous fit lors une paix telle quelle,
Nous sûmes l'un à l'autre en secret protester
Qu'à la première vue il en faudrait tâter.
Hier nous nous rencontrons; cette ardeur se réveille,
Fait de notre embrassade un appel à l'oreille;
Je me défais de toi, j'y cours, je le rejoins.
Nous vidons sur le pré l'affaire sans témoins.
Et, le perçant à jour de deux coups d'estocade,
Je le mets hors d'état d'être jamais malade :
Il tombe dans son sang.

CLITON.

A ce compte, il est mort!

DORANTE.

Je le laissai pour tel (1).

Scène II. Arrivée subite d'Alcippe, dont Dorante vient de raconter la tragique aventure. Il annonce à Dorante qu'il va épouser Clarice. Après son départ, Cliton reproche à son maître ses fourberies.

SCÈNE III

DORANTE, CLITON.

CLITON.

Il est mort (2)! Quoi! monsieur, vous m'en donnez aussi,
A moi, de votre cœur l'unique secrétaire,
A moi, de vos secrets le grand dépositaire!
Avec ces qualités, j'avais lieu d'esperer
Qu'assez malaisément je pourrais m'en parer.

DORANTE.

Quoi! mon combat te semble un conte imaginaire?

CLITON.

Je croirai tout, monsieur, pour ne vous pas déplaire;
Mais vous en contez tant, à toute heure, en tous lieux,
Qu'il faut bien de l'esprit avec vous, et bons yeux.
Maure, juif, ou chrétien, vous n'épargnez personne.

(1) Cette mort est encore une invention du jeune étourdi.
(2) Voilà que l'adversaire si bravement couché sur le sol par Dorante, est plein de vie : que faire? Dorante invente sa poudre de sympathie; son valet le raille très finement, en lui répétant ses protestations de franchise et de confiance. (V. sc. I.) Cette dispute avec Cliton est des plus piquantes.

DORANTE.

Alcippe te surprend! sa guérison t'etonne!
L'état où je le mis était fort périlleux;
Mais il est à présent des secrets merveilleux :
Ne t'a-t-on point parlé d'une source de vie
Que nomment nos guerriers poudre de sympathie?
On en voit tous les jours des effets étonnants.

CLITON.

Encor ne sont-ils pas du tout si surprenants;
Et je n'ai point appris qu'elle eût tant d'efficace,
Qu'un homme que pour mort on laisse sur la place,
Qu'on a de deux grands coups percé de part en part,
Soit dès le lendemain si frais et si gaillard.

DORANTE.

La poudre que tu dis n'est que de la commune;
On n'en fait plus de cas; mais, Cliton, j'en sais une
Qui rappelle sitôt des portes du trépas,
Qu'en moins d'un tourne-main on ne s'en souvient pas :
Quiconque la sait faire a de grands avantages.

CLITON.

Donnez-m'en le secret, et je vous sers sans gages.

DORANTE.

Je te le donnerais, et tu serais heureux;
Mais le secret consiste en quelques mots hébreux
Qui tous à prononcer sont si fort difficiles,
Que ce serait pour toi des trésors inutiles.

CLITON.

Vous savez donc l'hébreu?

DORANTE.

L'hébreu! parfaitement.
J'ai dix langues, Cliton, à mon commandement.

CLITON.

Vous auriez bien besoin de dix des mieux nourries,
Pour fournir tour à tour à tant de menteries;
Vous les hachez menu comme chair à patés.
Vous avez tout le corps bien plein de vérités,
Il n'en sort jamais une.

DORANTE.

Ah! cervelle ignorante!
Mon pere survient.

Scène IV. Géronte vient demander à Dorante l'adresse de son prétendu beau-père. Dorante, qui ne se souvient même plus du nom qu'il lui a donné d'abord, lui répond qu'il s'appelle Pyrandre.

GÉRONTE.
Pyrandre! tu m'as dit tantôt un autre nom;
C'était, je m'en souviens, oui, c'était Armédon.

DORANTE.
Oui, c'est là son nom propre, et l'autre d'une terre.

Scènes V, VI, VII, VIII, IX. Tiré d'affaire par ce nouveau mensonge, Dorante donne une lettre à Sabine, pour rentrer en grâce avec Lucrèce. Sabine remet la lettre à la véritable Lucrèce, qui fait répondre à Dorante qu'elle l'a déchirée sans la lire.

ACTE CINQUIÈME
SCÈNE I
GÉRONTE, PHILISTE.

GÉRONTE.
Je ne pouvais avoir rencontre plus heureuse
Pour satisfaire ici mon humeur curieuse.
Vous avez feuilleté le Digeste à Poitiers,
Et vu, comme mon fils, les gens de ces quartiers :
Ainsi, vous me pouvez facilement apprendre
Quelle est et la famille et le bien de Pyrandre.

PHILISTE.
Quel est-il, ce Pyrandre?

GÉRONTE.
          Un de leurs citoyens :
Noble, à ce qu'on m'a dit, mais un peu mal en biens.

PHILISTE.
Il n'est, dans tout Poitiers, bourgeois ni gentilhomme
Qui, si je m'en souviens, de la sorte se nomme.

GÉRONTE.
Vous le connaîtrez mieux peut-être à l'autre nom;
Ce Pyrandre s'appelle autrement Armédon.

PHILISTE
Aussi peu l'un que l'autre.

GÉRONTE.
          Et le père d'Orphise.
Cette rare beauté qu'en ces lieux même on prise?

Vous connaissez le nom de cet objet charmant
Qui fait de ces cantons le plus digne ornement?

PHILISTE.

Croyez que cette Orphise, Armedon et Pyrandre,
Sont gens dont, à Poitiers, on ne peut rien apprendre.
S'il vous faut sur ce point encor quelque garant....

GÉRONTE.

En faveur de mon fils, vous faites l'ignorant.

PHILISTE.

Quoi! Dorante a donc fait un secret mariage?

GÉRONTE.

Et, comme je suis bon, je pardonne à son âge.

PHILISTE.

Qui vous l'a dit?

GÉRONTE.

    Lui-même.

PHILISTE.

                Ah! puisqu'il vous l'a dit,
Il vous fera, du reste, un fidèle récit;
Il en sait mieux que moi toutes les circonstances :
Non qu'il vous faille en prendre aucunes défiances.
Mais il a le talent de bien imaginer,
Et moi je n'eus jamais celui de deviner.

GÉRONTE.

Vous me feriez par là soupçonner son histoire.

PHILISTE.

Non, sa parole est sûre, et vous pouvez l'en croire;
Mais il nous servit hier d'une collation
Qui partait d'un esprit de grande invention;
Et si ce mariage est de même méthode,
La pièce est fort complète et des plus à la mode.

GÉRONTE.

Prenez-vous du plaisir à me mettre en courroux?

PHILISTE.

Ma foi, vous en tenez aussi bien comme nous;
Et, pour vous en parler avec toute franchise,
Si vous n'avez jamais pour bru que cette Orphise,
Vos chers collatéraux s'en trouveront fort bien.
Vous m'entendez; adieu : je ne vous dis plus rien.

SCÈNE II

GÉRONTE.

O vieillesse facile! ô jeunesse impudente (1)!
O de mes cheveux gris honte trop évidente!
Est-il dessous le ciel père plus malheureux?
Est-il affront plus grand pour un cœur généreux?
Dorante n'est qu'un fourbe; et cet ingrat que j'aime,
Après m'avoir fourbé, me fait fourber moi-même;
Et d'un discours en l'air, qu'il forge en imposteur,
Il me fait le trompette et le second auteur!
Comme si c'était peu pour mon reste de vie
De n'avoir à rougir que de son infamie,
L'infâme, se jouant de mon trop de bonté,
Me fait encor rougir de ma crédulité (2).

SCÈNE III

GÉRONTE, DORANTE, CLITON.

GÉRONTE.

Etes-vous gentilhomme (3)?

DORANTE.

Ah! rencontre fâcheuse!
Etant sorti de vous, la chose est peu douteuse.

(1) Comparez ce monologue et la scène suivante au monologue de don Diègue dans *le Cid*, et au dialogue qui le suit, entre don Diègue et don Rodrigue. (Acte I, scènes IV et V.) Dans *le Cid*, le vieux gentilhomme est humilié par un rival insolent, il l'est ici par un fils qui le trompe. La situation est à peu près la même; Corneille en tire un parti admirable dans les deux cas, tout en gardant la différence des genres.

Dans *le Cid*, le ton est plus élevé, comme le demande la tragédie :

O rage! ô désespoir! ô vieillesse ennemie!
N'ai-je donc tant vécu que pour cette infamie?
Et ne suis-je blanchi dans les travaux guerriers
Que pour voir en un jour flétri tant de lauriers?...

(2) M. Saint-Marc Girardin (*Littér. dram. I*) observe très judicieusement que dans Geronte, comme dans don Diègue et dans le vieil Horace, l'amour paternel se montre mêlé de tendresse et de fermeté, comme l'a fait la nature; mais, dans ce mélange, Corneille soumet toujours la tendresse au devoir. Ce type si beau du père ne se trouve guère ailleurs, ni chez les anciens ni chez les modernes.

(3) Cette magnifique apostrophe rappelle le mot de don Diègue : *Rodrigue, as-tu du cœur?* elle est aussi vive, aussi belle, comme le sentiment qui l'inspire. « Le génie de Corneille quitte ici le ton familier de la comédie; le sujet qu'il traite l'oblige d'élever la voix : c'est un père justement indigné, c'est *iratus Chremes (qui) tumido delitigat ore*. (Hor., Ars poet.) On voit ici la même main qui peignit le vieil Horace et don Diègue. Il n'est point de père qui ne doive faire lire cette belle scène à ses enfants. » (VOLT.)

GÉRONTE.
Croyez-vous qu'il suffit d'être sorti de moi?
DORANTE.
Avec toute la France aisément je le croi.
GÉRONTE.
Et ne savez-vous point avec toute la France
D'où ce titre d'honneur a tiré sa naissance,
Et que la vertu seule a mis en ce haut rang
Ceux qui l'ont jusqu'à moi fait passer dans leur sang?
DORANTE.
J'ignorerais un point que n'ignore personne,
Que la vertu l'acquiert comme le sang le donne.
GÉRONTE.
Où le sang a manqué, si la vertu l'acquiert,
Où le sang l'a donné, le vice aussi le perd.
Ce qui naît d'un moyen périt par son contraire;
Tout ce que l'un a fait, l'autre le peut défaire;
Et, dans la lâcheté du vice où je te voi,
Tu n'es plus gentilhomme étant sorti de moi.
DORANTE.
Moi?
GÉRONTE.
Laisse-moi parler, toi, de qui l'imposture
Souille honteusement ce don de la nature :
Qui se dit gentilhomme et ment comme tu fais,
Il ment quand il le dit et ne le fut jamais.
Est-il vice plus bas? est-il tache plus noire,
Plus indigne d'un homme élevé pour la gloire?
Est-il quelque faiblesse, est-il quelque action
Dont un cœur vraiment noble ait plus d'aversion,
Puisqu'un seul démenti lui porte une infamie.
Qu'il ne peut effacer s'il n'expose sa vie,
Et si dedans le sang il ne lave l'affront
Qu'un si honteux outrage imprime sur son front (1)?

(1) « Toute l'instruction de la pièce est renfermée dans cette admirable scène. On voit que non seulement Corneille a précédé Molière dans la peinture d'un caractère ridicule, mais encore dans cet art de faire parler la raison sur la scène comique, d'être éloquent, naturel et vrai. Les reproches du père de Dorante vont jusqu'au sublime. Le vieillard observe aussi très bien que l'honneur français réside surtout dans la foi, qu'un homme de cœur n'a rien de plus sacré que sa parole.» (GEOFFROY.)

ACTE V, SCÈNE III

DORANTE.

Qui vous dit que je mens?

GÉRONTE.

Qui me le dit, infâme?
Dis-moi, si tu le peux, dis le nom de ta femme.
Le conte qu'hier au soir tu m'en fis publier....

CLITON, *à Dorante.*

Dites que le sommeil vous l'a fait oublier.

GÉRONTE.

Ajoute, ajoute encore avec effronterie
Le nom de ton beau-père et de sa seigneurie;
Invente à m'ebloüir quelques nouveaux détours.

CLITON, *à Dorante.*

Appelez la mémoire ou l'esprit au secours.

GÉRONTE.

De quel front cependant faut-il que je confesse
Que ton effronterie a surpris ma vieillesse,
Qu'un homme de mon âge a cru légèrement
Ce qu'un homme du tien débite impudemment?
Tu me fais donc servir de fable et de risée,
Passer pour esprit faible et pour cervelle usée!
Mais, dis-moi, te portais-je à la gorge un poignard?
Voyais-tu violence ou courroux de ma part?
Si quelque aversion t'éloignait de Clarice,
Quel besoin avais-tu d'un si lâche artifice?
Et pouvais-tu douter que mon consentement
Ne dût tout accorder à ton contentement,
Puisque mon indulgence, au dernier point venue,
Consentait à tes yeux l'hymen d'une inconnue?
Ce grand excès d'amour que je t'ai témoigné
N'a point touché ton cœur ou ne l'a point gagné.
Ingrat, tu m'as payé d'une impudente feinte,
Et tu n'as eu pour moi respect, amour, ni crainte.
Va, je te desavoue.

DORANTE.

Eh! mon père, écoutez.

GÉRONTE.

Quoi? des contes en l'air et sur l'heure inventés?

DORANTE.

Non, la vérité pure.

GÉRONTE.

En est-il en ta bouche?

CLITON, *à Dorante.*

Voici pour votre adresse une assez rude touche.

Dorante imagine alors un nouveau conte ; il prétend qu'il n'a menti que pour ne pas épouser Clarice, à laquelle il préfère Lucrèce.

GÉRONTE.

Tu me fourbes encor.

DORANTE.

Si vous ne m'en croyez,
Croyez en pour le moins Cliton que vous voyez.
Il sait tout mon secret.

GÉRONTE.

Tu ne meurs pas de honte
Qu'il faille que de lui je fasse plus de compte,
Et que ton père même, en doute de ta foi,
Donne plus de croyance à ton valet qu'à toi !

Après ce sanglant reproche, Géronte consent encore à demander Lucrèce pour son fils.

Dans les scènes suivantes, Dorante exprime son regret d'avoir fait à son père ce dernier mensonge. Enfin, après un nouveau quiproquo, il reconnaît dans la personne qu'il préfère la véritable Lucrèce, celle que son père doit demander pour lui en mariage. La demande a lieu en effet, et elle est acceptée ; Clarice abandonnée épouse Alcippe. — Cliton donne la morale de la pièce avec une légère pointe d'ironie qui corrige ce que le propos, pris en son sens naturel, peut avoir de déplacé :

Comme en sa propre fourbe un menteur s'embarrasse !
Peu sauraient comme lui s'en tirer avec grâce.
Vous autres qui doutiez s'il en pourrait sortir,
Par un si rare exemple, apprenez à mentir.

En voyant en quels embarras jette la manie du mensonge et combien il est difficile d'en sortir heureusement, vous n'aurez plus envie de mentir. — Du reste, la vraie morale se trouve dans la scène des reproches. (Acte V, scène III.)

LA SUITE DU MENTEUR,

qui parut en 1643, eut moins de succès.

RODOGUNE
PRINCESSE DES PARTHES
TRAGÉDIE.
1646.

A MONSEIGNEUR LE PRINCE (1)

Monseigneur,

Rodogune se présente à Votre Altesse avec quelque sorte de confiance, et ne peut croire qu'après avoir fait sa bonne fortune, vous dédaigniez de la prendre en votre protection. Elle a trop de connaissance de votre bonté pour craindre que vous veuilliez laisser votre ouvrage imparfait, et lui dénier la continuation des grâces dont vous lui avez été si prodigue. C'est à votre illustre suffrage qu'elle est obligée de tout ce qu'elle a reçu d'applaudissement, et les favorables regards dont il vous plut fortifier la faiblesse de sa naissance lui donnèrent tant d'éclat et de vigueur, qu'il semblait que vous eussiez pris plaisir à répandre sur elle un rayon de cette gloire qui vous environne, et à lui faire part de cette facilité de vaincre qui vous suit partout. Après cela, Monseigneur, quels hommages peut-elle rendre à Votre Altesse qui ne soient au-dessous de ce qu'elle lui doit? Si elle tâche à lui témoigner quelque reconnaissance par l'admiration de ses vertus, où trouvera-t-elle des éloges dignes de cette main qui fait trembler tous nos ennemis, et dont les coups d'essai furent signalés par la défaite des premiers capitaines de l'Europe? Votre Altesse sut vaincre avant qu'ils se pussent imaginer qu'elle sût combattre, et ce grand courage, qui n'avait encore vu la guerre que dans les livres, effaça tout ce qu'il y avait lu des Alexandre et des César, sitôt qu'il parut à la tête d'une armée. La générale consternation où la perte de notre grand monarque nous avait plongés, enflait l'orgueil de nos adversaires en un tel point, qu'ils osaient se persuader que du siège de Rocroi dépendait la prise de Paris; et l'avidité de leur ambition dévorait déjà le cœur d'un royaume dont ils pensaient avoir surpris les frontières. Cependant les premiers miracles de votre valeur renversèrent si pleinement toutes leurs espérances, que ceux-là mêmes qui s'étaient promis tant de conquêtes sur nous, virent terminer la campagne de cette même année par celles que vous fîtes sur eux. Ce fut par là, Monseigneur, que vous commençâtes ces grandes victoires que vous avez toujours si bien choisies,

(1) Le grand Condé.

qu'elles ont honoré deux règnes tout à la fois, comme si c'eût été trop peu pour Votre Altesse d'étendre les bornes de l'Etat sous celui-ci, si elle n'eût en même temps effacé quelques-uns des malheurs qui s'étaient mêlés aux longues prospérités de l'autre. Thionville, Philisbourg et Norlinghen, étaient des lieux funestes pour la France : elle n'en pouvait entendre les noms sans gémir, elle ne pouvait y porter sa pensée sans soupirer; et ces mêmes lieux, dont le souvenir lui arrachait des soupirs et des gémissements, sont devenus les éclatantes marques de sa nouvelle félicité, les dignes occasions de ces feux de joie, et les glorieux sujets des actions de grâces qu'elle a rendues au Ciel pour les triomphes que votre courage invincible en a obtenus. Dispensez-moi, Monseigneur, de vous parler de Dunkerque : j'épuise toutes les forces de mon imagination, et je ne conçois rien qui réponde à la dignité de ce grand ouvrage, qui nous vient d'assurer l'Océan par la prise de cette fameuse retraite de corsaires. Tous nos havres en étaient comme assiégés; il n'en pouvait échapper un vaisseau qu'à la merci de leurs brigandages; et nous en avons vu souvent de pillés à la vue des mêmes ports dont ils venaient de faire voile : et maintenant, par la conquête d'une seule ville, je vois, d'un côté, nos mers libres, nos côtes affranchies, notre commerce rétabli, la racine de nos maux publics coupée; d'autre côté, la Flandre ouverte, l'embouchure de ses rivières captive, la porte de son secours fermée, la source de son abondance en notre pouvoir; et ce que je vois n'est rien encore au prix de ce que je prévois sitôt que Votre Altesse y reportera la terreur de ses armes. Dispensez-moi donc, Monseigneur, de profaner des effets si merveilleux et des attentes si hautes, par la bassesse de mes idées et par l'impuissance de mes expressions, et trouvez bon que, demeurant dans un respectueux silence, je n'ajoute rien ici qu'une protestation très inviolable d'être toute ma vie,

Monseigneur,
de Votre Altesse,
le très humble, très obéissant et très passionné serviteur,

P. CORNEILLE.

APPIAN ALEXANDRIN

AU LIVRE DES GUERRES DE SYRIE, SUR LA FIN.

« Démétrius, surnommé Nicanor, roi de Syrie, entreprit la guerre contre les Parthes, et, étant devenu leur prisonnier, vécut dans la cour de leur roi Phraates, dont il épousa la sœur, nommée Rodogune. Cependant Diodotus, domestique des rois précédents, s'empara du trône de

Syrie, et y fit asseoir un Alexandre encore enfant, fils d'Alexandre le bâtard et d'une fille de Ptolomée. Ayant gouverné quelque temps comme son tuteur, il se défit de ce malheureux pupille, et eut l'insolence de prendre lui-même la couronne sous un nouveau nom de Tryphon qu'il se donna. Mais Antiochus, frère du roi prisonnier, ayant appris à Rhodes sa captivité et les troubles qui l'avaient suivie, revint dans le pays, où ayant défait Tryphon avec beaucoup de peine, il le fit mourir. De là il porta ses armes contre Phraates, lui redemandant son frère; et, vaincu dans une bataille, il se tua lui-même. Démétrius, retourné en son royaume, fut tué par sa femme Cléopâtre, qui lui dressa des embûches en haine de cette seconde femme Rodogune qu'il avait épousée, dont elle avait conçu une telle indignation, que pour s'en venger elle avait épousé ce même Antiochus, frère de son mari. Elle avait eu deux fils de Démétrius, l'un nommé Séleucus, et l'autre Antiochus, dont elle tua le premier d'un coup de flèche sitôt qu'il eut pris le diadème après la mort de son père, soit qu'elle craignît qu'il ne la voulût venger, soit que l'impétuosité de la même fureur la portât à ce nouveau parricide. Antiochus lui succéda, qui contraignit cette mauvaise mère de boire le poison qu'elle lui avait préparé. C'est ainsi qu'elle fut enfin punie. »

Voilà ce que m'a prêté l'histoire, où j'ai changé les circonstances de quelques incidents, pour leur donner plus de bienséance. Je me suis servi du nom de Nicanor plutôt que de celui de Démétrius, à cause que le vers souffrait plus aisément l'un que l'autre. J'ai supposé qu'il n'avait pas encore épousé Rodogune, afin que ses deux fils pussent avoir de l'amour pour elle, sans choquer les spectateurs, qui eussent trouvé étrange cette passion pour la veuve de leur père si j'eusse suivi l'histoire. L'ordre de leur naissance incertain, Rodogune prisonnière, quoiqu'elle ne vînt jamais en Syrie, la haine de Cléopâtre pour elle, la proposition sanglante qu'elle fait à ses fils, celle que cette princesse est obligée de leur faire pour se garantir, l'inclination qu'elle a pour Antiochus, et la jalouse fureur de cette mère qui se résout plutôt à perdre ses fils qu'à se voir sujette de sa rivale, ne sont que des embellissements de l'invention, et des acheminements vraisemblables à l'effet dénaturé que me présentait l'histoire, et que les lois du poëme ne me permettaient pas de changer. Je l'ai même adouci tant que j'ai pu en Antiochus, que j'avais fait trop honnête homme dans le reste de l'ouvrage, pour forcer à la fin sa mère à s'empoisonner elle-même.

On s'étonnera peut-être de ce que j'ai donné à cette tragédie le nom de *Rodogune*, plutôt que celui de *Cléopâtre*, sur qui tombe toute l'action tragique; et même on pourra douter si la liberté de la poésie peut s'étendre jusqu'à feindre un sujet entier sous des noms véritables, comme j'ai fait ici, où, depuis la narration du premier acte, qui sert de fondement au reste, jusqu'aux effets, qui paraissent dans le cinquième, il n'y a rien que l'histoire avoue.

Pour le premier, je confesse ingénument que ce poëme devait plutôt porter le nom de *Cléopâtre* que de *Rodogune* : mais ce qui m'a fait en user ainsi, a été la peur que j'ai eue qu'à ce nom le peuple ne se laissât préoccuper des idées de cette fameuse et dernière reine d'Egypte, et ne confondît cette reine de Syrie avec elle, s'il l'entendait prononcer. C'est pour cette même raison que j'ai évité de le mêler dans mes vers, n'ayant jamais fait parler de cette seconde Médée que sous celui de la reine, et je me suis enhardi à cette licence d'autant plus librement, que j'ai remarqué parmi nos anciens maîtres qu'ils se sont fort peu mis en peine de donner à leurs poëmes le nom des héros qu'ils y faisaient paraître, et leur ont souvent fait porter celui des chœurs, qui ont encore bien moins de part dans l'action que les personnages épisodiques comme Rodogune; témoin *les Trachiniennes* de Sophocle, que nous n'aurions jamais voulu nommer autrement que *la Mort d'Hercule*.

Pour le second point, je le tiens un peu plus difficile à résoudre, et n'en voudrais pas donner mon opinion pour bonne : j'ai cru que, pourvu que nous conservassions les effets de l'histoire, toutes les circonstances, ou, comme je viens de les nommer, les acheminements, étaient en notre pouvoir; au moins, je ne pense point avoir vu de règle qui restreigne cette liberté que j'ai prise. Je m'en suis assez bien trouvé en cette tragédie; mais comme je l'ai poussée encore plus loin dans *Héraclius*, que je viens de mettre sur le théâtre, ce sera en le donnant au public que je tâcherai de la justifier, si je vois que les savants s'en offensent, ou que le peuple en murmure....

PERSONNAGES :

CLÉOPATRE, reine de Syrie, veuve de Démétrius Nicanor.
SÉLEUCUS, } fils de Démétrius et de Cléopâtre.
ANTIOCHUS,
RODOGUNE, sœur de Phraates, roi des Parthes.
TIMAGÈNE, gouverneur des deux princes.
ORONTE, ambassadeur de Phraates.
LAONICE, sœur de Timagène, confidente de Cléopâtre.

La scène est à Seleucie, dans le palais royal.
(141 av. J.-C)

Analyse.

Le jour est venu où Cléopâtre, en exécution d'un traité conclu avec les Parthes, doit élever Rodogune sur le trône de Syrie, en la donnant pour épouse à l'aîné de ses deux fils, nouvellement rappelés d'Egypte. La reine s'est réservé encore le secret de leur naissance; Antiochus et Seleucus, unis par l'amour le plus tendre, se sont juré, bien qu'ils aiment tous deux Rodogune, de se soumettre à la décision de leur mère. — Mais Cléopâtre ne déguisait sa haine envers Rodogune que pour mieux assurer contre elle ses projets de vengeance. Elle déclare à ses fils que, pour recevoir d'elle le titre d'aîné, il faut lui apporter la tête de la princesse. Ils répondent par un refus, et prennent la résolution de s'emparer du trône malgré leur mère, pour y placer l'élu de Rodogune. — Rodogune, décidée à échapper à tout prix à la vengeance de Cléopâtre, promet sa préférence à celui des deux princes qui la débarrassera de son ennemie, en vengeant la mort de leur père. Ainsi repoussés de part et d'autre, les deux frères séparent leurs intérêts. Séleucus, indigné, renonce au trône et à Rodogune; Antiochus a recours aux supplications. — Il essaie de fléchir Rodogune; celle-ci, se voyant impuissante à entraîner les deux princes, renonce à son projet. Quant à Cléopâtre, elle repousse d'abord les prières d'Antiochus, et s'indigne de son amour pour Rodogune; mais bientôt, désespérant de la victoire, elle se déclare vaincue, lui apprend qu'il est l'aîné et lui promet le trône et Rodogune : ce n'était qu'un jeu hypocrite. Cléopâtre fait venir ensuite Seleucus : c'est, dit-elle, à tort qu'elle a donné à Antiochus le titre d'aîné : ce droit appartient à Séleucus; Séleucus reste insensible; la reine cherche à l'exciter contre son frère, il résiste avec fierté; sa résistance lui coûtera la vie : Cléopâtre le fait poignarder. — Déjà Antiochus et Rodogune s'apprêtent, en présence de Cléopâtre et de toute la cour, à sceller leur union par les libations d'usage, lorsqu'on leur annonce la mort de Séleucus. La dernière parole du jeune prince a été pour son frère; il lui a révélé l'auteur de ce forfait, en termes vagues, il est vrai; assez clairs cependant pour désigner Cléopâtre ou Rodogune; chacune proteste de son innocence. Antiochus, renonçant à toute recherche, prend la coupe préparée par la reine; mais Rodogune, soupçonnant un crime, demande qu'un esclave en fasse d'abord l'essai. La reine, pour les tromper, y porte elle-même ses lèvres; mais au moment où Rodogune et Antiochus ainsi rassurés vont suivre son exemple, les effets du poison se manifestent; Cléopâtre tombe et expire dans la rage et le désespoir.

Examen de Rodogune, par Corneille.

On m'a souvent fait une question a la cour : quel etait celui de mes poemes que j'estimais le plus; et j'ai trouvé tous ceux qui me l'ont faite si prévenus en faveur de *Cinna* ou du *Cid*, que je n'ai jamais osé declarer toute la tendresse que j'ai toujours eue pour celui-ci, a qui j'aurais volontiers donné mon suffrage, si je n'avais craint de manquer, en quelque sorte, au respect que je devais a ceux que je voyais pencher d'un autre côté. Cette préférence est peut-être en moi un effet de ces inclinations aveugles qu'ont beaucoup de pères pour quelques-uns de leurs enfants plus que pour les autres; peut-être y entre-t-il un peu d'amour-propre, en ce que cette tragedie me semble être un peu plus a moi que celles qui l'ont précédée, a cause des incidents surprenants qui sont purement de mon invention, et n'avaient jamais été vus au théâtre; et peut-être enfin y a-t-il un peu de vrai merite qui fait que cette inclination n'est pas tout a fait injuste. Je veux bien laisser chacun en liberté de ses sentiments, mais certainement on peut dire que mes autres pièces ont peu d'avantages qui ne se rencontrent en celle-ci : elle a tout ensemble la beauté du sujet, la nouveauté des fictions, la force des vers, la facilité de l'expression, la solidité du raisonnement, la chaleur des passions, les tendresses de l'amour et de l'amitié; et cet heureux assemblage est ménagé de sorte qu'elle s'élève d'acte en acte. Le second passe le premier, le troisième est au-dessus du second, et le dernier l'emporte sur tous les autres. L'action y est une, grande, complète ; sa durée ne va point, ou fort peu, au delà de celle de la représentation. Le jour en est le plus illustre qu'on puisse imaginer, et l'unité de lieu s'y rencontre en la manière que je l'explique dans le troisième de mes discours, et avec l'indulgence que j'ai demandée pour le théâtre....

Cléopâtre a lieu d'attendre ce jour-là à faire confidence à Laonice de ses desseins et des veritables raisons de tout ce qu'elle a fait. Elle eût pu trahir son secret aux princes ou à Rodogune, si elle l'eût su plus tôt; et cette ambitieuse mere ne lui en fait part qu'au moment qu'elle veut bien qu'il éclate, par la cruelle proposition qu'elle va faire a ses fils. On a trouve celle que Rodogune leur fait a son tour indigne d'une personne vertueuse, comme je la peins; mais on n'a pas considere qu'elle ne la fait pas, comme Cléopâtre, avec espoir de la voir exécuter par les princes, mais seulement pour s'exempter d'en choisir aucun, et les attacher tous deux à sa protection par une espérance égale. Elle etait avertie par Laonice de celle que la reine leur avait faite, et devait prévoir que, si elle se fût déclaree pour Antiochus qu'elle aimait, son ennemie, qui avait seule le secret de leur naissance, n'eût pas manqué de nommer Séleucus pour l'aîné afin de les commettre l'un contre l'autre, et d'exciter une guerre civile qui eût pu causer sa perte. Ainsi elle devait s'exempter de choisir, pour les contenir tous deux dans l'égalité de pretention, et elle n'en avait point de meilleur moyen que de rappeler le souvenir de ce qu'elle devait à la mémoire de leur père, qui avait perdu la vie pour elle, et leur faire cette proposition qu'elle savait bien qu'ils n'accepteraient pas. Si le traité de paix l'avait forcée à se départir de ce juste sentiment de reconnaissance, la liberté qu'ils lui rendaient la rejetait dans cette obligation. Il était de son devoir de venger cette mort; mais il était de celui des princes de ne se pas charger de cette vengeance. Elle avoue elle-même à Antiochus qu'elle les haïrait, s'ils lui avaient obéi; que, comme elle a fait ce qu'elle a dû par cette demande, ils font ce qu'ils doivent par leur refus; qu'elle aime trop la vertu pour vouloir être le prix d'un crime, et que la justice qu'elle demande de la mort de leur père, serait un parricide, si elle la recevait de leurs mains.

Je dirai plus : quand cette proposition serait tout à fait condamnable en sa bouche, elle mériterait quelque grâce et pour l'éclat que la nouveauté de l'invention a fait au théâtre, et pour l'embarras surprenant où elle jette les princes, et pour l'effet qu'elle produit dans le reste de la pièce qu'elle conduit à l'action historique. Elle est cause que Séleucus, par dépit, renonce au trône et à la possession de cette princesse, que la reine, le voulant animer contre son frère, n'en peut rien obtenir, et qu'enfin elle se résout par désespoir de les perdre tous deux, plutôt que de se voir sujette de son ennemie.

Elle commence par Séleucus, tant pour suivre l'ordre de l'histoire, que parce que, s'il fût demeuré en vie après Antiochus et Rodogune, qu'elle voulait empoisonner publiquement, il les aurait pu venger. Elle ne craint pas la même chose d'Antiochus pour son frère, d'autant qu'elle espère que le poison violent qu'elle lui a préparé fera un effet assez prompt pour le faire mourir avant qu'il ait pu rien savoir de cette autre mort, ou du moins avant qu'il l'en puisse convaincre, puisqu'elle a si bien pris son temps pour l'assassiner, que ce parricide n'a point eu de témoins. J'ai parlé ailleurs de l'adoucissement que j'ai apporté pour empêcher qu'Antiochus n'en commit un en la forçant de prendre le poison qu'elle lui présente, et du peu d'apparence qu'il y avait qu'un moment après qu'elle a expiré, presque à sa vue, il parlait d'amour et de mariage à Rodogune. Dans l'état où ils rentrent derrière le théâtre, ils peuvent le résoudre quand ils le jugeront à propos. L'action est complète, puisqu'ils sont hors de péril; et la mort de Séleucus m'a exempté de développer le secret du droit d'aînesse entre les deux frères, qui d'ailleurs n'eût jamais été croyable, ne pouvant être éclairci que par une bouche en qui l'on n'a pas vu assez de sincérité pour prendre aucune assurance sur son témoignage.

Appréciation.

Rodogune est célèbre par son dénoûment terrible et sublime; mais son mérite ne se réduit pas au cinquième acte.

La peinture des caractères les plus énergiques, les ressorts puissants qui sont mis en jeu, la marche irrésistible d'une action effroyable à travers les péripéties les plus pathétiques, font de cette tragédie un des plus beaux chefs-d'œuvre de Corneille.

C'est le drame de la terreur, parce que c'est le drame de l'ambition, de la jalousie, de la haine dans le cœur de deux reines rivales, surexcitées par les dangers les plus imminents, poussées aux résolutions les plus criminelles, se rencontrant enfin face à face dans une crise suprême, où l'une ne peut triompher que par la mort de l'autre.

Cléopâtre est l'ambition même, servie par toutes les ressources de l'esprit le plus délié, du caractère le plus indomptable : elle est décidée, pour régner, à étouffer tous les sentiments de la nature. « Son titre de mère, en la rendant plus criminelle, prête à ses passions je ne sais quelle effroyable grandeur digne de la tragédie. » (SAINT-MARC-GIRARDIN, *Littér. dram.* I. 18)

Rodogune est une jeune princesse dont le caractère est admirablement conçu pour lutter avec avantage contre une pareille furie : c'est un mélange de douceur, de fierté, de souplesse et d'énergie; si elle se jette dans le crime, c'est malgré elle, poussée qu'elle est par la nécessité de la défense.

Entre ces deux femmes si redoutables se trouvent placés deux jeunes princes dont la vertu, l'innocent amour et la touchante amitié forment le plus heureux contraste avec les violentes passions qui tour à tour s'en veulent faire les instruments de leur vengeance. Cléopâtre leur mère d'abord, puis Rodogune qu'ils aiment, leur mettent le poignard à la main chacune contre sa rivale.

Cette double proposition d'un effet si tragique, l'amour noble et pur d'Antiochus et de Séleucus pour Rodogune, la situation si émouvante du dernier acte, le dénoûment enfin si naturel, si inattendu, si terrible et si moral tout ensemble, sont des créations de Corneille. C'est une des raisons pour lesquelles ce grand homme avait une prédilection particulière pour *Rodogune*.

La marche de la pièce est vive et ferme : chaque acte est un pas vers la plus épouvantable catastrophe. Au premier acte, on entrevoit dans les craintes de Rodogune l'ennemie terrible qui la menace; au deuxième, Cléopâtre demande la tête de la princesse à ses deux fils; au troisième, Rodogune, pour se garantir elle-même, leur demande le châtiment de leur mère; au quatrième, Cléopâtre, furieuse de n'avoir rien obtenu, se décide à perdre ses fils avec sa rivale; au cinquième, Séleucus est assassiné; mais bientôt Cléopâtre tombe elle-même dans le piège qu'elle avait tendu à Antiochus et à Rodogune.

La haine de Cléopâtre contre Rodogune sa rivale, voilà le vrai sujet; l'amour vertueux des deux frères qui s'oppose aux effets de cette haine, voilà le nœud. L'union de l'un des princes avec Rodogune, union traversée par la haine de Cléopâtre, n'est que l'action apparente.

Il y a sans doute des imperfections dans cette tragédie : la mise en scène est par trop simple, l'exposition pourrait être plus nette (1), des tirades d'amour romanesque ou de froides apostrophes font quelquefois languir l'action ; le quatrième acte est peu animé.

Mais les reproches plus graves d'invraisemblance que des critiques célèbres, Voltaire, La Harpe, Lessing, ont formulés contre l'intrigue, contre les deux propositions qui rendent l'action si tragique, contre les caractères mêmes de Cléopâtre et de Rodogune, ne paraissent nullement fondés ; tous tombent, ce semble, devant la simple distinction qu'il faut établir entre la vraisemblance de la raison et la vraisemblance de la passion. Qui ne sait que les passions, surtout dans le paroxysme de la fureur, ont des coups, des éclats que la froide raison ne justifiera jamais, qu'elle ne conçoit même pas ? La critique, pour juger une action dramatique basée tout entière sur la passion, doit juger selon les vraisemblances de la passion. Le raisonnable est rarement vraisemblable dans la passion, parce que le propre de la passion est d'agir sans raison, et trop souvent contre toute raison. Aussi, malgré toutes ses objections, Voltaire est sans cesse obligé de reconnaître que les situations qui lui paraissent les plus invraisemblables, les plus absurdes même, sont toujours applaudies avec transport : c'est que le spectateur est dominé par l'illusion de la passion qu'il entend, qu'il voit agir, dont il suit les écarts effrayants, sans que l'idée lui vienne de les trouver contraires aux caractères et aux situations.

ACTE PREMIER

Scènes I et II. Après l'exposition (2), dans laquelle Laonice apprend à Timagène la détermination prise par Cléopâtre de donner le trône de

---

(1) Cette obscurité vient surtout de ce que Corneille a évité le nom de Cléopâtre, pour empêcher toute confusion avec la Cléopâtre d'Egypte.

(2) La pièce débute par ces vers solennels :
    Enfin ce jour pompeux, cet heureux jour nous luit,
    Qui d'un trouble si long doit dissiper la nuit,
    Ce grand jour où l'hymen, étouffant la vengeance,
    Entre le Parthe et nous remet l'intelligence.

« C'est un grand ornement pour un poème que le choix d'un jour illustre et attendu depuis longtemps. Dans *Rodogune*, c'est un jour choisi par deux souverains pour l'effet d'un traité de paix entre leurs couronnes ennemies. » (CORNEILLE, *Discours des trois unités*.) Racine a choisi de même, pour l'action d'*Athalie*, la grande fête de la Pentecôte.

Syrie et la main de Rodogune a celui de ses fils qu'elle aura proclamé l'aîné, Antiochus envoie dire à son frère qu'il lui cèdera volontiers le trône, s'il peut à ce prix obtenir la main de Rodogune. — *Scène III.* Séleucus survient sans avoir reçu ce message et lui declare qu'il préfère Rodogune à la couronne. Les deux frères promettent de sacrifier leur rivalité à leur amitié fraternelle et de se soumettre à l'arrêt de Cléopâtre(1). — *Scène IV.* Laonice achève de mettre Timagène au courant de la situation. — *Scène V.* Rodogune expose à Laonice les craintes que lui inspire la reconciliation apparente de la reine (2); quant aux princes, elle les aime tous deux quoique inégalement, mais elle se gardera de révéler celui qu'elle préfère, étant prête à accepter pour époux celui que le droit d'aînesse appellera au trône.

ACTE SECOND

SCÈNE I

CLÉOPATRE (3).

Serments fallacieux, salutaire contrainte (4),
Que m'imposa la force et qu'accepta ma crainte,
Heureux déguisements d'un immortel courroux,
Vains fantômes d'Etat, évanouissez-vous !
Si d'un péril pressant la terreur vous fit naître,
Avec ce péril même il vous faut disparaître,
Semblables à ces vœux dans l'orage formés,
Qu'efface un prompt oubli quand les flots sont calmés.
Et vous, qu'avec tant d'art cette feinte a voilée,

(1) Les nobles sentiments exprimés par les deux jeunes princes nous inspirent pour eux la sympathie la plus vive : l'amitié qu'ils vont se jurer aux pieds des autels, malgré l'opposition de leurs intérêts et de leur amour, est une des conceptions les plus heureuses de Corneille : c'est cette union qui tiendra en échec les projets criminels de Cléopâtre et de Rodogune.

(2) Les tristes pressentiments de Rodogune commencent à jeter le trouble dans l'âme du spectateur. Deja, par le récit de Laonice, il connaît assez Cléopâtre pour comprendre combien sont fondées les appréhensions de la jeune princesse; elle devait regner à la place de Cléopâtre, en épousant Nicanor : Cléopâtre ne le lui pardonnera jamais.

(3) Après l'habile préparation du premier acte, le spectateur voit entrer Cléopâtre avec une curiosité mêlée d'inquiétude : il pressent quelque chose de grand et de sinistre.

(4) « Corneille reparaît ici dans toute sa pompe; l'éloquent Bossuet est le seul qui se soit servi après lui de cette belle épithète *fallacieuse.* » (VOLT.) Le Dictionnaire de l'Académie a reçu ce mot en 1762.

Les serments dont Cléopâtre se joue, c'est le traité juré avec le roi des Parthes : il est parti, dit elle, *nous pouvons tout oser.*

Recours des impuissants, haine dissimulée,
Digne vertu des rois, noble secret de cour,
Eclatez, il est temps, et voici notre jour.
Montrons-nous toutes deux, non plus comme sujettes,
Mais telle que je suis, et telle que vous êtes.
Le Parthe est éloigné, nous pouvons tout oser :
Nous n'avons rien à craindre, et rien à déguiser;
Je hais, je règne encor (1). Laissons d'illustres marques
En quittant, s'il le faut, ce haut rang des monarques :
Faisons-en avec gloire un départ éclatant,
Et rendons-le funeste à celle qui l'attend.
C'est encor, c'est encor cette même ennemie
Qui cherchait ses honneurs dedans mon infamie,
Dont la haine à son tour croit me faire la loi,
Et régner par mon ordre et sur vous et sur moi.
Tu m'estimes bien lâche, imprudente rivale,
Si tu crois que mon cœur jusque-là se ravale,
Qu'il souffre qu'un hymen qu'on t'a promis en vain
Te mette ta vengeance et mon sceptre à la main (2).
Vois jusqu'où m'emporta l'amour du diadème,
Vois quel sang il me coûte, et tremble pour toi-même :
Tremble, te dis-je; et songe, en dépit du traité,
Que, pour t'en faire un don, je l'ai trop acheté (3).

SCÈNE II
CLÉOPATRE, LAONICE.

CLÉOPATRE.

Laonice, vois-tu que le peuple s'apprête
Au pompeux appareil de cette grande fête?

LAONICE.

La joie en est publique, et les princes tous deux
Des Syriens ravis emportent tous les vœux :
L'un et l'autre fait voir un mérite si rare,
Que le souhait confus entre les deux s'égare;

(1) *Je hais, je règne encore*. toute la situation est dans ces deux mots.

(2) Cléopâtre voit en Rodogune plus qu'une rivale qui lui dispute la couronne; c'est une ennemie qu'elle a humiliée, qui se vengera dès qu'elle sera sur le trône; de là ces menaces formidables qui annoncent une guerre à mort.

(3) Cléopâtre se révèle tout entière dans ce beau monologue : on voit son caractère décidé, fier, ambitieux, perfide, en même temps que sa haine implacable contre sa rivale. La vengeance et la colère qui bouillonnent dans son cœur éclatent en apostrophes pleines de menaces. L'orage est déchaîné : la foudre tombera : quand? sur qui? comment? l'esprit est déjà plein de erreur

Et ce qu'en quelques-uns on voit d'attachement
N'est qu'un faible ascendant d'un premier mouvement.
Ils penchent d'un côté, prêts à tomber de l'autre :
Leur choix pour s'affermir attend encor le vôtre ;
Et de celui qu'ils font ils sont si peu jaloux,
Que votre secret su les réunira tous.

CLEOPATRE.
Sais-tu que mon secret n'est pas ce que l'on pense?

LAONICE.
J'attends avec eux tous celui de leur naissance.

CLEOPATRE.
Pour un esprit de cour, et nourri chez les grands,
Tes yeux dans leurs secrets sont bien peu pénétrants.
Apprends, ma confidente, apprends à me connaître (1).
  Si je cache en quel rang le ciel les a fait naître,
Vois, vois que tant que l'ordre en demeure douteux,
Aucun des deux ne règne, et je règne pour eux :
Quoique ce soit un bien que l'un et l'autre attende,
De crainte de le perdre aucun ne le demande ;
Cependant je possède, et leur droit incertain
Me laisse avec leur sort leur sceptre dans la main :
Voilà mon grand secret. Sais-tu par quel mystère
Je les laissais tous deux en dépôt chez mon frere?

LAONICE.
J'ai cru qu'Antiochus les tenait éloignés,
Pour jouir des Etats qu'il avait regagnés.

CLEOPATRE.
Il occupait leur trône et craignait leur présence,
Et cette juste crainte assurait ma puissance.
Mes ordres en étaient de point en point suivis,
Quand je le menaçais du retour de mes fils :
Voyant ce foudre prêt à suivre ma colère,
Quoi qu'il me plût oser, il n'osait me déplaire ;
Et content malgré lui du vain titre de roi,
S'il régnait au lieu d'eux, ce n'était que sous moi.
  Je te dirai bien plus : sans violence aucune
J'aurais vu Nicanor épouser Rodogune,
Si, content de lui plaire et de me dédaigner,
Il eût vécu chez elle en me laissant régner.

---

(1) Cléopâtre s'ouvre à Laonice, parce qu'elle pense pouvoir compter sur une confidente qui, — elle le croit du moins, — a déja servi sa haine contre sa victime ; Laonice pourra encore lui être utile

Son retour me fâchait plus que son hyménée,
Et j'aurais pu l'aimer s'il ne l'eût couronnée.
Tu vis comme il y fit des efforts superflus :
Je fis beaucoup alors, et ferais encor plus,
S'il etait quelque voie, infâme ou legitime,
Que m'enseignât la gloire, ou que m'ouvrît le crime,
Qui me pût conserver un bien que j'ai chéri,
Jusqu'à verser pour lui tout le sang d'un mari.
Dans l'état pitoyable où m'en réduit la suite,
Delice de mon cœur, il faut que je te quitte (1) :
On m'y force, il le faut; mais on verra quel fruit
En recevra bientôt celle qui m'y réduit.
L'amour que j'ai pour toi tourne en haine pour elle :
Autant que l'un fut grand l'autre sera cruelle;
Et puisqu'en te perdant j'ai sur qui m'en venger,
Ma perte est supportable, et mon mal est léger.

LAONICE.

Quoi? vous parlez encor de vengeance et de haine
Pour celle dont vous-même allez faire une reine (2)!

CLÉOPATRE.

Quoi? je ferais un roi pour être son époux,
Et m'exposer aux traits de son juste courroux!
N'apprendras-tu jamais, âme basse et grossière,
A voir par d'autres yeux que les yeux du vulgaire?
Toi qui connais ce peuple, et sais qu'aux champs de Mars
Lâchement d'une femme il suit les étendards;
Que, sans Antiochus, Tryphon m'eût dépouillée;
Que sous lui son ardeur fut soudain réveillée;
Ne saurais-tu juger que si je nomme un roi (3),
C'est pour le commander, et combattre pour moi?
J'en ai le choix en main avec le droit d'aînesse?
Et puisqu'il en faut faire un aide à ma faiblesse,
Que la guerre sans lui ne peut se rallumer,
J'userai bien du droit que j'ai de le nommer.

(1) Cléopâtre n'a vécu, ne vit, ne peut vivre que pour régner : la soif du pouvoir la dévore.

(2) Laonice, qui s'intéresse à l'infortunée Rodogune, provoque à dessein les indiscretions de la reine pour soustraire la princesse à ses fureurs, et Cléopâtre, aveuglée par sa vengeance, ne lui cache rien; elle veut même que sa confidente assiste aux ouvertures qu'elle va faire à ses fils; peut-être aussi sent-elle le besoin de sa présence pour s'enhardir dans son infâme projet.

(3) Ici Cléopâtre laisse percer son vrai but : elle ne couronnera un de ses fils que pour pouvoir régner sous son nom, et à condition que le nouveau roi serve sa vengeance contre Rodogune.

On ne montera point au rang dont je dévale,
Qu'en épousant ma haine au lieu de ma rivale :
Ce n'est qu'en me vengeant qu'on me le peut ravir,
Et je ferai régner qui me voudra servir.

LAONICE.

Je vous connaissais mal.

CLEOPATRE.

Connais-moi tout entière :
Quand je mis Rodogune en tes mains prisonnière,
Ce ne fut ni pitié ni respect de son rang,
Qui m'arrêta le bras et conserva son sang.
La mort d'Antiochus me laissait sans armée,
Et d'une troupe en hâte à me suivre animée,
Beaucoup dans ma vengeance ayant fini leurs jours,
M'exposaient à son frère, et faible et sans secours.
Je me voyais perdue, à moins d'un tel otage :
Il vint, et sa fureur craignit pour ce cher gage ;
Il m'imposa des lois, exigea des serments,
Et moi j'accordai tout pour obtenir du temps.
Le temps est un trésor plus grand qu'on ne peut croire :
J'en obtins, et je crus obtenir la victoire.
J'ai pu reprendre haleine, et, sous de faux apprêts....
Mais voici mes deux fils que j'ai mandés exprès :
Ecoute, et tu verras quel est cet hyménée
Où se doit terminer cette illustre journée.

SCENE III

CLÉOPATRE, ANTIOCHUS, SÉLEUCUS, LAONICE.

CLÉOPATRE.

Mes enfants, prenez place. Enfin voici le jour
Si doux à mes souhaits, si cher à mon amour (1),
Où je puis voir briller sur une de vos têtes
Ce que j'ai conservé parmi tant de tempêtes,

(1) Quel ton doucereux et hypocrite ! On tremble que l'ingénuité des jeunes princes ne se laisse enlacer par tant de perfidie.

« Ce discours de Cléopâtre, dit Voltaire, est très artificieux et plein de grandeur. Il semble que Racine l'ait pris en quelque chose pour modèle du grand discours d'Agrippine à Néron, mais la situation de Cléopâtre est bien plus frappante que celle d'Agrippine, l'intérêt est beaucoup plus grand, et la scène bien autrement intéressante. » Remarquable aveu qui rend si bien justice à Corneille. La situation, en effet, est bien plus pathétique ici que dans *Britannicus*, parce que le but de Cléopâtre est plus effrayant que celui d'Agrippine : celle-ci ne veut que ressaisir son influence sur Néron, tandis que Cléopâtre veut souffler au cœur de ses fils la fureur de sa vengeance

ACTE II, SCÈNE III

Et vous remettre un bien. après tant de malheurs,
Qui m'a coûté pour vous tant de soins et de pleurs.
Il peut vous souvenir quelles furent mes larmes
Quand Tryphon me donna de si rudes alarmes,
Que pour ne vous pas voir exposés à ses coups,
Il fallut me résoudre à me priver de vous.
Quelles peines depuis, grands dieux, n'ai-je souffertes !
Chaque jour redoubla mes douleurs et mes pertes.
Je vis votre royaume entre ces murs réduit ;
Je crus mort votre père ; et sur un si faux bruit
Le peuple mutiné voulut avoir un maître.
J'eus beau le nommer lâche, ingrat, parjure, traître,
Il fallut satisfaire à son brutal désir,
Et de peur qu'il en prît, il m'en fallut choisir.
Pour vous sauver l'Etat que n'eusse-je pu faire ?
Je choisis un époux avec des yeux de mère,
Votre oncle Antiochus, et j'espérai qu'en lui
Votre trône tombant trouverait un appui ;
Mais à peine son bras en relève la chute,
Que par lui de nouveau le sort me persécute :
Maître de votre Etat par sa valeur sauvé,
Il s'obstine à remplir ce trône relevé ;
Qui lui parle de vous attire sa menace.
Il n'a défait Tryphon que pour prendre sa place ;
Et de dépositaire et de libérateur,
Il s'érige en tyran et lâche usurpateur.
Sa main l'en a puni : pardonnons à son ombre ;
Aussi bien en un seul voici des maux sans nombre.
   Nicanor, votre père et mon premier époux....
Mais pourquoi lui donner encor des noms si doux,
Puisque, l'ayant cru mort, il sembla ne revivre
Que pour s'en dépouiller afin de nous poursuivre ?
Passons ; je ne me puis souvenir sans trembler
Du coup dont j'empêchai qu'il nous pût accabler :
Je ne sais s'il est digne ou d'horreur ou d'estime,
S'il plut aux dieux ou non, s'il fut justice ou crime,
Mais soit crime ou justice, il est certain, mes fils,
Que mon amour pour vous fit tout ce que je fis :
Ni celui des grandeurs, ni celui de la vie
Ne jeta dans mon cœur cette aveugle furie.
J'étais lasse d'un trône où d'éternels malheurs
Me comblaient chaque jour de nouvelles douleurs.
Ma vie est presque usée, et ce reste inutile
Chez mon frère avec vous trouvait un sûr asile ;
Mais voir, après douze ans et de soins et de maux,

Un père vous ôter le fruit de mes travaux ;
Mais voir votre couronne après lui destinée
Aux enfants qui naîtraient d'un second hyménée !
A cette indignité je ne connus plus rien :
Je me crus tout permis pour garder votre bien.
Recevez donc, mes fils, de la main d'une mère,
Un trône racheté par le malheur d'un père.
Je crus qu'il fît lui-même un crime en vous l'ôtant,
Et si j'en ai fait un en vous le rachetant,
Daigne du juste ciel la bonté souveraine,
Vous en laissant le fruit, m'en réserver la peine,
Ne lancer que sur moi les foudres merités,
Et n'épandre sur vous que des prospérités (1) !

ANTIOCHUS.

Jusques ici, Madame, aucun ne met en doute
Les longs et grands travaux que notre amour vous coûte,
Et nous croyons tenir des soins de cet amour
Ce doux espoir du trône aussi bien que le jour :
Le récit nous en charme, et nous fait mieux comprendre
Quelles grâces tous deux nous vous en devons rendre ;
Mais, afin qu'à jamais nous les puissions bénir,
Epargnez le dernier à notre souvenir :
Ce sont fatalités dont l'âme embarrassée
A plus qu'elle ne veut se voit souvent forcée.
Sur les noires couleurs d'un si triste tableau
Il faut passer l'éponge, ou tirer le rideau :
Un fils est criminel quand il les examine ;
Et quelque suite enfin que le ciel y destine,
J'en rejette l'idée, et crois qu'en ces malheurs
Le silence où l'oubli nous sied mieux que les pleurs.
Nous attendons le sceptre avec même espérance ;
Mais si nous l'attendons, c'est sans impatience.
Nous pouvons sans régner vivre tous deux contents :
C'est le fruit de vos soins, jouissez-en longtemps ;
Il tombera sur nous quand vous en serez lasse :
Nous le recevrons lors de bien meilleure grâce ;
Et l'accepter sitôt semble nous reprocher
De n'être revenus que pour vous l'arracher.

SELEUCUS.

J'ajouterai, Madame, à ce qu'a dit mon frère
Que bien qu'avec plaisir et l'un et l'autre espère,

(1) On peut admirer avec quelle adresse Cléopâtre a rappelé ce qu'elle a fait, souffert, osé même et commis de crimes pour conserver le trône à ses fils, tout, jusqu'à la mort de leur père, fut un effet de son amour désintéressé!

L'ambition n'est pas notre plus grand désir.
Regnez, nous le verrons tous deux avec plaisir ;
Et c'est bien la raison que pour tant de puissance
Nous vous rendions du moins un peu d'obéissance,
Et que celui de nous dont le ciel a fait choix
Sous votre illustre exemple apprenne l'art des rois.

CLÉOPATRE.

Dites tout, mes enfants : vous fuyez la couronne.
Non que son trop d'éclat ou son poids vous étonne :
L'unique fondement de cette aversion,
C'est la honte attachée à sa possession.
Elle passe à vos yeux pour la même infamie,
S'il faut la partager avec notre ennemie (1),
Et qu'un indigne hymen la fasse retomber
Sur celle qui venait pour vous la dérober.
O nobles sentiments d'une âme généreuse !
O fils vraiment mes fils! ô mère trop heureuse !
Le sort de votre père enfin est éclairci :
Il était innocent, et je puis l'être aussi ;
Il vous aima toujours, et ne fut mauvais père
Que charmé par la sœur, ou forcé par le frère ;
Et dans cette embuscade où son effort fut vain,
Rodogune, mes fils, le tua par ma main (2).
Ainsi de cet amour la fatale puissance
Vous coûte votre père, à moi, mon innocence ;
Et si ma main pour vous n'avait tout attenté,
L'effet de cet amour vous aurait tout coûté.
Ainsi vous me rendrez l'innocence et l'estime,
Lorsque vous punirez la cause de mon crime.
De cette même main qui vous a tout sauvé,
Dans son sang odieux je l'aurais bien lavé ;
Mais comme vous aviez votre part aux offenses,
Je vous ai reservé votre part aux vengeances ;
Et pour ne tenir plus en suspens vos esprits,
Si vous voulez regner, le trône est à ce prix (3).

(1) Cette longue apologie, ces hypocrites protestations d'amour, cet éloge empressé du désintéressement de ses fils, n'étaient qu'une voie détournée pour arriver enfin à ce trait : couronner une ennemie ! quelle honte !

(2) Voilà le second pas : j'ai tué votre père, mais Rodogune est la coupable, c'est elle qui m'a rendue criminelle. Cléopâtre a une habileté infernale à noircir sa rivale ; elle avance vers son but avec une audace qui épouvante.

(3) Par quels détours de scélératesse l'ambitieuse Cléopâtre est arrivée à faire une pareille proposition à de jeunes princes, à ses propres fils ! De quel réseau de mensonges et de sophismes elle a enveloppé leur innocence pour leur faire agreer comme un devoir de piété filiale l'assassinat le plus odieux !

Entre deux fils que j'aime avec même tendresse,
Embrasser ma querelle est le seul droit d'aînesse :
La mort de Rodogune en nommera l'aîné.
 Quoi ! vous montrez tous deux un visage étonné (1)!
Redoutez-vous son frère? Après la paix infâme
Que même en la jurant je détestais dans l'âme,
J'ai fait lever des gens par des ordres secrets
Qu'à vous suivre en tous lieux vous trouverez tout prêts,
Et tandis qu'il fait tête aux princes d'Arménie,
Nous pouvons sans péril briser sa tyrannie.
Qui vous fait donc pâlir à cette juste loi?
Est-ce pitié pour elle? est-ce haine pour moi?
Voulez-vous l'épouser afin qu'elle me brave,
Et mettre mon destin aux mains de mon esclave?
Vous ne répondez point! Allez, enfants ingrats,
Pour qui je crus en vain conserver ces Etats :
J'ai fait votre oncle roi, j'en ferai bien un autre;
Et mon nom peut encore ici plus que le vôtre.

SÉLEUCUS.
Mais, Madame, voyez que pour premier exploit....

CLÉOPATRE.
Mais que chacun de vous pense à ce qu'il me doit.
Je sais bien que le sang qu'à vos mains je demande
N'est pas le digne essai d'une valeur bien grande ;
Mais si vous me devez et le sceptre et le jour,
Ce doit être envers moi le sceau de votre amour :
Sans ce gage ma haine à jamais s'en défie;
Ce n'est qu'en m'imitant que l'on me justifie.
Rien ne vous sert ici de faire les surpris :
Je vous le dis encor, le trône est à ce prix;
Je puis en disposer comme de ma conquête :
Point d'aîné, point de roi, qu'en m'apportant sa tête;
Et puisque mon seul choix vous y peut élever,
Pour jouir de mon crime il le faut achever (2).

(1) Le spectateur est d'autant plus ému de leur situation qu'il connaît leur amour pour celle dont on leur demande la tête Mais Cléopâtre ignorait cet amour; de plus le meurtre de Rodogune est nécessaire à son ambition; s'il est commis par l'un de ses fils, elle n'a rien à craindre ni du peuple ni du roi des Parthes : elle sacrifiera ce fils, s'il le faut, à leur vengeance. Si le crime, au contraire, était commis par un autre, Cléopâtre en porterait tout le poids Des lors sa proposition n'a rien d'invraisemblable.

(2) Cléopâtre devait s'attendre à la stupeur, à la résistance de ses fils; ses arguments étaient tout prêts : elle réfute, elle reproche, elle menace, elle discute, elle prie, elle commande; son dernier mot, c'est encore la menace jetée avec un regard sauvage : *point d'aîné, point de roi qu'en m'apportant sa tête* ; et elle sort. Le spectateur est atterré comme les jeunes princes.

SCÈNE IV
SÉLEUCUS, ANTIOCHUS.

SÉLEUCUS.

Est-il une constance à l'épreuve du foudre
Dont ce cruel arrêt met notre espoir en poudre?

ANTIOCHUS.

Est-il un coup de foudre à comparer aux coups
Que ce cruel arrêt vient de lancer sur nous?

SÉLEUCUS.

O haines, ô fureurs dignes d'une Mégère!
O femme, que je n'ose appeler encor mère!
Après que tes forfaits ont régné pleinement,
Ne saurais-tu souffrir qu'on règne innocemment?
Quels attraits penses-tu qu'ait pour nous la couronne,
S'il faut qu'un crime égal par ta main nous la donne?
Et de quelles horreurs nous doit-elle combler,
Si pour monter au trône il faut te ressembler?

ANTIOCHUS.

Gardons plus de respect aux droits de la nature,
Et n'imputons qu'au sort notre triste aventure :
Nous le nommions cruel, mais il nous était doux
Quand il ne nous donnait à combattre que nous.
Confidents tout ensemble et rivaux l'un de l'autre,
Nous ne concevions point de mal pareil au nôtre;
Cependant, à nous voir l'un de l'autre rivaux,
Nous ne concevions pas la moitié de nos maux.

SELEUCUS.

Une douleur si sage et si respectueuse,
Ou n'est guère sensible, ou guère impétueuse;
Et c'est en de tels maux avoir l'esprit bien fort
D'en connaître la cause, et l'imputer au sort.
Pour moi, je sens les miens avec plus de faiblesse :
Plus leur cause m'est chère, et plus l'effet m'en blesse;
Non que pour m'en venger j'ose entreprendre rien :
Je donnerais encor tout mon sang pour le sien.
Je sais ce que je dois; mais dans cette contrainte,
Si je retiens mon bras, je laisse aller ma plainte;
Et j'estime qu'au point qu'elle nous a blessés,
Qui ne fait que s'en plaindre a du respect assez.
Voyez-vous bien quel est le ministère infâme
Qu'ose exiger de nous la haine d'une femme?
Voyez-vous qu'aspirant à des crimes nouveaux,

De deux princes ses fils elle fait ses bourreaux?
Si vous pouvez le voir, pouvez-vous vous en taire?

ANTIOCHUS.

Je vois bien plus encor : je vois qu'elle est ma mère;
Et plus je vois son crime indigne de ce rang,
Plus je lui vois souiller la source de mon sang.
J'en sens de ma douleur croître la violence;
Mais ma confusion m'impose le silence,
Lorsque dans ses forfaits sur nos fronts imprimés
Je vois les traits honteux dont nous sommes formés.
Je tâche à cet objet d'être aveugle ou stupide :
J'ose me déguiser jusqu'à son parricide;
Je me cache à moi-même un excès de malheur
Où notre ignominie égale ma douleur;
Et détournant les yeux d'une mère cruelle,
J'impute tout au sort qui m'a fait naître d'elle.
Je conserve pourtant encore un peu d'espoir :
Elle est mère, et le sang a beaucoup de pouvoir;
Et, le sort l'eût-il faite encor plus inhumaine,
Une larme d'un fils peut amollir sa haine (1).

SÉLEUCUS.

Ah! mon frère, l'amour n'est guère véhément
Pour des fils élevés dans un bannissement,
Et qu'ayant fait nourrir presque dans l'esclavage,
Elle n'a rappelés que pour servir sa rage.
De ses pleurs tant vantés je découvre le fard :
Nous avons en son cœur vous et moi peu de part;
Elle fait bien sonner ce grand amour de mère,
Mais elle seule enfin s'aime et se considère;
Et, quoi que nous étale un langage si doux,
Elle a tout fait pour elle, et n'a rien fait pour nous.
Ce n'est qu'un faux amour que la haine domine :
Nous ayant embrassés, elle nous assassine (2),

---

(1) Dans cette scène, les caractères des deux frères achèvent de se dessiner : Antiochus est calme, doux, respectueux, jusqu'à n'oser dans sa douleur regarder sa mère, de peur de la trouver criminelle; Séleucus, plus ardent, plus impétueux, croit pouvoir concilier le respect filial avec les protestations d'une conscience indignée. Si Séleucus plaît davantage, Antiochus est plus touchant. Quels beaux vers et quels nobles sentiments s'échappent de leurs cœurs ! *Je donnerais encor tout mon sang pour le sien* ; c'est Séleucus indigné qui parle ainsi ; et Antiochus répond :

    Je vois bien plus encor : je vois qu'elle est ma mère.
    Une larme d'un fils peut amollir sa haine.

Un spectacle si touchant repose l'esprit de l'horreur dont il est pénétré.

(2) Ce trait rappelle celui de Racine (*Britannicus*, IV, 3) :
    J'embrasse mon rival, mais c'est pour l'étouffer.

En veut au cher objet dont nous sommes épris,
Nous demande son sang, met le trône à ce prix.
Ce n'est plus de sa main qu'il nous le faut attendre :
Il est, il est à nous, si nous osons le prendre.
Notre révolte ici n'a rien que d'innocent :
Il est à l'un de nous, si l'autre le consent ;
Régnons, et son courroux ne sera que faiblesse (1) :
C'est l'unique moyen de sauver la princesse.
Allons la voir, mon frère, et demeurons unis :
C'est l'unique moyen de voir nos maux finis.
Je forme un beau dessein que son amour m'inspire ;
Mais il faut qu'avec lui notre union conspire :
Notre amour, aujourd'hui si digne de pitié,
Ne saurait triompher que par notre amitié.

ANTIOCHUS.

Cet avertissement marque une défiance
Que la mienne pour vous souffre avec patience.
Allons, et soyez sûr que même le trépas
Ne peut rompre des nœuds que l'amour ne rompt pas.

ACTE TROISIÈME

Scène I. Rodogune, qui vient d'apprendre par Laonice (2) les projets de vengeance de Cléopâtre, lui demande son secours contre la reine. Laonice refuse et lui conseille la fuite. — *Scène II.* Oronte persuade au contraire à la princesse de rester, et de se servir des deux princes qui l'aiment contre son ennemie. — *Scène III.* Rodogune flotte incertaine entre sa colère et la honte de mendier le secours des princes (3).

RODOGUNE.

Quoi ! je pourrais descendre à ce lâche artifice
D'aller de mes amants mendier le service,

(1) Seleucus, plus vif, plus perspicace, est aussi plus entreprenant ; il propose de sauver Rodogune en s'emparant du trône sans consulter Cléopâtre.

(2) Laonice ne trahit pas sa maîtresse ; elle lui épargne la honte d'un nouveau crime, en prévenant Rodogune du sort qui l'attend.

(3) Cette délibération, en un si pressant danger, est fort émouvante ; le monologue de Rodogune est le pendant de celui de Cléopâtre au second acte. Le vrai caractère de Rodogune s'y découvre : sa fierté s'indigne contre les lâches conseils ; elle est fille et sœur de roi, elle devait épouser un roi, elle doit venger un roi ; aujourd'hui on la menace elle-même : sa générosité brisera les fers où elle a langui trop longtemps : elle saura *aimer et haïr*. Ce dernier trait annonce le réveil de la vengeance.

Et, sous l'indigne appât d'un coup d'œil affété,
J'irais jusqu'en leur cœur chercher ma sûreté!
Celles de ma naissance ont horreur des bassesses :
Leur sang tout généreux hait ces molles adresses.
Quel que soit le secours qu'ils me puissent offrir,
Je croirai faire assez de le daigner souffrir :
Je verrai leur amour, j'éprouverai sa force,
Sans flatter leurs désirs, sans leur jeter d'amorce;
Et s'il est assez fort pour me servir d'appui,
Je le ferai régner, mais en régnant sur lui (1).
   Sentiments étouffés de colère et de haine.
Rallumez vos flambeaux à celles de la reine,
Et d'un oubli contraint rompez la dure loi,
Pour rendre enfin justice aux mânes d'un grand roi;
Rapportez à mes yeux son image sanglante,
D'amour et de fureur encore étincelante,
Telle que je le vis, quand tout percé de coups
Il me cria : « Vengeance! adieu : je meurs pour vous! »
Chère ombre, hélas! bien loin de l'avoir poursuivie,
J'allais baiser la main qui t'arracha la vie.
Rendre un respect de fille à qui versa ton sang;
Mais pardonne au devoir que m'impose mon rang :
Plus la haute naissance approche des couronnes,
Plus cette grandeur même asservit nos personnes;
Nous n'avons point de cœur pour aimer ni haïr :
Toutes nos passions ne savent qu'obéir.
Après avoir armé pour venger cet outrage,
D'une paix mal conçue on m'a faite le gage;
Et moi, fermant les yeux sur ce noir attentat,
Je suivais mon destin en victime d'Etat.
Mais aujourd'hui qu'on voit cette main parricide,
Des restes de ta vie insolemment avide,
Vouloir encor percer ce sein infortuné,
Pour y chercher le cœur que tu m'avais donné,
De la paix qu'elle rompt je ne suis plus le gage :
Je brise avec honneur mon illustre esclavage;
J'ose reprendre un cœur pour aimer et haïr,
Et ce n'est plus qu'à toi que je veux obéir.

Scène IV. Rodogune est surprise au milieu de ces pensées par l'arrivée des jeunes princes. Alors a lieu la contre-partie de la scène troisième du second acte. Rodogune, priée de déclarer auquel des deux frères elle assure avec son choix le trône de Syrie, répond qu'elle épousera celui qui saura punir Cléopâtre du meurtre de Nicanor, leur père.

(1) Ces quatre vers indiquent tout le plan de Rodogune.

RODOGUNE.

Vous croyez que ce choix que l'un et l'autre attend (1)
Pourra faire un heureux sans faire un mécontent ;
Et moi, quelque vertu que votre cœur prépare,
Je crains d'en faire deux si le mien se déclare ;
Non que de l'un et l'autre il dedaigne les vœux :
Je tiendrais à bonheur d'être à l'un de vous deux ;
Mais souffrez que je suive enfin ce qu'on m'ordonne ·
Je me mettrai trop haut s'il faut que je me donne ;
Quoique aisement je cède aux ordres de mon roi,
Il n'est pas bien aise de m'obtenir de moi.
Savez-vous quels devoirs, quels travaux, quels services,
Voudront de mon orgueil exiger les caprices?
Par quels degrés de gloire on me peut mériter?
En quels affreux périls il faudra vous jeter?
Ce cœur vous est acquis après le diadème,
Princes; mais gardez-vous de le rendre à lui-même.
Vous y renoncerez peut-être pour jamais,
Quand je vous aurai dit à quel prix je le mets.

SÉLEUCUS.

Quels seront les devoirs, quels travaux, quels services
Dont nous ne vous fassions d'amoureux sacrifices?
Et quels affreux périls pourrons-nous redouter,
Si c'est par ces degrés qu'on peut vous mériter?

ANTIOCHUS.

Princesse, ouvrez ce cœur, et jugez mieux du nôtre;
Jugez mieux du beau feu qui brûle l'un et l'autre,
Et dites hautement à quel prix votre choix
Veut faire l'un de nous le plus heureux des rois.

RODOGUNE.

Princes, le voulez-vous?

ANTIOCHUS.
          C'est notre unique envie.

---

(1) Cette scène où Rodogune fait sa proposition barbare n'est pas moins habilement conduite que la fameuse scène du second acte où Cléopâtre a fait la sienne : peut-être est-elle plus dramatique encore, parce que la situation est plus pathétique. Rodogune sait que Cléopâtre a chargé les jeunes princes de sa vengeance, et elle ne peut y faire la moindre allusion sous peine de compromettre Laonice ; d'autre part, Antiochus et Séleucus, qui veulent sauver Rodogune en lui proposant l'unique moyen dont ils disposent, ne peuvent en donner le véritable motif. Des deux côtés les cœurs sont dans l'agitation la plus vive et sont forcés de se contraindre.

RODOGUNE.
Je verrai cette ardeur d'un repentir suivie.

SÉLEUCUS.
Avant ce repentir tous deux nous périrons.

RODOGUNE.
Enfin vous le voulez?

SÉLEUCUS.
Nous vous en conjurons.

RODOGUNE.
Eh bien donc! il est temps de me faire connaître (1)
J'obéis à mon roi, puisqu'un de vous doit l'être;
Mais quand j'aurai parlé, si vous vous en plaignez,
J'atteste tous les dieux que vous m'y contraignez,
Et que c'est malgré moi qu'à moi-même rendue
J'écoute une chaleur qui m'était défendue;
Qu'un devoir rappelé me rend un souvenir
Que la foi des traités ne doit plus retenir.

Tremblez, princes, tremblez au nom de votre père :
Il est mort, et pour moi, par les mains d'une mère.
Je l'avais oublié, sujette à d'autres lois;
Mais libre, je lui rends enfin ce que je dois.
C'est à vous de choisir mon amour ou ma haine.
J'aime les fils du roi, je hais ceux de la reine :
Réglez-vous là-dessus; et sans plus me presser,
Voyez auquel des deux vous voulez renoncer.
Il faut prendre parti, mon choix suivra le vôtre :
Je respecte autant l'un que je déteste l'autre;
Mais ce que j'aime en vous du sang de ce grand roi,
S'il n'est digne de lui, n'est pas digne de moi.
Ce sang que vous portez, ce trône qu'il vous laisse,
Valent bien que pour lui votre cœur s'intéresse :
Votre gloire le veut, l'amour vous le prescrit.
Qui peut contre elle et lui soulever votre esprit?
Si vous leur préférez une mère cruelle,
Soyez cruels, ingrats, parricides comme elle.
Vous devez la punir, si vous la condamnez;
Vous devez l'imiter, si vous la soutenez.

(1) Rodogune lutte d'habileté avec son ennemie : aux propositions des princes, elle a répondu d'abord froidement par des raisons d'État; puis elle a insinué timidement la réserve que lui commande la haine mal éteinte de leur mère; enfin, après avoir essayé la force de leur amour, elle en vient, comme malgré elle et sur les instances des jeunes princes, à *lâcher le mot*, comme elle dit, et a leur demander le châtiment de leur mère, sous le spécieux prétexte de venger leur père : *je me donne a ce prix*.

Quoi! cette ardeur s'éteint! l'un et l'autre soupire!
J'avais su le prévoir, j'avais su le prédire....

ANTIOCHUS.

Princesse....

RODOGUNE.

Il n'est plus temps, le mot en est lâché.
Quand j'ai voulu me taire, en vain je l'ai tâché.
Appelez ce devoir, haine, rigueur, colère :
Pour gagner Rodogune il faut venger un père ;
Je me donne à ce prix : osez me mériter,
Et voyez qui de vous daignera m'accepter (1).
Adieu, princes.

Scène V. Les deux princes sont consternés ; Séleucus ne veut plus rien tenter. — *Scène VI.* Antiochus se résout à faire une dernière démarche auprès de sa mère et de Rodogune (2).

ACTE QUATRIÈME

Scène I. Antiochus, après avoir inutilement essayé de fléchir Rodogune, consent à la venger de Cléopâtre, et lui demande seulement de lui nommer les assassins qui la frapperont : la princesse déclare qu'elle n'en veut point d'autre que lui ; Antiochus s'indigne et refuse : Rodogune renonce à ses prétentions (3). — *Scènes II et III.* Le prince, tout joyeux, aborde Cléopâtre et cherche à l'émouvoir par ses larmes, pour la faire revenir sur la terrible condition à laquelle elle a attaché le droit d'aînesse. Cléopâtre résiste d'abord, puis, feignant un attendrissement hypocrite, elle lui déclare qu'il est l'aîné, lui accorde Rodogune et la couronne, et se contente de lui demander le silence sur cette révélation. — *Scène IV.* La reine charge Laonice d'appeler Séleucus.

(1) Cette proposition peut paraître plus atroce encore que celle de Cléopâtre : il s'agit d'un parricide. Mais avec quel art elle est amenée ! comme la passion, les représailles de la vengeance, surtout l'impérieuse nécessité pour Rodogune de parer les coups de sa rivale en repoussant les instances des deux princes, et en les mettant entre elle et leur mère, la rendent naturelle, vraisemblable et certainement plus excusable que celle de Cléopâtre ! quels effets tragiques elle va produire !

(2) Antiochus espère fléchir les deux furies par ses larmes ; l'entreprise est téméraire, mais on attend la suite avec la plus vive anxiété.

(3) Rodogune, voyant qu'elle ne peut compter sur Antiochus, certaine d'ailleurs du dévouement des deux frères, retire sa demande sans renoncer à sa vengeance ; une fois reine, l'occasion ne lui en manquera point : ainsi disparaît la prétendue invraisemblance de son changement subit.

SCÈNE V

CLÉOPATRE.

Que tu pénètres mal le fond de mon courage (1) !
Si je verse des pleurs, ce sont des pleurs de rage ;
Et ma haine, qu'en vain tu crois s'évanouir,
Ne les a fait couler qu'afin de t'éblouir.
Je ne veux plus que moi dedans ma confidence,
Et toi, crédule amant, que charme l'apparence (2),
Et dont l'esprit léger s'attache avidement
Aux attraits captieux de mon déguisement,
Va, triomphe en idée avec ta Rodogune ;
Au sort des immortels préfère ta fortune,
Tandis que, mieux instruite en l'art de me venger,
En de nouveaux malheurs je saurai te plonger.
Ce n'est pas tout d'un coup que tant d'orgueil trébuche :
De qui se rend trop tôt on doit craindre une embûche ;
Et c'est mal démêler le cœur d'avec le front
Que prendre pour sincère un changement si prompt.
L'effet te fera voir comme je suis changée.

Scène VI. Cléopâtre se vante auprès de Seleucus de s'être vengée de son refus en nommant Antiochus l'aîné, alors qu'il ne l'est pas ; mais à son grand étonnement, elle ne peut exciter dans le prince aucun mouvement d'indignation contre son frère. — *Scène VII.* Ecrasée par cette soumission, elle se résout à faire périr elle-même le prince ; Antiochus et Rodogune ne tarderont pas à le suivre (3).

(1) « On dit qu'au théâtre on n'aime pas les scélérats. Il n'y a point de criminelle plus odieuse que Cléopâtre, et cependant on se plaît à la voir ; elle ennoblit l'horreur de son caractère par la fierté des traits dont Corneille la peint ; on ne lui pardonne pas, mais on attend avec impatience ce qu'elle fera après avoir promis Rodogune et le trône à son fils Antiochus... Corneille a rempli le grand projet de tenir les esprits en suspens, et d'arranger tellement les événements que personne ne peut deviner le denoûment de cette tragédie. » (VOLT.)

(2) Cléopâtre a paru céder devant l'inflexibilité d'Antiochus : le jeune prince, ivre de bonheur, ne soupçonnait pas ce qu'il y avait de machiavélique dans les promesses et les larmes de sa mère ; il n'a pas entendu ces mots sinistres :

Et ce soir, destiné pour la cérémonie,
Fera voir clairement si ma haine est finie.

(3) Seleucus résiste avec une fierté menaçante ; de plus, les deux frères aiment Rodogune, et leur union est indissoluble ; enfin le secret de la proposition de Cléopâtre pourrait être trahi. Dès lors, il faut qu'ils périssent tous trois : étant donné le caractère de Cléopâtre, c'est une nécessité ; l'implacable reine ne voit de salut que dans leur mort. Seleucus, qu'elle craint davantage, tombera le premier ; quant à Antiochus et à Rodogune, son plan est fait : *j'achèverai par eux.*

CLÉOPATRE.

De quel malheur suis-je encore capable?
Leur amour m'offensait, leur amitié m'accable;
Et contre mes fureurs je trouve en mes deux fils
Deux enfants révoltés et deux rivaux unis.
Quoi! sans émotion perdre trône et maîtresse!
Quel est ici ton charme, odieuse princesse?
Et par quel privilège, allumant de tels feux,
Peux-tu n'en prendre qu'un, et m'ôter tous les deux?
N'espère pas pourtant triompher de ma haine :
Pour régner sur deux cœurs, tu n'es pas encor reine.
Je sais bien qu'en l'état où tous deux je les voi
Il me les faut percer pour aller jusqu'à toi;
Mais n'importe : mes mains sur le père enhardies
Pour un bras refusé sauront prendre deux vies;
Leurs jours également sont pour moi dangereux :
J'ai commencé par lui, j'achèverai par eux.

Sors de mon cœur, nature, ou fais qu'ils m'obéissent :
Fais-les servir ma haine, ou consens qu'ils périssent.
Mais déjà l'un a vu que je les veux punir :
Souvent qui tarde trop se laisse prévenir.
Allons chercher le temps d'immoler mes victimes,
Et de me rendre heureuse à force de grands crimes.

ACTE CINQUIÈME

SCÈNE I

CLÉOPATRE.

Enfin, grâces aux dieux, j'ai moins d'un ennemi (1) :
La mort de Séleucus m'a vengée à demi.
Son ombre, en attendant Rodogune et son frère,
Peut déjà de ma part les promettre à son père :
Ils le suivront de près, et j'ai tout préparé
Pour réunir bientôt ce que j'ai séparé.
O toi, qui n'attends plus que la cérémonie
Pour jeter à mes pieds ma rivale punie,
Et par qui deux amants vont d'un seul coup du sort
Recevoir l'hyménée, et le trône, et la mort,
Poison, me sauras-tu rendre mon diadème?

(1) « Ecoutons cet hymne de haine et de colère, le plus terrible que le théâtre ait jamais entendu. Jamais l'ambition, la colère et la vengeance, toutes les passions qui peuvent dévorer le cœur humain, n'ont été exprimées avec plus de grandeur et d'énergie. » (Saint-Marc Girardin, *Litt. dram.* I. 18)

Le fer m'a bien servie, en feras-tu de même?
Me seras-tu fidèle? Et toi, que me veux-tu,
Ridicule retour d'une sotte vertu,
Tendresse dangereuse autant comme importune?
Je ne veux point pour fils l'époux de Rodogune,
Et ne vois plus en lui les restes de mon sang,
S'il m'arrache du trône et la met en mon rang.
  Reste du sang ingrat d'un époux infidèle,
Héritier d'une flamme envers moi criminelle,
Aime mon ennemie, et péris comme lui.
Pour la faire tomber j'abattrai son appui :
Aussi bien sous mes pas c'est creuser un abîme
Que retenir ma main sur la moitié du crime;
Et te faisant mon roi, c'est trop me négliger,
Que te laisser sur moi père et frère à venger.
Qui se venge à demi court lui-même à sa peine :
Il faut ou condamner ou couronner sa haine.
Dût le peuple en fureur pour ses maîtres nouveaux
De mon sang odieux arroser leurs tombeaux,
Dût le Parthe vengeur me trouver sans défense,
Dût le ciel égaler le supplice à l'offense,
Trône, à t'abandonner je ne puis consentir :
Par un coup de tonnerre il vaut mieux en sortir,
Il vaut mieux mériter le sort le plus étrange.
Tombe sur moi le ciel, pourvu que je me venge (1)!
J'en recevrai le coup d'un visage remis :
Il est doux de périr après ses ennemis;
Et de quelque rigueur que le destin me traite,
Je perds moins à mourir qu'à vivre leur sujette.
  Mais voici Laonice : il faut dissimuler
Ce que le seul effet doit bientôt révéler.

SCENE II

CLÉOPATRE, LAONICE.

CLÉOPATRE.

Viennent-ils, nos amants?

LAONICE.

Ils approchent, Madame (2) :

(1) Cette imprécation terrible est l'expression la plus sublime de la vengeance. Voilà Cléopâtre tout entière : sa politique finale, c'est sa haine, son aveugle fureur.

(2) « La description que fait Laonice, toute simple qu'elle est, me paraît un grand coup de l'art : elle intéresse pour les deux époux; c'est un beau contraste avec la rage de Cléopâtre. Ce moment excite la crainte et la pitié, et voilà la vraie tragédie. » (VOLT.)

On lit dessus leur front l'allégresse de l'âme ;
L'amour s'y fait paraître avec la majesté ;
Et suivant le vieil ordre en Syrie usité,
D'une grâce en tous deux tout auguste et royale,
Ils viennent prendre ici la coupe nuptiale,
Pour s'en aller au temple, au sortir du palais,
Par les mains du grand prêtre être unis à jamais :
C'est là qu'il les attend pour bénir l'alliance.
Le peuple tout ravi par ses vœux le devance,
Et pour eux à grands cris demande aux immortels
Tout ce qu'on leur souhaite au pied de leurs autels,
Impatient pour eux que la cérémonie
Ne commence bientôt, ne soit bientôt finie.
Les Parthes à la foule aux Syriens mêlés,
Tous nos vieux différends de leur âme exilés,
Font leur suite assez grosse, et d'une voix commune
Bénissent à l'envi le prince et Rodogune.
Mais je les vois déjà, Madame : c'est à vous
A commencer ici des spectacles si doux.

SCÈNE III

CLÉOPATRE, ANTIOCHUS, RODOGUNE, ORONTE, LAONICE, TROUPE DE PARTHES ET DE SYRIENS.

CLÉOPATRE.

Approchez, mes enfants ; car l'amour maternelle,
Madame, dans mon cœur vous tient déjà pour telle ;
Et je crois que ce nom ne vous déplaira pas.

RODOGUNE.

Je le chérirai même au delà du trépas.
Il m'est trop doux, Madame ; et tout l'heur que j'espère,
C'est de vous obéir et respecter en mère (1).

CLÉOPATRE.

Aimez-moi seulement : vous allez être rois,
Et s'il faut du respect, c'est moi qui vous le dois.

ANTIOCHUS.

Ah ! si nous recevons la suprême puissance,
Ce n'est pas pour sortir de votre obéissance :
Vous régnerez ici quand nous y régnerons,
Et ce seront vos lois que nous y donnerons.

---

(1) Rodogune répond avec réserve et prudence : elle connait trop bien Cléopâtre.

CLÉOPATRE.

J'ose le croire ainsi; mais prenez votre place :
Il est temps d'avancer ce qu'il faut que je fasse.

> (Ici Antiochus s'assied dans un fauteuil, Rodogune à sa gauche, en même rang, et Cléopâtre à sa droite, mais en rang inférieur, et qui marque quelque inégalité. Oronte s'assied aussi à la gauche de Rodogune, avec la même différence; et Cléopâtre, cependant qu'ils prennent leurs places, parle à l'oreille de Laonice, qui s'en va quérir une coupe pleine de vin empoisonné. Après qu'elle est partie, Cléopâtre continue :)

Peuple qui m'écoutez, Parthes et Syriens (1),
Sujets du roi son frere, ou qui fûtes les miens,
Voici de mes deux fils celui qu'un droit d'aînesse
Eleve dans le trône et donne à la princesse.
Je lui rends cet Etat que j'ai sauvé pour lui;
Je cesse de régner, il commence aujourd'hui.
Qu'on ne me traite plus ici de souveraine :
Voici votre roi, peuple, et voilà votre reine.
Vivez pour les servir, respectez-les tous deux,
Aimez-les, et mourez, s'il est besoin, pour eux.
   Oronte, vous voyez avec quelle franchise
Je leur rends ce pouvoir dont je me suis démise :
Prêtez les yeux au reste, et voyez les effets
Suivre de point en point les traites de la paix.

(Laonice revient avec une coupe à la main.)

ORONTE.

Votre sincérité s'y fait assez paraître,
Madame, et j'en ferai récit au roi mon maître.

CLÉOPATRE.

L'hymen est maintenant notre plus cher souci.
L'usage veut, mon fils, qu'on le commence ici :
Recevez de ma main la coupe nuptiale,
Pour être après unis sous la foi conjugale;
Puisse-t-elle être un gage, envers votre moitié,
De votre amour ensemble et de mon amitié!

ANTIOCHUS, *prenant la coupe.*

Ciel! que ne dois-je point aux bontés d'une mère?

CLÉOPATRE.

Le temps presse, et votre heur d'autant plus se diffère.

---

(1) Rien ne manque à la majesté du spectacle : l'esprit, comme les yeux, est vivement impressionné par un appareil si imposant et si solennel.

ANTIOCHUS, *à Rodogune.*
Madame, hâtons donc ces glorieux moments :
Voici l'heureux essai de nos contentements.
Mais si mon frère était le témoin de ma joie....

CLEOPATRE.
C'est être trop cruel de vouloir qu'il la voie :
Ce sont des déplaisirs qu'il fait bien d'épargner ;
Et sa douleur secrète a droit de l'éloigner.

ANTIOCHUS.
Il m'avait assuré qu'il la verrait sans peine.
Mais n'importe, achevons.

SCENE IV

CLÉOPATRE, ANTIOCHUS, RODOGUNE, ORONTE, TIMAGÈNE, LAONICE, TROUPE.

TIMAGENE.
                    Ah ! Seigneur (1) !

CLÉOPATRE.
                    Timagène,
Quelle est votre insolence ?

TIMAGENE.
Ah ! Madame.

ANTIOCHUS, *rendant la coupe à Laonice.*
                    Parlez:

TIMAGÈNE.
Souffrez pour un moment que mes sens rappelés....

ANTIOCHUS.
Qu'est-il donc arrivé ?

TIMAGÈNE.
Le prince votre frère....

ANTIOCHUS.
Quoi ! se voudrait-il rendre à mon bonheur contraire ?

TIMAGENE.
L'ayant cherché longtemps afin de divertir
L'ennui que de sa perte il pouvait ressentir.
Je l'ai trouvé, Seigneur, au bout de cette allée
Où la clarté du ciel semble toujours voilée.

---

(1) L'arrivée de Timagène est un coup de théâtre; son récit suspend, bouleverse tout, il provoque la crise la plus terrible : le dénoûment est plus incertain que jamais.

Sur un lit de gazon, de faiblesse étendu,
Il semblait déplorer ce qu'il avait perdu :
Son âme à ce penser paraissait attachée ;
Sa tête sur un bras languissamment penchée,
Immobile et rêveur, en malheureux amant....

ANTIOCHUS.

Enfin, que faisait-il ? Achevez promptement.

TIMAGENE.

D'une profonde plaie en l'estomac ouverte,
Son sang a gros bouillons sur cette couche verte....

CLÉOPATRE.

Il est mort ?

TIMAGÈNE.

Oui, Madame.

CLÉOPATRE.

Ah ! destins ennemis,
Qui m'enviez le bien que je m'étais promis,
Voilà le coup fatal que je craignais dans l'âme,
Voilà le désespoir où l'a réduit sa flamme.
Pour vivre en vous perdant il avait trop d'amour,
Madame, et de sa main il s'est privé du jour.

TIMAGENE, *à Cléopâtre.*

Madame, il a parlé : sa main est innocente.

CLEOPATRE, *à Timagène.*

La tienne est donc coupable, et ta rage insolente,
Par une lâcheté qu'on ne peut égaler,
L'ayant assassiné, le fait encor parler (1).

ANTIOCHUS.

Timagène, souffrez la douleur d'une mère,
Et les premiers soupçons d'une aveugle colère.
Comme ce coup fatal n'a point d'autres témoins,
J'en ferais autant qu'elle, à vous connaître moins.
Mais que vous a-t-il dit ? Achevez, je vous prie.

TIMAGENE.

Surpris d'un tel spectacle, à l'instant je m'écrie ;

(1) Cléopâtre, frappée comme d'un coup de foudre et toute déconcertée, par cette brusque entrée de Timagène, se trahit par sa promptitude à l'accuser de ce meurtre : c'est l'imprudence de la passion. La narration de Timagène est trop longue dans un moment si tragique. « Cette situation est des plus théâtrales ; elle ne permet pas aux spectateurs de respirer. Le succès prodigieux de cette scène est une grande réponse à tous les critiques » (VOLT.)

Et soudain à mes cris, ce prince en soupirant,
Avec assez de peine entr'ouvre un œil mourant ;
Et ce reste égaré de lumière incertaine
Lui peignant son cher frère au lieu de Timagène,
Rempli de votre idée, il m'adresse pour vous
Ces mots où l'amitié règne sur le courroux :
  « Une main qui nous fut bien chère
» Venge ainsi le refus d'un coup trop inhumain.
    » Régnez ; et surtout mon cher frère,
    » Gardez-vous de la même main.
» C'est.... » La Parque à ce mot lui coupe la **parole** ;
Sa lumière s'éteint, et son âme s'envole ;
Et moi, tout effrayé d'un si tragique sort,
J'accours pour vous en faire un funeste rapport.

ANTIOCHUS.

Rapport vraiment funeste, et sort vraiment tragique,
Qui va changer en pleurs l'allégresse publique.
O frère, plus aimé que la clarté du jour !
O rival, aussi cher que m'était mon amour !
Je te perds, et je trouve en ma douleur extrême
Un malheur dans ta mort plus grand que ta mort même.
O ! de ses derniers mots fatale obscurité !
En quel gouffre d'horreur m'as-tu précipité ?
Quand j'y pense chercher la main qui l'assassine,
Je m'impute à forfait tout ce que j'imagine ;
Mais, aux marques enfin que tu m'en viens donner,
Fatale obscurité, qui dois-je en soupçonner ?
  « Une main qui nous fut bien chère ! »
Madame, est-ce la vôtre, ou celle de ma mère (1) ?
Vous vouliez toutes deux un coup trop inhumain ;
Nous vous avons tous deux refusé notre main :
Qui de vous s'est vengée ? est-ce l'une, est-ce l'autre,
Qui fait agir la sienne au refus de la nôtre ?
Est-ce vous qu'en coupable il me faut regarder ?
Est-ce vous désormais dont je me dois garder ?

---

(1) « Il n'y a point de situation plus forte, il n'y en a point où l'on ait porté plus loin la terreur, et cette incertitude effrayante qui serre l'âme dans l'attente d'un évenement qui ne peut être que tragique. Ces mots terribles
  Une main qui nous fut bien chère !
  Madame, est-ce la vôtre, ou celle de ma mère ?
Ces mots font frémir, et ce qui mérite encore plus d'éloges, c'est que la situation est aussi bien dénouée qu'elle est fortement conçue. Cléopâtre avalant elle-même le poison préparé pour son fils et pour Rodogune, et se flattant encore de vivre assez pour les voir périr avec elle, forme un dénoûment admirable. » (LA HARPE.)

CLÉOPATRE.

Quoi! vous me soupçonnez?

RODOGUNE.

Quoi! je vous suis suspecte?

ANTIOCHUS.

Je suis amant et fils, je vous aime et respecte;
Mais, quoi que sur mon cœur puissent des noms si doux,
A ces marques enfin, je ne connais que vous.
As-tu bien entendu? dis-tu vrai, Timagène?

TIMAGENE.

Avant qu'en soupçonner la princesse ou la reine,
Je mourrais mille fois; mais enfin mon récit
Contient, sans rien de plus, ce que le prince a dit.

ANTIOCHUS.

D'un et d'autre côté l'action est si noire
Que n'en pouvant douter, je n'ose encor la croire.
O quiconque des deux avez versé son sang (1),
Ne vous préparez plus à me percer le flanc!
Nous avons mal servi vos haines mutuelles,
Aux jours l'une de l'autre également cruelles;
Mais si j'ai refusé ce detestable emploi,
Je veux bien vous servir toutes deux contre moi :
Qui que vous soyez donc, recevez une vie
Que déjà vos fureurs m'ont à demi ravie.

RODOGUNE.

Ah! Seigneur, arrêtez!

TIMAGÈNE.

Seigneur, que faites-vous?

ANTIOCHUS.

Je sers ou l'une ou l'autre, et je préviens ses coups.

CLEOPATRE.

Vivez, régnez heureux.

ANTIOCHUS.

Otez-moi donc de doute,
Et montrez-moi la main qu'il faut que je redoute,
Qui pour m'assassiner ose me secourir,

(1) Le caractere d'Antiochus se releve : l'amour fraternel, l'horreur du doute qui l'accable, donnent à sa douleur des accents sublimes : la coupab'e est ou sa mère ou sa fiancée : la perplexité où il se trouve est affreuse.

Et me sauve de moi pour me faire périr.
Puis-je vivre et traîner cette gêne éternelle,
Confondre l'innocente avec la criminelle,
Vivre, et ne pouvoir plus vous voir sans m'alarmer,
Vous craindre toutes deux, toutes deux vous aimer?
Vivre avec ce tourment, c'est mourir à toute heure.
Tirez-moi de ce trouble, ou souffrez que je meure,
Et que mon déplaisir, par un coup généreux,
Epargne un parricide à l'une de vous deux.

CLEOPATRE.

Puisque, le même jour que ma main vous couronne (1).
Je perds un de mes fils, et l'autre me soupçonne;
Qu'au milieu de mes pleurs, qu'il devrait essuyer,
Son peu d'amour me force à me justifier;
Si vous n'en pouvez mieux consoler une mère
Qu'en la traitant d'égal avec une étrangère,
Je vous dirai, Seigneur (car ce n'est plus à moi
A nommer autrement et mon juge et mon roi),
Que vous voyez l'effet de cette vieille haine
Qu'en dépit de la paix me garde l'inhumaine,
Qu'en son cœur du passé soutient le souvenir,
Et que j'avais raison de vouloir prévenir.
Elle a soif de mon sang, elle a voulu l'épandre :
J'ai prévu d'assez loin ce que j'en viens d'apprendre;
Mais je vous ai laissé désarmer mon courroux.

(*A Rodogune.*)

Sur la foi de ses pleurs je n'ai rien craint de vous,
Madame; mais, ô dieux! quelle rage est la vôtre!
Quand je vous donne un fils, vous assassinez l'autre,
Et m'enviez soudain l'unique et faible appui
Qu'une mère opprimée eût pu trouver en lui!
Quand vous m'accablerez, où sera mon refuge?
Si je m'en plains au roi, vous possédez mon juge;
Et s'il m'ose écouter, peut-être, hélas! en vain
Il voudra se garder de cette même main.
Enfin je suis leur mère, et vous leur ennemie;
J'ai recherché leur gloire, et vous leur infamie;
Et si je n'eusse aimé ces fils que vous m'ôtez,
Votre abord en ces lieux les eût déshérités.

(1) Le discours de Cléopâtre est un chef-d'œuvre de perfidie : le sang-froid avec lequel elle décoche ses traits sur sa rivale, l'art infernal avec lequel elle fait valoir son titre de mère, son amour, ses bienfaits contre celle qu'elle appelle une étrangère, l'ennemie de ses fils, lui auraient assuré un triomphe complet, si l'innocence n'avait des accents infiniment plus vrais et plus décisifs

C'est à lui maintenant, en cette concurrence,
A régler ses soupçons sur cette différence,
A voir de qui des deux il doit se défier,
Si vous n'avez un charme à vous justifier.

RODOGUNE, à *Cléopâtre*.

Je me défendrai mal : l'innocence étonnée
Ne peut s'imaginer qu'elle soit soupçonnée ;
Et n'ayant rien prévu d'un attentat si grand,
Qui l'en veut accuser sans peine la surprend (1).
   Je ne m'étonne point de voir que votre haine
Pour me faire coupable a quitté Timagène.
Au moindre jour ouvert de tout jeter sur moi,
Son récit s'est trouvé digne de votre foi.
Vous l'accusiez pourtant, quand votre âme alarmée
Craignait qu'en expirant ce fils vous eût nommée ;
Mais de ses derniers mots voyant le sens douteux,
Vous avez pris soudain le crime entre nous deux.
Certes, si vous voulez passer pour véritable
Que l'une de nous deux de sa mort soit coupable,
Je veux bien par respect ne vous imputer rien ;
Mais votre bras au crime est plus fait que le mien ;
Et qui sur un époux fit son apprentissage
A bien pu sur un fils achever son ouvrage.
Je ne dénierai point, puisque vous le savez,
De justes sentiments dans mon âme élevés :
Vous demandiez mon sang ; j'ai demandé le vôtre :
Le roi sait quels motifs ont poussé l'une et l'autre ;
Comme par sa prudence il a tout adouci,
Il vous connaît peut-être, et me connaît aussi.

(A *Antiochus*.)

Seigneur, c'est un moyen de vous être bien chère
Que pour don nuptial vous immoler un frère :
On fait plus ; on m'impute un coup si plein d'horreur,
Pour me faire un passage à vous percer le cœur.

(A *Cléopâtre*.)

Où fuirais-je de vous après tant de furie,
Madame, et que ferait toute votre Syrie,
Où, seule et sans appui contre mes attentats,
Je verrais...? Mais, Seigneur, vous ne m'écoutez pas !

---

(1) Le plaidoyer de Rodogune, moins passionné que celui de Cléopâtre, est beaucoup plus fort. Antiochus cependant refuse de prononcer, même d'écouter : c'était le parti le plus théâtral ; en reprenant la coupe, il provoque les frayeurs de Rodogune et le trait de rage qui perd Cléopâtre.

ACTE V, SCÈNE IV

ANTIOCHUS.

Non, je n'écoute rien ; et dans la mort d'un frère
Je ne veux point juger entre vous et ma mère :
Assassinez un fils, massacrez un époux,
Je ne veux me garder ni d'elle ni de vous.
Suivons aveuglément ma triste destinée ;
Pour m'exposer à tout, achevons l'hyménée.
Cher frère, c'est pour moi le chemin du trépas :
La main qui t'a percé ne m'épargnera pas ;
Je cherche à te rejoindre, et non à m'en défendre,
Et lui veux bien donner tout lieu de me surprendre :
Heureux si sa fureur qui me prive de toi
Se fait bientôt connaître en achevant sur moi,
Et si du ciel, trop lent à la réduire en poudre,
Son crime redoublé peut arracher la foudre !
Donnez-moi....

RODOGUNE, *l'empêchant de prendre la coupe.*

Quoi ! Seigneur.

ANTIOCHUS.

Vous m'arrêtez en vain :
Donnez.

RODOGUNE.

Ah ! gardez-vous de l'une et l'autre main.
Cette coupe est suspecte, elle vient de la reine ;
Craignez de toutes deux quelque secrète haine.

CLÉOPATRE.

Qui m'épargnait tantôt ose enfin m'accuser !

RODOGUNE.

De toutes deux, Madame, il doit tout refuser.
Je n'accuse personne, et vous tiens innocente ;
Mais il en faut sur l'heure une preuve évidente :
Je veux bien à mon tour subir les mêmes lois.
On ne peut craindre trop pour le salut des rois.
Donnez donc cette preuve ; et pour toute réplique,
Faites faire un essai par quelque domestique.

CLÉOPATRE, *prenant la coupe.*

Je le ferai moi-même (1). Eh bien ! redoutez-vous
Quelque sinistre effet encor de mon courroux ?
J'ai souffert cet outrage avecque patience.

---

(1) « L'action qui termine cette scène fait frémir : c'est le tragique porté au comble » (VOLT.)

ANTIOCHUS, *prenant la coupe de la main de Cléopâtre, après qu'elle a bu.*

Pardonnez-lui, Madame, un peu de défiance :
Comme vous l'accusez, elle fait son effort
A rejeter sur vous l'horreur de cette mort ;
Et, soit amour pour moi, soit adresse pour elle,
Ce soin la fait paraître un peu moins criminelle.
Pour moi, qui ne vois rien, dans le trouble où je suis,
Qu'un gouffre de malheurs, qu'un abîme d'ennuis,
Attendant qu'en plein jour ces vérités paraissent,
J'en laisse la vengeance aux dieux qui les connaissent,
Et vais sans plus tarder....

RODOGUNE.

Seigneur, voyez ses yeux
Déjà tout égarés, troubles et furieux,
Cette affreuse sueur qui court sur son visage,
Cette gorge qui s'enfle. Ah ! bons dieux ! quelle rage !
Pour vous perdre après elle, elle a voulu périr.

ANTIOCHUS, *rendant la coupe à Laonice ou à quelque autre.*

N'importe : elle est ma mère, il faut la secourir (1).

CLEOPATRE.

Va, tu me veux en vain rappeler à la vie ;
Ma haine est trop fidèle, et m'a trop bien servie :
Elle a paru trop tôt pour te perdre avec moi ;
C'est le seul deplaisir qu'en mourant je reçoi ;
Mais j'ai cette douceur dedans cette disgrâce
De ne voir point régner ma rivale en ma place.
Regne : de crime en crime enfin te voilà roi.
Je t'ai défait d'un père, et d'un frère, et de moi :
Puisse le ciel tous deux vous prendre pour victimes,
Et laisser choir sur vous les peines de mes crimes !
Puissiez-vous ne trouver dedans votre union
Qu'horreur, que jalousie, et que confusion !
Et, pour vous souhaiter tous les malheurs ensemble,
Puisse naître de vous un fils qui me ressemble (2) !

ANTIOCHUS.

Ah ! vivez pour changer cette haine en amour.

(1) Un cri si touchant de la nature est sublime dans la bouche d'Antiochus, au moment où il vient d'échapper au poison d'une mère deux fois parricide.

(2) « Un jour où Mlle Dumesnil avait mis dans les imprécations de Cléopâtre toute l'énergie dont elle était dévorée, le parterre tout entier, par un mouvement d'horreur aussi vif que spontané, recula devant elle (on était alors debout au parterre), de manière à laisser un grand espace vide entre ses premiers rangs et l'orchestre. » (LEMAZURIER, *Galerie des acteurs*. II.)

CLÉOPATRE.

Je maudirais les dieux s'ils me rendaient le jour (1).
Qu'on m'emporte d'ici : je me meurs, Laonice.
Si tu veux m'obliger par un dernier service,
Après les vains efforts de mes inimitiés,
Sauve-moi de l'affront de tomber à leurs pieds (2).

(*Elle s'en va, et Laonice lui aide à marcher.*)

ORONTE.

Dans les justes rigueurs d'un sort si déplorable,
Seigneur, le juste ciel vous est bien favorable :
Il vous a préservé, sur le point de périr,
Du danger le plus grand que vous puissiez courir ;
Et par un digne effet de ses faveurs puissantes,
La coupable est punie, et vos mains innocentes.

ANTIOCHUS.

Oronte, je ne sais, dans son funeste sort,
Qui m'afflige le plus, ou sa vie, ou sa mort ;
L'une et l'autre a pour moi des malheurs sans exemple :
Plaignez mon infortune. Et vous, allez au temple
Y changer l'allégresse en un deuil sans pareil,
La pompe nuptiale en funèbre appareil ;
Et nous verrons après, par d'autres sacrifices,
Si les dieux voudront être à nos vœux plus propices.

(1) Ce dernier trait est le cri sauvage et impie du désespoir : c'est ainsi que devait finir une femme si atroce.

(2) « Il n'y a pas sur la scène un caractère plus imposant, plus terrible, et d'une plus vigoureuse conception que celui de Cléopâtre. On ne connaît point de situation plus intéressante, plus forte et plus théâtrale que celle qui termine la tragédie de *Rodogune* : on ne peut lui comparer que le dénoûment d'*Athalie*. » (GEOFFROY.)

Après RODOGUNE parut

THÉODORE, VIERGE ET MARTYRE, 1645.

« La représentation de cette tragédie n'a pas eu grand éclat, » dit Corneille avec sa franchise ordinaire. (*Examen.*)

HÉRACLIUS

TRAGÉDIE

1647.

AU LECTEUR

Voici une hardie entreprise sur l'histoire, dont vous ne reconnaîtrez aucune chose dans cette tragédie, que l'ordre de la succession des empereurs Tibère, Maurice, Phocas et Héraclius. J'ai falsifié la naissance de ce dernier; mais ce n'a été qu'en sa faveur, et pour lui en donner une plus illustre, le faisant fils de l'empereur Maurice, bien qu'il ne le fût, que d'un préteur d'Afrique du même nom que lui. J'ai prolongé la durée de l'empire de son prédécesseur de douze années, et lui ai donné un fils, quoique l'histoire n'en parle point, mais seulement d'une fille nommée Domitia, qu'il maria à un Priscus ou Crispus. J'ai prolongé de même la vie de l'impératrice Constantine, et comme j'ai fait régner ce tyran vingt ans au lieu de huit, je n'ai fait mourir cette princesse que dans la quinzième année de sa tyrannie, quoiqu'il l'eût sacrifiée à sa sûreté avec ses filles dès la cinquième. Je ne me mettrai pas en peine de justifier cette licence que j'ai prise; l'événement l'a assez justifiée, et les exemples des anciens que j'ai rapportés sur *Rodogune* semblent l'autoriser suffisamment; mais, à parler sans fard, je ne voudrais pas conseiller à personne de la tirer en exemple. C'est beaucoup hasarder, et l'on n'est pas toujours heureux; et, dans un dessein de cette nature, ce qu'un bon succès fait passer pour une ingénieuse hardiesse, un mauvais le fait prendre pour une témérité ridicule.

Baronius, parlant de la mort de l'empereur Maurice, et de celle de ses fils, que Phocas faisait immoler à sa vue, rapporte une circonstance très rare, dont j'ai pris l'occasion de former le nœud de cette tragédie, à qui elle sert de fondement. Cette nourrice eut tant de zèle pour ce malheureux prince, qu'elle exposa son propre fils au supplice, au lieu d'un des siens qu'on lui avait donné à nourrir. Maurice reconnut l'échange, et l'empêcha par une considération pieuse que cette extermination de toute sa famille était un juste jugement de Dieu, auquel il n'eût pas cru satisfaire, s'il eût souffert que le sang d'un autre eût payé pour celui d'un de ses fils. Mais quant à ce qui était de la mère, elle avait surmonté l'affection maternelle en faveur de son prince, et l'on peut dire que son enfant était mort pour son regard. Comme j'ai cru que cette action était assez généreuse

pour mériter une personne plus illustre à la produire, j'ai fait de cette
nourrice une gouvernante. J'ai supposé que l'echange avait eu son effet;
et de cet enfant sauvé par la supposition d'un autre, j'en ai fait Héraclius,
le successeur de Phocas. Bien plus, j'ai feint que cette Léontine, ne
croyant pas pouvoir cacher longtemps cet enfant que Maurice avait commis à sa fidélité, vu la recherche exacte que Phocas en faisait faire, et
se voyant même déjà soupçonnée et prête à être découverte, se voulut
mettre dans les bonnes grâces de ce tyran, en lui allant offrir ce petit prince
dont il était en peine, au lieu duquel elle lui livra son propre fils Léonce.
J'ai ajouté que par cette action Phocas fut tellement gagné, qu'il crut ne
pouvoir remettre son fils Martian aux mains d'une personne qui lui fût
plus acquise, d'autant que ce qu'elle venait de faire l'avait jetée, à ce
qu'il croyait, dans une haine irréconciliable avec les amis de Maurice,
qu'il avait seuls à craindre. Cette faveur où je la mets auprès de lui donne
lieu à un second échange d'Héraclius, qu'elle nourrissait comme son fils
sous le nom de Léonce, avec Martian, que Phocas lui avait confié. Je lui
fais prendre l'occasion de l'éloignement de ce tyran, que j'arrête trois
ans, sans revenir, à la guerre contre les Perses; et à son retour, je fais
qu'elle lui donne Héraclius pour son fils, qui est dorénavant élevé auprès
de lui sous le nom de Martian, pendant qu'elle retient le vrai Martian auprès d'elle, et le nourrit sous le nom de son Léonce, qu'elle avait exposé
pour l'autre. Comme ces deux princes sont grands, et que Phocas, abusé
par ce dernier échange, presse Héraclius d'épouser Pulchérie, fille de
Maurice, qu'il avait réservée exprès seule de toute sa famille, afin qu'elle
portât par ce mariage le droit et les titres de l'empire dans sa maison,
Léontine, pour empêcher cette alliance du frère et de la sœur,
avertit Héraclius de sa naissance. Je serais trop long si je voulais ici
toucher le reste des incidents d'un poème si embarrassé, et me contenterai de vous avoir donné ces lumières, afin que vous en puissiez
commencer la lecture avec moins d'obscurité. Vous vous souviendrez seulement qu'Héraclius passe pour Martian, fils de Phocas, et Martian pour
Léonce, fils de Léontine, et qu'Héraclius sait qui il est, et qui est ce
faux Léonce; mais que le vrai Martian, Phocas ni Pulchérie n'en savent
rien, non plus que le reste des acteurs, hormis Léontine et sa fille
Eudoxe.

On m'a fait quelque scrupule de ce qu'il n'est pas vraisemblable qu'une
mère expose son fils à la mort pour en préserver un autre: à quoi j'ai
deux réponses à faire: la première, que notre unique docteur Aristote
nous permet de mettre quelquefois des choses qui même soient contre
la raison et l'apparence, pourvu que ce soit hors de l'action, ou, pour
me servir des termes latins de ses interprètes, *extra fabulam*, comme
est ici cette supposition d'enfant, et nous donne pour exemple Œdipe,
qui, ayant tué un roi de Thèbes, l'ignore encore vingt ans après; l'autre,
que l'action étant vraie du côté de la mère, comme je l'ai remarqué

tantôt, il ne faut plus s'informer si elle est vraisemblable, étant certain que toutes les vérités sont recevables dans la poésie, quoiqu'elle ne soit pas obligée à les suivre. La liberté qu'elle a de s'en écarter n'est pas une nécessité, et la vraisemblance n'est qu'une condition nécessaire à la disposition, et non pas au choix du sujet, ni des incidents qui sont appuyés de l'histoire. Tout ce qui entre dans le poëme doit être croyable; et il l'est, selon Aristote, par l'un de ces trois moyens, la vérité, la vraisemblance, ou l'opinion commune. J'irai plus outre; et quoique peut-être on voudra prendre cette proposition pour un paradoxe, je ne craindrai pas d'avancer que le sujet d'une belle tragédie doit n'être pas vraisemblable. La preuve en est aisée par le même Aristote, qui ne veut pas qu'on en compose une d'un ennemi qui tue son ennemi, parce que, bien que cela soit fort vraisemblable, il n'excite dans l'âme des spectateurs ni pitié ni crainte, qui sont les deux passions de la tragédie; mais il nous renvoie la choisir dans les événements extraordinaires qui se passent entre personnes proches, comme d'un père qui tue son fils, une femme son mari, un frère sa sœur; ce qui, n'étant jamais vraisemblable, doit avoir l'autorité de l'histoire ou de l'opinion commune pour être cru : si bien qu'il n'est pas permis d'inventer un sujet de cette nature. C'est la raison qu'il donne de ce que les anciens traitaient presque les mêmes sujets, d'autant qu'ils rencontraient peu de familles où fussent arrivés de pareils désordres, qui font les belles et puissantes oppositions du devoir et de la passion....

PERSONNAGES :

PHOCAS, empereur d'Orient.
HÉRACLIUS, fils de l'empereur Maurice, cru Martian fils de Phocas.
MARTIAN, fils de Phocas, cru Léonce fils de Léontine.
PULCHÉRIE, fille de l'empereur Maurice.
LÉONTINE, dame de Constantinople, autrefois gouvernante d'Héraclius et de Martian.
EUDOXE, fille de Léontine.
CRISPE, gendre de Phocas.
EXUPÈRE, patricien de Constantinople.
AMYNTAS, ami d'Exupère.
Un page de Léontine.

La scène est à Constantinople.
(L'an 610 après J.-C.)

HÉRACLIUS

Analyse de l'action.

Phocas avait usurpé le trône de Constantinople, en égorgeant l'empereur Maurice et ses enfants; il n'avait réservé que la princesse Pulchérie, pour affermir un jour sa dynastie en l'unissant à son propre fils. Mais Héraclius, un des fils de Maurice, avait échappé à sa fureur, grâce au dévouement de sa gouvernante Léontine qui lui avait substitué son propre enfant; de plus, pour sauver plus sûrement le jeune prince, Léontine, par un second échange, l'avait fait passer pour Martian, fils de Phocas, tandis que le fils du tyran avait été élevé sous le nom de Léonce.

Or, après vingt ans de tyrannie, le bruit se répand qu'Héraclius est en vie; Phocas, inquiet, veut presser le mariage de son fils et de Pulchérie; mais Héraclius, frère de Pulchérie, s'y refuse; Pulchérie refuse aussi la main de celui qu'elle croit être le fils de son tyran. L'empereur, furieux, menace Pulchérie de la mort. Héraclius, pour sauver sa sœur, forme le projet d'assassiner Phocas; mais il en est détourné par Léontine qui préfère pousser Léonce à commettre ce meurtre.

Sur ces entrefaites, Exupère, informé d'un échange fait autrefois par Léontine, pense découvrir le fils de Maurice dans Léonce; il lui fait part du secret, et l'amène à Léontine; celle-ci les confirme tous deux dans leur erreur pour mieux sauver Héraclius.

Exupère alors conçoit et exécute un projet hardi, à l'insu même de Léontine qui le soupçonne de trahison: il persuade à l'empereur que Léonce est Héraclius, et le fait jeter en prison.

Mais le véritable Héraclius, à qui Martian avait sauvé la vie sur un champ de bataille, se déclare lui-même fils de l'empereur Maurice, plutôt que de laisser périr son ami. Phocas, embarrassé, consulte inutilement Léontine pour apprendre lequel des deux est son fils.

Ne pouvant savoir la vérité, le tyran ordonne de frapper Héraclius, lorsque ce prince consent à se reconnaître pour son fils afin de sauver Martian. Pulchérie n'en refuse pas moins d'épouser Héraclius, et la situation paraît inextricable, lorsque Phocas est mis à mort par Exupère. Un billet de l'impératrice Constantine confirme la naissance illustre d'Héraclius; il est acclamé par le peuple, et sa sœur Pulchérie épouse Martian.

Examen d'Héraclius par Corneille.

Cette tragédie a encore plus d'efforts d'invention que celle de *Rodogune*, et je puis dire que c'est un heureux original dont il s'est fait beaucoup de belles copies sitôt qu'il a paru. Sa conduite diffère de celle-là, en ce que les narrations qui lui donnent jour sont pratiquées par occasion en divers lieux avec adresse, et toujours dites et écoutées avec intérêt, sans qu'il y en ait pas une de sang-froid, comme celle de Laonice. Elles sont éparses ici dans tout le poème, et ne font connaître à la fois que ce qui est besoin qu'on sache pour l'intelligence de la scène qui suit. Ainsi, dès la première, Phocas, alarmé du bruit qui court qu'Héraclius est vivant, récite les particularités de sa mort pour montrer la fausseté de ce bruit; et Crispe, son gendre, en lui proposant un remède aux troubles qu'il appréhende, fait connaître comme, en perdant toute la famille de Maurice, il a réservé Pulchérie pour la faire épouser à son fils Martian, et le pousse d'autant plus à presser ce mariage, que ce prince court chaque jour de grands périls à la guerre, et que sans Léonce il fût demeuré au dernier combat. C'est par là qu'il instruit les auditeurs de l'obligation qu'a le vrai Héraclius, qui passe pour Martian, au vrai Martian, qui passe pour Léonce; et cela sert de fondement à l'offre volontaire qu'il fait de sa vie au quatrième acte, pour le sauver du péril où l'expose cette erreur des noms. Sur cette proposition, Phocas, se plaignant de l'aversion que les deux parties témoignent à ce mariage, impute celle de Pulchérie à l'instruction qu'elle a reçue de sa mere, et apprend ainsi au spectateur, comme en passant, qu'il l'a laissée trop vivre après la mort de l'empereur Maurice, son mari....

Surtout, la manière dont Eudoxe fait connaître, au second acte, le double échange que sa mère a fait des deux princes, est une des choses les plus spirituelles qui soient sorties de ma plume. Léontine l'accuse d'avoir révélé le secret d'Héraclius et d'être cause du bruit qui court, qui le met en péril de sa vie; pour s'en justifier, elle exprime tout ce qu'elle en sait, et conclut que, puisqu'on n'en publie pas tant, il faut que ce bruit ait pour auteur quelqu'un qui n'en sache pas tant qu'elle....

L'artifice de la dernière scène de ce quatrième acte passe encore celui-ci : Exupère y fait connaître tout son dessein à Léontine, mais d'une façon qui n'empêche point cette femme avisée de le soupçonner de fourberie, et de n'avoir d'autre dessein que de tirer d'elle le secret d'Héraclius pour le perdre. L'auditeur lui-même en demeure dans la défiance, et ne sait qu'en juger; mais après que la conspiration a eu son effet par la mort de Phocas, cette confidence anticipée exempte Exupère de se purger de tous les justes soupçons qu'on avait eus de lui, et délivre l'auditeur d'un récit qui lui aurait été fort ennuyeux après le dénoûment de la pièce, où toute la patience que peut avoir sa curiosité se borne à savoir qui est le vrai Héraclius des deux qui prétendent l'être.

Le stratagème d'Exupère, avec toute son industrie, a quelque chose d'un peu délicat, et d'une nature à ne se faire qu'au théâtre, où l'auteur est maître des événements qu'il tient dans sa main, et non pas dans la vie civile, où les hommes en disposent selon leurs intérêts et leur pouvoir. Quand il découvre Héraclius à Phocas, et le fait arrêter prisonnier, son intention est fort bonne, et lui réussit; mais il n'y avait que moi qui lui pût répondre du succès. Il acquiert la confiance du tyran par là, et se fait remettre entre les mains la garde d'Héraclius et sa conduite au supplice; mais le contraire pouvait arriver; et Phocas, au lieu de déférer à ses avis qui le résolvent à faire couper la tête à ce prince en la place publique, pouvait s'en défaire sur l'heure, et se défier de lui et de ses amis, comme de gens qu'il avait offensés, et dont il ne devait jamais espérer un zele bien sincère à le servir. La mutinerie qu'il excite, dont il lui amène les chefs comme prisonniers pour le poignarder, est imaginée avec justesse; mais jusque-là toute sa conduite est de ces choses qu'il faut souffrir au théâtre, parce qu'elles ont un éclat dont la surprise eblouit, et qu'il ne ferait pas bon de tirer en exemple pour conduire une action véritable sur leur plan.

Je ne sais si on voudra me pardonner d'avoir fait une pièce d'invention sous des noms véritables; mais je ne crois pas qu'Aristote le défende, et j'en trouve assez d'exemples chez les anciens. Les deux *Electres* de Sophocle et d'Euripide aboutissent à la même action par des moyens si divers, qu'il faut de necessité que l'une des deux soit entièrement inventée : l'*Iphigénie in Tauris* a la mine d'être de même nature; et l'*Hélène*, où Euripide suppose qu'elle n'a jamais été à Troie, et que Paris n'y a enlevé qu'un fantôme qui lui ressemblait, ne peut avoir aucune action épisodique ni principale qui ne parte de la seule imagination de son auteur...

Il lui faut la même indulgence pour l'unité de lieu qu'à *Rodogune*. La plupart des poemes qui suivent en ont besoin, et je me dispenserai de le répéter en les examinant. L'unité de jour n'a rien de violenté, et l'action se pourrait passer en cinq ou six heures; mais le poeme est si embarrassé qu'il demande une merveilleuse attention. J'ai vu de fort bons esprits et des personnes des plus qualifiées de la cour, se plaindre de ce que sa représentation fatiguait autant l'esprit qu'une étude sérieuse. Elle n'a pas laissé de plaire; mais je crois qu'il l'a fallu voir plus d'une fois pour en emporter une entière intelligence.

Appréciation.

« C'est avec raison, dit Geoffroy, qu'on admire la prodigieuse imagination qui a bâti cette intrigue d'*Héraclius*, si interessante et si théâtrale. » L'intrigue d'*Héraclius* est en effet la plus merveilleuse qu'il y ait sur la scene.

Placer auprès d'un tyran sanguinaire le fils même de l'empereur qu'il a détrôné, en le lui faisant élever comme son propre fils, alors que ce jeune prince n'aspire qu'à venger son père; opposer à ce fils supposé le propre fils de l'usurpateur caché d'abord sous un autre nom, puis ressuscité sous le nom de ce même Héraclius que Phocas croyait avoir egorgé au berceau; amener enfin les deux jeunes princes devant ce tyran, avide de vengeance, sans qu'il puisse distinguer son vrai fils entre les deux. Corneille seul pouvait inventer une trame si compliquée et la débrouiller avec succès. Il en a tiré un intérêt de curiosité extrême, et les situations les plus pathétiques (1).

Trois grands caractères animent et soutiennent l'action : ce sont Héraclius, Pulchérie et Martian.

Héraclius et Pulchérie sont ce que doivent être un fils et une fille d'empereur, devant l'assassin couronné de leur père : à la générosité du sang, ils joignent l'un et l'autre une noblesse de sentiments, une fierté, une grandeur d'âme qui rappellent les plus belles scènes du *Cid*, de *Cinna* et de *Polyeucte*.

L'éducation a élevé Martian à la hauteur d'Héraclius : héroïque sur les champs de bataille, il est héroïque encore dans la lutte sublime où il dispute à son rival la gloire de mourir à sa place.

Phocas, avec les allures du despote, a des remords et des sentiments de père qui adoucissent le souvenir de ses crimes.

Léontine est pour Héraclius ce que Josabeth est pour Joas, avec cette différence notable que Josabeth, couverte par le rôle imposant du grand-prêtre, ne porte aucune responsabilité, tandis que la situation tout entière semble reposer sur Léontine : ce qui fait que Josabeth peut avoir plus de tendresse, que Léontine doit avoir plus de décision; Corneille lui a donné avec raison vis-à-vis du tyran l'attitude ferme et fière de Joad en face d'Athalie. Cependant l'activité de Léontine est plus apparente que réelle : son rôle n'est tragique qu'au quatrième acte.

C'est Exupère, personnage subalterne, qui finit l'action par le meurtre de Phocas : ce dénoûment est moins heureux, parce qu'il ne découle pas du sujet et que les personnages principaux n'y ont aucune part.

Le rôle d'Eudoxe est très faible. Enfin la pièce, assez difficile à suivre à cause de la double supposition de personnes qui en fait le fond, contient plusieurs scènes froides ou inutiles.

Mais ces défauts sont couverts par de si grandes beautés que la pièce réussit toujours, de l'aveu même de Voltaire (2). Il faut que le quatrième acte soit bien tragique pour que le froid d'Alembert l'ait trouvé comparable au cinquième de *Rodogune*. (*Lettre à Voltaire*, 10 oct. 1761.)

Corneille avait quarante et un ans.

(1) « L. Racine a cru voir quelque rapport entre *Héraclius* et *Athalie*; mais quand le fond du sujet offrirait une légère ressemblance, il y a une si prodigieuse différence dans la manière dont il est traité, qu'il ne peut exister aucune comparaison entre ces deux ouvrages; l'un est un prodige de simplicité, l'autre un prodige d'intrigue ; l'un est d'une merveilleuse régularité, l'autre couvre de grandes fautes par des beautés plus grandes encore. *Athalie* est la perfection de l'art: *Héraclius*, malgré quelques taches, est un chef-d'œuvre d'invention, d'intérêt et de force tragique. » (GEOFFROY.)

(2) Geoffroy écrivait en 1807 · « Le prodigieux succès d'*Héraclius* a étonné quelques esprits frivoles qui jugeaient du public par eux-mêmes et du mérite de Corneille d'après le *Commentaire* de Voltaire; le public saisit très bien les beautés mâles et fortes : rien de ce qui est vraiment grand ne lui échappe. »

ACTE PREMIER

SCÈNE I

PHOCAS, CRISPE.

PHOCAS.

Crispe, il n'est que trop vrai, la plus belle couronne
N'a que de faux brillants dont l'éclat l'environne,
Et celui dont le ciel pour un sceptre fait choix,
Jusqu'à ce qu'il le porte, en ignore le poids (1).
Mille et mille douceurs y semblent attachées,
Qui ne sont qu'un amas d'amertumes cachées :
Qui croit les posséder les sent s'évanouir,
Et la peur de les perdre empêche d'en jouir :
Surtout qui, comme moi, d'une obscure naissance
Monte par la révolte à la toute-puissance,
Qui de simple soldat à l'empire élevé
Ne l'a, que par le crime, acquis et conservé.
Autant que sa fureur s'est immolé de têtes,
Autant dessus la sienne il croit voir de tempêtes ;
Et comme il n'a semé qu'épouvante et qu'horreur,
Il n'en recueille enfin que trouble et que terreur.
J'en ai semé beaucoup ; et depuis quatre lustres
Mon trône n'est fondé que sur des morts illustres ;
Et j'ai mis au tombeau, pour régner sans effroi,
Tout ce que j'en ai vu de plus digne que moi (2).
Mais le sang répandu de l'empereur Maurice,
Ses cinq fils à ses yeux envoyés au supplice,
En vain en ont été les premiers fondements,
Si pour m'ôter ce trône ils servent d'instruments.
On en fait revivre un au bout de vingt années :
Byzance ouvre, dis-tu, l'oreille à ces menées ;
Et le peuple, amoureux de tout ce qui me nuit,
D'une croyance avide embrasse ce faux bruit,
Impatient déjà de se laisser séduire,

---

(1) Agamemnon, dans *Iphigénie*, exprime la même pensée :
    Heureux qui, satisfait de son humble fortune,
    Libre du joug superbe où je suis attaché,
    Vit dans l'état obscur où les dieux l'ont caché ! (Acte I, scène I)
Le tour de Racine est plus touchant, Corneille a plus de vigueur : ses réflexions sont plus graves et ses images plus fortes ; c'est que chez Phocas, outre l'amertume du pouvoir, il y a l'aiguillon du remords et les dangers de la tyrannie.

(2) Le tyran apparaît bien dans ce tableau : le vers suivant commence l'action en montrant le péril qui le menace.

Au premier imposteur armé pour me détruire,
Qui, s'osant revêtir de ce fantôme aimé,
Voudra servir d'idole a son zèle charmé.
Mais sais-tu sous quel nom ce fâcheux bruit s'excite?

CRISPE.

Il nomme Héraclius celui qu'il ressuscite.

PHOCAS.

Quiconque en est l'auteur devait mieux l'inventer :
Le nom d'Héraclius doit peu m'epouvanter ;
Sa mort est trop certaine, et fut trop remarquable
Pour craindre un grand effet d'une si vaine fable.
  Il n'avait que six mois; et, lui perçant le flanc,
On en fit dégoutter plus de lait que de sang;
Et ce prodige affreux, dont je tremblai dans l'âme,
Fut aussitôt suivi de la mort de ma femme.
Il me souvient encor qu'il fut deux jours caché,
Et que sans Léontine on l'eût longtemps cherché :
Il fut livré par elle, à qui, pour récompense,
Je donnai de mon fils à gouverner l'enfance.
Du jeune Martian, qui, d'âge presque égal,
Etait resté sans mère en ce moment fatal.
Juge par là combien ce conte est ridicule.

CRISPE.

Tout ridicule, il plaît; et le peuple est crédule;
Mais avant qu'à ce conte il se laisse emporter,
Il vous est trop aisé de le faire avorter.
  Quand vous fîtes périr Maurice et sa famille,
Il vous en plut, Seigneur, réserver une fille,
Et résoudre dès lors qu'elle aurait pour epoux
Ce prince destiné pour régner après vous.
Le peuple en sa personne aime encore et révère
Et son père Maurice et son aïeul Tibère,
Et vous verra sans trouble en occuper le rang,
S'il voit tomber leur sceptre au reste de leur sang.
Non, il ne courra plus après l'ombre du frere,
S'il voit monter la sœur sur le trône du père.
Mais pressez cet hymen (1) : le prince au champ de Mars,
Chaque jour, chaque instant, s'offre à mille hasards;
Et, n'eût été Léonce, en la dernière guerre,
Ce dessein avec lui serait tombé par terre,

(1) Le mariage d'Héraclius (cru Martian) avec Pulchérie forme le nœud de l'action : Pulchérie s'y refuse parce que c'est le fils de son oppresseur; Héraclius le repousse parce qu'il sait que Pulchérie est sa sœur.

Puisque, sans la valeur de ce jeune guerrier,
Martian demeurait ou mort ou prisonnier.
Avant que d'y périr, s'il faut qu'il y périsse,
Qu'il vous laisse un neveu qui le soit de Maurice,
Et qui, réunissant l'une et l'autre maison,
Tire chez vous l'amour qu'on garde pour son nom.

PHOCAS.

Hélas ! de quoi me sert ce dessein salutaire,
Si pour en voir l'effet tout me devient contraire ?
Pulchérie et mon fils ne se montrent d'accord
Qu'à fuir cet hyménée à l'égal de la mort ;
Et les aversions entre eux deux mutuelles
Les font d'intelligence à se montrer rebelles.
La princesse surtout frémit à mon aspect ;
Et quoiqu'elle étudie un peu de faux respect,
Le souvenir des siens, l'orgueil de sa naissance,
L'emporte à tous moments à braver la puissance.
Sa mère, que longtemps je voulus épargner,
Et qu'en vain par douceur j'espérai de gagner,
L'a de la sorte instruite ; et ce que je vois suivre
Me punit bien du trop que je la laissai vivre.

CRISPE.

Il faut agir de force avec de tels esprits,
Seigneur ; et qui les flatte endurcit leurs mépris :
La violence est juste où la douceur est vaine.

PHOCAS.

C'est par là qu'aujourd'hui je veux dompter sa haine.
Je l'ai mandée exprès, non plus pour la flatter,
Mais pour prendre mon ordre et pour l'exécuter.

CRISPE.

Elle entre.

SCÈNE II
PHOCAS, PULCHÉRIE, CRISPE.

PHOCAS.

Enfin, Madame, il est temps de vous rendre :
Le besoin de l'État défend de plus attendre ;
Il lui faut des Césars ; et je me suis promis
D'en voir naître bientôt de vous et de mon fils.
Ce n'est pas exiger grande reconnaissance
Des soins que mes bontés ont pris de votre enfance,
De vouloir qu'aujourd'hui, pour prix de mes bienfaits,
Vous daigniez accepter les dons que je vous fais.

Ils ne font point de honte au rang le plus sublime ;
Ma couronne et mon fils valent bien quelque estime :
Je vous les offre encore après tant de refus ;
Mais apprenez aussi que je n'en souffre plus,
Que de force ou de gré je veux me satisfaire,
Qu'il me faut craindre en maître, ou me chérir en père,
Et que, si votre orgueil s'obstine à me haïr,
Qui ne peut être aimé se peut faire obéir.

PULCHÉRIE.

J'ai rendu jusqu'ici cette reconnaissance
A ces soins tant vantés d'élever mon enfance,
Que, tant qu'on m'a laissée en quelque liberté,
J'ai voulu me défendre avec civilité ;
Mais, puisqu'on use enfin d'un pouvoir tyrannique,
Je vois bien qu'à mon tour il faut que je m'explique,
Que je me montre entière à l'injuste fureur,
Et parle à mon tyran en fille d'empereur (1).
  Il fallait me cacher avec quelque artifice
Que j'étais Pulchérie, et fille de Maurice,
Si tu faisais dessein de m'éblouir les yeux
Jusqu'à prendre tes dons pour des dons précieux.
Vois quels sont ces présents dont le refus t'étonne :
Tu me donnes, dis-tu, ton fils et ta couronne ;
Mais que me donnes-tu, puisque l'une est à moi,
Et l'autre en est indigne étant sorti de toi?
  Ta libéralité me fait peine à comprendre :
Tu parles de donner, quand tu ne fais que rendre ;
Et puisqu'avecque moi tu veux le couronner,
Tu ne me rends mon bien que pour te le donner.
Tu veux que cet hymen que tu m'oses prescrire
Porte dans ta maison les titres de l'empire,
Et de cruel tyran, d'infâme ravisseur,
Te fasse vrai monarque et juste possesseur.
Ne reproche donc plus à mon âme indignée
Qu'en perdant tous les miens tu m'as seule épargnée :
Cette feinte douceur, cette ombre d'amitié,
Vint de ta politique, et non de ta pitié.
Ton intérêt dès lors fit seul cette réserve :
Tu m'as laissé la vie afin qu'elle te serve ;

(1) Pulchérie a une fierté toute cornélienne : la hauteur de ses sentiments et l'énergie de son langage en font une digne sœur de Chimène, d'Émilie et de Pauline. L'attitude qu'elle prend vis-à-vis de Phocas est parfaitement justifiée par l'usurpation violente du tyran, par le meurtre cruel de toute sa famille, par la servitude où la tient son bourreau, enfin par les instances dont il l'obsède et les menaces qu'il lui fait entendre.

Et mal sûr dans un trône où tu crains l'avenir,
Tu ne m'y veux placer que pour t'y maintenir ;
Tu ne m'y fais monter que de peur d'en descendre ;
Mais connais Pulcherie, et cesse de prétendre.
   Je sais qu'il m'appartient, ce trône où tu te sieds,
Que c'est à moi d'y voir tout le monde à mes pieds;
Mais comme il est encor teint du sang de mon père,
S'il n'est lavé du tien, il ne saurait me plaire;
Et ta mort, que mes vœux s'efforcent de hâter,
Est l'unique degré par où j'y veux monter :
Voilà quelle je suis, et quelle je veux être.
Qu'un autre t'aime en père, ou te redoute en maître,
Le cœur de Pulchérie est trop haut et trop franc
Pour craindre ou pour flatter le bourreau de son sang.

PHOCAS.

J'ai forcé ma colère à te prêter silence,
Pour voir à quel excès irait ton insolence :
J'ai vu ce qui t'abuse et me fait mépriser,
Et t'aime encore assez pour te désabuser.
   N'estime plus mon sceptre usurpé sur ton père,
Ni que pour l'appuyer ta main soit nécessaire.
Depuis vingt ans je règne, et je règne sans toi;
Et j'en eus tout le droit du choix qu'on fit de moi.
Le trône où je me sieds n'est pas un bien de race :
L'armée a ses raisons pour remplir cette place;
Son choix en est le titre; et tel est notre sort,
Qu'une autre élection nous condamne à la mort.
Celle qu'on fit de moi fut l'arrêt de Maurice;
J'en vis avec regret le triste sacrifice :
Au repos de l'Etat il fallut l'accorder;
Mon cœur, qui résistait, fut contraint de céder;
Mais pour remettre un jour l'empire en sa famille,
Je fis ce que je pus, je conservai sa fille,
Et sans avoir besoin de titres ni d'appui,
Je te fais part d'un bien qui n'etait plus à lui.

PULCHÉRIE.

Un chétif centenier des troupes de Mysie,
Qu'un gros de mutinés élut par fantaisie,
Oser arrogamment se vanter à mes yeux
D'être juste seigneur du bien de mes aïeux!
Lui qui n'a pour l'empire autre droit que ses crimes,
Lui qui de tous les miens fit autant de victimes,
Croire s'être lavé d'un si noir attentat
En imputant leurs pertes au repos de l'Etat!

Il fait plus, il me croit digne de cette excuse!
Souffre, souffre à ton tour que je te désabuse :
Apprends que si jadis quelques séditions
Usurpèrent le droit de ces élections,
L'empire était chez nous un bien héréditaire ;
Maurice ne l'obtint qu'en gendre de Tibère ;
Et l'on voit depuis lui remonter mon destin
Jusqu'au grand Théodose, et jusqu'à Constantin ;
Et je pourrais avoir l'âme assez abattue....

PHOCAS.

Eh bien! si tu le veux, je te le restitue,
Cet empire, et consens encor que ta fierté
Impute à mes remords l'effet de ma bonté.
Dis que je te le rends et te fais des caresses
Pour apaiser des tiens les ombres vengeresses,
Et tout ce qui pourra sous quelque autre couleur
Autoriser ta haine et flatter ta douleur ;
Pour un dernier effort je veux souffrir la rage
Qu'allume dans ton cœur cette sanglante image.
Mais que t'a fait mon fils ? était-il, au berceau,
Des tiens que je perdis le juge ou le bourreau?
Tant de vertus qu'en lui le monde entier admire
Ne l'ont-elles pas fait trop digne de l'empire ?
En ai-je eu quelque espoir qu'il n'ait assez rempli ?
Et voit-on sous le ciel prince plus accompli ?
Un cœur comme le tien, si grand, si magnanime....

PULCHERIE.

Va, je ne confonds point ses vertus et ton crime ;
Comme ma haine est juste, et ne m'aveugle pas,
J'en vois assez en lui pour les plus grands États ;
J'admire chaque jour les preuves qu'il en donne ;
J'honore sa valeur, j'estime sa personne (1),
Et penche d'autant plus à lui vouloir du bien,
Que s'en voyant indigne il ne demande rien,
Que ses longues froideurs témoignent qu'il s'irrite
De ce qu'on veut de moi par delà son mérite,
Et que de tes projets son cœur triste et confus
Pour m'en faire justice approuve mes refus.
Ce fils si vertueux d'un père si coupable,
S'il ne devait régner, me pourrait être aimable ;
Et cette grandeur même où tu veux le porter
Est l'unique motif qui m'y fait résister.

(1) Ce double portrait d'Heraclius caché sous le nom de Martian est très habilement tracé : on attend un héros.

ACTE I, SCÈNE II

Après l'assassinat de ma famille entière,
Quand tu ne m'as laissé père, mère, ni frère,
Que j'en fasse ton fils légitime héritier!
Que j'assure par là leur trône au meurtrier!
Non, non : si tu me crois le cœur si magnanime
Qu'il ose séparer ses vertus de ton crime,
Sépare tes présents, et ne m'offre aujourd'hui
Que ton fils sans le sceptre, ou le sceptre sans lui.
Avise; et si tu crains qu'il te fût trop infâme
De remettre l'empire en la main d'une femme,
Tu peux dès aujourd'hui le voir mieux occupé :
Le ciel me rend un frère à ta rage échappé;
On dit qu'Héraclius est tout prêt de paraître :
Tyran, descends du trône, et fais place à ton maître (1).

PHOCAS.

A ce compte, arrogante, un fantôme nouveau,
Qu'un murmure confus fait sortir du tombeau,
Te donne cette audace et cette confiance!
Ce bruit s'est fait déjà digne de ta croyance.
Mais....

PULCHÉRIE.

    Je sais qu'il est faux; pour t'assurer ce rang
Ta rage eut trop de soin de verser tout mon sang;
Mais la soif de ta perte en cette conjoncture
Me fait aimer l'auteur d'une belle imposture.
Au seul nom de Maurice il te fera trembler :
Puisqu'il se dit son fils, il veut lui ressembler;
Et cette ressemblance où son courage aspire
Mérite mieux que toi de gouverner l'empire.
J'irai par mon suffrage affermir cette erreur,
L'avouer pour mon frère et pour mon empereur,
Et dedans son parti jeter tout l'avantage
Du peuple convaincu par mon premier hommage.
    Toi, si quelque remords te donne un juste effroi,
Sors du trône, et te laisse abuser comme moi :
Prends cette occasion de te faire justice.

PHOCAS.

Oui, je me la ferai bientôt par ton supplice :
Ma bonté ne peut plus arrêter mon devoir;
Ma patience a fait par delà son pouvoir.

(1) Vers magnifique et vraiment sublime dans la bouche d'une jeune princesse parlant à un tyran tout-puissant : l'espérance a grandi sa fierté jusqu'à l'audace; elle se rit du danger.

Qui se laisse outrager mérite qu'on l'outrage;
Et l'audace impunie enfle trop un courage.
Tonne, menace, brave, espère en de faux bruits;
Fortifie, affermis ceux qu'ils auront séduits;
Dans ton âme à ton gre change ma destinée;
Mais choisis pour demain la mort ou l'hyménée (1).

PULCHÉRIE.
Il n'est pas pour ce choix besoin d'un grand effort
A qui hait l'hyménée et ne craint point la mort.

PHOCAS.
Dis, si tu veux encor, que ton cœur la souhaite.
(Dans les deux scènes suivantes, Héraclius passe pour Martian, et Martian pour Léonce. Héraclius se connaît, mais Martian ne se connaît pas.)

Scène III. Phocas propose à Héraclius la main de Pulchérie; le prince refuse. L'empereur menace de faire mettre à mort Pulchérie le lendemain même. — *Scène IV.* Héraclius approuve le refus de Pulchérie et lui promet son secours.

ACTE SECOND

Scène I. Léontine reproche à Eudoxe d'être par son indiscrétion la cause des bruits qui circulent au sujet d'Héraclius; Eudoxe s'en défend. Héraclius veut se découvrir.

SCÈNE II
HERACLIUS, LÉONTINE, EUDOXE.

LEONTINE.
Votre courage seul nous donne lieu de craindre :
Modérez-en l'ardeur, daignez vous y contraindre;
Et, puisqu'aucun soupçon ne dit rien à Phocas,
Soyez encor son fils, et ne vous montrez pas.
De quoi que ce tyran menace Pulchérie,
J'aurai trop de moyens d'arrêter sa furie,
De rompre cet hymen, ou de le retarder,
Pourvu que vous veuilliez ne vous point hasarder.
Répondez-moi de vous, et je vous réponds d'elle.

HÉRACLIUS.
Jamais l'occasion ne s'offrira si belle :
Vous voyez un grand peuple à demi révolté,

_____
(1) Le spectateur plaint et admire tout ensemble la noble et infortunée fille de Maurice.

Sans qu'on sache l'auteur de cette nouveauté ;
Il semble que de Dieu la main appesantie,
Se faisant du tyran l'effroyable partie (1),
Veuille avancer par là son juste châtiment ;
Que, par un si grand bruit semé confusément,
Il dispose les cœurs à prendre un nouveau maître,
Et presse Héraclius de se faire connaître.
C'est à nous de répondre à ce qu'il en prétend :
Montrons Héraclius au peuple qui l'attend ;
Evitons le hasard qu'un imposteur l'abuse,
Et qu'après s'être armé d'un nom que je refuse,
De mon trône à Phocas sous ce titre arraché,
Il puisse me punir de m'être trop caché.
Il ne sera pas temps, Madame, de lui dire
Qu'il me rende mon nom, ma naissance et l'empire,
Quand il se prévaudra de ce nom déjà pris
Pour me joindre au tyran dont je passe pour fils.

LÉONTINE.

Sans vous donner pour chef à cette populace,
Je romprai bien encor ce coup, s'il vous menace :
Mais gardons jusqu'au bout ce secret important :
Fiez-vous plus à moi qu'à ce peuple inconstant.
Ce que j'ai fait pour vous depuis votre naissance
Semble digne, Seigneur, de cette confiance :
Je ne laisserai point mon ouvrage imparfait,
Et bientôt mes desseins auront un plein effet.
Je punirai Phocas, je vengerai Maurice ;
Mais aucun n'aura part à ce grand sacrifice :
J'en veux toute la gloire, et vous me la devez.
Vous régnerez par moi, si par moi vous vivez.
Laissez entre mes mains mûrir vos destinées,
Et ne hasardez point le fruit de vingt années.

Scène III. Leontine révèle à Eudoxe son projet d'engager Martian (cru Léonce) à assassiner Phocas pour sauver Pulchérie.

SCÈNE IV

EXUPÈRE, LÉONTINE, EUDOXE.

EXUPERE.

Madame. Héraclius vient d'être découvert.

(1) « La partie est un terme de chicane ; *la main de Dieu appesantie devient l'effroyable partie du tyran* est une idée terrible. . Tout ce que dit ici Heraclius est plein de force et de raison. » (VOLT.)

HERACLIUS

LÉONTINE, *à Eudoxe.*

Eh bien!

EUDOXE.

Si...

LÉONTINE.

(*à Eudoxe.*) (*à Exupère.*)
Taisez-vous. Depuis quand?

EXUPERE.

Tout à l'heure (1)

LÉONTINE.

Et déjà l'empereur a commandé qu'il meure?

EXUPERE.

Le tyran est bien loin de s'en voir éclairci.

LÉONTINE.

Comment?

EXUPERE.

Ne craignez rien, Madame, le voici.

LÉONTINE.

Je ne vois que Léonce.

EXUPERE.

Ah! quittez l'artifice.

SCÊNE V

MARTIAN, LÉONTINE, EXUPÈRE, EUDOXE.

MARTIAN.

Madame, dois-je croire un billet de Maurice?
Voyez si c'est sa main, ou s'il est contrefait :
Dites s'il me détrompe, ou m'abuse en effet,
Si je suis votre fils, ou s'il était mon père :
Vous en devez connaître encor le caractère.

LÉONTINE *lit le billet.*

Billet de Maurice.

« Léontine a trompé Phocas,
» Et, livrant pour mon fils un des siens au trépas,
» Dérobe à sa fureur l'héritier de l'empire.
» O vous qui me restez de fidèles sujets,

---

(1) La nouvelle apportée par Exupère excite une grande curiosité; le spectateur est saisi, comme Léontine, de crainte d'abord pour le véritable Héraclius; d'étonnement ensuite, en voyant apparaître Léonce qui, trompé par un billet de Maurice, se croit son fils, tandis qu'il n'est en réalité que Martian, le fils de l'usurpateur.

ACTE II, SCÈNE V

» Honorez son grand zèle, appuyez ses projets :
» Sous le nom de Léonce Héraclius respire.
 » Maurice. »
(Elle rend le billet à Exupère.)
Seigneur, il vous dit vrai : vous étiez en mes mains
Quand on ouvrit Byzance au pire des humains (1).
Maurice m'honora de cette confiance;
Mon zèle y répondit par delà sa croyance.
Le voyant prisonnier et ses quatre autres fils,
Je cachai quelques jours ce qu'il m'avait commis,
Mais enfin, toute prête à me voir découverte,
Ce zèle sur mon sang détourna votre perte.
J'allai pour vous sauver vous offrir à Phocas;
Mais j'offris votre nom, et ne vous donnai pas.
La généreuse ardeur de sujette fidèle
Me rendit pour mon prince à moi-même cruelle :
Mon fils fut, pour mourir, le fils de l'empereur.
J'éblouis le tyran, je trompai sa fureur :
Léonce, au lieu de vous, lui servit de victime.
 (Elle soupire.)
Ah! pardonnez, de grâce; il m'échappe sans crime.
J'ai pris pour vous sa vie, et lui rends un soupir
Ce n'est pas trop, Seigneur, pour un tel souvenir :
A cet illustre effort par mon devoir réduite,
J'ai dompté la nature, et ne l'ai pas détruite.
 Phocas, ravi de joie à cette illusion,
Me combla de faveurs avec profusion,
Et nous fit de sa main cette haute fortune
Dont il n'est pas besoin que je vous importune.
 Voilà ce que mes soins vous laissaient ignorer;
Et j'attendais, Seigneur, a vous le déclarer,
Que, par vos grands exploits, votre rare vaillance
Pût faire à l'univers croire votre naissance,
Et qu'une occasion pareille à ce grand bruit
Nous pût de son aveu promettre quelque fruit;
Car, comme j'ignorais que notre grand monarque
En eût pu rien savoir, ou laisser quelque marque,
Je doutais qu'un secret n'étant su que de moi
Sous un tyran si craint pût trouver quelque foi (2).

(1) Léontine, se ravisant aussitôt, confirme Martian dans son erreur, afin de sauver plus sûrement Héraclius. L'émotion qu'elle ressent au souvenir de son enfant qu'elle a sacrifié pour le fils de son prince, donne à son récit, fort habile d'ailleurs, un accent de sincérité qui ne laisse lieu à aucun doute.

(2) La première pensée de Martian sera de sauver son ami.

Scènes VI et VII Martian reproche à Léontine de lui avoir laissé ignorer si longtemps sa naissance; il refuse d'être le meurtrier de Phocas; un pareil moyen de remonter sur le trône lui paraît indigne de son nouveau nom. — *Scène VIII.* Léontine, déçue dans tous ses projets, se résout à consulter Exupère.

ACTE TROISIÈME

Scène I. Pulchérie demande elle aussi à Martian le meurtre de Phocas; le prince s'en excuse, et lui conseille d'épouser Heraclius pour tromper la fureur du tyran.

SCÈNE II

PHOCAS, EXUPÈRE, AMYNTAS, MARTIAN, PULCHÉRIE, CRISPE.

PHOCAS.
Quel est votre entretien avec cette princesse (1)?
Des noces que je veux?

MARTIAN.
C'est de quoi je la presse.

PHOCAS.
Et vous l'avez gagnée en faveur de mon fils?

MARTIAN.
Il sera son époux, elle me l'a promis.

PHOCAS.
C'est beaucoup obtenu d'une âme si rebelle.
Mais quand?

MARTIAN.
C'est un secret que je n'ai pas su d'elle.

PHOCAS.
Vous pouvez m'en dire un dont je suis plus jaloux.
On dit qu'Héraclius est fort connu de vous :
Si vous aimez mon fils, faites-le-moi connaître.

MARTIAN.
Vous le connaissez trop, puisque je vois ce traître.

EXUPERE.
Je sers mon empereur, et je sais mon devoir.

(1) L'arrivée de Phocas avec Exupere jette Martian dans la situation la plus critique : il se croit trahi ; mais loin de faiblir devant le danger, son âme prend un courage et une fierté dignes de sa nouvelle fortune.

MARTIAN.
Chacun te l'avoûra : tu le fais assez voir.

PHOCAS.
De grâce, eclaircissez ce que je vous propose.
Ce billet à demi m'en dit bien quelque chose ;
Mais, Léonce, c'est peu si vous ne l'achevez.

MARTIAN.
Nommez-moi par mon nom, puisque vous le savez :
Dites Héraclius ; il n'est plus de Léonce (1),
Et j'entends mon arrêt sans qu'on me le prononce.

PHOCAS.
Tu peux bien t'y résoudre après ton vain effort
Pour m'arracher le sceptre et conspirer ma mort.

MARTIAN.
J'ai fait ce que j'ai dû. Vivre sous ta puissance,
C'eût été démentir mon nom et ma naissance,
Et ne point ecouter le sang de mes parents,
Qui ne crie en mon cœur que la mort des tyrans.
Quiconque pour l'empire eut la gloire de naître
Renonce à cet honneur s'il peut souffrir un maître :
Hors le trône ou la mort, il doit tout dédaigner ;
C'est un lâche, s'il n'ose ou se perdre ou régner.
  J'entends donc mon arrêt sans qu'on me le prononce.
Héraclius mourra comme a vécu Léonce :
Bon sujet, meilleur prince ; et ma vie et ma mort
Rempliront dignement et l'un et l'autre sort.
La mort n'a rien d'affreux pour une âme bien née ;
A mes côtés pour toi je l'ai cent fois traînée ;
Et mon dernier exploit contre tes ennemis
Fut d'arrêter son bras qui tombait sur ton fils (2).

PHOCAS.
Tu prends pour me toucher un mauvais artifice :
Heraclius n'eut point de part à ce service ;
J'en ai payé Léonce, à qui seul était dû
L'inestimable honneur de me l'avoir rendu.

(1) Martian (cru Léonce) s'affirme Héraclius sans craindre les foudres du tyran. « C'est ici que le grand intérêt commence. Le tyran a raison de croire que Martian son fils est Héraclius. Voilà Martian dans le plus grand danger et l'erreur du père est théâtrale. » (VOLT.)

(2) Le langage de Léonce respire une noblesse de sentiments admirable il parle en vrai fils de Maurice ; en le voyant tomber si tôt après avoir revendiqué si fièrement le sceptre ou le trône, on est pénétré pour lui de la pitié la plus vive.

Mais, sous des noms divers a soi-même contraire,
Qui conserva le fils attente sur le père;
Et, se désavouant d'un aveugle secours,
Sitôt qu'il se connaît il en veut à mes jours.
Je te devais sa vie, et je me dois justice.
Léonce est effacé par le fils de Maurice.
Contre un tel attentat rien n'est à balancer,
Et je saurai punir comme récompenser.

MARTIAN.

Je sais trop qu'un tyran est sans reconnaissance
Pour en avoir conçu la honteuse espérance,
Et suis trop au-dessus de cette indignité
Pour te vouloir piquer de générosité.
Que ferais-tu pour moi de me laisser la vie,
Si pour moi sans le trône elle n'est qu'infamie?
Héraclius vivrait pour te faire la cour!
Rends-lui, rends-lui son sceptre, ou prive-le du jour.
Pour ton propre intérêt sois juge incorruptible :
Ta vie avec la sienne est trop incompatible;
Un si grand ennemi ne peut être gagné,
Et je te punirais de m'avoir épargné.
Si de ton fils sauvé j'ai rappelé l'image,
J'ai voulu de Léonce étaler le courage,
Afin qu'en le voyant tu ne doutasses plus
Jusques où doit aller celui d'Héraclius.
Je me tiens plus heureux de périr en monarque,
Que de vivre en éclat sans en porter la marque;
Et puisque pour jouir d'un si glorieux sort,
Je n'ai que ce moment qu'on destine à ma mort,
Je la rendrai si belle et si digne d'envie,
Que ce moment vaudra la plus illustre vie.
M'y faisant donc conduire, assure ton pouvoir,
Et délivre mes yeux de l'horreur de te voir.

PHOCAS.

Nous verrons la vertu de cette âme hautaine.
Faites-le retirer en la chambre prochaine,
Crispe; et qu'on me l'y garde, attendant que mon choix
Pour punir son forfait vous donne d'autres lois.

MARTIAN, à *Pulchérie.*

Adieu, Madame, adieu. Je n'ai pu davantage.
Ma mort vous va laisser encor dans l'esclavage :
Le ciel par d'autres mains vous en daigne affranchir!

SCÈNE III

PHOCAS, PULCHÉRIE, EXUPÈRE, AMYNTAS.

PHOCAS.

Et toi, n'espère pas désormais me fléchir.
Je tiens Héraclius, et n'ai plus rien à craindre,
Plus lieu de te flatter, plus lieu de me contraindre.
Ce frère et ton espoir vont entrer au cercueil,
Et j'abattrai d'un coup sa tête et ton orgueil (1).
Mais ne te contrains point dans ces rudes alarmes :
Laisse aller tes soupirs, laisse couler tes larmes.

PULCHÉRIE.

Moi pleurer ! moi gémir, tyran ! J'aurais pleuré
Si quelques lâchetés l'avaient déshonoré,
S'il n'eût pas emporté sa gloire tout entière,
S'il m'avait fait rougir par la moindre prière,
Si quelque infâme espoir qu'on lui dût pardonner
Eût mérité la mort que tu lui vas donner (2).
Sa vertu jusqu'au bout ne s'est point démentie :
Il n'a point pris le ciel ni le sort à partie;
Point querellé le bras qui fait ces lâches coups,
Point daigné contre lui perdre un juste courroux.
Sans te nommer ingrat, sans trop le nommer traître,
De tous deux, de soi-même, il s'est montré le maître ;
Et dans cette surprise il a bien su courir
A la nécessité qu'il voyait de mourir.
Je goûtais cette joie en un sort si contraire.
Je l'aimai comme amant, je l'aime comme frère ;
Et dans ce grand revers je l'ai vu hautement
Digne d'être mon frère et d'être mon amant.

PHOCAS.

Explique, explique mieux le fond de ta pensée;
Et, sans plus te parer d'une vertu forcée,
Pour apaiser le père, offre le cœur au fils,
Et tâche à racheter ce cher frère à ce prix.

PULCHÉRIE.

Crois-tu que sur la foi de tes fausses promesses
Mon âme ose descendre à de telles bassesses?

(1) Ce vers est très beau ; l'image, l'harmonie, la vigueur concise des mots répondent à l'énergie de la pensée.

(2) Pulchérie n'est pas moins héroïque que le nouvel Héraclius ; loin de consentir à une lâcheté, elle préfère mourir et voir mourir son frère ; sa fierté s'élève jusqu'à la menace pour épouvanter le tyran.

Prends mon sang pour le sien ; mais, s'il y faut mon cœur,
Périsse Heraclius avec sa triste sœur !

PHOCAS.

Eh bien! il va périr ; ta haine en est complice.

PULCHERIE.

Et je verrai du ciel bientôt choir ton supplice.
Dieu, pour le réserver à ses puissantes mains,
Fait avorter exprès tous les moyens humains ;
Il veut frapper le coup sans notre ministère.
Si l'on t'a bien donné Leonce pour mon frère,
Les quatre autres peut-être à tes yeux abusés
Ont été, comme lui, des Césars supposés.
L'Etat, qui dans leur mort voyait trop sa ruine,
Avait des généreux autres que Léontine ;
Ils trompaient d'un barbare aisément la fureur,
Qui n'avait jamais vu la cour ni l'empereur.
Crains, tyran, crains encor : tous les quatre peut-être
L'un après l'autre enfin se vont faire paraître ;
Et, malgré tous tes soins, malgré tout ton effort,
Tu ne les connaîtras qu'en recevant la mort.
Moi-même à leur défaut je serai la conquête
De quiconque à mes pieds apportera ta tête ;
L'esclave le plus vil qu'on puisse imaginer
Sera digne de moi, s'il peut t'assassiner.
Va perdre Héraclius, et quitte la pensée
Que je me pare ici d'une vertu forcée ;
Et, sans m'importuner de répondre à tes vœux,
Si tu prétends regner, défais-toi de tous deux.

Scène IV. Phocas consulte Exupère sur le plus sur moyen de se défaire du nouvel Heraclius qu'il croit avoir decouvert en Martian (1) ; Exupère lui conseille de le faire exécuter en public, pour mieux détromper le peuple (2). — *Scène V*. Exupere assure a Amyntas qu'au lieu de trahir la cause d'Héraclius, il la sert.

(1) Cette deliberation augmente le trouble et l'inquiétude ; trois vies sont en péril : celles de Martian, de Pulchérie et de Léontine : de son côté, Phocas est menacé par un complot. Quant au vrai Héraclius, sa cause semble perdue par l'appui que Leontine a donne a Martian et à Exupere.

(2) Exupère soutient son rôle mystérieux en donnant au tyran dont il trame la perte, le conseil qui sert le mieux ses complots. . Cette scene est adroite L'auteur a voulu tromper jusqu'au spectateur qui ne sait si Exupère trahit Phocas ou non. » (VOLT.)

ACTE QUATRIEME

Scène I Après s'être plaint à Eudoxe des démarches perfides de Leontine, Héraclius déclare qu'il ne consentira pas à ce que Martian meure a sa place ; il lui a dû la vie autrefois dans un combat; voici l'occasion de lui rendre bienfait pour bienfait; il ira donc révéler à Phocas que c'est lui, et non Martian, le véritable Héraclius (1).

SCENE II
PHOCAS, HERACLIUS, EXUPÈRE, EUDOXE,
TROUPE DE GARDES.

PHOCAS, *montrant Eudoxe à ses gardes.*
Qu'on la tienne en lieu sûr en attendant sa mère.

HERACLIUS.
A-t-elle quelque part?...

PHOCAS.
     Nous verrons à loisir :
Il est bon cependant de la faire saisir.

EUDOXE, *s'en allant*
Seigneur, ne croyez rien de ce qu'il vous va dire (2).

PHOCAS, *a Eudoxe.*
Je croirai ce qu'il faut pour le bien de l'empire.

(*A Heraclius.*)
Ses pleurs pour ce coupable imploraient ta pitié?

HERACLIUS.
Seigneur....

PHOCAS.
    Je sais pour lui quelle est ton amitié;
Mais je veux que toi-même, ayant bien vu son crime,
Tiennes ton zèle injuste, et sa mort légitime.
Qu'on le fasse venir (3). Pour en tirer l'aveu
Il ne sera besoin ni du fer ni du feu.

---

(1) L'apparente trahison de Léontine amène Héraclius à l'héroïque résolution de se découvrir lui-même, pour sauver à son tour son sauveur exposé a être immolé a sa place, comme fils de Maurice

(2) Ce mot que jette Eudoxe en partant est très habile il augmentera les incertitudes de Phocas en eveillant sa défiance pour tout ce que va lui dire Heraclius.

(3) Les deux jeunes héros vont être mis en présence l'un de l'autre, dans la situation la plus dramatique : c'est une conception de génie.

Loin de s'en repentir, l'orgueilleux en fait gloire.
Mais que me diras-tu qu'il ne me faut pas croire?
Eudoxe m'en conjure, et l'avis me surprend.
Aurais-tu découvert quelque crime plus grand?

HÉRACLIUS.

Oui, sa mère a plus lait contre votre service (1)
Que ne sait Exupère, et que n'a vu Maurice.

PHOCAS.

La perfide! Ce jour lui sera le dernier.
Parle.

HÉRACLIUS.

J'achèverai devant le prisonnier.
Trouvez bon qu'un secret d'une telle importance,
Puisque vous le mandez, s'explique en sa présence.

PHOCAS.

Le voici. Mais surtout ne me dis rien pour lui.

SCÈNE III
PHOCAS, HÉRACLIUS, MARTIAN, EXUPÈRE,
TROUPE DE GARDES.

HÉRACLIUS.

Je sais qu'en ma prière il aurait peu d'appui;
Et, loin de me donner une inutile peine,
Tout ce que je demande à votre juste haine,
C'est que de tels forfaits ne soient pas impunis.
Perdez Héraclius, et sauvez votre fils :
Voilà tout mon souhait et toute ma prière.
M'en refuserez-vous?

PHOCAS.

Tu l'obtiendras entière :
Ton salut en effet est douteux sans sa mort.

MARTIAN.

Ah! prince, j'y courais sans me plaindre du sort;
Son indigne rigueur n'est pas ce qui me touche;
Mais en ouïr l'arrêt sortir de votre bouche!
Je vous ai mal connu jusques à mon trépas.

HÉRACLIUS.

Et même en ce moment tu ne me connais pas.

(1) Il semble qu'à chaque pas on approche de la crise : la réponse vague et réservée d'Héraclius excite la curiosité; l'équivoque de ses premières paroles fait entrevoir une révélation importante.

Ecoute, père aveugle, et toi, prince crédule,
Ce que l'honneur défend que plus je dissimule.
  Phocas, connais ton sang, et tes vrais ennemis :
Je suis Héraclius, et Léonce est ton fils (1).

MARTIAN.

Seigneur, que dites-vous?

HÉRACLIUS.

                  Que je ne puis plus taire
Que deux fois Léontine osa tromper ton père ;
Et, semant de nos noms un insensible abus,
Fit un faux Martian du jeune Héraclius.

PHOCAS.

Maurice te dément, lâche ! tu n'as qu'à lire :
« Sous le nom de Léonce Héraclius respire. »
Tu fais après cela des contes superflus.

HERACLIUS.

Si ce billet fut vrai, Seigneur, il ne l'est plus :
J'étais Léonce alors, et j'ai cessé de l'être
Quand Maurice immolé n'en a pu rien connaître.
S'il laissa par écrit ce qu'il avait pu voir,
Ce qui suivit sa mort fut hors de son pouvoir.
Vous portâtes soudain la guerre dans la Perse,
Où vous eûtes trois ans la fortune diverse.
Cependant Léontine, étant dans le château
Reine de nos destins et de notre berceau,
Pour me rendre le rang qu'occupait votre race,
Prit Martian pour elle, et me mit en sa place.
Ce zèle en ma faveur lui succéda si bien,
Que vous-même au retour vous n'en connûtes rien ;
Et ces informes traits qu'à six mois a l'enfance
Ayant mis entre nous fort peu de différence,
Le faible souvenir en trois ans s'en perdit :
Vous prîtes aisément ce qu'elle vous rendit.
Nous vécûmes tous deux sous le nom l'un de l'autre :
Il passa pour son fils, je passai pour le vôtre ;
Et je ne jugeais pas ce chemin criminel
Pour remonter sans meurtre au trône paternel.
Mais voyant cette erreur fatale à cette vie

(1) Cette déclaration est un coup de théâtre ; elle est sublime dans la bouche d'Heraclius qui, en se découvrant, se dévoue à la colère du tyran ; de plus elle renverse tout : ce prince, que Phocas regardait comme son fils, devient son mortel ennemi ; Leonce, de fils de Maurice, devient le fils de Phocas, et c'est Leontine seule qui tient le secret de si étranges événements !

Sans qui déjà la mienne aurait été ravie,
Je me croirais, Seigneur, coupable infiniment
Si je souffrais encore un tel aveuglement.
Je viens reprendre un nom qui seul a fait son crime.
Conservez votre haine, et changez de victime.
Je ne demande rien que ce qui m'est promis :
Perdez Heraclius, et sauvez votre fils (1).

MARTIAN.

Admire de quel fils le ciel t'a fait le père,
Admire quel effort sa vertu vient de faire,
Tyran; et ne prends pas pour une vérité
Ce qu'invente pour moi sa générosité.
  (*A Heraclius.*)
C'est trop, prince, c'est trop pour ce petit service
Dont honora mon bras ma fortune propice :
Je vous sauvai la vie, et ne la perdis pas;
Et pour moi vous cherchez un assuré trépas!
Ah! si vous m'en devez quelque reconnaissance,
Prince, ne m'ôtez pas l'honneur de ma naissance.
Avoir tant de pitié d'un sort si glorieux,
De crainte d'être ingrat, c'est m'être injurieux.

PHOCAS.

En quel trouble me jette une telle dispute!
A quels nouveaux malheurs m'expose-t-elle en butte!
Lequel croire, Exupère, et lequel démentir?
Tombé-je dans l'erreur, ou si j'en vais sortir?
Si ce billet est vrai, le reste est vraisemblable.

EXUPERE.

Mais qui sait si ce reste est faux ou véritable?

PHOCAS.

Léontine deux fois a pu tromper Phocas.

EXUPERE.

Elle a pu les changer, et ne les changer pas;
Et plus que vous, Seigneur, dedans l'inquiétude,
Je ne vois que du trouble et de l'incertitude.

HERACLIUS.

Ce n'est pas d'aujourd'hui que je sais qui je suis :
Vous voyez quels effets en ont été produits.

---

(1) Ce dernier trait montre Heraclius dans toute la générosité de son dévouement.

Depuis plus de quatre ans vous voyez quelle adresse
J'apporte à rejeter l'hymen de la princesse,
Où sans doute aisément mon cœur eût consenti,
Si Léontine alors ne m'en eût averti.

MARTIAN.

Léontine?

HERACLIUS.

Elle-même.

MARTIAN.

Ah! ciel! quelle est sa ruse!
Martian aime Eudoxe, et sa mère l'abuse.
Ce n'est que d'aujourd'hui que je sais qui je suis :
Mais de mon ignorance elle espérait ces fruits,
Et me tiendrait encor la vérité cachée,
Si tantôt ce billet ne l'en eût arrachée.

PHOCAS, à Exupère.

La méchante l'abuse aussi bien que Phocas.

EXUPERE.

Elle a pu l'abuser, et ne l'abuser pas.

PHOCAS.

Tu vois comme la fille a part au stratagème.

EXUPERE.

Et que la mère a pu l'abuser elle-même.

PHOCAS.

Que de pensers divers! que de soucis flottants!

EXUPERE.

Je vous en tirerai, Seigneur, dans peu de temps.

PHOCAS.

Dis-moi, tout est-il prêt pour ce juste supplice?

EXUPERE.

Oui, si nous connaissions le vrai fils de Maurice.

HERACLIUS.

Pouvez-vous en douter après ce que j'ai dit (1)?

(1) Ici s'engage entre les deux jeunes princes une lutte d'héroïsme qui rappelle ce que l'amitié ou le dévouement fraternel ont produit de plus touchant. Héraclius et Léonce se prétendent fils de Maurice, dans le seul but de mourir l'un pour l'autre, de se sauver réciproquement la vie : dignes émules d'Oreste et de Pylade, de Damon et Pythias, de David et Jonathas « La contestation d'Héraclius et de Martian me paraît sublime, » dit Voltaire.

MARTIAN.

Donnez-vous à l'erreur encor quelque crédit?

HÉRACLIUS, à Martian

Ami, rends-moi mon nom : la faveur n'est pas grande;
Ce n'est que pour mourir que je te le demande.
Reprends ce triste jour que tu m'as racheté,
Ou rends-moi cet honneur que tu m'as presque ôté.

MARTIAN.

Pourquoi, de mon tyran volontaire victime,
Précipiter vos jours pour me noircir d'un crime?
Prince, qui que je sois, j'ai conspiré sa mort,
Et nos noms au dessein donnent un divers sort :
Dedans Héraclius il a gloire solide,
Et dedans Martian il devient parricide.
Puisqu'il faut que je meure illustre ou criminel,
Couvert ou de louange ou d'opprobre éternel,
Ne souillez point ma mort, et ne veuillez pas faire
Du vengeur de l'empire un assassin d'un père.

HÉRACLIUS.

Mon nom seul est coupable; et sans plus disputer,
Pour te faire innocent tu n'as qu'à le quitter;
Il conspira lui seul, tu n'en es point complice.
Ce n'est qu'Heraclius qu'on envoie au supplice :
Sois son fils, tu vivras.

MARTIAN.

Si je l'avais été,
Seigneur, ce traître en vain m'aurait sollicité;
Et, lorsque contre vous il m'a fait entreprendre,
La nature en secret aurait su m'en défendre.

HÉRACLIUS.

Apprends donc qu'en secret mon cœur t'a prévenu
J'ai voulu conspirer, mais on m'a retenu;
Et dedans mon péril Léontine timide....

MARTIAN.

N'a pu voir Martian commettre un parricide.

HÉRACLIUS.

Ce favorable aveu dont elle t'a séduit
T'exposait aux périls pour m'en donner le fruit;
Et c'était ton succès qu'attendait sa prudence,
Pour découvrir au peuple ou cacher ma naissance.

ACTE IV, SCÈNE IV

PHOCAS.

Hélas! je ne puis voir qui des deux est mon fils (1);
Et je vois que tous deux ils sont mes ennemis.
En ce piteux état quel conseil dois-je suivre?
J'ai craint un ennemi, mon bonheur me le livre;
Je sais que de mes mains il ne se peut sauver,
Je sais que je le vois, et ne puis le trouver.
La nature tremblante, incertaine, étonnée,
D'un nuage confus couvre sa destinée :
L'assassin sous cette ombre échappe à ma rigueur,
Et présent à mes yeux, il se cache à mon cœur.
Martian!... A ce nom aucun ne veut répondre,
Et l'amour paternel ne sert qu'à me confondre.
Trop d'un Héraclius en mes mains est remis;
Je tiens mon ennemi, mais je n'ai plus de fils.
Que veux-tu donc, nature, et que prétends-tu faire?
Si je n'ai plus de fils, puis-je encore être père?
De quoi parle à mon cœur ton murmure imparfait?
Ne me dis rien du tout, ou parle tout à fait.
Qui que ce soit des deux que mon sang ait fait naître,
Ou laisse-moi le perdre, ou fais-le moi connaître.
   O toi, qui que tu sois, enfant dénaturé,
Et trop digne du sort que tu t'es procuré,
Mon trône est-il pour toi plus honteux qu'un supplice?
O malheureux Phocas! ô trop heureux Maurice (2)!
Tu recouvres deux fils pour mourir après toi,
Et je n'en puis trouver pour régner après moi!
Qu'aux honneurs de ta mort je dois porter envie,
Puisque mon propre fils les préfère à sa vie!

SCÈNE IV
PHOCAS, HÉRACLIUS, MARTIAN, CRISPE, EXUPÈRE, LÉONTINE.

CRISPE, *à Phocas.*

Seigneur, ma diligence enfin a réussi :
J'ai trouvé Léontine, et je l'amène ici (3).

---

(1) L'art de l'intrigue atteint ici sa perfection, en ce que cette admirable rivalité ne sert qu'à porter le trouble de Phocas à son plus haut degré: plus les raisons s'accumulent les unes contre les autres, plus les angoisses du tyran et du père redoublent.

(2) Il est difficile d'imaginer un doute plus poignant : le discours de Phocas est extrêmement pathétique; rien de plus émouvant que ces exclamations douloureuses . *ô malheureux Phocas! ô trop heureux Maurice!*

(3) Avec quelle curiosité on voit entrer Léontine! il semble qu'elle doive apporter la solution · il n'en est rien

PHOCAS, *à Léontine*

Approche, malheureuse.

HÉRACLIUS, *a Léontine.*

Avouez tout, Madame.
J'ai tout dit.

LÉONTINE, *à Héraclius.*

Quoi, Seigneur (1)?

PHOCAS.

Tu l'ignores, infâme !
Qui des deux est mon fils?

LÉONTINE.

Qui vous en fait douter?

HÉRACLIUS, *a Léontine.*

Le nom d'Héraclius que son fils veut porter :
Il en croit ce billet et votre témoignage;
Mais ne le laissez pas dans l'erreur davantage.

PHOCAS.

N'attends pas les tourments, ne me déguise rien.
M'as-tu livré ton fils? as-tu changé le mien?

LEONTINE.

Je t'ai livré mon fils, et j'en aime la gloire.
Si je parle du reste, oseras-tu m'en croire?
Et qui t'assurera que pour Héraclius,
Moi qui t'ai tant trompé, je ne te trompe plus?

PHOCAS.

N'importe, fais-nous voir quelle haute prudence
En des temps si divers leur en fait confidence :
A l'un depuis quatre ans, à l'autre d'aujourd'hui.

LÉONTINE, *en montrant les deux princes.*

Le secret n'en est su ni de lui. ni de lui;
Tu n'en sauras non plus les véritables causes :
Devine, si tu peux; et choisis, si tu l'oses (2).
L'un des deux est ton fils, l'autre est ton empereur.
Tremble dans ton amour, tremble dans ta fureur.
Je te veux toujours voir, quoi que ta rage fasse,

(1) Du premier coup, avec l'intuition merveilleuse d'une mère, Léontine a compris l'imprudence héroïque d'Héraclius : son silence seul pourra la sauver. Et c'est ce refus de livrer son secret qui tient tout en suspens : le tyran se trouve dans une alternative affreuse; les deux princes finissent par douter eux-mêmes de leur naissance.

(2) Ce vers est célèbre : c'est le défi le plus fier et le plus tragique qu'on puisse concevoir.

Craindre ton ennemi dedans ta propre race,
Toujours aimer ton fils dedans ton ennemi,
Sans être ni tyran ni père qu'à demi.
Tandis qu'autour des deux tu perdras ton étude,
Mon âme jouira de ton inquiétude ;
Je rirai de ta peine ; ou, si tu m'en punis,
Tu perdras avec moi le secret de ton fils (1).

PHOCAS.

Et si je les punis tous deux sans les connaître,
L'un comme Héraclius, l'autre pour vouloir l'être ?

LEONTINE.

Je m'en consolerai quand je verrai Phocas
Croire affermir son sceptre en se coupant le bras,
Et de la même main son ordre tyrannique
Venger Héraclius dessus son fils unique.

PHOCAS.

Quelle reconnaissance, ingrate ! tu me rends
Des bienfaits répandus sur toi, sur tes parents,
De t'avoir confié ce fils que tu me caches,
D'avoir mis en tes mains ce cœur que tu m'arraches,
D'avoir mis à tes pieds ma cour qui t'adorait !
Rends-moi mon fils, ingrate.

LEONTINE.

Il m'en désavoûrait ;
Et ce fils, quel qu'il soit, que tu ne peux connaître,
A le cœur assez bon pour ne vouloir pas l'être.
Admire sa vertu qui trouble ton repos.
C'est du fils d'un tyran que j'ai fait ce héros ;
Tant ce qu'il a reçu d'heureuse nourriture
Dompte ce mauvais sang qu'il eut de la nature !
C'est assez dignement répondre à tes bienfaits
Que d'avoir dégagé ton fils de tes forfaits.
Séduit par ton exemple et par sa complaisance,
Il t'aurait ressemblé, s'il eût su sa naissance ;
Il serait lâche, impie, inhumain comme toi ;
Et tu me dois ainsi plus que je ne te doi.

EXUPERE.

L'impudence et l'orgueil suivent les impostures.
Ne vous exposez plus à ce torrent d'injures,

(1) Leontine voit qu'elle tient le tyran dans la plus cruelle perplexité : elle en jouit, elle en profite pour humilier son orgueil et lui faire avouer son impuissance ; elle arrête par là, ou du moins elle retarde le coup qu'elle redoute. Le rôle de Leontine devient important et dramatique.

Qui, ne faisant qu'aigrir votre ressentiment,
Vous donne peu de jour pour ce discernement.
Laissez-la-moi, Seigneur, quelques moments en garde.
Puisque j'ai commencé, le reste me regarde :
Malgré l'obscurité de son illusion,
J'espère démêler cette confusion.
Vous savez à quel point l'affaire m'intéresse.

PHOCAS.

Achève, si tu peux, par force ou par adresse,
Exupère; et sois sûr que je te devrai tout,
Si l'ardeur de ton zèle en peut venir à bout.
Je saurai cependant prendre à part l'un et l'autre;
Et peut-être qu'enfin nous trouverons le nôtre.
Agis de ton côté; je la laisse avec toi :
Gêne, flatte, surprends. Vous autres, suivez-moi.

Scène V. Exupère proteste à Léontine de sa fidélité au parti d'Héraclius. Léontine refuse de le croire (1).

ACTE CINQUIÈME

Scène I. Stances d'Héraclius dans sa prison; il déplore son malheur

SCÈNE II
HÉRACLIUS, PULCHÉRIE

HÉRACLIUS.

O ciel! quel bon démon devers moi vous envoie,
Madame?

PULCHÉRIE.

Le tyran, qui veut que je vous voie,
Et met tout en usage afin de s'éclaircir.

HÉRACLIUS.

Par vous-même en ce trouble il pense réussir!

PULCHÉRIE.

Il le pense, Seigneur; et ce brutal espère
Mieux qu'il ne trouve un fils que je découvre un frère.
Comme si j'étais fille à ne lui rien celer
De tout ce que le sang pourrait me révéler!

HÉRACLIUS.

Puisse-t-il par un trait de lumière fidèle
Vous le mieux révéler qu'il ne me le révèle!

(1) Léontine reste inébranlable; il est impossible de prévoir le dénoûment

ACTE V, SCÈNE II

Aidez-moi cependant, Madame, à repousser
Les indignes frayeurs dont je me sens presser....

PULCHERIE.

Ah! prince, il ne faut point d'assurance plus claire;
Si vous craignez la mort, vous n'êtes point mon frère
Ces indignes frayeurs vous ont trop découvert.

HÉRACLIUS.

Moi, la craindre, Madame! Ah! je m'y suis offert.
Qu'il me traite en tyran, qu'il m'envoie au supplice,
Je suis Héraclius, je suis fils de Maurice;
Sous ces noms précieux je cours m'ensevelir,
Et m'étonne si peu que je l'en fais pâlir.
Mais il me traite en père, il me flatte, il m'embrasse;
Je n'en puis arracher une seule menace :
J'ai beau faire et beau dire afin de l'irriter,
Il m'écoute si peu qu'il me force à douter.
Malgré moi, comme fils toujours il me regarde;
Au lieu d'être en prison, je n'ai pas même un garde.
Je ne sais qui je suis, et crains de le savoir;
Je veux ce que je dois, et cherche mon devoir :
Je crains de le haïr, si j'en tiens la naissance;
Je le plains de m'aimer, si je m'en dois vengeance,
Et mon cœur, indigné d'une telle amitié,
En frémit de colère, et tremble de pitié.
De tous ses mouvements mon esprit se défie :
Il condamne aussitôt tout ce qu'il justifie.
La colère, l'amour, la haine, et le respect,
Ne me présentent rien qui ne me soit suspect.
Je crains tout, je fuis tout; et, dans cette aventure,
Des deux côtés en vain j'écoute la nature.
Secourez donc un frère en ces perplexités.

PULCHERIE.

Ah! vous ne l'êtes point, puisque vous en doutez.
Celui qui, comme vous, prétend à cette gloire
D'un courage plus ferme en croit ce qu'il doit croire.
Comme vous on le flatte, il y sait résister;
Rien ne le touche assez pour le faire douter;
Et le sang, par un double et secret artifice,
Parle en vous pour Phocas, comme en lui pour Maurice.

HÉRACLIUS.

A ces marques en lui connaissez Martian :
Il a le cœur plus dur étant fils d'un tyran.
La générosité suit la belle naissance;
La pitié l'accompagne, et la reconnaissance.

Dans cette grandeur d'âme un vrai prince affermi
Est sensible aux malheurs même d'un ennemi :
La haine qu'il lui doit ne saurait le défendre,
Quand il s'en voit aimé, de s'en laisser surprendre,
Et trouve assez souvent son devoir arrêté
Par l'effort naturel de sa propre bonté.
Cette digne vertu de l'âme la mieux née,
Madame, ne doit pas souiller ma destinée.
Je doute; et si ce doute a quelque crime en soi,
C'est assez m'en punir que douter comme moi;
Et mon cœur, qui sans cesse en sa faveur se flatte,
Cherche qui le soutienne, et non pas qui l'abatte :
Il demande secours pour mes sens étonnés,
Et non le coup mortel dont vous m'assassinez.

PULCHÉRIE.

L'œil le mieux éclairé sur de telles matières
Peut prendre de faux jours pour de vives lumières;
Et comme notre sexe ose assez promptement
Suivre l'impression d'un premier mouvement,
Peut-être qu'en faveur de ma première idée
Ma haine pour Phocas m'a trop persuadée.
Son amour est pour vous un poison dangereux;
Et quoique la pitié montre un cœur genereux,
Celle qu'on a pour lui de ce rang dégénère.
Vous le devez haïr, et fût-il votre pere :
Si ce titre est douteux, son crime ne l'est pas.
Qu'il vous offre sa grâce, ou vous livre au trépas,
Il n'est pas moins tyran quand il vous favorise,
Puisque c'est ce cœur même alors qu'il tyrannise,
Et que votre devoir, par là mieux combattu,
Prince, met en peril jusqu'à votre vertu.
Doutez, mais haïssez; et, quoi qu'il execute,
Je douterai d'un nom qu'un autre vous dispute.
En douter lorsqu'en moi vous cherchez quelque appui,
Si c'est trop peu pour vous, c'est assez contre lui.
L'un de vous est mon frere, et l'autre y peut prétendre :
Entre tant de vertus mon choix se peut méprendre;
Mais je ne puis faillir, dans votre sort douteux,
A chérir l'un et l'autre, et vous plaindre tous deux
J'espère encor pourtant : on murmure, on menace;
Un tumulte, dit-on, s'eleve dans la place;
Exupère est allé fondre sur ces mutins;
Et peut-être de là dépendent nos destins.
Mais Phocas entre.

SCÈNE III
PHOCAS, HERACLIUS, MARTIAN, PULCHÉRIE.

GARDES.

PHOCAS.
Eh bien ! se rendra-t-il, Madame (1)

PULCHÉRIE.
Quelque effort que je fasse à lire dans son âme,
Je n'en vois que l'effet que je m'etais promis :
Je trouve trop d'un frère, et vous trop peu d'un fils.

PHOCAS.
Ainsi le ciel vous veut enrichir de ma perte.

PULCHERIE.
Il tient en ma faveur leur naissance couverte :
Ce frère qu'il me rend serait déjà perdu,
Si dedans votre sang il ne l'eût confondu.

PHOCAS, à *Pulchérie*.
Cette confusion peut perdre l'un et l'autre.
En faveur de mon sang je ferai grâce au vôtre;
Mais je veux le connaître, et ce n'est qu'à ce prix
Qu'en lui donnant la vie il me rendra mon fils.

(A Héraclius.)
Pour la dernière fois, ingrat, je t'en conjure;
Car enfin c'est vers toi que penche la nature;
Et je n'ai point pour lui ces doux empressements
Qui d'un cœur paternel font les vrais mouvements.
Ce cœur s'attache à toi par d'invincibles charmes.
En crois-tu mes soupirs? en croiras-tu mes larmes?
Songe avec quel amour mes soins t'ont élevé,
Avec quelle valeur son bras t'a conservé;
Tu nous dois à tous deux....

HERACLIUS.
     Et pour reconnaissance
Je vous rends votre fils, je lui rends sa naissance.

PHOCAS.
Tu me l'ôtes, cruel, et le laisses mourir.

---

(1) Cette scene est encore la plus belle. Heraclius résiste fièrement aux instances et aux promesses de Phocas, jusqu'au moment où il voit Martian marcher au supplice : pour le sauver il consent au sacrifice le plus héroïque, celui de sa naissance, il accepte Phocas pour père adoptif, à condition cependant qu'on respecte son ami.

HÉRACLIUS.
Je meurs pour vous le rendre, et pour le secourir.
PHOCAS.
C'est me l'ôter assez que ne vouloir plus l'être.
HÉRACLIUS
C'est vous le rendre assez que le faire connaître.
PHOCAS.
C'est me l'ôter assez que me le supposer.
HÉRACLIUS.
C'est vous le rendre assez que vous désabuser.
PHOCAS.
Laisse-moi mon erreur, puisqu'elle m'est si chère.
Je t'adopte pour fils, accepte-moi pour père :
Fais vivre Héraclius sous l'un ou l'autre sort ;
Pour moi, pour toi, pour lui, fais-toi ce peu d'effort.
HÉRACLIUS.
Ah! c'en est trop enfin, et ma gloire blessée
Depouille un vieux respect où je l'avais forcée.
De quelle ignominie osez-vous me flatter?
Toutes les fois, tyran, qu'on se laisse adopter,
On veut une maison illustre autant qu'amie,
On cherche de la gloire, et non de l'infamie ;
Et ce serait un monstre horrible à vos Etats
Que le fils de Maurice adopté par Phocas.
PHOCAS.
Va, cesse d'espérer la mort que tu mérites :
Ce n'est que contre lui, lâche, que tu m'irrites ;
Tu te veux rendre en vain indigne de ce rang :
Je m'en prends à la cause, et j'épargne mon sang.
Puisque ton amitié de ma foi se défie
Jusqu'à prendre son nom pour lui sauver la vie,
Soldats, sans plus tarder, qu'on l'immole à ses yeux,
Et sois après sa mort mon fils, si tu le veux.

HÉRACLIUS, *aux soldats.*
Perfides, arrêtez!
MARTIAN.
Ah! que voulez-vous faire,
Prince?
HÉRACLIUS.
Sauver le fils de la fureur du père.

ACTE V, SCÈNE III

MARTIAN.

Conservez-lui ce fils qu'il ne cherche qu'en vous :
Ne troublez point un sort qui lui semble si doux.
C'est avec assez d'heur qu'Heraclius expire,
Puisque c'est en vos mains que tombe son empire.
Le ciel daigne bénir votre sceptre et vos jours !

PHOCAS.

C'est trop perdre de temps à souffrir ces discours.
Depêche, Octavian.

HERACLIUS, *à Octavian.*

    N'attente rien, barbare !
Je suis....

PHOCAS.

    Avoue enfin.

HERACLIUS.

    Je tremble, je m'égare,
Et mon cœur...

PHOCAS, *à Héraclius.*

    Tu pourras à loisir y penser.
(*A Octavian.*)
Frappe.

HÉRACLIUS.

    Arrête; je suis.... Puis-je le prononcer ?

PHOCAS.

Achève, ou....

HERACLIUS.

    Je suis donc, s'il faut que je le die,
Ce qu'il faut que je sois pour lui sauver la vie (1).
Oui, je lui dois assez, Seigneur, quoi qu'il en soit,
Pour vous payer pour lui de l'amour qu'il vous doit;
Et je vous le promets entier, ferme, sincère,
Et tel qu'Héraclius l'aurait pour son vrai père.
J'accepte en sa faveur ses parents pour les miens (2);
Mais sachez que vos jours me répondront des siens :
Vous me serez garant des hasards de la guerre,
Des ennemis secrets, de l'éclat du tonnerre;

---

(1) « Voltaire avait sans doute oublié cette scène quand il a dit que l'amitié des deux princes ne produisait rien. Sans cette amitié, la scène ne subsistait pas. Il n'y avait que ce motif qui pût forcer Héraclius, qui se connaît très bien, à renoncer à être ce qu'il est, et cet effort qui prolonge l'erreur de Phocas, est une des beautés de la pièce. » (LA HARPE.)

(2) « Toute cette tirade est véritablement tragique; voilà de la force, du pathétique et de beaux vers. » (VOLT.)

Et, de quelque façon que le courroux des cieux
Me prive d'un ami qui m'est si précieux,
Je vengerai sur vous, et fussiez-vous mon père,
Ce qu'aura fait sur lui leur injuste colère.

PHOCAS.

Ne crains rien : de tous deux je ferai mon appui;
L'amour qu'il a pour toi m'assure trop de lui :
Mon cœur pâme de joie, et mon âme n'aspire
Qu'à vous associer l'un et l'autre à l'empire.
J'ai retrouvé mon fils; mais sois-le tout à fait,
Et donne-m'en pour marque un véritable effet·
Ne laisse plus de place à la supercherie;
Pour achever ma joie, épouse Pulchérie (1).

HÉRACLIUS.
Seigneur, elle est ma sœur.

PHOCAS.
Tu n'es donc point mon fils,
Puisque si lâchement déjà tu t'en dédis?

PULCHÉRIE.
Qui te donne, tyran, une attente si vaine?
Quoi? son consentement étoufferait ma haine!
Pour l'avoir étonné tu m'aurais fait changer!
J'aurais pour cette honte un cœur assez léger!
Je pourrais épouser ou ton fils, ou mon frère!

SCENE IV

PHOCAS, HÉRACLIUS, MARTIAN, PULCHÉRIE,
CRISPE, GARDES.

CRISPE.

Seigneur, vous devez tout au grand cœur d'Exupère;
Il est l'unique auteur de nos meilleurs destins :
Lui seul et ses amis ont dompté vos mutins;
Il a fait prisonniers leurs chefs qu'il vous amène.

PHOCAS.
Dis-lui qu'il me les garde en la salle prochaine;
Je vais de leurs complots m'éclaircir avec eux.

(*Crispe s'en va et Phocas parle à Héraclius.*)

Toi, cependant, ingrat, sois mon fils, si tu veux.
En l'état où je suis, je n'ai plus lieu de feindre;

---

(1) Cette proposition renverse de nouveau toute la situation Héraclius ne peut dissimuler plus longtemps : le cri de la nature lui échappe; Pulchérie, de son côté, ne saurait accepter pour époux le fils du tyran. Phocas se voit replongé dans ses perplexités.

Les mutins sont domptés, et je cesse de craindre.
Je vous laisse tous trois.

(*A Pulchérie.*)

Use bien du moment
Que je prends pour en faire un juste châtiment;
Et, si tu n'aimes mieux que l'un et l'autre meure,
Trouve ou choisis mon fils, et l'épouse sur l'heure;
Autrement, si leur sort demeure encor douteux,
Je jure à mon retour qu'ils périront tous deux.
Je ne veux point d'un fils dont l'implacable haine
Prend ce nom pour affront, et mon amour pour gêne.
Toi....

PULCHÉRIE.

Ne menace point, je suis prête à mourir.

PHOCAS.

A mourir! Jusque-là je pourrais te chérir!
N'espere pas de moi cette faveur suprême,
Et pense...

PULCHÉRIE.

A quoi, tyran?

PHOCAS.

A m'épouser moi-même
Au milieu de leur sang à tes pieds répandu.

PULCHÉRIE.

Quel supplice!

PHOCAS.

Il est grand pour toi; mais il t'est dû.
Tes mépris de la mort bravaient trop ma colère.
Il est en toi de perdre ou de sauver ton frère;
Et du moins, quelque erreur qui puisse me troubler,
J'ai trouvé les moyens de te faire trembler (1).

SCÈNE V

HÉRACLIUS, MARTIAN, PULCHÉRIE.

PULCHÉRIE.

Le lâche! il vous flattait lorsqu'il tremblait dans l'âme.
Mais tel est d'un tyran le naturel infâme ·
Sa douceur n'a jamais qu'un mouvement contraint;
S'il ne craint, il opprime; et s'il n'opprime, il craint.

---

(1) A partir de ce moment, l'action s'arrête comme devant un obstacle infranchissable. Le poete l'a senti : pour amener le dénoûment, il s'est vu obligé de recourir a un évenement extérieur. Phocas, sur le faux rapport de Crispe, sort et tombe entre les mains des conjurés qui l'égorgent.

L'une et l'autre fortune en montre la faiblesse ;
L'une n'est qu'insolence, et l'autre que bassesse.
A peine est-il sorti de ses lâches terreurs,
Qu'il a trouvé pour moi le comble des horreurs.
　Mes frères, puisqu'enfin vous voulez tous deux l'être,
Si vous m'aimez en sœur, faites-le-moi paraître.

HÉRACLIUS.
Que pouvons-nous tous deux, lorsqu'on tranche nos jours ?

PULCHÉRIE.
Un généreux conseil est un puissant secours.

MARTIAN.
Il n'est point de conseil qui vous soit salutaire
Que d'épouser le fils pour éviter le père.
Vous aviez commencé tantôt d'y consentir.

PULCHÉRIE.
Ah ! princes, votre cœur ne peut se démentir ;
Et vous l'avez tous deux trop grand, trop magnanime,
Pour souffrir sans horreur l'ombre même d'un crime.
Je vous connaissais trop pour juger autrement
Et de votre conseil et de l'évenement,
Et je n'y déférais que pour vous voir dédire.
Toute fourbe est honteuse aux cœurs nés pour l'empire.
Princes, attendons tout, sans consentir à rien.

HÉRACLIUS.
Admirez cependant quel malheur est le mien.
L'obscure vérité que de mon sang je signe,
Du grand nom qui me perd ne me peut rendre digne ;
On n'en croit pas ma mort ; et je perds mon trépas,
Puisque mourant pour lui je ne le sauve pas.

MARTIAN.
Voyez d'autre côté quelle est ma destinée,
Madame : dans le cours d'une seule journée,
Je suis Héraclius, Léonce, et Martian ;
Je sors d'un empereur, d'un tribun, d'un tyran.
De tous trois ce désordre en un jour me fait naître,
Pour me faire mourir enfin sans me connaître.

PULCHÉRIE.
Cédez, cédez tous deux aux rigueurs de mon sort :
Il a fait contre vous un violent effort
Votre malheur est grand ; mais, quoi qu'il en succède,
La mort qu'on me refuse en sera le remède ;
Et moi.... Mais que nous veut ce perfide ?

ACTE V, SCÈNE VI

SCENE VI

HÉRACLIUS, MARTIAN, PULCHÉRIE, AMYNTAS.

AMYNTAS.

Mon bras
Vient de laver ce nom dans le sang de Phocas.

HÉRACLIUS.

Que nous dis-tu?

AMYNTAS.

Qu'à tort vous nous prenez pour traîtres;
Qu'il n'est plus de tyran; que vous êtes les maîtres.

HERACLIUS.

De quoi?

AMYNTAS.

De tout l'empire.

MARTIAN.

Et par toi?

AMYNTAS.

Non, Seigneur;
Un autre en a la gloire, et j'ai part à l'honneur.

HERACLIUS.

Et quelle heureuse main finit notre misère?

AMYNTAS.

Princes, l'auriez-vous cru? c'est la main d'Exupère.

MARTIAN.

Lui, qui me trahissait?

AMYNTAS.

C'est de quoi s'étonner :
Il ne vous trahissait que pour vous couronner (1).

HERACLIUS.

N'a-t-il pas des mutins dissipé la furie?

AMYNTAS.

Son ordre excitait seul cette mutinerie.

MARTIAN.

Il en a pris les chefs toutefois?

(1) Les menées obscures d'Exupère pendant toute la pièce, se découvrent ici; c'est pour le fils de Maurice qu'il a constamment agi, c'est pour lui qu'il a conspiré (V. plus haut l'*Examen*.)

AMYNTAS.

Admirez
Que ces prisonniers même avec lui conjurés
Sous cette illusion couraient à leur vengeance :
Tous contre ce barbare etant d'intelligence,
Suivis d'un gros d'amis nous passons librement
Au travers du palais à son appartement.
La garde y restait faible et sans aucun ombrage:
Crispe même à Phocas porte notre message :
Il vient; à ses genoux on met les prisonniers,
Qui tirent pour signal leurs poignards les premiers.
Le reste, impatient dans sa noble colère,
Enferme la victime ; et soudain Exupere :
« Qu'on arrête, dit-il ; le premier coup m'est dû ·
C'est lui qui me rendra l'honneur presque perdu. »
Il frappe, et le tyran tombe aussitôt sans vie,
Tant de nos mains la sienne est promptement suivie.
Il s'élève un grand bruit, et mille cris confus
Ne laissent discerner que « Vive Héraclius! »
Nous saisissons la porte, et les gardes se rendent.
Mêmes cris aussitôt de tous côtés s'entendent,
Et. de tant de soldats qui lui servaient d'appui,
Phocas, après sa mort, n'en a pas un pour lui.

PULCHÉRIE.

Quel chemin Exupère a pris pour sa ruine !

AMYNTAS.

Le voici qui s'avance avecque Léontine.

SCENE VII

HERACLIUS, MARTIAN, LÉONTINE, PULCHÉRIE, EUDOXE, EXUPÈRE, AMYNTAS, TROUPE.

HERACLIUS, *à Léontine*.

Est-il donc vrai, Madame? et changeons-nous de sort?
Amyntas nous fait-il un fidele rapport?

LEONTINE.

Seigneur, un tel succès à peine est concevable ;
Et d'un si grand dessein la conduite admirable....

HERACLIUS, *à Exupere*.

Perfide généreux (1), hâte-toi d'embrasser
Deux princes impuissants à te récompenser.

---

(1) Antithese hardie, très juste et tres belle ici.

ACTE V, SCÈNE VII

EXUPERE, *à Héraclius.*

Seigneur, il me faut grâce ou de l'un, ou de l'autre :
J'ai repandu son sang, si j'ai venge le vôtre.

MARTIAN.

Qui que ce soit des deux, il doit se consoler
De la mort d'un tyran qui voulait l'immoler :
Je ne sais quoi pourtant dans mon cœur en murmure.

HERACLIUS.

Peut-être en vous par là s'explique la nature ;
Mais, prince, votre sort n'en sera pas moins doux :
Si l'empire est à moi, Pulcherie est à vous.
Puisque le père est mort, le fils est digne d'elle.
 (*A Leontine.*)
Terminez donc, Madame, enfin notre querelle.

LEONTINE.

Mon temoignage seul peut-il en décider ?

MARTIAN.

Quelle autre sûreté pourrions-nous demander ?

LEONTINE.

Je vous puis être encor suspecte d'artifice.
Non, ne m'en croyez pas : croyez l'impératrice.
 (*A Pulcherie, lui donnant un billet.*)
Vous connaissez sa main, Madame ; et c'est à vous
Que je remets le sort d'un frere et d'un epoux.
Voyez ce qu'en mourant me laissa votre mere.

PULCHERIE.

J'en baise en soupirant le sacre caractère.

LEONTINE.

Apprenez d'elle enfin quel sang vous a produits,
Princes.

HERACLIUS, *à Eudoxe.*

 Qui que je sois, c'est à vous que je suis.

Billet de Constantine.

PULCHERIE *lit.*

« Parmi tant de malheurs mon bonheur est étrange :
Après avoir donné son fils au lieu du mien,
Leontine à mes yeux, par un second échange,
Donne encore à Phocas mon fils au lieu du sien.
 » Vous qui pourrez douter d'un si rare service,
Sachez qu'elle a deux fois trompe notre tyran :

Celui qu'on croit Léonce est le vrai Martian,
Et le faux Martian est vrai fils de Maurice.
» CONSTANTINE. »

(*A Héraclius*.)
Ah! vous êtes mon frère (1)!

HÉRACLIUS, *à Pulchérie*.
Et c'est heureusement
Que le trouble éclairci vous rend à votre amant.

Héraclius offre ensuite sa main et l'empire à Eudoxe, remercie Exupère et Amyntas, et va rendre hommage à Dieu de son triomphe.

(1) « La reconnaissance suit ici la catastrophe. On doit très rarement violer la règle, qui veut au contraire que la reconnaissance précède. Cette règle est dans la nature; car, lorsque la péripétie est arrivée, quand le tyran est tué, personne ne s'intéresse au reste Si Joas n'etait reconnu qu'après la mort d'Athalie, la pièce finirait très froidement. » (VOLT.) Le cinquième acte ne répond pas au quatrième.

En 1650, Corneille fit paraître
ANDROMÈDE,
tragédie, avec machines et musique (1)

(1) Pour donner une idée de cette pièce, que la *Gazette de France* (an 1650) trouva ravissante, il suffit de reproduire le passage suivant du *Dessein d'Andromède* publié par Corneille.

« En haut paraît d'un côté le Soleil naissant, dans un char tout lumineux tiré par les quatre chevaux qu'Ovide lui donne; et de l'autre, sur un des sommets de la montagne, Melpomène, la muse de la tragédie, qui lui emprunte ses rayons pour éclairer le théâtre qu'elle a préparé pour divertir le Roi. C'est ce qui fait tomber leur discours sur les louanges de notre jeune monarque, par le commandement duquel cet ouvrage a été entrepris. Après que l'un et l'autre en ont fait quelques éloges, le Soleil invite Melpomène à voler dans son char, pour apprendre en un seul jour à toute la terre les rares qualités que le ciel a départies à ce jeune prince. Cette muse y vole, et ayant pris place auprès du Soleil, ils commencent un air à sa louange, dont les derniers vers sont répétés par le chœur de musique. En voici les paroles :

Cieux, écoutez, écoutez, mers profondes ...

» C'est sur ce pompeux théâtre que la reine Cassiope paraît conduite par Persée, chevalier inconnu (Acte I, scène I)... Au milieu du tonnerre qui gronde et des éclairs qui brillent continuellement, Eole descend dans un nuage avec huit vents qui l'accompagnent.... »

DON SANCHE D'ARAGON

COMEDIE HÉROÏQUE

1650.

A MONSIEUR DE ZUILICHEM

Conseiller et secrétaire de monseigneur le prince d'Orange.

MONSIEUR,

Voici un poëme d'une espèce nouvelle, et qui n'a point d'exemple chez les anciens. Vous connaissez l'humeur de nos Français ; ils aiment la nouveauté, et je hasarde *non tam meliora quam nova*, sur l'espérance de les mieux divertir. C'était l'humeur des Grecs dès le temps d'Eschyle:

 apud quos — Illecebris erat et gratâ novitate morandus — Spectator.

Et, si je ne me trompe, c'était aussi celle des Romains:

 Nec minimum meruere decus, vestigia græca — Ausi deserere...
 Vel qui prætextas, vel qui docuere togatas.

Ainsi j'ai du moins des exemples d'avoir entrepris une chose qui n'en a point. Je vous avouerai toutefois qu'après l'avoir faite je me suis trouvé fort embarrassé à lui choisir un nom. Je n'ai jamais pu me résoudre à celui de tragédie, n'y voyant que les personnages qui en fussent dignes. Cela eût suffi au bonhomme Plaute, qui n'y cherchait point d'autre finesse : parce qu'il y a des dieux et des rois dans son *Amphitryon*, il veut que c'en soit une ; et parce qu'il y a des valets qui bouffonnent, il veut que ce soit aussi une comédie, et lui donne l'un et l'autre nom, par un composé qu'il forme exprès, de peur de ne lui donner pas tout ce qu'il croit lui appartenir. Mais c'est trop déférer aux personnages, et considérer trop peu l'action. Aristote en use autrement dans la définition qu'il fait de la tragédie, où il décrit les qualités que doit avoir celle-ci, et les effets qu'elle doit produire, sans parler aucunement de ceux-là : et j'ose imaginer que ceux qui ont restreint cette sorte de poëme aux personnes illustres n'en ont décidé que sur l'opinion qu'ils ont eue qu'il n'y avait que la fortune des rois et des princes qui fût capable d'une action telle que ce grand maître de l'art nous prescrit. Cependant, quand il examine lui-même les qualités nécessaires au héros de la tragédie, il ne touche point du tout à sa naissance, et ne s'attache qu'aux incidents de sa vie et à ses mœurs. Il demande un homme qui ne soit ni tout méchant ni tout bon ; il le demande persécuté par quelqu'un de ses plus proches ; il demande qu'il tombe en danger de mourir par une main obligée à le conserver : et je ne vois point pourquoi cela ne puisse arriver qu'à un prince, et que dans un moindre rang on soit à couvert de ces malheurs. L'histoire dédaigne de les marquer, à moins qu'ils n'aient accablé quelqu'une de ces grandes têtes; et c'est sans doute pourquoi jusqu'à présent la tragédie s'y est arrêtée. Elle a besoin de son appui pour les événements qu'elle traite; et comme ils n'ont de l'éclat que parce qu'ils sont hors de la vraisemblance ordinaire, ils ne seraient pas croyables sans son autorité, qui agit avec empire, et semble commander de croire ce qu'il veut persuader. Mais je ne comprends point ce qui lui défend de descendre plus bas, quand il s'y rencontre des actions qui méritent qu'elle prenne soin de les imiter, et je ne puis croire que l'hospitalité violée en la personne des filles de Scedase, qui n'était qu'un paysan de Leuctres, soit moins digne d'elle que l'assassinat d'Agamemnon par sa femme, ou la vengeance de cette mort par Oreste sur sa propre mère, quitte pour chausser le cothurne un peu plus bas : *et tragicus plerumque dolet sermone pedestri.*

Je dirai plus, Monsieur : la tragédie doit exciter de la pitié et de la crainte, et cela est de ses parties essentielles, puisqu'il entre dans sa définition. Or, s'il est vrai que ce dernier sentiment ne s'excite en nous par sa représentation que quand nous voyons souffrir nos semblables, et que leurs infortunes nous en font appréhender de pareilles, n'est-il pas vrai aussi qu'il y pourrait être excité plus fortement par la vue des malheurs arrivés aux personnes de notre condition, à qui nous ressemblons tout à fait, que par l'image de ceux qui font trébucher de leurs trônes les plus grands monarques, avec qui nous n'avons aucun rapport qu'en tant que nous sommes susceptibles des passions qui les ont jetés dans ce précipice, ce qui ne se rencontre pas toujours? Que si vous trouvez quelque apparence en ce raisonnement, et ne désapprouvez pas qu'on puisse faire une tragédie entre des personnes médiocres (1), quand leurs infortunes ne sont pas au-dessous de sa dignité, permettez-moi de conclure, *a simili*, que nous pouvons faire une comédie entre des personnes illustres, quand nous nous en proposons quelque aventure qui ne s'élève point au-dessus de sa portée...

Je continuerai donc, s'il vous plaît, et dirai que *Don Sanche* est une véritable comédie, quoique tous les acteurs soient ou rois, ou grands d'Espagne, puisqu'on n'y voit naître aucun péril par qui nous puissions être portés à la pitié ou à la crainte. Ce n'est pas que je n'aie hésité quelque temps sur ce que je n'y voyais rien qui pût émouvoir à rire. Cet agrément a été jusqu'ici tellement de la pratique de la comédie, que beaucoup ont cru qu'il était de son essence; et je serais encore dans ce scrupule, si je n'en avais été guéri par votre Heinsius, de qui je viens d'apprendre heureusement que *movere risum non constituit comœdiam,*

(1) La grandeur de la tragédie demande des personnages de condition illustre, dès que l'auteur descend à des hommes d'un rang moins élevé, le génie baisse avec l'intérêt. « Il peut arriver sans doute des aventures très funestes à de simples citoyens; mais elles sont bien moins attachantes que celles des souverains, dont le sort entraîne celui des nations. » (VOLT.)

sal plebis aucupium est, et abusus. Après l'autorité d'un si grand homme, je serais coupable de chercher d'autres raisons, et de craindre d'être mal fondé à soutenir que la comédie se peut passer de ridicule. J'ajoute à celle-ci l'épithète d'héroïque, pour satisfaire aucunement à la dignité de ses personnages, qui pourrait sembler profanée par la bassesse d'un titre que jamais on n'a appliqué si haut...

Examen de don Sanche par Corneille. (*Extrait*)

Cette pièce est toute d'invention, mais elle n'est pas toute de la mienne. Ce qu'a de fastueux le premier acte est tiré d'une comédie espagnole, intitulée *El Palacio confuso*; et la double reconnaissance qui finit le cinquième est prise du roman de don Pelage. Elle eut d'abord grand éclat sur le théâtre; mais une disgrâce particulière fit avorter toute sa bonne fortune. Le refus d'un illustre suffrage(1) dissipa les applaudissements que le public lui avait donnés trop libéralement, et anéantit si bien tous les arrêts que Paris et le reste de la cour avaient prononcés en sa faveur, qu'au bout de quelque temps elle se trouva reléguée dans les provinces, où elle conserve encore son premier lustre....

Le sujet n'a pas grand artifice. C'est un inconnu, assez honnête homme pour se faire aimer de deux reines. L'inégalité des conditions met un obstacle au bien qu'elles lui veulent durant quatre actes et demi; et quand il faut de nécessité finir la pièce, un bonhomme semble tomber des nues pour faire développer le secret de sa naissance, qui le rend mari de l'une, en le faisant reconnaître pour frère de l'autre:

Hæc eadem a summo expectes minimoque poetâ.

PERSONNAGES:

DONA ISABELLE, reine de Castille.
DONA LÉONOR, reine d'Aragon.
DONA ELVIRE, princesse d'Aragon.
BLANCHE, dame d'honneur de la reine de Castille.
CARLOS, cavalier inconnu, qui se trouve être don Sanche, roi d'Aragon
DON RAYMOND DE MONCADE, favori du défunt roi d'Aragon.
DON LOPE DE GUSMAN, }
DON ALVAR DE LUNE, } grands de Castille.
DON MANRIQUE DE LARE, }

La scène est à Valladolid.

---

(1) C'était, selon toute apparence, le suffrage du prince de Condé, arrêté peu après (18 janvier 1650) comme chef de la Fronde.

Appréciation.

Corneille a fait paraître *don Sanche* sous le nom de *comédie héroïque*. Il n'y voyait pas une tragédie, parce que le héros principal ne court pas de danger assez sérieux pour exciter une pitié ou une terreur tragique; ce n'est pas non plus une simple comédie, parce que les principaux personnages sont de condition illustre et que les faits ne sont pas de nature à provoquer le rire.

La pièce appartient plutôt à ce genre mixte que nous appelons *drame*, et « dont l'action, sérieuse par le fond, souvent familière par la forme, admet toutes sortes de personnages, ainsi que tous les sentiments et tous les tons. » (ACAD.) Corneille peut donc aussi être considéré comme le créateur du *drame* en France.

Le sujet est espagnol; les incidents qui composent l'intrigue sont souvent plus romanesques que dramatiques; la marche de l'action est languissante. L'œuvre cependant fait honneur au génie de Corneille par le caractère si original et si brillant de Carlos, par l'intérêt qu'offrent le Ier acte et le Ve, et plus encore par la haute moralité qui en fait le fond.

La lutte est entre les prétentions de l'esprit de caste et le mérite personnel; la valeur et la vertu triomphent à nos yeux avant même qu'elles soient appuyées par une naissance royale.

Le héros de la pièce est Carlos, le soldat vaillant, intrépide, *accoutumé d'aller de victoire en victoire*, mais soldat sans blason, sans aïeux, ne relevant que de son épée :

Ma valeur est ma race, et mon bras est mon père;

il le dit comme il le croit, car il est persuadé qu'il est fils d'un pêcheur. Simple, franc, loyal, il brave les mépris de ses rivaux du même front qu'il regarde le Maure; bien qu'il tienne à ne pas découvrir la bassesse de sa naissance, il a le cœur assez haut pour n'en point rougir quand le secret est rompu : il embrasse le pauvre pêcheur dont il croit avoir reçu le jour avec des transports de piété filiale qui étonnent amis et ennemis. Son triomphe enfin est le triomphe de la générosité sur l'amour-propre, de la grandeur d'âme sur les mesquines préoccupations de l'égoïsme.

Isabelle soutient sa dignité de reine par une noble fermeté.

Don Lope et don Manrique représentent l'orgueil de race : Manrique est le plus fier, le plus insolent; il brave sa souveraine, et raille *l'aventurier* avec l'impertinence d'un jeune gentilhomme arrogant et profondément froissé. Les deux comtes cependant ont assez de franchise et de générosité pour n'être pas odieux; ils s'inclinent devant Carlos au premier soupçon de sa véritable naissance. La modération de don Alvar met en relief la bouillante fierté de ses deux rivaux.

Les autres personnages offrent peu d'intérêt.

Le style, généralement noble, est celui de la haute comédie.

ACTE PREMIER

Don Sanche, issu des rois d'Aragon, se croyait fils d'un pauvre pêcheur qui avait élevé son enfance; à l'insu de son père adoptif, il avait pris part en Castille, sous le nom de Carlos, aux guerres contre les Maures, et s'y était couvert de gloire. La jeune reine de Castille, Isabelle, pressée par les grands du royaume de se choisir un époux, hésite entre les trois comtes qui lui sont présentés : son cœur penche vers Carlos. Mais le mépris professé par les seigneurs pour ce cavalier inconnu, empêche Isabelle d'avouer ses préférences : elle se contente d'anoblir Carlos et de lui remettre son anneau, en déclarant aux trois prétendants qu'elle épousera celui d'entre eux que le nouveau marquis aura désigné Carlos les provoque en duel et promet l'anneau de la reine au vainqueur. Tel est le sujet des deux scènes suivantes :

Le conseil royal.

SCENE III

D. ISABELLE, D. LÉONOR, D. ELVIRE, BLANCHE, D. LOPE, D. MANRIQUE, D. ALVAR, CARLOS (1).

D. ISABELLE.

Avant que de choisir je demande un serment (2),
Comtes, qu'on agréera mon choix aveuglément;
Que les deux méprisés, et tous les trois peut-être,
De ma main, quel qu'il soit, accepteront un maître;
Car enfin je suis libre à disposer de moi;
Le choix de mes Etats ne m'est point une loi;
D'une troupe importune il m'a débarrassée,
Et d'eux tous sur vous trois détourné ma pensée,
Mais sans nécessité de l'arrêter sur vous.
J'aime à savoir par là qu'on vous préfère à tous;
Vous m'en êtes plus chers et plus considérables :
J'y vois de vos vertus les preuves honorables;
J'y vois la haute estime où sont vos grands exploits;

---

(1) Nous retrouvons Corneille dans cette délibération royale qui, dans un degré moins élevé, mérite d'être comparée aux scènes du même genre qu'on admire dans *Cinna*, dans *Pompée*, dans *Sertorius* et dans *Attila*. (Voir plus haut, *Pompée*, act. I, sc. 1.) L'assemblée est solennelle : les trois reines ont devant elles les trois comtes choisis par les Etats; les grands du royaume assistent au conseil. Le sujet, il est vrai, n'a rien de tragique; mais le spectacle est imposant, et la situation présente de l'intérêt.

(2) Ce début a de la grandeur : Isabelle parle en reine, et malgré la loi que lui impose la volonté de son peuple, elle tient à proclamer la liberté de son choix; le spectateur comprend que l'élu de son cœur n'est point parmi les trois prétendants.

Mais, quoique mon dessein soit d'y borner mon choix,
Le ciel en un moment quelquefois nous éclaire.
Je veux, en le faisant, pouvoir ne le pas faire,
Et que vous avouiez que, pour devenir roi,
Quiconque me plaira n'a besoin que de moi.

D. LOPE.

C'est une autorité qui vous demeure entière;
Votre Etat avec vous n'agit que par prière,
Et ne vous a pour nous fait voir ses sentiments
Que par obéissance à vos commandements.
Ce n'est point ni son choix ni l'éclat de ma race
Qui me font, grande reine, espérer cette grâce :
Je l'attends de vous seule et de votre bonté,
Comme on attend un bien qu'on n'a pas mérité,
Et dont, sans regarder service ni famille,
Vous pouvez faire part au moindre de Castille.
C'est à nous d'obéir, et non d'en murmurer;
Mais vous nous permettrez toutefois d'espérer
Que vous ne ferez choir cette faveur insigne,
Ce bonheur d'être à vous, que sur le moins indigne;
Et que votre vertu vous fera trop savoir
Qu'il n'est pas bon d'user de tout votre pouvoir.
Voilà mon sentiment (1).

D. ISABELLE.

Parlez, vous, don Manrique.

D. MANRIQUE.

Madame, puisqu'il faut qu'à vos yeux je m'explique,
Quoique votre discours nous ait fait des leçons
Capables d'ouvrir l'âme à de justes soupçons,
Je vous dirai pourtant, comme à ma souveraine,
Que pour faire un vrai roi vous le fassiez en reine;
Que vous laisser borner, c'est vous-même affaiblir
La dignité du rang qui le doit ennoblir,
Et qu'à prendre pour loi le choix qu'on vous propose,
Le roi que vous feriez vous devrait peu de chose,
Puisqu'il tiendrait les noms de monarque et d'époux
Du choix de vos Etats aussi bien que de vous.
Pour moi, qui vous aimai sans sceptre et sans couronne,
Qui n'ai jamais eu d'yeux que pour votre personne,

---

(1) Don Lope est un fin courtisan : plein de respect pour sa souveraine, il insinue timidement son avis intéressé. Tout en proclamant le droit d'Isabelle, il veut en circonscrire l'usage, de peur qu'il n'aille s'égarer peut-être sur Carlos.

ACTE I, SCÈNE III

Que même le feu roi daigna considérer
Jusqu'à souffrir ma flamme et me faire esperer,
J'oserai me promettre un sort assez propice
De cet aveu d'un frère et quatre ans de service ;
Et, sur ce doux espoir dussé-je me trahir,
Puisque vous le voulez, je jure d'obéir (1).

D. ISABELLE.

C'est comme il faut m'aimer. Et don Alvar de Lune?

D. ALVAR.

Je ne vous ferai point de harangue importune.
Choisissez hors des trois, tranchez absolument :
Je jure d'obeir, Madame, aveuglément.

D. ISABELLE.

Sous les profonds respects de cette déférence
Vous nous cachez peut-être un peu d'indifférence ;
Et, comme votre cœur n'est pas sans autre amour,
Vous savez des deux parts faire bien votre cour (2).

D. ALVAR.

Madame...

D. ISABELLE.

C'est assez ; que chacun prenne place.

(Ici les trois reines prennent chacune un fauteuil ; et après que les trois comtes et le reste des grands qui sont presents se sont assis sur des bancs prepares exprès, Carlos, y voyant une place vide, s'y veut seoir, et D. Manrique l'en empêche.)

D. MANRIQUE.

Tout beau, tout beau, Carlos! d'où vous vient cette audace (3)?
Et quel titre en ce rang a pu vous établir?

CARLOS.

J'ai vu la place vide, et cru la bien remplir (4).

(1) Don Manrique parait plus généreux : son avis n'est qu'une trompeuse amorce ; car il ne manque pas de faire sonner bien haut ses titres à la preférence de la reine.

(2) Isabelle devine bien le motif de cette aveugle obéissance : don Alvar aspire à la main de la princesse d'Aragon.

(3) Cette brusque apostrophe de Manrique va former le nœud de la pièce : la lutte entre l'orgueil de race et le mérite personnel commence ; Carlos, qui n'a que des victoires sans titres de noblesse, est mis en cause par la fierté jalouse des comtes.

(4) Le caractère franc et simple de Carlos se peint dans ce premier mot.

D. MANRIQUE.
Un soldat bien remplir une place de comte (1) !
CARLOS.
Seigneur, ce que je suis ne me fait point de honte.
Depuis plus de six ans il ne s'est fait combat
Qui ne m'ait bien acquis ce grand nom de soldat (2) :
J'en avais pour témoin le feu roi votre frère,
Madame ; et par trois fois....
D. MANRIQUE.
Nous vous avons vu faire,
Et savons mieux que vous ce que peut votre bras.
D. ISABELLE.
Vous en êtes instruits, et je ne la suis pas ;
Laissez-le me l'apprendre. Il importe aux monarques
Qui veulent aux vertus rendre de dignes marques
De les savoir connaître, et ne pas ignorer
Ceux d'entre leurs sujets qu'ils doivent honorer.
D. MANRIQUE.
Je ne me croyais pas être ici pour l'entendre.
D. ISABELLE.
Comte, encore une fois, laissez-le me l'apprendre (3).
Nous aurons temps pour tout. Et vous, parlez, Carlos.
CARLOS.
Je dirai qui je suis, Madame, en peu de mots.
On m'appelle soldat : je fais gloire de l'être ;
Au feu roi par trois fois je le fis bien paraître.
L'étendard de Castille, à ses yeux enlevé,
Des mains des ennemis par moi seul fut sauvé :
Cette seule action rétablit la bataille,
Fit rechasser le Maure au pied de sa muraille,
Et rendant le courage aux plus timides cœurs,
Rappela les vaincus, et défit les vainqueurs.
Ce même roi me vit dedans l'Andalousie

(1) L'intrigue tout entière est pour ainsi dire renfermée dans ce seul vers où l'antagonisme du soldat et des comtes est si bien mis en saillie par l'opposition des mots et l'amère ironie de l'exclamation.

(2) On aime à entendre ces vaillantes revendications de l'honneur militaire comme *ce grand nom de soldat* est beau dans la bouche du jeune guerrier ! la sympathie la plus vive s'attache à sa personne.

(3) Isabelle sans doute n'ignore pas les exploits de Carlos ; mais elle est bien aise d'en consacrer officiellement le récit devant l'assemblée entière : elle compte s'en autoriser pour élever la fortune de son héros.

Dégager sa personne en prodiguant ma vie,
Quand, tout percé de coups sur un monceau de morts,
Je lui fis si longtemps bouclier de mon corps,
Qu'enfin autour de lui ses troupes ralliées,
Celles qui l'enfermaient furent sacrifiées ;
Et le même escadron qui vint le secourir
Le ramena vainqueur, et moi prêt à mourir.
Je montai le premier sur les murs de Séville,
Et tins la brèche ouverte aux troupes de Castille (1).
　Je ne vous parle point d'assez d'autres exploits
Qui n'ont pas pour témoins eu les yeux de mes rois.
Tel me voit, et m'entend, et me méprise encore,
Qui gémirait sans moi dans les prisons du Maure (2).

D. MANRIQUE.

Nous parlez-vous, Carlos, pour don Lope et pour moi ?

CARLOS.

Je parle seulement de ce qu'a vu le roi,
Seigneur ; et qui voudra parle à sa conscience.
　Voilà dont le feu roi me promit récompense ;
Mais la mort le surprit comme il la résolvait.

D. ISABELLE.

Il se fût acquitté de ce qu'il vous devait ;
Et moi, comme héritant son sceptre et sa couronne,
Je prends sur moi sa dette, et je vous la fais bonne.
Seyez-vous, et quittons ces petits différends (3).

D. LOPE.

Souffrez qu'auparavant il nomme ses parents.
Nous ne contestons point l'honneur de sa vaillance,
Madame ; et, s'il en faut notre reconnaissance,
Nous avoûrons tous deux qu'en ces combats derniers
L'un et l'autre, sans lui, nous étions prisonniers ;
Mais enfin la valeur, sans l'éclat de la race,
N'eut jamais aucun droit d'occuper cette place.

　(1) Ne croit-on pas entendre comme un écho de Rodrigue, racontant le combat des Maures ? C'est le même entrain, la même simplicité de ton, la même naïveté dans l'héroïsme ; Carlos rapporte les plus brillants faits d'armes comme si c'étaient des jeux d'enfants.

　(2) Ce dernier trait est sanglant : le soldat insulté se venge cruellement de ses envieux ; Manrique le comprend : sa question indiscrète reçoit aussitôt la plus verte réplique.

　(3) La reine profite habilement du récit de Carlos pour lui octroyer **par** reconnaissance le droit de s'asseoir parmi les grands du royaume.

CARLOS.

Se pare qui voudra des noms de ses aïeux :
Moi, je ne veux porter que moi-même en tous lieux;
Je ne veux rien devoir à ceux qui m'ont fait naître,
Et suis assez connu sans les faire connaître.
Mais, pour en quelque sorte obéir à vos lois,
Seigneur. pour mes parents je nomme mes exploits ·
Ma valeur est ma race, et mon bras est mon père (1).

D. LOPE.

Vous le voyez, Madame, et la preuve en est claire :
Sans doute il n'est pas noble.

D. ISABELLE.

    Eh bien! je l'anoblis,
Quelle que soit sa race et de qui qu'il soit fils,
Qu'on ne conteste plus.

D. MANRIQUE.

   Encore un mot, de grâce.

D. ISABELLE.

Don Manrique, à la fin c'est prendre trop d'audace.
Ne puis-je l'anoblir si vous n'y consentez?

D. MANRIQUE.

Oui, mais ce rang n'est dû qu'aux hautes dignités;
Tout autre qu'un marquis ou comte le profane.

D. ISABELLE, *à Carlos.*

Eh bien! seyez-vous donc, marquis de Santillane,
Comte de Pennafiel, gouverneur de Burgos (2).
Don Manrique, est-ce assez pour faire seoir Carlos?
Vous reste-t-il encor quelque scrupule en l'âme?
(*D Manrique et D. Lope se levent, et Carlos se sied.*)

D. MANRIQUE.

Achevez, achevez; faites-le roi, Madame :
Par ces marques d'honneur l'élever jusqu'à nous,

---

(1) Cette tirade est superbe : Rodrigue n'a pas eu d'accents plus fiers, ni de paroles plus vibrantes : le dernier vers a l'empreinte cornélienne.

(2) La noble énergie de la reine répondant par des actes de munificence à chacune des bravades du comte, est dramatique; elle amène un vrai coup de théâtre, quand les deux seigneurs se lèvent insolemment en présence de l'assemblée, pour protester contre ce qu'ils appellent une injure faite à leur rang; d'ailleurs, sous leur dépit, on voit percer la crainte de se voir préférer celui qu'ils appellent un *aventurier.*

ACTE I, SCÈNE III

C'est moins nous l'égaler que l'approcher de vous.
Ce préambule adroit n'était pas sans mystère ;
Et ces nouveaux serments qu'il nous a fallu faire
Montraient bien dans votre âme un tel choix préparé.
Enfin vous le pouvez, et nous l'avons juré.
Je suis prêt d'obéir ; et loin d'y contredire,
Je laisse entre ses mains et vous et votre empire.
Je sors avant ce choix, non que j'en sois jaloux.
Mais de peur que mon front n'en rougisse pour vous.

D. ISABELLE.

Arrêtez, insolent (1) ; votre reine pardonne
Ce qu'une indigne crainte imprudemment soupçonne ;
Et pour la démentir, veut bien vous assurer
Qu'au choix de ses États elle veut demeurer ;
Que vous tenez encor même rang dans son âme ;
Qu'elle prend vos transports pour un excès de flamme,
Et qu'au lieu d'en punir le zèle injurieux,
Sur un crime d'amour elle ferme les yeux.

D. MANRIQUE.

Madame, excusez donc si quelque antipathie....

D. ISABELLE

Ne faites point ici de fausse modestie :
J'ai trop vu votre orgueil pour le justifier,
Et sais bien les moyens de vous humilier.
   Soit que j'aime Carlos, soit que par simple estime
Je rende à ses vertus un honneur légitime,
Vous devez respecter, quels que soient mes desseins,
Ou le choix de mon cœur, ou l'œuvre de mes mains.
Je l'ai fait votre égal ; et quoiqu'on s'en mutine,
Sachez qu'à plus encor ma faveur le destine.
Je veux qu'aujourd'hui même il puisse plus que moi :
J'en ai fait un marquis, je veux qu'il fasse un roi.
S'il a tant de valeur que vous-mêmes le dites,
Il sait quelle est la vôtre, et connaît vos mérites,
Et jugera de vous avec plus de raison
Que moi, qui n'en connais que la race et le nom.
Marquis, prenez ma bague, et la donnez pour marque
Au plus digne des trois, que j'en fasse un monarque.
Je vous laisse y penser tout ce reste du jour.
   Rivaux ambitieux, faites-lui votre cour :
Qui me rapportera l'anneau que je lui donne

(1) Le caractère d'Isabelle grandit à chaque pas ; l'action aussi monte parallèlement : c'est une gradation magnifique.

Recevra sur-le-champ ma main et ma couronne (1).
　Allons, reines, allons ; et laissons-les juger
De quel côté l'amour avait su m'engager.

Le défi.

SCENE IV
D. MANRIQUE, D. LOPE, D. ALVAR, CARLOS.

D. LOPE.

Eh bien! seigneur marquis, nous direz-vous de grâce,
Ce que pour vous gagner il est besoin qu'on fasse?
Vous êtes notre juge, il faut vous adoucir.

CARLOS.

Vous y pourriez peut-être assez mal réussir.
Quittez ces contre-temps de froide raillerie.

D. MANRIQUE.

Il n'en est pas saison, quand il faut qu'on vous prie.

CARLOS.

Ne raillons ni prions, et demeurons amis.
Je sais ce que la reine en mes mains a remis ;
J'en userai fort bien : vous n'avez rien à craindre,
Et pas un de vous trois n'aura lieu de se plaindre.
　Je n'entreprendrai point de juger entre vous
Qui mérite le mieux le nom de son époux :
Je serais téméraire, et m'en sens incapable ;
Et peut-être quelqu'un m'en tiendrait récusable.
Je m'en récuse donc, afin de vous donner
Un juge que sans honte on ne peut soupçonner ;
Ce sera votre épée, et votre bras lui-même.
　Comtes, de cet anneau dépend le diadème :
Il vaut bien un combat ; vous avez tous du cœur,
Et je le garde...

D. LOPE.
　　　A qui, Carlos ?

CARLOS.
　　　　　　A mon vainqueur (2).
Qui pourra me l'ôter l'ira rendre à la reine :

(1) La scène se termine par une situation tragique fort bien amenée celui qui tout à l'heure se voyait contester le droit de s'asseoir, a maintenant dans ses mains les destinées du royaume ; et, ce qui rend la situation plus vive, c'est que Carlos est constitué juge de ses arrogants détracteurs

(2) L'habile suspension de la phrase et l'interruption de don Lope font produire à la fière réponse de Carlos tout son effet. Corneille a le secret de ces belles surprises du dialogue.

Ce sera du plus digne une preuve certaine.
Prenez entre vous l'ordre et du temps et du lieu ;
Je m'y rendrai sur l'heure, et vais l'attendre. Adieu.

Don Lope et don Manrique sont trop fiers pour accepter le défi ; seul don Alvar le relève.

ACTES II, III ET IV.

Isabelle, craignant pour son héros, se repent de sa déclaration imprudente, et met obstacle au combat. Le bruit se répand alors dans l'armée que Carlos n'est autre que don Sanche. Dans les deux scènes suivantes, Carlos, qui se croit fils d'un pêcheur, vient démentir cette nouvelle, et la reine lui redemande son anneau.

Générosité de Carlos.
SCÈNE II
D. LÉONOR, CARLOS, D. MANRIQUE, D. LOPE.

CARLOS.
Madame, sauvez-moi d'un honneur qui m'offense :
Un peuple opiniâtre à m'arracher mon nom
Veut que je sois don Sanche, et prince d'Aragon.
Puisque par sa présence il faut que ce bruit meure,
Dois-je être en l'attendant le fantôme d'une heure ?
Ou si c'est une erreur qui lui promet ce roi,
Souffrez-vous qu'elle abuse et de vous et de moi ?

D. LÉONOR.
Quoi que vous présumiez de la voix populaire,
Par de secrets rayons le ciel souvent l'éclaire :
Vous apprendrez par là du moins les vœux de tous,
Et quelle opinion les peuples ont de vous.

D. LOPE.
Prince, ne cachez plus ce que le ciel découvre ;
Ne fermez pas nos yeux quand sa main nous les ouvre.
Vous devez être las de nous faire faillir (1).
Nous ignorons quel fruit vous en vouliez cueillir ;
Mais nous avions pour vous une estime assez haute
Pour n'être pas forcés à commettre une faute ;
Et notre honneur, au vôtre en aveugle opposé,
Méritait par pitié d'être désabusé.
Notre orgueil n'est pas tel qu'il s'attache aux personnes,
Ou qu'il ose oublier ce qu'il doit aux couronnes ;

(1) Don Lope se venge par l'ironie : il reste dans son caractère.

Et s'il n'a pas eu d'yeux pour un roi déguisé,
Si l'inconnu Carlos s'en est vu méprisé,
Nous respectons don Sanche, et l'acceptons pour maître,
Sitôt qu'à notre reine il se fera connaître;
Et sans doute son cœur nous en avoûra bien.
Hâtez cette union de votre sceptre au sien,
Seigneur; et d'un soldat quittant la fausse image,
Recevez, comme roi, notre premier hommage.

CARLOS.

Comtes, ces faux respects dont je me vois surpris
Sont plus injurieux encor que vos mépris.
Je pense avoir rendu mon nom assez illustre
Pour n'avoir pas besoin qu'on lui donne un faux lustre.
Reprenez vos honneurs où je n'ai point de part.
J'imputais ce faux bruit aux fureurs du hasard,
Et doutais qu'il pût être une âme assez hardie
Pour ériger Carlos en roi de comédie;
Mais, puisque c'est un jeu de votre belle humeur,
Sachez que les vaillants honorent la valeur,
Et que tous vos pareils auraient quelque scrupule
A faire de la mienne un éclat ridicule.
Si c'est votre dessein d'en réjouir ces lieux,
Quand vous m'aurez vaincu, vous me raillerez mieux :
La raillerie est belle après une victoire;
On la fait avec grâce aussi bien qu'avec gloire.
Mais vous précipitez un peu trop ce dessein :
La bague de la reine est encore en ma main;
Et l'inconnu Carlos, sans nommer sa famille,
Vous sert encor d'obstacle au trône de Castille.
Ce bras, qui vous sauva de la captivité,
Peut s'opposer encor à votre avidité.

D. MANRIQUE.

Pour n'être que Carlos vous parlez bien en maître
Et tranchez bien du prince en déniant de l'être.
Si nous avons tantôt jusqu'au bout défendu
L'honneur qu'à notre rang nous voyions être dû,
Nous saurons bien encor jusqu'au bout le défendre;
Mais ce que nous devons, nous aimons à le rendre.
  Que vous soyez don Sanche, ou qu'un autre le soit,
L'un et l'autre de nous lui rendra ce qu'il doit.
Pour le nouveau marquis, quoique l'honneur l'irrite,
Qu'il sache qu'on l'honore autant qu'il le mérite :
Mais que, pour nous combattre, il faut que le bon sang
Aide un peu sa valeur à soutenir ce rang.

Qu'il n'y prétende point à moins qu'il se déclare;
Non que nous demandions qu'il soit Gusman ou Lare :
Qu'il soit noble, il suffit pour nous traiter d'égal;
Nous le verrons tous deux comme un digne rival;
Et si don Sanche enfin n'est qu'une attente vaine,
Nous lui disputerons cet anneau de la reine.
Qu'il souffre cependant, quoique brave guerrier,
Que notre bras dédaigne un simple aventurier.
 Nous vous laissons, Madame, éclaircir ce mystère.
Le sang a des secrets qu'entend mieux une mère;
Et, dans les différends qu'avec lui nous avons,
Nous craignons d'oublier ce que nous vous devons.

SCÈNE III

D. LÉONOR, CARLOS.

CARLOS.

Madame, vous voyez comme l'orgueil me traite :
Pour me faire un honneur on veut que je l'achète;
Mais, s'il faut qu'il m'en coûte un secret de vingt ans,
Cet anneau dans mes mains pourra briller longtemps.

D. LÉONOR.

Laissons là ce combat, et parlons de don Sanche.
Ce bruit est grand pour vous, toute la cour y penche :
De grâce, dites-moi, vous connaissez-vous bien?

CARLOS.

Plût à Dieu qu'en mon sort je ne connusse rien!
Si j'étais quelque enfant épargné des tempêtes,
Livré dans un désert à la merci des bêtes,
Exposé par la crainte ou par l'inimitié,
Rencontré par hasard, et nourri par pitié,
Mon orgueil à ce bruit prendrait quelque espérance
Sur votre incertitude et sur mon ignorance;
Je me figurerais ces destins merveilleux
Qui tiraient du néant les héros fabuleux,
Et me revêtirais des brillantes chimères
Qu'osa former pour eux le loisir de nos pères:
Car enfin je suis vain, et mon ambition
Ne peut s'examiner sans indignation;.
Je ne puis regarder sceptre ni diadème
Qu'ils n'emportent mon âme au delà d'elle-même :
Inutiles élans d'un vol impétueux
Que pousse vers le ciel un cœur présomptueux,
Que soutiennent en l'air quelques exploits de guerre

Et qu'un coup d'œil sur moi rabat soudain à terre!
Je ne suis point don Sanche, et connais mes parents;
Ce bruit me donne en vain un nom que je vous rends;
Gardez-le pour ce prince : une heure ou deux peut-être
Avec vos députés vous le feront connaître.
Laissez-moi cependant à cette obscurité
Qui ne fait que justice à ma témérité.

D. LEONOR.

En vain donc je me flatte, et ce que j'aime à croire
N'est qu'une illusion que me fait votre gloire?
Mon cœur vous en dédit; un secret mouvement,
Qui le penche vers vous, malgré moi vous dément;
Mais je ne puis juger quelle source l'anime,
Si c'est l'ardeur du sang, ou l'effort de l'estime;
Si la nature agit, ou si c'est le désir;
Si c'est vous reconnaître, ou si c'est vous choisir.
Je veux bien toutefois étouffer ce murmure
Comme de vos vertus une aimable imposture,
Condamner, pour vous plaire, un bruit qui m'est si doux;
Mais où sera mon fils, s'il ne vit point en vous?
On veut qu'il soit ici; je n'en vois aucun signe :
On connaît, hormis vous, quiconque en serait digne;
Et le vrai sang des rois, sous le sort abattu,
Peut cacher sa naissance, et non pas sa vertu :
Il porte sur le front un luisant caractère
Qui parle malgré lui de tout ce qu'il veut taire;
Et celui que le ciel sur le vôtre avait mis
Pouvait seul m'éblouir, si vous l'eussiez permis.
  Vous ne l'êtes donc point, puisque vous me le dites;
Mais vous êtes à craindre avec tant de mérites.
Souffrez que j'en demeure à cette obscurité.
Je ne condamne point votre témérité;
Mon estime au contraire est pour vous si puissante,
Qu'il ne tiendra qu'à vous que mon cœur n'y consente :
Votre sang avec moi n'a qu'à se déclarer,
Et je vous donne après liberté d'espérer.
Que si même à ce prix vous cachez votre race,
Ne me refusez point du moins une autre grâce :
Ne vous préparez plus à nous accompagner;
Nous n'avons plus besoin de secours pour régner.
La mort de don Garcie a puni tous ses crimes,
Et rendu l'Aragon à ses rois légitimes.
N'en cherchez plus la gloire; et, quels que soient vos vœux,
Ne me contraignez point à plus que je ne veux.

Le prix de la valeur doit avoir ses limites ;
Et je vous crains enfin avec tant de mérites.
C'est assez vous en dire. Adieu : pensez-y bien,
Et faites-vous connaître, ou n'aspirez à rien.

ACTE CINQUIÈME

Mais voici que survient le vieux pêcheur, il reconnaît Carlos. Le héros, loin de rougir de lui, l'embrasse comme son père. Le peuple refuse de croire à une si humble naissance ; il persiste à voir don Sanche en Carlos ; de son côté, Carlos, avec une générosité admirable, s'obstine à rester fils du pêcheur. C'est le sujet des magnifiques scènes qui forment le dénoûment.

Carlos et le vieux pêcheur.

SCENE IV

D. ISABELLE, D. LÉONOR, D. ELVIRE, BLANCHE.

BLANCHE.

Ah ! Madame !

D. ISABELLE.

Qu'as-tu ?

BLANCHE.

La funeste journée !
Votre Carlos...

D. ISABELLE.

Eh bien ?

BLANCHE.

Son père est en ces lieux,
Et n'est...

D. ISABELLE.

Quoi ?

BLANCHE.

Qu'un pêcheur.

D. ISABELLE.

Qui te l'a dit ?

BLANCHE.

Mes yeux.

D. ISABELLE.

Tes yeux ?

BLANCHE.

Mes propres yeux.

D. ISABELLE.

Que j'ai peine à les croire (1)

D. LEONOR.

Voudriez-vous, Madame, en apprendre l'histoire?

D. ELVIRE.

Que le ciel est injuste!

D. ISABELLE.

Il l'est, et nous fait voir,
Par cet injuste effet, son absolu pouvoir
Qui du sang le plus vil tire une âme si belle,
Et forme une vertu qui n'a lustre que d'elle.
Parle, Blanche, et dis-nous comme il voit ce malheur.

BLANCHE.

Avec beaucoup de honte, et plus encor de cœur (2).
Du haut de l'escalier je le voyais descendre;
En vain de ce faux bruit il se voulait défendre;
Votre cour, obstinée à lui changer de nom,
Murmurait tout autour : « Don Sanche d'Aragon! »
Quand un chétif vieillard le saisit et l'embrasse.
Lui qui le reconnaît frémit de sa disgrâce;
Puis, laissant la nature à ses pleins mouvements,
Répond avec tendresse à ses embrassements.
Ses pleurs mêlent aux siens une fierté sincère;
On n'entend que soupirs : « Ah! mon fils! — Ah! mon père!
— Oh! jour trois fois heureux! moment trop attendu!
Tu m'as rendu la vie! » et : « Vous m'avez perdu! »
  Chose étrange! à ces cris de douleur et de joie,
Un grand peuple accouru ne veut pas qu'on les croie;
Il s'aveugle soi-même; et ce pauvre pêcheur,
En dépit de Carlos, passe pour imposteur
Dans les bras de ce fils on lui fait mille hontes :
C'est un fourbe, un méchant suborné par les comtes.
Eux-mêmes (admirez leur générosité)
S'efforcent d'affermir cette incrédulité;

(1) Cette scène si vive excite un grand intérêt; elle semble amener un dénoûment tout opposé à celui que prépare le poète.

(2) Le récit de Blanche est ménagé avec beaucoup d'art. la reconnaissance de Carlos et de son père est si spontanée, si franche et si affectueuse, qu'elle ne paraît venir que de la nature; mais ce qui est le plus merveilleux, c'est l'obstination du peuple et des comtes se refusant à reconnaître en Carlos le fils d'un pêcheur, tandis que lui-même, *avec un cœur plus grand que sa honte*, réclame à grands cris le père qu'on vient d'arracher de ses bras.

Non qu'ils prennent sur eux de si lâches pratiques;
Mais ils en font auteur un de leurs domestiques,
Qui, pensant bien leur plaire, a si mal à propos
Instruit ce malheureux pour affronter Carlos.
Avec avidité cette histoire est reçue :
Chacun la tient trop vraie aussitôt qu'elle est sue;
Et, pour plus de croyance à cette trahison,
Les comtes font traîner ce bonhomme en prison.
Carlos rend témoignage en vain contre soi-même;
Les verités qu'il dit cèdent au stratagème,
Et dans le déshonneur qui l'accable aujourd'hui,
Ses plus grands envieux l'en sauvent malgré lui.
Il tempête, il menace, et bouillant de colère,
Il crie à pleine voix qu'on lui rende son père :
On tremble devant lui, sans croire son courroux;
Et rien.... Mais le voici qui vient s'en plaindre à vous.

SCENE V

D. ISABELLE, D. LÉONOR, D. ELVIRE, BLANCHE,
CARLOS, D. MANRIQUE, D. LOPE.

CARLOS.

Eh bien! Madame, enfin on connaît ma naissance :
Voilà le digne fruit de mon obéissance.
J'ai prévu ce malheur, et l'aurais évité
Si vos commandements ne m'eussent arrêté
Ils m'ont livré, Madame, à ce moment funeste;
Et l'on m'arrache encor le seul bien qui me reste!
On me vole mon père! on le fait criminel!
On attache à son nom un opprobre éternel!
Je suis fils d'un pêcheur, mais non pas d'un infâme :
La bassesse du sang ne va point jusqu'à l'âme;
Et je renonce aux noms de comte et de marquis
Avec bien plus d'honneur qu'aux sentiments de fils :
Rien n'en peut effacer le sacré caractère (1).
De grâce, commandez qu'on me rende mon père.
Ce doit leur être assez de savoir qui je suis,
Sans m'accabler encor par de nouveaux ennuis.

D. MANRIQUE.

Forcez ce grand courage à conserver sa gloire,
Madame; et l'empêchez lui-même de se croire.

(1) Cette revendication d'une obscure naissance dans la brillante fortune où se trouve Carlos, part d'un cœur en qui le sentiment de la nature refoule toutes les révoltes de l'amour-propre : Carlos est sublime; la situation est tragique, et la leçon, d'une moralité supérieure; car l'amour-propre est un tyran plus impérieux souvent que les plus violentes passions.

Nous n'avons pu souffrir qu'un bras qui tant de fois
A fait trembler le Maure et triompher nos rois,
Reçût de sa naissance une tache eternelle :
Tant de valeur mérite une source plus belle (1).
Aidez ainsi que nous ce peuple à s'abuser;
Il aime son erreur, daignez l'autoriser :
A tant de beaux exploits rendez cette justice,
Et de notre pitié soutenez l'artifice.

CARLOS.

Je suis bien malheureux si je vous fais pitié;
Reprenez votre orgueil et votre inimitié (2).
Après que ma fortune a soulé votre envie,
Vous plaignez aisément mon entrée à la vie;
Et me croyant par elle à jamais abattu,
Vous exercez sans peine une haute vertu.
Peut-être elle ne fait qu'une embûche à la mienne.
La gloire de mon nom vaut bien qu'on la retienne;
Mais son plus bel éclat serait trop acheté,
Si je le retenais par une lâcheté.
Si ma naissance est basse, elle est du moins sans tache :
Puisque vous la savez, je veux bien qu'on la sache.
    Sanche, fils d'un pêcheur, et non d'un imposteur,
De deux comtes jadis fut le libérateur;
Sanche, fils d'un pêcheur, mettait naguère en peine
Deux illustres rivaux sur le choix de leur reine;
Sanche, fils d'un pêcheur, tient encore en sa main
De quoi faire bientôt tout l'heur d'un souverain;
Sanche enfin, malgré lui, dedans cette province,
Quoique fils d'un pêcheur, a passé pour un prince (3).
    Voilà ce qu'a pu faire et qu'a fait à vos yeux
Un cœur que ravalait le nom de ses aïeux.
La gloire qui m'en reste après cette disgrâce
Éclate encore assez pour honorer ma race,

(1) Ici commence une de ces luttes admirables où Corneile se plaît à déployer tout ce que ses héros ont de générosité et de grandeur d'âme.

(2) C'est contre ses rivaux, contre don Manrique et don Lope qui naguère l'accablaient de leur mépris, que Carlos se voit obligé de soutenir, comme un droit sacré, la bassesse de son origine : il le fait avec un sentiment si convaincu une émotion si profonde et des accents si nobles, qu'on ne peut l'entendre sans éprouver la pitié la plus attendrissante mêlée à la plus vive admiration ; mais plus il affirme son origine, moins on le croit : ses ennemis le poussent malgré lui au trône.

(3) Quelle fierté et quelle noblesse de sentiments! On est ému jusqu'aux larmes, en voyant un fils si affectueux dans un héros si magnanime. Carlos, en répétant jusqu'à quatre fois *Sanche, fils d'un pêcheur*, porte l'enthousiasme à son comble.

Et paraîtra plus grande à qui comprendra bien
Qu'à l'exemple du ciel j'ai fait beaucoup de rien.

D. LOPE.

Cette noble fierté désavoue un tel père
Et, par un témoignage à soi-même contraire,
Obscurcit de nouveau ce qu'on voit éclairci.
Non, le fils d'un pêcheur ne parle point ainsi,
Et son âme paraît si dignement formée,
Que j'en crois plus que lui l'erreur que j'ai semée.
Je le soutiens, Carlos, vous n'êtes point son fils :
La justice du ciel ne peut l'avoir permis ;
Les tendresses du sang vous font une imposture,
Et je démens pour vous la voix de la nature.
Ne vous repentez point de tant de dignités
Dont il vous plut orner ses rares qualités :
Jamais plus digne main ne fit plus digne ouvrage.
Madame ; il les relève avec ce grand courage ;
Et vous ne leur pouviez trouver plus haut appui,
Puisque même le sort est au-dessous de lui.

D. ISABELLE.

La générosité qu'en tous les trois j'admire
Me met en un état de n'avoir qu'à leur dire,
Et dans la nouveauté de ces événements,
Par un illustre effort prévient mes sentiments.
Ils paraîtront en vain, comtes, s'ils vous excitent
A lui rendre l'honneur que ses hauts faits méritent,
Et ne dédaignez pas l'illustre et rare objet
D'une haute valeur qui part d'un sang abject :
Vous courez au-devant avec tant de franchise,
Qu'autant que du pêcheur je m'en trouve surprise.
Et vous, que par mon ordre ici j'ai retenu,
Sanche, puisqu'à ce nom vous êtes reconnu,
Miraculeux héros, dont la gloire refuse
L'avantageuse erreur d'un peuple qui s'abuse,
Parmi les déplaisirs que vous en recevez,
Puis-je vous consoler d'un sort que vous bravez?
Puis-je vous demander ce que je vous vois faire?
Je vous tiens malheureux d'être né d'un tel père;
Mais je vous tiens ensemble heureux au dernier point
D'être né d'un tel père, et de n'en rougir point (1),
Et de ce qu'un grand cœur, mis dans l'autre balance,
Emporte encor si haut une telle naissance.

(1) Ce que dit la reine, le spectateur le pense et l'approuve.

L'Écrin.

SCÈNE VI
D. ISABELLE, D. LÉONOR. D. ELVIRE, CARLOS, D. MANRIQUE, D. LOPE, D. ALVAR, BLANCHE.

D. ALVAR.

Princesses, admirez l'orgueil d'un prisonnier
Qu'en faveur de son fils on veut calomnier.
Ce malheureux pêcheur, par promesse ni crainte,
Ne saurait se résoudre à souffrir une feinte.
J'ai voulu lui parler, et n'en fais que sortir;
J'ai tâché, mais en vain, de lui faire sentir
Combien mal à propos sa présence importune
D'un fils si généreux renverse la fortune,
Et qu'il le perd d'honneur, à moins que d'avouer
Que c'est un lâche tour qu'on le force à jouer;
J'ai même à ces raisons ajouté la menace :
Rien ne peut l'ébranler, Sanche est toujours sa race,
Et quant à ce qu'il perd de fortune et d'honneur,
Il dit qu'il a de quoi le faire grand seigneur,
Et que plus de cent fois il a su de sa femme
(Voyez qu'il est crédule et simple au fond de l'âme)
Que, voyant ce présent qu'en mes mains il a mis,
La reine d'Aragon agrandirait son fils (1).

(A D. Léonor.)

Si vous le recevez avec autant de joie,
Madame, que par moi ce vieillard vous l'envoie,
Vous donnerez sans doute à cet illustre fils
Un rang encor plus haut que celui de marquis.
Ce bonhomme en paraît l'âme toute comblée.

(D. Alvar présente à D. Léonor un petit écrin qui s'ouvre sans clef au moyen d'un ressort secret.)

D. ISABELLE.

Madame, à cet aspect vous paraissez troublée.

D. LÉONOR.

J'ai bien sujet de l'être en recevant ce don,
Madame : j'en saurai si mon fils vit, ou non;
Et c'est où le feu roi, déguisant sa naissance,
D'un sort si précieux mit la reconnaissance.
Disons ce qu'il enferme avant que de l'ouvrir.
Ah! Sanche, si par là je puis le découvrir,

(1) L'intérêt redouble; les révélations de don Alvar, le trouble de doña Léonor excitent la plus vive curiosité

Vous pouvez être sûr d'un entier avantage
Dans les lieux dont le ciel a fait notre partage;
Et qu'après ce trésor que vous m'aurez rendu
Vous recevrez le prix qui vous en sera dû.
Mais à ce doux transport c'est déjà trop permettre.
Trouvons notre bonheur avant que d'en promettre.
 Ce présent donc enferme un tissu de cheveux
Que reçut don Fernand pour arrhes de mes vœux,
Son portrait et le mien, deux pierres les plus rares
Que forme le soleil sous les climats barbares,
Et, pour un témoignage encore plus certain,
Un billet que lui-même écrivit de sa main.

UN GARDE.

Madame, don Raymond vous demande audience.

D. LÉONOR.

Qu'il entre. Pardonnez à mon impatience
Si l'ardeur de le voir et de l'entretenir
Avant votre congé l'ose faire venir.

D. ISABELLE.

Vous pouvez commander dans toute la Castille,
Et je ne vous vois plus qu'avec des yeux de fille.

Le dénoûment.

SCÈNE VII

D. ISABELLE, D. LÉONOR, D. ELVIRE, CARLOS,
D. MANRIQUE, D. LOPE, D. ALVAR, BLANCHE, D. RAYMOND.

D. LÉONOR.

Laissez là, don Raymond, la mort de nos tyrans,
Et rendez seulement don Sanche à ses parents.
Vit-il? peut-il braver nos fières destinées?

D. RAYMOND.

Sortant d'une prison de plus de six années (1),
Je l'ai cherché, Madame, où, pour les mieux braver,
Par l'ordre du feu roi je le fis élever
Avec tant de secret, que même un second père
Qui l'estime son fils, ignore ce mystère :
Ainsi qu'en votre cour Sanche y fut son vrai nom,

---

(1) Don Raymond vient à point, mais on ne voit guère comment. Du moins son récit et son témoignage confirment l'opinion générale et semblent emporter l'évidence : Carlos résiste toujours; il ne cède qu'à la preuve suprême du billet écrit par don Fernand d'Aragon.

Et l'on n'en retrancha que cet illustre Don.
Là, j'ai su qu'à seize ans son genéreux courage
S'indigna des emplois de ce faux parentage;
Qu'impatient déjà d'être si mal tombé,
A sa fausse bassesse il s'était dérobé;
Que, déguisant son nom et cachant sa famille,
Il avait fait merveille aux guerres de Castille,
D'où quelque sien voisin depuis peu de retour
L'avait vu plein de gloire, et fort bien en la cour;
Que du bruit de son nom elle était toute pleine,
Qu'il était connu même et chéri de la reine :
Si bien que ce pêcheur, d'aise tout transporté,
Avait couru chercher ce fils si fort vanté.

D. LÉONOR.

Don Raymond, si vos yeux pouvaient le reconnaître....

D. RAYMOND.

Oui, je le vois, Madame. Ah! Seigneur, ah! mon maître!

D. LOPE.

Nous l'avions bien jugé : grand prince, rendez-vous;
La vérité paraît, cédez aux vœux de tous.

D. LEONOR.

Don Sanche, voulez-vous être seul incrédule?

CARLOS.

Je crains encor du sort un revers ridicule.
Mais, Madame, voyez si le billet du roi
Accorde à don Raymond ce qu'il vous dit de moi.

D. LÉONOR *ouvre l'écrin, et en tire un billet qu'elle lit.*

« Pour tromper un tyran je vous trompe vous-même.
Vous reverrez ce fils que je vous fais pleurer :
Cette erreur lui peut rendre un jour le diadème;
Et je vous l'ai caché pour le mieux assurer....
» A ces marques un jour daignez le reconnaître;
Et puisse l'Aragon, retournant sous vos lois,
Apprendre, ainsi que vous, de moi qui l'ai vu naître,
Que Sanche, fils de Nugne, est le sang de ses rois!
» D. FERNAND D'ARAGON. »

Ah! mon fils, s'il en faut encore davantage,
Croyez-en vos vertus et votre grand courage.

CARLOS, *à D. Léonor.*

Ce serait mal répondre à ce rare bonheur
Que vouloir me défendre encor d'un tel honneur.

(*A D. Isabelle.*)
Je reprends toutefois Nugne pour mon vrai père,
Si vous ne m'ordonnez, Madame, que j'espère.

D. ISABELLE.

C'est trop peu d'espérer, quand tout vous est acquis.
Je vous avais fait tort en vous faisant marquis ;
Et vous n'aurez pas lieu désormais de vous plaindre
De ce retardement où j'ai su vous contraindre.
Et pour moi, que le ciel destinait pour un roi
Digne de la Castille, et digne encor de moi,
J'avais mis cette bague en des mains assez bonnes
Pour la rendre à don Sanche, et joindre nos couronnes.

D. RAYMOND, *à D Isabelle*

Souffrez qu'a l'Aragon il daigne se montrer.
Nos deputes, Madame, impatients d'entrer....

D. ISABELLE.

Il vaut mieux leur donner audience publique,
Afin qu'aux yeux de tous ce miracle s'explique.
 Allons ; et cependant qu'on mette en liberté
Celui par qui tant d'heur nous vient d'être apporté ;
Et qu'on l'amène ici, plus heureux qu'il ne pense,
Recevoir de ses soins la digne récompense (1)

(1) Le dénoûment de la pièce est entièrement heureux : Carlos, reconnu don Sanche, épouse Isabelle, et joint ainsi la couronne de Castille a celle d'Aragon ; sa sœur Elvire épouse don Alvar de Lune.

NICOMÈDE
TRAGÉDIE
1651.

PRÉFACE DE CORNEILLE [1].

La vingt-unième pièce du poète — Voici une pièce d'une constitution assez extraordinaire : aussi est-ce la vingt-unième (2) que j'ai fait voir sur le théâtre ; et, après y avoir fait réciter quarante mille vers, il est bien malaisé de trouver quelque chose de nouveau, sans s'écarter un peu du grand chemin, et se mettre au hasard de s'égarer.

Caractère de cette pièce — La tendresse et les passions, qui doivent être l'âme des tragédies, n'ont aucune part en celle-ci (3), la grandeur de courage y règne seule, et regarde son malheur d'un œil si dédaigneux qu'il n'en saurait arracher une plainte. Elle y est combattue par la politique, et n'oppose à ses artifices qu'une prudence généreuse, qui marche à visage découvert, qui prévoit le péril sans s'émouvoir, et qui ne veut point d'autre appui que celui de sa vertu, et de l'amour qu'elle imprime dans les cœurs de tous les peuples.

---

(1) Cette préface et l'*Examen* qui la suit sont nécessaires pour la parfaite intelligence de la pièce : on ne saurait les étudier avec trop de soin.

(2) En 1651, Corneille avait quarante-cinq ans. Pendant la première période de sa carrière poétique, de 1629 à 1636, il avait donné sept comédies et une tragédie : *Mélite, Clitandre, la Veuve, la Galerie du Palais, la Suivante, la Place Royale, Médée* et *l'Illusion*, pendant la seconde période, de 1636 à 1652, se succédèrent coup sur coup neuf tragédies, deux comédies, un opéra et une comédie héroïque : *Le Cid, Horace, Cinna, Polyeucte, le Menteur, la Suite du Menteur, Rodogune, Théodore, Héraclius, Andromède, don Sanche, Nicomède* et *Pertharite*, en 1659, s'ouvrit pour le poète une troisième période non moins riche, quoique moins brillante, qui produisit encore sept tragédies, deux comédies héroïques et deux opéras : *Œdipe, la Toison d'or, Sertorius, Sophonisbe, Othon, Agésilas, Attila, Tite et Bérénice, Psyché, Pulchérie* et *Suréna* (1674).

Cette prodigieuse fécondité est un des traits du génie de Corneille : aucun de nos poètes ne peut lui être comparé à cet égard.

(3) Ce passage est remarquable : Corneille y donne l'idée la plus juste de sa tragédie, de son héros, de l'action et du genre d'émotion qu'elle doit produire ; il y explique aussi ce qu'il entend par la *constitution assez extraordinaire* de cette pièce : c'est qu'elle est fondée non sur la terreur et la pitié, qui sont les ressorts classiques de la tragédie d'après Aristote, mais uniquement sur l'admiration d'une vertu toujours ferme et invincible. Le poète revient sur cette idée un peu plus loin, en parlant du caractère de Nicomède.

Sources historiques. — L'histoire qui m'a prêté de quoi la faire paraître en ce haut degré est tirée de Justin; et voici comme il la raconte à la fin de son trente-quatrième livre :

« En même temps Prusias, roi de Bithynie, prit dessein de faire assassiner son fils Nicomède, pour avancer ses autres fils qu'il avait eus d'une autre femme, et qu'il faisait elever à Rome Mais ce dessein fut découvert à ce jeune prince par ceux mêmes qui l'avaient entrepris : ils firent plus, ils l'exhortèrent à rendre la pareille à un père si cruel, et à faire retomber sur sa tête les embûches qu'il lui avait préparées, et n'eurent pas grand peine à le persuader. Sitôt donc qu'il fut entré dans le royaume de son père, qui l'avait appelé auprès de lui, il fut proclamé roi ; et Prusias, chassé du trône, et delaissé même de ses domestiques, quelque soin qu'il prît à se cacher, fut enfin tué par ce fils, et perdit la vie par un crime aussi grand que celui qu'il avait commis en donnant les ordres de l'assassiner » (1)

Modifications historiques. — J'ai ôté de ma scene l'horreur d'une catastrophe si barbare, et n'ai donne ni au père ni au fils aucun dessein de parricide. — J'ai fait ce dernier amoureux de Laodice, afin que l'union d'une couronne voisine donnât plus d'ombrage aux Romains, et leur fit prendre plus de soin d'y mettre plus d'obstacle de leur part. — J'ai approché de cette histoire celle de la mort d'Annibal, qui arriva un peu auparavant chez ce même roi, et dont le nom n'est pas un petit ornement a mon ouvrage ; — j'en ai fait Nicomede disciple, pour lui prêter plus de valeur et plus de fierté contre les Romains ; — et, prenant l'occasion de l'ambassade où Flaminius fut envoyé par eux vers ce roi leur allié pour demander qu'on remît entre leurs mains ce vieil ennemi de leur grandeur, je l'ai chargé d'une commission secrète de traverser ce mariage, qui leur devait donner de la jalousie. — J'ai fait que, pour gagner l'esprit de la reine, qui, suivant l'ordinaire des secondes femmes, avait tout pouvoir sur celui de son vieux mari, il lui ramène un de ses fils, que mon auteur m'apprend avoir été nourri a Rome. Cela fait deux effets : car, d'un côté, il obtient la perte d'Annibal par le moyen de cette mere ambitieuse, et, de l'autre, il oppose a Nicomède un rival appuyé de toute la faveur des Romains, jaloux de sa gloire et de sa grandeur naissante.

— Les assassins qui découvrirent à ce prince les sanglants desseins de son père m'ont donné jour à d'autres artifices pour le faire tomber dans les embûches que sa belle-mère lui avait préparées, — et, pour la fin, je

(1) D'après Appien et Diodore de Sicile, Prusias s'était rendu odieux par sa cruauté, et méprisable par sa servilité envers les Romains : « Des envoyés de Rome s'étant rendus près de lui, il déposa les insignes de la royauté, la pourpre et le diadème, et travesti en esclave nouvellement affranchi, il sortit à leur rencontre, la tête rasée, portant le bonnet blanc, la tunique et la chaussure d'esclave. » (DIODORE DE SICILE, l. XXX)

l'ai réduite en sorte que tous mes personnages y agissent avec générosité, et que les uns rendant ce qu'ils doivent à la vertu, et les autres demeurant dans la fermeté de leur devoir, laissent un exemple assez illustre et une conclusion assez agréable (1).

Succès de la pièce. — La représentation n'en a pas déplu (2), et, comme ce ne sont pas les moindres vers qui soient partis de ma main, j'ai sujet d'esperer que la lecture n'ôtera rien à cet ouvrage de la réputation qu'il s'est acquise jusqu'ici, et ne le fera point juger indigne de suivre ceux qui l'ont précédé.

But de Corneille. — Mon principal but a été de peindre la politique des Romains au dehors (3), et comme ils agissaient impérieusement avec les rois leurs alliés ; leurs maximes pour les empêcher de s'accroître, et les soins qu'ils prenaient de traverser leur grandeur quand elle commençait à leur devenir suspecte à force de s'augmenter et de se rendre considérable par de nouvelles conquêtes. C'est le caractère que j'ai donné à leur république en la personne de son ambassadeur Flaminius, qui rencontre un prince intrepide qui voit sa perte assurée sans s'ébranler, et brave l'orgueilleuse masse de leur puissance lors même qu'il en est accablé.

L'admiration, ressort tragique. — Ce héros de ma façon sort un peu des règles de la tragédie en ce qu'il ne cherche point à faire pitié par l'exces de ses malheurs ; mais le succès a montré que la fermete

(1) Ces modifications ne touchent pas à la substance de l'histoire de cette époque ; elles servent au contraire à en faire ressortir le caractère général. C'était le temps des envahissements de la politique romaine et des bassesses royales. Corneille, en vrai historien, s'attache toujours à mettre en relief dans des types fortement accusés, les traits caractéristiques de l'époque qu'il veut peindre

(2) Molière choisit *Nicomède* pour la première représentation que sa troupe donna devant la cour : « Le 24 octobre 1658, cette troupe commença de paraître devant Leurs Majestés et toute la cour, sur un théatre que le roi avait fait dresser dans la salle des gardes du vieux Louvre. *Nicomède*, tragédie de M. de Corneille l'ainé, fut la pièce qu'elle choisit pour cet éclatant debut. Ces nouveaux acteurs ne deplurent point. » (LAGRANGE.)

« Les princes (Condé, Conti son frère et le duc de Longueville son beau-frère) étant sortis de prison le 13 fevrier 1651, dans le temps qu'on représentait *Nicomède*, quelques vers donnerent matière à des applications qui augmentèrent le succes de cette tragedie » (JOLLY)

C'est à propos de la reprise de *Nicomède* au théâtre que Geoffroy commençait l'un de ses feuilletons par cette exclamation enthousiaste, qui n'était que l'écho de l'admiration publique en 1806 : « Enfin, après un siecle presque entier d'indifférence et d'injustice, Corneille reparait aussi brillant que dans les plus beaux jours de sa gloire. » (15 nivôse an XIII.)

(3) Dans *Cinna*, Corneille avait tracé le tableau des dissensions intérieures de la republique romaine ; ici c'est sa politique extérieure qu'il veut peindre. Il l'a fait en maître, particulièrement dans le personnage de Flaminius.

des grands cœurs, qui n'excite que de l'admiration dans l'âme du spectateur, est quelquefois aussi agréable que la compassion que notre art nous commande de mendier pour leurs misères (1). Il est bon de hasarder un peu, et ne s'attacher pas toujours si servilement à ses préceptes, ne fût-ce que pour pratiquer celui de notre Horace :

   Et mihi res, non me rebus, submittere conor.

Mais il faut que l'événement justifie cette hardiesse ; et dans une liberté de cette nature on demeure coupable, à moins que d'être fort heureux.

Examen de Nicomède par Corneille.

Après avoir reproduit son avis *Au Lecteur*, Corneille ajoute :

Compassion pour le héros. — Nicomède fait naître toutefois quelque compassion, mais elle ne va pas jusques à tirer des larmes. Son effet se borne à mettre les auditeurs dans les intérêts de ce prince, et à leur faire former des souhaits pour ses prospérités.

Utilité morale de l'admiration — Dans l'admiration qu'on a pour sa vertu, je trouve une manière de purger les passions, dont n'a point parlé Aristote, et qui est peut-être plus sûre que celle qu'il prescrit à la tragédie par le moyen de la pitié et de la crainte. L'amour

---

(1) « Ne dirait-on pas, dit Geoffroy, que Corneille prévoyait qu'un jour quelque critique jaloux calomnierait le sentiment de l'admiration comme froid et peu théâtral ? Et il cite le succès de son *Nicomède* comme propre à détruire par le fait ces vains systèmes. »
Ce critique jaloux n'est autre que Voltaire, qui ne cesse dans son *Commentaire* de répéter que *l'admiration n'émeut guère l'âme, ne la trouble point, que c'est de tous les sentiments celui qui se refroidit le plus tôt*. Voltaire aurait raison, s'il s'agissait d'une admiration purement intellectuelle, séparée de toute action dramatique. Mais les héros de Corneille, et tout spécialement Nicomède, ravissent précisément notre admiration, parce que les situations critiques où ils se trouvent font jeter à leur vertu un plus vif éclat. Du reste, autre chose est de *toucher* l'âme, autre chose est de la *troubler* par des chocs insensés, selon l'excellente remarque de Geoffroy : « Voltaire, dit-il, aura beau exalter ces transports qu'excitent les fureurs et les crimes de la scène ; jamais tragédie, quelque pathétique qu'elle soit, ne donnera des secousses aussi violentes à l'âme, qu'une séance dans une maison de jeu. » Mais tel ne peut être l'idéal du théâtre ; son but est de causer des émotions agréables, nobles, utiles, d'élever, de perfectionner l'âme, et non d'énerver le sentiment ou de surexciter les passions, en affolant l'imagination jusqu'à provoquer des crises nerveuses.
M. Guizot combattait aussi le sentiment de Voltaire qui avait été celui de Boileau : « Je repousse, dit-il, cette idée, non seulement parce qu'elle prive le théâtre de l'un de ses plus nobles ressorts, mais parce qu'elle attaque les vrais principes de l'art. » (*Corneille et son Temps*, ch. II.)

qu'elle nous donne pour cette vertu que nous admirons, nous imprime de la haine pour le vice contraire. La grandeur du courage de Nicomède nous laisse une aversion de la pusillanimité ; et la généreuse reconnaissance d'Heraclius qui expose sa vie pour Martian, à qui il est redevable de la sienne, nous jette dans l'horreur de l'ingratitude (1).

Amour de Corneille pour cette tragédie. — Je ne veux point dissimuler que cette pièce est une de celles pour qui j'ai le plus d'amitié (2).

Défaut du dénoûment — Aussi n'y remarquerai-je que ce défaut de la fin qui va trop vite, comme je l'ai dit ailleurs, et où l'on peut même trouver quelque inégalité de mœurs en Prusias et Flaminius, qui, après avoir pris la fuite sur la mer, s'avisent tout d'un coup de rappeler leur courage, et viennent se ranger auprès de la reine Arsinoé, pour mourir avec elle en la défendant. Flaminius y demeure en assez méchante posture, voyant réunir toute la famille royale, malgré les soins qu'il avait pris de la diviser, et les instructions qu'il en avait apportées de Rome. Il s'y voit enlever par Nicomède les affections de cette reine et du prince Attale, qu'il avait choisis pour instruments à traverser sa grandeur, et semble n'être revenu que pour être témoin du triomphe qu'il porte sur lui. D'abord j'avais fini la pièce sans les faire revenir, et m'étais contenté de faire témoigner par Nicomède à sa belle-mère un grand déplaisir de ce que la fuite du roi ne lui permettait pas de lui rendre ses obéissances.

Cela ne démentait point l'effet historique, puisqu'il laissait sa mort en incertitude ; mais le goût des spectateurs, que nous avons accoutumés à voir rassembler tous nos personnages à la conclusion de cette sorte de poème, fut cause de ce changement, où je me résolus, pour leur donner plus de satisfaction, bien qu'avec moins de régularité (3).

(1) Corneille a raison de signaler l'utilité morale du sentiment de l'admiration. le spectacle des vertus heroïques en inspire l'amour : il provoque a l'imitation en même temps qu'il produit l'horreur des passions et des vices contraires avec beaucoup plus d'efficacité que la peinture même de ces passions avec leurs fureurs et leurs effets funestes. Sous ce point de vue, le théatre de Corneille est bien plus moral que celui de Racine, plus moral surtout que celui de Voltaire.

(2) Corneille sentait bien ce que cette création si neuve renfermait de beauté idéale : son génie naïf paraît se complaire surtout dans ses productions les plus originales, ou il a pu mettre le plus de sa sève propre et de ses conceptions personnelles : à ce titre, *Rodogune* et *Nicomède* lui appartiennent plus qu'aucune autre de ses pièces.

(3) Le dénoûment heureux de la pièce et le mélange de noblesse et de familiarité qui y règne, avaient porte les comédiens, en 1756, à l'annoncer sous le nom de Tragi-Comédie ; le brillant succès de la représentation fit rétablir le titre de tragedie que Corneille lui avait donné, et qu'elle mérite fort bien.

NICOMÈDE

PERSONNAGES :

PRUSIAS, roi de Bithynie (1).
FLAMINIUS, ambassadeur de Rome (2).
ARSINOE, seconde femme de Prusias.
LAODICE, reine d'Arménie.
NICOMÈDE, fils aîné de Prusias (3).
ATTALE, fils de Prusias et d'Arsinoé.
ARASPE, capitaine des gardes de Prusias.
CLÉONE, confidente d'Arsinoé.

La scène est à Nicomédie (4).
(L'an 148 av. J.-C.)

Analyse générale de l'action.

I. Nicomède est revenu subitement de l'armée à la cour pour se plaindre d'une double tentative d'assassinat dirigée contre lui par des gens d'Arsinoé ; il veut aussi défendre Laodice contre les intrigues de sa belle-mère et de Flaminius. La reine feint d'être surprise par cette arrivée ; au fond, elle s'en réjouit, car sa conduite avait eu pour but d'attirer le prince à la cour, afin de le perdre plus facilement.

II. Arsinoé fait aussitôt demander au roi par Flaminius la succession au trône pour son fils Attale. Nicomède tient tête à l'ambassadeur et le réduit à se contenter pour son protégé de la main de Laodice, si toutefois elle y consent. Or, il est sûr d'avance que cette princesse lui gardera sa foi.

III. En effet, Laodice refuse, en dépit des prières de Prusias et de Flaminius. Cependant les deux assassins subornés par Arsinoé, font tourner leur déposition contre Nicomède.

IV. Prusias, tout en refusant de croire son fils criminel, le met en demeure de choisir entre ses quatre couronnes et la main de Laodice : Nicomède donne sa préférence à la princesse. Prusias, irrité, donne à Attale le royaume du Pont et sa succession ; en même temps il promet

(1) Prusias II, le chasseur, régna de l'an 192 à l'an 148 avant J.-C.

(2) Titus Quinctius Flamininus, général romain, consul en 198 ; battit Philippe III, roi de Macédoine, à Cynocéphales (197), proclama la liberté de la Grèce aux jeux isthmiques (196) ; fut envoyé en ambassade auprès de Prusias pour se faire livrer Annibal (183). Corneille, sur la foi d'Aurelius Victor, l'a confondu avec le fils de Flaminius, battu à Trasimène (217).

(3) Nicomède II fut roi de Bithynie, de l'an 148 à l'an 90 avant Jésus-Christ, après avoir tué son père qui avait voulu le faire périr à l'instigation de sa seconde épouse. Corneille a transfiguré ce personnage comme il l'explique dans sa préface ; en rapprochant de cette histoire celle de la mort d'Annibal, il a fait un anachronisme de trente-cinq ans.

(4) Nicomédie, fondée par Nicomède I (281-250), capitale de la Bithynie, plus tard résidence de Dioclétien.

à Flaminius d'envoyer Nicomède à Rome comme otage pour y remplacer son frère ; en attendant, il le fait garder à vue. L'ambassadeur romain change alors de dessein, et refuse de solliciter pour le nouveau roi de Pont la main de la reine d'Arménie. Attale, éclairé sur les menées égoïstes et ambitieuses de la politique de Rome, renonce à Laodice et se range en secret du parti de son frère.

V. Cependant une insurrection populaire éclate pour délivrer Nicomède ; Arsinoé, menacée dans son palais, ne voit plus d'autre moyen à prendre que d'amuser le peuple par de vaines promesses, tandis que Flaminius s'embarquera avec Nicomède, à la faveur de la nuit. Mais Attale sauve le prince sans se faire reconnaître. Le héros ne profite de sa liberté que pour apaiser l'émeute et venir protester à son père de sa fidélité ; Attale, en qui il retrouve son sauveur, se déclare désormais son sujet ; Arsinoé renonce à ses desseins et se réconcilie avec son vainqueur ; Flaminius lui-même, avant de partir pour Rome, rend justice au noble caractère de Nicomède.

Appréciation.

Originalité de la pièce. — Corneille avouait ingénûment que la tragédie de *Nicomède* était « une de celles pour qui il avait le plus d'amitié » *Nicomède*, en effet, comme *Rodogune*, est une création originale qui porte bien l'empreinte de son génie.

Aux passions vives qui troublent l'âme par la compassion ou par la terreur, Corneille a substitué *l'admiration de la vertu*, en nous présentant un cœur ferme et inébranlable : le succès a justifié sa hardiesse.

Caractères et personnages.

Nicomède. — Toute la beauté de la tragédie lui vient de son héros *Nicomède*.

L'histoire ne fournissait au poète qu'un roi arrivé au trône par un parricide. Corneille met devant nos yeux un jeune prince, victorieux, brillant de gloire, généreux et fier, plein d'énergie et d'audace ; comprenant à merveille la dignité royale, et bien déterminé à la soutenir contre la tyrannie romaine ; luttant, en vrai disciple d'Annibal, avec une intrépidité qui ne connaît pas la défaillance, contre une belle-mère artificieuse et cruelle, contre un père faible et violent, contre un frère devenu son rival, contre Rome surtout qui s'effraie de ses conquêtes. Seul à soutenir le choc de tant de passions diverses, il reste toujours calme, égal, maître de lui, ferme et respectueux tout ensemble, accablant ses ennemis de ses dédains superbes ou de ses sanglantes ironies, roi plus que le roi, triomphant enfin par la générosité d'un jeune frère transfiguré par son héroïsme. C'est déjà la grande âme de Mithridate, avec sa fierté, son génie, sa haine pour Rome et ses projets magnanimes.

Tel est l'admirable caractère qui porte toute la tragédie; tous les personnages qui l'entourent, servent à mettre en relief « cette grandeur de courage qui, combattue par la politique, marche à visage découvert, et ne veut point d'autre appui que celui de sa vertu (1). »

Arsinoé. — Le personnage principal, après Nicomède, est *Arsinoé*, sa plus redoutable ennemie : femme sans cœur, égoïste, artificieuse, perfide; marâtre jalouse et méchante, qui n'a qu'un but, celui de régner sous le nom de son mari ou de son fils aux dépens de l'héritier légitime, recourant, pour y arriver, au meurtre et à la calomnie : c'est elle qui tient tous les fils de l'intrigue, et fait jouer tous les ressorts. Son effrayante activité soudoie les traîtres, provoque le retour de Nicomède, lui oppose l'amour d'Attale, appelle Flaminius, éveille les jalouses terreurs de Prusias, dirige tour à tour les attaques du roi et de l'ambassadeur contre le héros et contre Laodice; pousse enfin le faible monarque à déshériter son fils et à le livrer en otage aux Romains; moins grande dans son ambition que Cléopâtre, elle est plus rusée, et inspire plus de mépris (2).

Laodice. — En face de la cruelle Arsinoé et tout proche de Nicomède, Corneille a placé une héroïne digne de lui, la jeune reine d'Arménie : obsédée par Attale et Arsinoé, menacée par Flaminius et par Prusias son tuteur, soutenue seulement par un prince qu'elle a la douleur de voir persécuté pour son amour, Laodice est noble, ferme et intrépide comme lui; elle manie comme lui l'arme de l'ironie; avec lui enfin elle triomphe par la constance de son courage.

Prusias. — Le vieux roi de Bithynie serait bon père, et même monarque digne de ce nom, s'il n'était à la fois aveugle par son amour pour une femme intrigante, et terrifié par les exigences de Rome; d'un caractère naturellement faible, il est jaloux à l'excès de son autorité, et se porte aux dernières violences pour écraser un adversaire dont le grand cœur l'épouvante. C'est le type de ces rois alliés et esclaves que Rome tenait tremblants à ses genoux (3)

Flaminius. — L'ambassadeur romain représente la politique du

---

(1) « Cette pièce se soutiendra avec éclat au théâtre, tant qu'il restera des acteurs qui réuniront, comme le célèbre Lekain, à une grande supériorité d'intelligence et de talent, assez de noblesse pour rendre dans toute sa dignité le beau personnage de Nicomède » (PALISSOT.)
De son côté, Lekain dit dans ses *Mémoires* : « Il faut un grand art à l'acteur chargé de ce rôle pour ne pas y laisser apercevoir le ton de la comédie. Le grand Baron était le seul qui savait le sauver par des nuances imperceptibles, et c'est ce qui constitue le génie et le vrai talent »

(2) Arsinoé a son pendant comique dans Béline du *Malade imaginaire*.

(3) Prusias, comme Félix dans *Polyeucte*, est un de ces caractères indécis que la faiblesse rend cruels et lâches, ils sont malheureusement dans la nature, leur bassesse même fait ressortir l'héroïsme de la vertu. Corneille cependant a donné à Prusias la dignité que réclame un rôle tragique.

sénat vis à-vis des rois qu'il rencontrait sur son chemin dans la conquête du monde ; diviser pour régner, affaiblir les forts, soutenir les faibles, arrêter les victorieux, abattre toute résistance généreuse, avilir la dignité royale, assouplir à la servitude : voilà le programme que l'égoïsme de Rome traçait à ses ambassadeurs, c'est le rôle de Flaminius ; rôle souverainement méprisable, et, malgré certains accents de fierté romaine cruellement humilié sous le fouet sarcastique de l'élève d'Annibal.

Attale. — Ce jeune prince intéresse et plaît par la candeur de ses illusions, par sa bouillante ardeur, par sa charmante courtoisie ; on aime surtout à le voir, par une ascension progressive, se dégager peu à peu de la tutelle de sa mère et du joug de Rome, prendre un cœur vraiment loyal, devenir enfin le défenseur de son frère, son admirateur et son sauveur Presque enfant au commencement de l'action, il en sort grandi usqu'à l'héroïsme.

Araspe et Cléone. — Araspe n'est qu'un courtisan perfide ; Corneille lui fait justement subir, avec les deux assassins, le châtiment des traîtres. Cléone, la confidente d'Arsinoé, est inutile à l'action.

Contexture de la pièce.

Sujet, obstacle et nœud. — Le sujet de la tragédie est l'union de Nicomède avec Laodice, reine d'Arménie ; l'obstacle, c'est l'ambition d'Arsinoé appuyée par la politique romaine ; le nœud est formé dès la première scène par les intrigues d'Arsinoé, ramenant Nicomède et Attale. Le but de Corneille est de peindre la politique de Rome (1).

Plan, conduite, unités. — Le plan est simple et clair, comme on le voit par l'analyse de la pièce.

La marche de l'action est assez lente pendant les trois premiers actes. elle ne s'anime qu'à partir de la scène de l'accusation. L'entrée brusque d'Attale au premier acte est peu justifiée, les scènes de confidences entre Arsinoé et Cléone, entre Prusias et Araspe, ont le défaut d'arrêter l'action.

Les trois unités sont parfaitement observées.

L'action est une : c'est le mariage de Nicomède et de Laodice traversé par Arsinoé et Flaminius ; tous les incidents de l'intrigue s'y rapportent.

L'action se passe toute entière à Nicomédie, au palais de Prusias, et ne demande guère que l'espace de quelques heures. La révolte qui amène le

(1) Les principales péripéties sont · 1° l'intervention menaçante de Flaminius qui demande pour Attale ou le sceptre ou la main de Laodice (acte II, sc 2) ; 2° la calomnie des assassins subornés par la reine (acte III, sc 7) ; 3° le violent éclat du roi obligeant d'abord Nicomède à choisir entre la couronne et Laodice. puis le condamnant à aller en otage à Rome (acte IV, sc. 3 et 4) ; 4° la politique égoïste d'Arsinoé et de Flaminius qui ouvre les yeux à Attale (acte IV, sc. 5 et 6, acte V, sc. 1) ; 5° le soulèvement populaire en faveur de Nicomède (acte V) ; 6 la délivrance de Nicomède par Attale : cette péripétie, la plus belle de toutes, forme le dénoûment.

dénoûment, est excitée par les agents de Laodice ; comme le peuple aimait beaucoup Nicomède, il était facile de le soulever en sa faveur (1).

Émotion tragique. — L'émotion que produit la pièce est d'un genre particulier ; ce n'est pas, comme dans les grands chefs-d'œuvre de Corneille, *le Cid, Horace, Cinna, Polyeucte* et *Rodogune*, l'admiration mêlée à la pitié et la terreur : dans *Nicomède*, c'est *l'admiration seule*, constamment excitée par la haute vertu du héros. Comme on voit Nicomède toujours ferme dans un danger manifeste et dans une lutte continuelle, on s'intéresse à lui, on l'admire : de là naît dans l'âme un plaisir noble et moral, qui peut être aussi agréable, dit Corneille, que la compassion que fait éprouver la représentation des plus grands malheurs. La pitié cependant n'est pas entièrement absente, bien qu'elle n'aille pas « jusques à tirer des larmes. »

Style.

Ironie, familiarité. — Les traits caractéristiques du style sont l'ironie et la familiarité (2). L'ironie, que Corneille manie supérieurement, domine tellement dans cette pièce qu'on a pu l'appeler *la tragédie de l'ironie* ; elle est tour à tour fine, dédaigneuse, amère, mordante ; elle va parfois jusqu'au sarcasme. C'est l'arme favorite de Nicomède ; Laodice, Arsinoé, Prusias et Flaminius ne dédaignent pas d'y recourir.

Une grande familiarité de langage donne à l'ironie une expression plus forte, plus incisive.

(1) Les scènes les plus belles sont : au Ier acte, les sc. 1 et 2, où se fait l'exposition et où le nœud se forme ; au IIe acte, les sc. 2 et 3, graves, imposantes, instructives, entre Prusias, Nicomède et Flaminius ; au IIIe acte, la sc. 2, où Flaminius expose la politique de Rome ; la sc. 7, remarquable par la vivacité du dialogue, et la sc. 8, où commence à se montrer la générosité du jeune Attale ; au IVe acte, la sc. 2, où Nicomède comparaît au tribunal de son père et se défend contre Arsinoé ; la sc. 3, qui renferme le mot fameux *Et que dois-je être ? — Roi*, et la sc. 6, monologue d'Attale ; au Ve acte, les sc. 7, 8 et 9, dénoûment.

(2) Deux remarques sont nécessaires pour venger Corneille d'une infinité de critiques que lui adresse Voltaire à ce sujet.

1° Sans doute l'ironie et la familiarité ne sont point par elles-mêmes à la hauteur de la tragédie ; mais la noblesse du ton, l'énergie du discours, le caractère imposant des personnages, la gravité des situations, peuvent leur donner une dignité et une force vraiment tragiques : il en est ainsi dans *Nicomède*.

2° La tragédie ne vit pas seulement de style solennel et de sublime : rien ne serait plus fatigant. Les héros de Sophocle et d'Euripide ont une simplicité de ton et une familiarité qui charment. Il faut, comme dit Geoffroy, que la tragédie se déride quelquefois, et qu'elle ne soit pas toujours si guindée ; Racine lui-même n'a-t-il pas semé au milieu de ses divines tragédies une foule de vers simples, négligés et naïfs, qui rapprochent le dialogue de la conversation ordinaire, et semblent avertir les spectateurs que ce ne sont pas des poètes, mais des hommes et des femmes qui parlent ?

QUESTIONS GÉNÉRALES
La pièce et l'auteur.

Date de la 1re représentation; âge de Corneille.
Combien de pièces Corneille avait-il faites avant *Nicomède* ?
Quel est le caractère de cette pièce ?
Quelles sont les sources historiques de cette tragédie ?
En quels points et pourquoi Corneille a-t-il modifié l'histoire ?
Quel a été le principal but de Corneille dans cette tragédie ?
Comment Corneille appréciait-il le caractère de son héros principal ?
Le succès a-t-il répondu à l'attente du poète ?
L'admiration qu'excite la vertu est-elle un ressort tragique ?
Quelle est, d'après Corneille, l'utilité morale de l'admiration de la vertu ?
Comment Corneille appréciait-il le dénoûment de la pièce ?

Personnages.

Quels sont les personnages de la tragédie ?
Que nous apprend l'histoire sur Prusias et sur Nicomède ?
Le poète a-t-il respecté l'histoire dans le personnage de Flaminius ?
Où se passe la scène ? En quelle année ?
En quoi consiste l'originalité de la tragédie de *Nicomède* ?
Quel est le héros de la pièce ? Quel est son caractère ?
Quelle est la grande difficulté que présente la représentation de cette pièce ?
Quel parti Corneille a-t-il tiré du souvenir d'Annibal ?
Quel est le principal personnage après Nicomède ? Caractère d'Arsinoé.
Quel est le caractère de Prusias ?
Que représente le rôle de Flaminius ?
Par quels traits Corneille a-t-il peint la politique extérieure de Rome ?
Que présente de particulier le caractère d'Attale ?
Que pensez-vous des rôles d'Araspe et de Cléone ?

Sujet, action, style.

Quel est le sujet de la tragédie de *Nicomède* ?
En quoi consiste le nœud ? comment est-il formé ?
Donnez l'analyse générale de l'action ?
Que dites-vous du plan de la pièce, et de la marche de l'action ?
Comment les trois unités sont-elles observées ?
Quel est le genre d'émotion propre à cette tragédie ?
Quelles sont les principales péripéties de l'action ?
Citez les scènes les plus remarquables ?
Quels sont les traits caractéristiques du style ?
L'ironie peut-elle être employée dans le genre tragique ?
La familiarité du style est-elle toujours un défaut ?
La pièce a-t-elle toujours porté le nom de tragédie ?

ACTE PREMIER

Exposition. — Nœud.

1re entrevue de Nicomède, de Laodice, d'Attale, d'Arsinoé. — Confidence d'Arsinoé.

SCÈNE I
NICOMÈDE, LAODICE.

LAODICE.

Après tant de hauts faits, il m'est bien doux, Seigneur,
De voir encor mes yeux régner sur votre cœur;
De voir, sous les lauriers qui vous couvrent la tête,
Un si grand conquérant être encor ma conquête (1),
Et de toute la gloire acquise à ses travaux
Faire un illustre hommage à ce peu que je vaux.
Quelques biens toutefois que le ciel me renvoie,
Mon cœur épouvanté se refuse à la joie :
Je vous vois à regret, tant mon cœur amoureux (2)
Trouve la cour pour vous un séjour dangereux.
Votre marâtre y règne (3), et le roi votre père
Ne voit que par ses yeux, seule la considère,
Pour souveraine loi n'a que sa volonté :
Jugez après cela de votre sûreté.
La haine que pour vous elle a si naturelle
A mon occasion encor se renouvelle (4).
Votre frère son fils, depuis peu de retour....

---

(1) Ces antithèses sont belles. Racine a imité ce vers de *Nicomède* dans *Andromaque* (acte V, scene II) :

.... Mene en *conquérant* sa superbe *conquête*.

On connait le beau vers du *Cid* :

Ton bras est *invaincu*, mais non pas *invincible*. (Acte II, sc. II)

(2) Dès le début, Laodice nous fait partager ses alarmes : le tableau des dangers qui environnent Nicomède nous intéresse à son sort, et déjà nous tremblons pour sa vie. Dans *Athalie*, Racine procède de la même manière, en faisant dire à Abner, dès l'ouverture de la scène :

Je tremble qu'Athalie, à ne nous rien cacher,
Vous-même de l'autel vous faisant arracher,
N'acheve enfin sur vous ses vengeances funestes,
Et d'un respect forcé ne dépouille les restes.» (Acte I, sc. I)

(3) *Votre marâtre y règne* : ce mot jette un jour sinistre sur la situation ; Nicomède est placé entre un père faible et une marâtre toute-puissante.

(4) En montrant qu'elle est la cause innocente d'un redoublement de haine contre son fiancé, Laodice nous fait entrevoir l'incident qui va former le nœud de l'action : l'arrivée d'Attale qui lui aussi brigue sa main, avec l'appui de sa mère et du roi.

NICOMÈDE.

Je le sais, ma princesse, et qu'il vous fait la cour (1);
Je sais que les Romains, qui l'avaient en otage,
L'ont enfin renvoyé pour un plus digne ouvrage ;
Que ce don à sa mère était le prix fatal
Dont (2) leur Flaminius marchandait Annibal (3);
Que le roi par son ordre eût livré ce grand homme,
S'il n'eût par le poison lui-même évité Rome (4),
Et rompu par sa mort les spectacles pompeux (5)
Où l'effroi de son nom le destinait chez eux.
Par mon dernier combat je voyais réunie
La Cappadoce entière (6) avec la Bithynie,
Lorsqu'à cette nouvelle, enflammé de courroux
D'avoir perdu mon maître (7), et de craindre pour vous,
J'ai laissé mon armée aux mains de Théagène,
Pour voler en ces lieux au secours de ma reine.
Vous en aviez besoin, Madame, et je le voi,
Puisque Flaminius obsède encor le roi.
Si de son arrivée Annibal fut la cause,
Lui mort, ce long séjour prétend quelque autre chose ;
Et je ne vois que vous qui le puisse arrêter (8),
Pour aider à mon frère à vous persécuter.

(1) C'est un jeune vainqueur qui parle ; la noblesse de son air, la fierté de son regard, l'accent généreux de sa voix, donnent à ses paroles les plus simples, les plus familières, une grâce et une dignité qui plaisent. on aime ce langage bref et presque négligé dans la bouche d'un héros.

(2) *Dont* signifie *par lequel*; cet usage était fréquent au XVIIe siècle.

(3) Le caractère de Nicomède se peint tout entier dans ces vers, où l'ironie amère, le mepris, l'indignation d'un grand cœur debordent dans chaque mot, la politique romaine est fletrie avec son indigne représentant dans cet infâme marché où la mort d'Annibal s'est échangée contre le retour d'Attale. « Cette expression populaire *marchandait* devient ici très énergique et très noble, par l'opposition du grand nom d'Annibal qui inspire du respect » (VOLT.)

(4) Annibal, pour ne pas tomber vivant au pouvoir de ses ennemis, avala du poison qu'il portait habituellement sur lui. Tite-Live rapporte ses dernières paroles. « Délivrons les Romains de leur longue inquiétude, puisqu'ils ne peuvent attendre la mort d'un vieillard »

(5) Corneille emploie souvent *rompre* au figuré dans le sens d'arrêter *violemment*; on trouvera plus loin : *rompre ses coups*, *rompt votre entreprise*.

(6) Nicomède fit réellement cette conquête quand il fut roi

(7) En le proclamant l'élève du grand Annibal, Nicomède donne la mesure de sa haine pour les Romains; de plus, sa perspicacité qui pénètre si bien les secrètes menées de Flaminius, nous montre qu'il a hérité aussi de la politique de son maître Le motif qu'il donne de son retour lui fait grand honneur, et provoque la générosité de la princesse menacée.

(8) Il faudrait aujourd'hui *je ne vois que vous qui puissiez*.

LAODICE.

Je ne veux point douter que sa vertu romaine
N'embrasse avec chaleur l'intérêt de la reine :
Annibal, qu'elle vient de lui sacrifier,
L'engage en sa querelle, et m'en fait défier.
Mais, Seigneur, jusqu'ici j'aurais tort de m'en plaindre,
Et quoi qu'il entreprenne, avez-vous lieu de craindre?
Ma gloire et mon amour peuvent bien peu sur moi,
S'il faut votre présence à soutenir ma foi,
Et si je puis tomber en cette frénésie
De préférer Attale au vainqueur de l'Asie :
Attale, qu'en otage ont nourri les Romains,
Ou plutôt qu'en esclave ont façonné leurs mains,
Sans lui rien mettre au cœur qu'une crainte servile
Qui tremble à voir une aigle, et respecte un édile (1)!

NICOMEDE.

Plutôt, plutôt la mort, que mon esprit jaloux
Forme des sentiments si peu dignes de vous!
Je crains la violence, et non votre faiblesse;
Et si Rome une fois contre nous s'intéresse (2)....

LAODICE.

Je suis reine, Seigneur; et Rome a beau tonner (3),
Elle ni votre roi n'ont rien à m'ordonner :
Si de mes jeunes ans il est dépositaire,
C'est pour exécuter les ordres de mon père;
Il m'a donnée à vous, et nul autre que moi
N'a droit de l'en dédire, et me choisir un roi.
Par son ordre et le mien, la reine d'Arménie
Est due à l'héritier du roi de Bithynie,
Et ne prendra jamais un cœur assez abject
Pour se laisser réduire à l'hymen d'un sujet.
Mettez-vous en repos (4).

(1) Ce vers est très beau ; cette image expressive montre bien jusqu'où allait la servilité des princes que le sénat faisait élever à Rome.

(2) Cette crainte de Nicomède fait présager l'orage qui va venir de Rome : Rome sera plus redoutable qu'Arsinoé, qu'Attale et que Prusias qui tous, sans Rome, ne seraient rien : c'est le fond de la tragédie.

(3) Vers d'une fierté cornélienne : Laodice est à la hauteur de Nicomède C'est une très belle conception d'avoir placé, à côté du héros, une héroïne pour le comprendre et pour l'animer dans la lutte.

(4) « Ce qui unit Nicomède et Laodice, c'est le même héroïsme, c'est l'inébranlable résolution de ne jamais céder devant Rome; leur amour est sans faiblesse; chacun de ces deux cœurs est pour l'autre un support, double sa force et le maintient dans l'intégrité de sa vertu » (CHARAUX, *Corneille*, I, 12e cours.)

NICOMEDE.
Et le puis-je, Madame,
Vous voyant exposée aux fureurs d'une femme (1)
Qui, pouvant tout ici, se croira tout permis
Pour se mettre en état de voir régner son fils?
Il n'est rien de si saint qu'elle ne fasse enfreindre.
Qui livrait Annibal pourra bien vous contraindre,
Et saura vous garder même fidélité
Qu'elle a gardée aux droits de l'hospitalité (2).

LAODICE.
Mais ceux de la nature ont-ils un privilège
Qui vous assure d'elle après ce sacrilège?
Seigneur, votre retour, loin de rompre ses coups,
Vous expose vous-même, et m'expose après vous.
Comme il est fait sans ordre, il passera pour crime;
Et vous serez bientôt la première victime
Que la mère et le fils, ne pouvant m'ébranler,
Pour m'ôter mon appui se voudront immoler.
Si j'ai besoin de vous de peur qu'on me contraigne,
J'ai besoin que le roi, qu'elle-même vous craigne.
Retournez à l'armée, et pour me protéger
Montrez cent mille bras tout prêts à me venger.
Parlez la force en main, et hors de leur atteinte;
S'ils vous tiennent ici, tout est pour eux sans crainte;
Et ne vous flattez point ni sur votre grand cœur,
Ni sur l'éclat d'un nom cent et cent fois vainqueur :
Quelque haute valeur que puisse être la vôtre,
Vous n'avez en ces lieux que deux bras comme un autre;
Et fussiez-vous du monde et l'amour et l'effroi,
Quiconque entre au palais porte sa tête au roi.
Je vous le dis encor, retournez à l'armée;
Ne montrez à la cour que votre renommée;
Assurez votre sort pour assurer le mien;
Faites que l'on vous craigne, et je ne craindrai rien (3)

NICOMEDE.
Retourner à l'armée! ah! sachez que la reine

---

(1) Le danger de Laodice égale celui de *Nicomède*. la pitié déjà s'attache à l'un et à l'autre.

(2) Nous apprenons à connaître Arsinoé, la marâtre jalouse, la femme perfide, artificieuse et violente, dont l'ambition a trahi Annibal.

(3) La prudence de Laodice est éloquente, son discours renferme des traits d'une vérité et d'une force irrésistibles. Aussi Nicomède n'y trouve d'autre réponse que les dangers plus grands qui l'attendent à l'armée, témoin les deux assassins payés par Arsinoé et qu'el amène pour la confondre.

La sème d'assassins achetés par sa haine.
Deux s'y sont découverts, que j'amène avec moi
Afin de la convaincre et détromper le roi (1).
Quoiqu'il soit son époux, il est encor mon père ;
Et quand il forcera la nature à se taire,
Trois sceptres à son trône attachés par mon bras
Parleront au lieu d'elle, et ne se tairont pas (2).
Que si notre fortune à ma perte animée
La prepare à la cour aussi bien qu'à l'armée,
Dans ce péril égal qui me suit en tous lieux,
M'envîrez-vous l'honneur de mourir à vos yeux ?

LAODICE.

Non, je ne vous dis plus désormais que je tremble,
Mais que, s'il faut périr, nous périrons ensemble (3).
 Armons-nous de courage, et nous ferons trembler
Ceux dont les lâchetés pensent nous accabler.
Le peuple ici vous aime, et hait ces cœurs infâmes (4) ;
Et c'est être bien fort que regner sur tant d'âmes.
Mais votre frère Attale adresse ici ses pas (5).

NICOMEDE.

Il ne m'a jamais vu : ne me découvrez pas (6).

(1) Cette indication est fort habile : elle fait prévoir une des péripéties les plus tragiques de la pièce.

(2) Pleonasme empathique, qui trouve son excuse dans la fougue d'un jeune homme tout plein de ses victoires et animé par la vue du danger. Cf. Racine dans *Athalie* (cte I, scène I) :

    L'arche sainte est muette, et ne rend plus d'oracles.

(3) La résolution de Laodice est héroïque ; elle sent que la présence de Nicomède va déchaîner la tempête sur elle-même ; elle préfere néanmoins perir avec lui, s'il le faut.

(4) Le poete mentionne avec soin l'appui du peuple : ce sera un des ressorts de l'intrigue et l'occasion du dénoûment.

(5) L'exposition est complète : c'est un modèle du genre. Le spectateur sait qu'il est à la cour du roi de Bithynie ; il connaît Nicomède, Laodice sa fiancée, Prusias son père, Arsinoé sa belle-mère, Attale son jeune frere, Flaminius l'ambassadeur de Rome ; il est au courant de l'action qui s'engage · c'est l'union de Nicomède avec la princesse d'Arménie, union que vont traverser les prétentions d'Attale soutenues par sa mère et par Rome ; le peuple seul est pour Nicomede.

(6) Il faut que Nicomede se retire lentement vers le fond du théâtre, pour qu'Attale, qui ne le connaît pas et ignore encore son retour, puisse le prendre pour un officier attaché au service de la princesse. Attale ne craindra pas de faire ses instances auprès de Laodice sans se défier de son redoutable rival, et celui-ci pourra suivre l'entretien, de manière à intervenir au moment opportun ; ces jeux de scène font plaisir au spectateur.

SCÈNE II
LAODICE, NICOMÈDE, ATTALE.

ATTALE.

Quoi! Madame, toujours un front inexorable!
Ne pourrai-je surprendre un regard favorable,
Un regard désarmé de toutes ces rigueurs,
Et tel qu'il est enfin quand il gagne les cœurs?

LAODICE.

Si ce front est mal propre à m'acquérir le vôtre (1),
Quand j'en aurai dessein, j'en saurai prendre un autre.

ATTALE.

Vous ne l'acquerrez point, puisqu'il est tout à vous.

LAODICE.

Je n'ai donc pas besoin d'un visage plus doux (2).

ATTALE.

Conservez-le, de grâce, après l'avoir su prendre.

LAODICE.

C'est un bien mal acquis que j'aime mieux vous rendre.

ATTALE.

Vous l'estimez trop peu pour le vouloir garder.

LAODICE.

Je vous estime trop pour vouloir rien farder.
Votre rang et le mien ne sauraient le permettre :
Pour garder votre cœur je n'ai pas où le mettre;
La place est occupée, et je vous l'ai tant dit,
Prince, que ce discours vous dût être interdit :
On le souffre d'abord, mais la suite importune.

ATTALE.

Que celui qui l'occupe a de bonne fortune (3)!
Et que serait heureux qui pourrait aujourd'hui
Disputer cette place, et l'emporter sur lui!

---

(1) *Mal propre à*, pour *peu propre à*. (Cf. *Misanthrope*, I, 2.) On trouve de même dans Corneille *mal content, mal net, mal propice, mal satisfait, mal suivi, mal sûr*

L'adverbe *mal* (du latin *male* privatif) ne s'emploie plus de la sorte; il est resté dans quelques composés, comme *maladroit, malaise, malheureux* ...

(2) Le ton de Laodice est bref et sec : il eût rebuté tout autre qu'un jeune homme que l'âge, sa mère, son père et Flaminius ont rempli d'illusions.

(3) *Que*, dans ces deux vers est pris pour *combien*.

NICOMÈDE.
La place à l'emporter coûterait bien des têtes,
Seigneur : ce conquérant garde bien ses conquêtes,
Et l'on ignore encor parmi ses ennemis
L'art de reprendre un fort qu'une fois il a pris (1).

ATTALE.
Celui-ci toutefois peut s'attaquer de sorte
Que, tout vaillant qu'il est, il faudra qu'il en sorte.

LAODICE.
Vous pourriez vous méprendre.

ATTALE.
Et si le roi le veut (2)?

LAODICE.
Le roi, juste et prudent, ne veut que ce qu'il peut.

ATTALE.
Et que ne peut ici la grandeur souveraine?

LAODICE.
Ne parlez pas si haut : s'il est roi, je suis reine ;
Et vers moi tout l'effort de son autorité
N'agit que par prière et par civilité.

ATTALE.
Non ; mais agir ainsi, souvent c'est beaucoup dire
Aux reines comme vous qu'on voit dans son empire ;
Et si ce n'est assez des prières d'un roi,
Rome qui m'a nourri vous parlera pour moi.

NICOMÈDE.
Rome ! Seigneur.

ATTALE.
Oui, Rome ; en êtes-vous en doute (3)?

(1) Le langage de Nicomède pique d'autant plus la curiosité qu'il laisse Attale dans l'erreur de sa personne, et qu'on desire voir comment enfin se fera la reconnaissance.

(2) Attale met en avant avec beaucoup de naïveté l'autorité de son père et celle de Rome : il connait mal la princesse et son frère.

(3) A ce nom de *Rome*, Nicomède ne peut garder le silence ; il intervient une seconde fois, moins pour soutenir Laodice, que pour faire expier au jeune Attale sa naïve confiance, et lui faire regretter son éducation romaine.

NICOMÈDE.

Seigneur, *je crains pour vous qu'un Romain vous écoute* (1);
Et *si Rome savait* de quels feux vous brûlez,
Bien loin de vous prêter l'appui dont vous parlez,
Elle s'indignerait de voir *sa créature*
A l'éclat de son nom faire une telle injure,
Et vous dégraderait peut-être dès demain
Du *titre glorieux de citoyen romain* (2).
Vous l'a-t-elle donné pour mériter sa haine
En *le déshonorant* par l'amour d'une reine?
Et *ne savez-vous plus* qu'il n'est princes ni rois
Qu'elle *daigne égaler à ses moindres bourgeois?*
Pour avoir *tant* vécu chez ces cœurs *magnanimes*,
Vous en avez *bientôt* oublié les maximes.
Reprenez un orgueil digne d'elle et de vous;
Remplissez *mieux* un nom *sous qui nous tremblons tous*,
Et sans plus l'abaisser *à cette ignominie*
D'idolâtrer en vain la reine d'Arménie,
Songez qu'il faut du moins, pour toucher votre cœur,
La fille d'un tribun ou celle d'un préteur;
Que Rome *vous permet* cette *haute* alliance,
Dont vous aurait exclu *le défaut de naissance*,
Si *l'honneur souverain de son adoption*
Ne vous *autorisait à tant d'ambition.*
Forcez, rompez, brisez de si honteuses chaînes;
Aux rois *qu'elle méprise* abandonnez les reines,
Et concevez enfin des vœux *plus élevés*,
Pour mériter les biens qui vous sont reservés.

ATTALE.

Si cet homme est à vous, imposez-lui silence,
Madame, et retenez une telle insolence.
Pour voir jusqu'à quel point elle pourrait aller,
J'ai forcé ma colère à le laisser parler;
Mais je crains qu'elle échappe (3), et que, s'il continue,

(1) On lit dans *les Mémoires pour Marie-Francoise Dumesnil* : « Nous nous souvenons encore avec quelle noble ironie, avec quelle finesse de nuance, Grandval, qui jouait supérieurement le rôle de Nicomède, disait, en adressant la parole à Attale, le couplet qui commence par ce vers :

« Seigneur, je crains pour vous qu'un Romain vous écoute. »

(2) L'ironie la plus fine est répandue dans tout ce discours; Nicomède doit souligner avec infiniment de malice les mots qu'il sème si habilement dans chacune de ses phrases; nous les avons mis en italique pour mieux montrer par cet exemple le cachet spécial du langage de notre héros.

(3) Corneille omet souvent *la* négation *ne* après *que* précédé des verbes *craindre que, empecher que, avoir peur que,* et autres semblables.

Je ne m'obstine plus à tant de retenue.

NICOMÈDE.

Seigneur, si j'ai raison, qu'importe à qui je sois?
Perd-elle de son prix pour emprunter ma voix?
Vous-même, amour à part, je vous en fais arbitre.
  Ce grand nom de Romain est un précieux titre;
Et la reine et le roi l'ont assez acheté
Pour ne se plaire pas à le voir rejeté,
Puisqu'ils se sont privés, pour ce nom d'importance,
Des charmantes douceurs d'élever votre enfance.
Dès l'âge de quatre ans ils vous ont éloigné (1);
Jugez si c'est pour voir ce titre dédaigné,
Pour vous voir renoncer, par l'hymen d'une reine,
A la part qu'ils avaient à la grandeur romaine.
D'un si rare trésor l'un et l'autre jaloux....

ATTALE.

Madame, encore un coup (2), cet homme est-il à vous?
Et pour vous divertir est-il si nécessaire
Que vous ne lui puissiez ordonner de se taire?

LAODICE.

Puisqu'il vous a déplu vous traitant de Romain,
Je veux bien vous traiter de fils de souverain.
  En cette qualité vous devez reconnaître
Qu'un prince votre aîné doit être votre maître,
Craindre de lui déplaire, et savoir que le sang
Ne vous empêche pas de différer de rang,
Lui garder le respect qu'exige sa naissance,
Et loin de lui voler son bien en son absence....

ATTALE.

Si l'honneur d'être à vous est maintenant son bien,
Dites un mot, Madame, et ce sera le mien;
Et si l'âge à mon rang fait quelque préjudice,
Vous en corrigerez la fatale injustice.
Mais, si je lui dois tant en fils de souverain,
Permettez qu'une fois je vous parle en Romain.
  Sachez qu'il n'en est point que le ciel n'ait fait naître
Pour commander aux rois, et pour vivre sans maître (3);

---

(1) « Ce vers est très adroit : il paraît sans artifice, et il y a beaucoup d'art à donner ainsi une raison qui empêche évidemment qu'Attale ne reconnaisse son frère. » (VOLT.)

(2) Racine a employé trois fois cette expression (V. *Bérénice* et *Bajazet*.)

(3) Ces deux vers sont prononcés par Émilie dans *Cinna* (acte III, scène IV.)

Sachez que mon amour est un noble projet
Pour éviter l'affront de me voir son sujet (1);
Sachez....

LAODICE.

Je m'en doutais, Seigneur, que ma couronne
Vous charmait bien du moins autant que ma personne
Mais, telle que je suis, et ma couronne et moi,
Tout est à cet aîné qui sera votre roi;
Et s'il était ici, peut-être en sa présence
Vous penseriez deux fois à lui faire une offense.

ATTALE.

Que ne puis-je l'y voir! mon courage amoureux....

NICOMÈDE.

Faites quelques souhaits qui soient moins dangereux,
Seigneur : s'il les savait, il pourrait bien lui-même
Venir d'un tel amour venger l'objet qu'il aime.

ATTALE.

Insolent! est-ce enfin le respect qui m'est dû (2)?

NICOMÈDE.

Je ne sais de nous deux, Seigneur, qui l'a perdu.

ATTALE.

Peux tu bien me connaître et tenir ce langage?

NICOMÈDE.

Je sais à qui je parle, et c'est mon avantage
Que, n'étant point connu, prince, vous ne savez
Si je vous dois respect, ou si vous m'en devez.

ATTALE.

Ah! Madame, souffrez que ma juste colère....

LAODICE.

Consultez-en, Seigneur, la reine votre mère;
Elle entre (3).

(1) Attale hausse le ton et enfle la voix; il prend un air dominateur qu'il n'impose nullement à la fière princesse.

(2) Le dialogue s'anime; le jeune prince, poussé à bout, éclate, menace, Nicomède ne perd rien de son calme moqueur « Cette scène est très attachante : toutes les fois que deux personnages se bravent sans se connaître, le succès de la scène est sûr. » (VOLT.)

(3) Arsinoé vient sans doute appuyer les instances d'Attale

SCÈNE III

NICOMÈDE, ARSINOÉ, LAODICE, ATTALE, CLÉONE.

NICOMÈDE.

Instruisez mieux le prince votre fils,
Madame, et dites-lui, de grâce, qui je suis (1) :
Faute de me connaître, il s'emporte, il s'égare ;
Et ce désordre est mal dans une âme si rare :
J'en ai pitié.

ARSINOÉ.

Seigneur, vous êtes donc ici?

NICOMÈDE.

Oui, Madame, j'y suis, et Métrobate aussi.

ARSINOÉ.

Métrobate! ah! le traître (2) !

NICOMÈDE.

Il n'a rien dit, Madame,
Qui vous doive jeter aucun trouble dans l'âme.

ARSINOÉ.

Mais qui cause, Seigneur, ce retour surprenant?
Et votre armée?

NICOMÈDE.

Elle est sous un bon lieutenant ;
Et quant à mon retour, peu de chose le presse.
J'avais ici laissé mon maître (3) et ma maîtresse :
Vous m'avez ôté l'un, vous, dis-je, ou les Romains,
Et je viens sauver l'autre et d'eux et de vos mains.

ARSINOÉ.

C'est ce qui vous amène?

NICOMÈDE.

Oui, Madame ; et j'espère
Que vous m'y servirez auprès du roi mon père.

(1) Nicomède garde le même ton d'ironie et la même hauteur vis-à-vis d'Arsinoé ; il sait quelle haine elle lui a jurée : fort de ses droits appuyé sur ses victoires, il parle en maître à une femme qui trame sa perte.

(2) Arsinoé feint d'être consternée par cette arrivée subite ; il semble que le retour de Métrobate soit pour elle un coup de foudre ; ce n'est qu'un jeu pour tromper Nicomède.

(3) *Mon maître*, c'est Annibal. Ces phrases laconiques, d'un style tout militaire, ne déconcertent pas la reine : à l'ironie elle répond par l'ironie.

ARSINOÉ.
Je vous y servirai comme vous l'espérez.
NICOMEDE.
De votre bon vouloir nous sommes assurés.
ARSINOE.
Il ne tiendra qu'au roi qu'aux effets je ne passe.
NICOMEDE.
Vous voulez à tous deux nous faire cette grâce?
ARSINOE.
Tenez-vous assuré que je n'oublierai rien.
NICOMEDE.
Je connais votre cœur, ne doutez pas du mien.
ATTALE.
Madame, c'est donc là le prince Nicomède?
NICOMEDE.
Oui, c'est moi qui viens voir s'il faut que je vous cède.
ATTALE.
Ah! Seigneur, excusez si, vous connaissant mal (1)...
NICOMEDE.
Prince, faites-moi voir un plus digne rival.
Si vous aviez dessein d'attaquer cette place (2),
Ne vous départez point d'une si noble audace ;
Mais, comme à son secours je n'amène que moi,
Ne la menacez plus de Rome ni du roi :
Je la défendrai seul, attaquez-la de même,
Avec tous les respects qu'on doit au diadème.
Je veux bien mettre à part, avec le nom d'aîné,
Le rang de votre maître où je suis destiné;
Et nous verrons ainsi qui fait mieux un brave homme,
Des leçons d'Annibal, ou de celles de Rome (3).
Adieu, pensez-y bien, je vous laisse y rêver.

(1) Le jeune prince, étonné au suprême degré d'une scène si vive, ut par deviner qu'il a Nicomede devant lui. il eprouve je ne sais quel respect pour un caractere si noble et si ferme.

(2) Ces images prises de la guerre, conviennent bien à un jeune capitaine

(3) « Tout ce discours est noble, ferme, élevé; c'est là de la véritable grandeur. » (VOLT.)

SCÈNE IV
ARSINOÉ, ATTALE, CLÉONE.

ARSINOÉ.

Quoi ! tu faisais excuse à qui m'osait braver !

ATTALE.

Que ne peut point, Madame, une telle surprise ?
Ce prompt retour me perd, et rompt votre entreprise.

ARSINOÉ.

Tu l'entends mal, Attale : il la met dans ma main.
Va trouver de ma part l'ambassadeur romain (1),
Dedans mon cabinet amène-le sans suite (2),
Et de ton heureux sort laisse-moi la conduite.

ATTALE.

Mais, Madame, s'il faut....

ARSINOÉ.

Va, n'appréhende rien.
Et pour avancer tout, hâte cet entretien.

SCÈNE V
ARSINOE, CLÉONE.

CLÉONE.

Vous lui cachez, Madame, un dessein qui le touche !

ARSINOÉ.

Je crains qu'en l'apprenant son cœur ne s'effarouche ;
Je crains qu'à la vertu par les Romains instruit
De ce que je prépare il ne m'ôte le fruit,
Et ne conçoive mal qu'il n'est fourbe ni crime
Qu'un trône acquis par là ne rende légitime (3).

CLEONE.

J'aurais cru les Romains un peu moins scrupuleux,
Et la mort d'Annibal m'eût fait mal juger d'eux.

(1) Rome va intervenir : Nicomède et Laodice auront tout contre eux : le roi, la reine, les Romains.

(2) *Dedans, dessous, dessus, auparavant, environ.*, exclusivement *adverbes* aujourd'hui, se prenaient encore comme prépositions au temps de Corneille

(3) Arsinoé laisse paraitre sa scélératesse dans ces deux vers : nous voyons une émule de la Cléopâtre de *Rodogune*, mais à sauvage énergie.

ARSINOÉ.

Ne leur impute pas une telle injustice :
Un Romain seul l'a faite, et par mon artifice (1).
Rome l'eût laissé vivre, et sa légalité
N'eût point forcé les lois de l'hospitalité.
Savante à ses dépens de ce qu'il savait faire (2),
Elle le souffrait mal auprès d'un adversaire;
Mais quoique par ce triste et prudent souvenir
De chez Antiochus elle l'ait fait bannir,
Elle aurait vu couler sans crainte et sans envie
Chez un prince allié les restes de sa vie :
Le seul Flaminius, trop piqué de l'affront
Que son pere défait lui laisse sur le front;
Car je crois que tu sais que, quand l'aigle romaine
Vit choir ses légions au bord du Trasimène,
Flaminius son père en était général,
Et qu'il y tomba mort de la main d'Annibal (3).
Ce fils donc, qu'a pressé la soif de sa vengeance,
S'est aisément rendu de mon intelligence :
L'espoir d'en voir l'objet entre ses mains remis
A pratiqué par lui le retour de mon fils;
Par lui j'ai jeté Rome en haute jalousie
De ce que Nicomède a conquis dans l'Asie,
Et de voir Laodice unir tous ses Etats,
Par l'hymen de ce prince, à ceux de Prusias :
Si bien que le senat, prenant un juste ombrage
D'un empire si grand sous un si grand courage,
Il s'en est fait nommer lui-même ambassadeur,
Pour rompre cet hymen, et borner sa grandeur.
Et voilà le seul point où Rome s'intéresse (4).

(1) La reine revendique la principale part dans la mort d'Annibal : c'est contraire à l'histoire, mais le poete veut lui donner de l'importance.

(2) *Savante de*, qui sait, pour *instruite de* ; ce mot ne s'emploie plus avec un regime de ce genre

(3) C'est une erreur historique; le vaincu de Trasimène, L. Flaminius, n'avait rien de commun avec Flamininus envoyé par le senat auprès de Prusias. Comme le trait lui paraissait heureux, Corneille l'a saisi pour mieux expliquer e succes de la reine En effet, si Flaminius avait eu à venger un père, il devait se prêter plus facilement aux desseins d'Arsinoé ; on conçoit dès lors qu'il ait obtenu du sénat le retour d'Attale, et pour lui-même cette ambassade le Bithynie qui devait arrêter l'union de Laodice et de Nicomede, des tiônes d'Armenie et de Bithynie.

(4) *Où* est mis pour *auquel*. L'emploi de *où* tenant la place d'un relatif précede des prépositions *dans, a, vers, sur, chez, auprès, de*, etc, est tres frequent dans les auteurs du XVIIe siecle. (Voir *Lexique de Corneille* par Mart.-Laveaux.)

ACTE I, SCÈNE V

CLÉONE.

Attale à ce dessein entreprend sa maîtresse!
Mais que n'agissait Rome avant que le retour
De cet amant si cher affermît son amour!

ARSINOÉ.

Irriter un vainqueur en tête d'une armée
Prête à suivre en tous lieux sa colère allumée,
C'était trop hasarder, et j'ai cru pour le mieux
Qu'il fallait de son fort l'attirer en ces lieux.
Métrobate l'a fait, par des terreurs paniques,
Feignant de lui trahir mes ordres tyranniques,
Et pour l'assassiner se disant suborné,
Il l'a, grâces aux dieux, doucement amené.
Il vient s'en plaindre au roi, lui demander justice,
Et sa plainte le jette au bord du précipice (1).
Sans prendre aucun souci de m'en justifier,
Je saurai m'en servir à me fortifier.
Tantôt en le voyant j'ai fait de l'effrayée (2),
J'ai changé de couleur, je me suis écriée :
Il a cru me surprendre, et l'a cru bien en vain,
Puisque son retour même est l'œuvre de ma main.

CLÉONE.

Mais, quoi que Rome fasse, et qu'Attale prétende,
Le moyen qu'à ses yeux Laodice se rende?

ARSINOÉ.

Et je n'engage aussi mon fils en cet amour
Qu'à dessein d'éblouir le roi, Rome et la cour (3).
Je n'en veux pas, Cléone, au sceptre d'Arménie :
Je cherche à m'assurer celui de Bithynie;
Et si ce diadème une fois est à nous,
Que cette reine après se choisisse un époux.
Je ne la vais presser que pour la voir rebelle,

---

(1) Arsinoé triomphe d'avoir fait tomber Nicomède dans un piège : elle se vante d'avoir provoqué elle-même, en subornant des assassins, un retour nécessaire à ses projets : j'ai fait revenir Nicomède, coupable et désarmé; il est perdu.

(2) *J'ai fait de l'effrayée* : archaïsme pour *j'ai feint d'être effrayée*. Ici la reine découvre sa duplicité, et son hypocrisie artificieuse.

(3) Tout est calcul chez l'ambitieuse Arsinoé. Ce qu'elle veut, c'est le sceptre de Bithynie : elle ne peut l'avoir tant que Nicomède est en vie; c'est lui qu'il faut perdre avant tout. Pour y arriver, elle sème la discorde, harcelant Laodice par Attale, échauffant Prusias par l'ambassadeur, aigrissant Nicomède contre son frère et contre son père, et par la provoquant un éclat qui emportera son ennemi. C'est un jeu infernal.

Que pour aigrir les cœurs de son amant et d'elle.
Le roi que le Romain poussera vivement,
De peur d'offenser Rome, agira chaudement ;
Et ce prince, piqué d'une juste colère,
S'emportera sans doute, et bravera son père.
S'il est prompt et bouillant, le roi ne l'est pas moins ;
Et comme à l'échauffer j'appliquerai mes soins,
Pour peu qu'à de tels coups cet amant soit sensible,
Mon entreprise est sûre, et sa perte infaillible.
Voilà mon cœur ouvert, et tout ce qu'il prétend (1).
Mais dans mon cabinet Flaminius m'attend :
Allons, et garde bien le secret de la reine.

CLÉONE.

Vous me connaissez trop pour vous en mettre en peine (2).

QUESTIONS SUR LE Ier ACTE

Que renferme le 1er acte ?
Quel est le sujet de la 1re scène du 1er acte ?
Par quels personnages se fait l'exposition ?
Comment s'y dessinent les caractères de Nicomède et de Laodice ?
Le personnage principal est-il en danger dès le commencement ?
Pourquoi Nicomède est-il revenu de l'armée ?
Ce retour intéresse-t-il l'action ?
Quel est le caractère de l'amour qui unit Nicomède et Laodice ?
Montrez comment le nœud se forme.
Quels sont les faits et les personnages que fait connaître l'exposition ?
Par quoi se distingue la 2de scène du 1er acte ?
Comment s'annonce le caractère d'Attale ?
Quel est le cachet spécial du langage de Nicomède ? Citez un exemple.
Quel est le caractère de la 1re entrevue de Nicomède et de sa belle-mère ?
Qu'étaient-ce que Métrobate et Zénon ?
Quel piège Arsinoé avait-elle tendu à Nicomède ?
Quel secours invoque-t-elle pour le perdre ?
La confidence qu'Arsinoé fait à Cléone aide-t-elle à l'action ?
Est-elle entièrement inutile ? — Que nous apprend-elle ?
Que se passe-t-il entre la fin du 1er acte et le commencement du 2^d ?

(1) Cette ouverture d'Arsinoé instruit le spectateur ; mais on ne voit pas quel intérêt elle peut avoir à confier des secrets si importants à Cléone, puisqu'elle ne lui demande aucun secours : cet entretien arrête l'action.

(2) Arsinoé, en rentrant dans ses appartements, y trouvera Flaminius ; avec lui elle concertera le plan de campagne qu'elle vient d'esquisser rapidement à Cléone. Puis elle ira réveiller la jalousie et les terreurs de Prusias, pour l'amener à recevoir mal Nicomède, et à faire un favorable accueil aux demandes de Flaminius.

ACTE SECOND

Reproches de Prusias. — Requête de Flaminius.

SCÈNE I
PRUSIAS, ARASPE.

PRUSIAS.
Revenir sans mon ordre, et se montrer ici (1) !

ARASPE.
Sire, vous auriez tort d'en prendre aucun souci,
Et la haute vertu du prince Nicomède
Pour ce qu'on peut en craindre est un puissant remède ;
Mais tout autre que lui devrait être suspect :
Un retour si soudain manque un peu de respect,
Et donne lieu d'entrer en quelque défiance
Des secrètes raisons de tant d'impatience.

PRUSIAS.
Je ne les vois que trop, et sa témérité
N'est qu'un pur attentat sur mon autorité :
Il n'en veut plus dependre, et croit que ses conquêtes
Au-dessus de son bras ne laissent point de têtes ;
Qu'il est lui seul sa règle, et que sans se trahir
Des héros tels que lui ne sauraient obéir (2).

ARASPE.
C'est d'ordinaire ainsi que ses pareils agissent :
A suivre leur devoir leurs hauts faits se ternissent ;
Et ces grands cœurs, enflés du bruit de leurs combats,
Souverains dans l'armée, et parmi leurs soldats,
Font du commandement une douce habitude,
Pour qui l'obéissance est un métier bien rude.

PRUSIAS.
Dis tout, Araspe : dis que le nom de sujet
Réduit toute leur gloire en un rang trop abjet :
Que bien que leur naissance au trône les destine,
Si son ordre est trop lent, leur grand cœur s'en mutine ;
Qu'un père garde trop un bien qui leur est dû,

(1) Arsinoé n'a point perdu de temps : le brusque retour du prince a irrité Prusias et va passer pour un crime. Le roi s'en ouvre à son confident pour trouver lumière et appui : c'est le propre des caractères indécis.

(2) Le vieux roi est jaloux des succès de son fils ; Arsinoé, sans aucun doute, l'a rempli de folles terreurs en éveillant ses susceptibilités chagrines : il voit en son fils un insolent, un rival, dont les moindres démarches trahissent une indépendance qui vise au pouvoir.

Et qui perd de son prix étant trop attendu;
Qu'on voit naître de là mille sourdes pratiques
Dans le gros de son peuple, et dans ses domestiques (1)·
Et que, si l'on ne va jusqu'à trancher le cours
De son règne ennuyeux et de ses tristes jours.
Du moins une insolente et fausse obéissance,
Lui laissant un vain titre, usurpe sa puissance.

ARASPE.

C'est ce que de tout autre il faudrait redouter,
Seigneur, et qu'en tout autre il faudrait arrêter;
Mais ce n'est pas pour vous un avis nécessaire :
Le prince est vertueux, et vous êtes bon père (2).

PRUSIAS.

Si je n'étais bon père, il serait criminel (3) :
Il doit son innocence à l'amour paternel;
C'est lui seul qui l'excuse et qui le justifie,
Ou lui seul qui me trompe et qui me sacrifie :
Car je dois craindre enfin que sa haute vertu
Contre l'ambition n'ait en vain combattu,
Qu'il ne force, en son cœur, la nature à se taire.
Qui se lasse d'un roi peut se lasser d'un père;
Mille exemples sanglants nous peuvent l'enseigner :
Il n'est rien qui ne cède à l'ardeur de régner;
Et depuis qu'une fois elle nous inquiète,
La nature est aveugle, et la vertu muette.
Te le dirai-je, Araspe? il m'a trop bien servi (4);
Augmentant mon pouvoir, il me l'a tout ravi :
Il n'est plus mon sujet qu'autant qu'il le veut être;
Et qui me fait régner, en effet, est mon maître.
Pour· paraître à mes yeux, son mérite est trop grand :
On n'aime point à voir ceux à qui l'on doit tant.

(1) *Le gros*, la partie la plus considérable; ses *domestiques*, les hommes de sa maison (*domus*). Racine a employé ces deux mots dans le même sens.

(2) Araspe joue un rôle équivoque : il cherche à excuser Nicomède et à calmer le roi ; mais sa parole est timide, ses raisons sont faibles; on commence à soupçonner un traître; à n'en point douter, il est l'homme d'Arsinoé.

(3) Prusias est bon père, laissé à son naturel ; mais comme il est faible de caractère, il oubliera son amour paternel dès que la perfide Arsinoé ou l'impérieux Flaminius demanderont le sacrifice de son fils.

(4) Voilà le grand crime de Nicomède : il a trop bien servi son père ; Prusias a honte de devoir quelque gloire à son fils! A ce souvenir importun se joint la crainte de trouver en lui un rival peut-être criminel : le vieillard a le cœur trop étroit, trop bas, pour croire à la grandeur d'âme de Nicomède.

Tout ce qu'il a fait parle au moment qu'il m'approche (1);
Et sa seule présence est un secret reproche :
Elle me dit toujours qu'il m'a fait trois fois roi ;
Que je tiens plus de lui qu'il ne tiendra de moi ;
Et que si je lui laisse un jour une couronne,
Ma tête en porte trois que sa valeur me donne.
J'en rougis dans mon âme ; et ma confusion,
Qui renouvelle et croît à chaque occasion,
Sans cesse offre à mes yeux cette vue importune,
Que qui m'en donne trois peut bien m'en ôter une ;
Qu'il n'a qu'à l'entreprendre, et peut tout ce qu'il veut.
Juge, Araspe, où j'en suis, s'il veut tout ce qu'il peut.

ARASPE.

Pour tout autre que lui, je sais comme s'explique
La règle de la vraie et saine politique.
Aussitôt qu'un sujet s'est rendu trop puissant,
Encor qu'il soit sans crime, il n'est pas innocent (2) :
On n'attend point, alors, qu'il s'ose tout permettre ;
C'est un crime d'État que d'en pouvoir commettre ;
Et qui sait bien régner l'empêche prudemment
De mériter un juste et plus grand châtiment,
Et prévient, par un ordre à tous deux salutaire,
Ou les maux qu'il prépare, ou ceux qu'il pourrait faire.
Mais, Seigneur, pour le prince, il a trop de vertu (3) ;
Je vous l'ai déjà dit.

PRUSIAS.

   Et m'en répondras-tu ?
Me seras-tu garant de ce qu'il pourra faire
Pour venger Annibal, ou pour perdre son frère ?
Et le prends-tu pour homme à voir d'un œil égal
Et l'amour de son frère, et la mort d'Annibal ?
Non, ne nous flattons point, il court à sa vengeance (4) ;
Il en a le prétexte, il en a la puissance ;
Il est l'astre naissant qu'adorent mes États ;
Il est le dieu du peuple et celui des soldats.

(1) Bossuet disait, encore en 1687, dans l'oraison funèbre de Condé :
« Au moment *que* j'ouvre la bouche »

(2) Desormais plus de doute ; sous ces réserves hypocrites, Araspe a insinué qu'il faut frapper Nicomède : bien qu'innocent, il est trop puissant ; une bonne politique ne saurait le souffrir.

(3) L'éloge du prince, rapidement jeté à la fin de la tirade, n'est pas assez sérieux pour détruire l'effet des odieuses maximes dirigées contre lui.

(4) Araspe a touché le but : Prusias, trompé par ses insinuations perfides, se confirme dans ses craintes et conclut à la perte d'un fils trop redoutable.

Sûr de ceux-ci, sans doute il vient soulever l'autre,
Fondre avec son pouvoir sur le reste du nôtre ;
Mais ce peu qui m'en reste, encor que languissant,
N'est pas peut-être encor tout à fait impuissant.
Je veux bien toutefois agir avec adresse,
Joindre beaucoup d'honneur à bien peu de rudesse,
Le chasser avec gloire, et mêler doucement
Le prix de son mérite à mon ressentiment ;
Mais, s'il ne m'obéit, ou s'il ose s'en plaindre,
Quoi qu'il ait fait pour moi, quoi que j'en voie à craindre,
Dussé-je voir par là tout l'Etat hasardé....

ARASPE.

Il vient (1).

SCÈNE II
PRUSIAS, NICOMÈDE, ARASPE.

PRUSIAS.
Vous voilà, prince ! et qui vous a mandé ?

NICOMEDE.
La seule ambition de pouvoir en personne
Mettre à vos pieds, Seigneur, encore une couronne,
De jouir de l'honneur de vos embrassements,
Et d'être le témoin de vos contentements.
Après la Cappadoce heureusement unie
Aux royaumes du Pont et de la Bithynie,
Je viens remercier et mon père et mon roi
D'avoir eu la bonté de s'y servir de moi,
D'avoir choisi mon bras pour une telle gloire,
Et fait tomber sur moi l'honneur de sa victoire (2).

PRUSIAS.
Vous pouviez vous passer de mes embrassements,
Me faire par écrit de tels remercîments ;
Et vous ne deviez pas envelopper d'un crime
Ce que votre victoire ajoute à votre estime.
Abandonner mon camp en est un capital,
Inexcusable en tous, et plus au général ;

---

(1) Cette scène a mis à découvert le caractère de Prusias ; mais elle es inutile à l'action.

(2) La réponse de Nicomède, si noble, si calme, si pleine de déférence filiale, change en un instant les impressions du spectateur : il s'attendait à un éclat pénible ; il est charmé de voir le jeune vainqueur prendre si habilement position devant un père dont il connaît les injustes préventions. La parole coulante et facile que Corneille met sur ses lèvres, plaît d'autant plus qu'elle contraste avec son ton ordinairement froid et bref.

Et tout autre que vous, malgré cette conquête,
Revenant sans mon ordre, eût payé de sa tête.

NICOMEDE.

J'ai failli, je l'avoue, et mon cœur imprudent
A trop cru les transports d'un désir trop ardent·
L'amour que j'ai pour vous a commis cette offense,
Lui seul à mon devoir fait cette violence.
Si le bien de vous voir m'était moins précieux,
Je serais innocent, mais si loin de vos yeux,
Que j'aime mieux, Seigneur, en perdre un peu d'estime,
Et qu'un bonheur si grand me coûte un petit crime
Qui ne craindra jamais la plus sévère loi,
Si l'amour juge en vous ce qu'il a fait en moi.

PRUSIAS.

La plus mauvaise excuse est assez pour un père,
Et sous le nom d'un fils toute faute est légère :
Je ne veux voir en vous que mon unique appui.
Recevez tout l'honneur qu'on vous doit aujourd'hui :
L'ambassadeur romain me demande audience ;
Il verra ce qu'en vous je prends de confiance ;
Vous l'écouterez, prince, et répondrez pour moi (1).
Vous êtes aussi bien le véritable roi ;
Je n'en suis plus que l'ombre, et l'âge ne m'en laisse
Qu'un vain titre d'honneur qu'on rend à ma vieillesse ;
Je n'ai plus que deux jours peut-être à le garder :
L'intérêt de l'Etat vous doit seul regarder.
Prenez-en aujourd'hui la marque la plus haute ;
Mais gardez-vous aussi d'oublier votre faute ;
Et comme elle fait brèche au pouvoir souverain,
Pour la bien réparer, retournez dès demain (2).
Remettez en éclat la puissance absolue :
Attendez-la de moi comme je l'ai reçue,
Inviolable, entière ; et n'autorisez pas
De plus méchants que vous à la mettre plus bas.
Le peuple qui vous voit, la cour qui vous contemple
Vous désobéiraient sur votre propre exemple :

---

(1) Prusias joue parfaitement le rôle que lui a imposé la reine : l'entrevue de Flaminius et de Nicomède est concertée par cette femme artificieuse pour les mettre aux prises l'un avec l'autre devant le roi lui-même, la proposition de Prusias n'est donc qu'un piège.

(2) Le roi feint d'être apaisé ; il pardonne, à condition que son fils reparte dès le lendemain ; plus il le saura loin, plus il se croira en sûreté Corneille cependant relève ici son rôle en lui prêtant un langage noble et royal.

Donnez-leur-en un autre, et montrez à leurs yeux
Que nos premiers sujets obéissent le mieux.

NICOMEDE.

J'obéirai, Seigneur, et plus tôt qu'on ne pense ;
Mais je demande un prix de mon obéissance.
  La reine d'Arménie est due à ses Etats,
Et j'en vois les chemins ouverts par nos combats.
Il est temps qu'en son ciel cet astre aille reluire.
De grâce, accordez-moi l'honneur de l'y conduire.

PRUSIAS.

Il n'appartient qu'à vous, et cet illustre emploi
Demande un roi lui-même, ou l'héritier d'un roi ;
Mais pour la renvoyer jusqu'en son Arménie,
Vous savez qu'il y faut quelque cérémonie :
Tandis que je ferai préparer son départ,
Vous irez dans mon camp l'attendre de ma part (1).

NICOMEDE.

Elle est prête à partir sans plus grand équipage.

PRUSIAS.

Je n'ai garde à son rang de faire un tel outrage.
Mais l'ambassadeur entre, il le faut écouter ;
Puis nous verrons quel ordre on y doit apporter.

SCÈNE III
PRUSIAS, NICOMÈDE, FLAMINIUS, ARASPE.

FLAMINIUS.

Sur le point de partir, Rome, Seigneur, me mande
Que je vous fasse encor pour elle une demande.
  Elle a nourri vingt ans un prince votre fils ;
Et vous pouvez juger des soins qu'elle en a pris
Par les hautes vertus et les illustres marques
Qui font briller en lui le sang de vos monarques.
Surtout il est instruit en l'art de bien régner
C'est à vous de le croire et de le témoigner.
Si vous faites état de cette nourriture (2),
Donnez ordre qu'il règne : elle vous en conjure ;
Et vous offenseriez l'estime qu'elle en fait,
Si vous le laissiez vivre et mourir en sujet.

---

(1) La demande si habile de Nicomède n'embarrasse pas le rusé vieillard il trouve une raison toute prête pour écarter une question si délicate.

(2) *Nourriture* ne se dit plus pour *éducation*

Faites donc aujourd'hui que je lui puisse dire
Où vous lui destinez un souverain empire (1).

PRUSIAS.
Les soins qu'ont pris de lui le peuple et le sénat
Ne trouveront en moi jamais un père ingrat :
Je crois que pour régner il en a les mérites,
Et n'en veux point douter après ce que vous dites ;
Mais vous voyez, Seigneur, le prince son aîné,
Dont le bras généreux trois fois m'a couronné ;
Il ne fait que sortir encor d'une victoire ;
Et pour tant de hauts faits je lui dois quelque gloire :
Souffrez qu'il ait l'honneur de repondre pour moi (2).

NICOMEDE.
Seigneur, c'est à vous seul de faire Attale roi (3).

PRUSIAS.
C'est votre intérêt seul que sa demande touche.

NICOMEDE.
Le vôtre toutefois m'ouvrira seul la bouche.
De quoi se mêle Rome (4), et d'où prend le sénat,
Vous vivant, vous régnant, ce droit sur votre État ?
Vivez, régnez, Seigneur, jusqu'à la sépulture,
Et laissez faire après, ou Rome, ou la nature.

PRUSIAS.
Pour de pareils amis, il faut se faire effort.

NICOMEDE.
Qui partage vos biens aspire à votre mort ;
Et de pareils amis, en bonne politique...

PRUSIAS.
Ah! ne me brouillez point avec la république (5) :
Portez plus de respect à de tels alliés.

(1) Comme ce langage doit révolter le grand cœur de Nicomède ! La requête insolente du Romain ne peut que l'exaspérer.

(2) Cette déférence n'est qu'une embûche ; Prusias par cette manœuvre odieuse va provoquer la crise qu'Arsinoé appelle de tous ses vœux.

(3) Nicomede cherche habilement à décliner un tel honneur : sa réponse sèche marque assez son dépit.

(4) Ce mot est fier, la familiarité de l'expression et la vivacité du ton en doublent l'énergie.

(5) Ce vers serait comique si la situation n'était si grave. Du reste, « Prusias a raison de craindre cette brouillerie . c'est un trait juste et vrai qui peint l'homme » (GEOFFROY). Le faible monarque est là tout entier : il tremble devant Rome

NICOMÈDE.

Je ne puis voir sous eux les rois humiliés;
Et quel que soit ce fils que Rome nous renvoie,
Seigneur, je lui rendrais son présent avec joie.
S'il est si bien instruit en l'art de commander,
C'est un rare trésor qu'elle devrait garder,
Et conserver chez soi sa chère nourriture,
Ou pour le consulat ou pour la dictature (1).

FLAMINIUS.

Seigneur, dans ce discours qui nous traite si mal.
Vous voyez un effet des leçons d'Annibal;
Ce perfide ennemi de la grandeur romaine
N'en a mis en son cœur que mépris et que haine.

NICOMEDE.

Non, mais il m'a surtout laissé ferme en ce point
D'estimer beaucoup Rome, et ne la craindre point (2).
On me croit son disciple, et je le tiens à gloire;
Et quand Flaminius attaque sa mémoire,
Il doit savoir qu'un jour il me fera raison
D'avoir réduit mon maître au secours du poison,
Et n'oublier jamais qu'autrefois ce grand homme
Commença par son père à triompher de Rome (3).

FLAMINIUS.

Ah! c'est trop m'outrager!

NICOMEDE.

          N'outragez plus les morts.

PRUSIAS.

Et vous, ne cherchez point à former de discords :
Parlez, et nettement, sur ce qu'il me propose.

NICOMEDE.

Eh bien! s'il est besoin de répondre autre chose,
Attale doit régner, Rome l'a résolu;
Et puisqu'elle a partout un pouvoir absolu,
C'est aux rois d'obéir alors qu'elle commande.
    Attale a le cœur grand, l'esprit grand, l'âme grande,

(1) Nicomède reprend son arme favorite de l'ironie.
(2) Beau vers, où brille la grande et fière politique de Nicomède.
(3) Ce trait est sanglant (à la supposition de Corneille) : Flaminius s'indigne, Nicomède riposte avec une noblesse admirable.
Les victoires du Tésin et de la Trébie (218) avaient précédé celle de Trasimène où périt le consul Flaminius.

Et toutes les grandeurs dont se fait un grand roi (1);
Mais c'est trop que d'en croire un Romain sur sa foi.
Par quelque grand effet voyons s'il en est digne,
S'il a cette vertu, cette valeur insigne :
Donnez-lui votre armée, et voyons ces grands coups;
Qu'il en fasse pour lui ce que j'ai fait pour vous;
Qu'il règne avec éclat sur sa propre conquête,
Et que de sa victoire il couronne sa tête.
Je lui prête mon bras, et veux dès maintenant,
S'il daigne s'en servir, être son lieutenant.
L'exemple des Romains m'autorise à le faire :
Le fameux Scipion le fut bien de son frère;
Et lorsque Antiochus fut par eux détrôné.
Sous les lois du plus jeune on vit marcher l'aîné.
Les bords de l'Hellespont, ceux de la mer Égée,
Le reste de l'Asie à nos côtés rangée,
Offrent une matière à son ambition....

FLAMINIUS.

Rome prend tout ce reste en sa protection;
Et vous n'y pouvez plus étendre vos conquêtes
Sans attirer sur vous d'effroyables tempêtes (2).

NICOMEDE.

J'ignore sur ce point les volontés du roi ;
Mais peut-être qu'un jour je dépendrai de moi,
Et nous verrons alors l'effet de ces menaces.
Vous pouvez cependant faire munir ces places,
Préparer un obstacle à mes nouveaux desseins,
Disposer de bonne heure un secours de Romains;
Et si Flaminius en est le capitaine,
Nous pourrons lui trouver un lac de Trasimène (3).

PRUSIAS.

Prince, vous abusez trop tôt de ma bonté :
Le rang d'ambassadeur doit être respecté;
Et l'honneur souverain qu'ici je vous défère....

(1) « Ces deux vers, dit Voltaire, sont du nombre de ceux que les comédiens avaient corrigés; en effet, cette distinction du cœur, de l'esprit et de l'âme, cette énumération de parties faite ironiquement, est trop loin du ton de la tragédie, et cette répétition de *grand* et *grande* est comique » Comment Voltaire ne voit-il pas que ce qui serait comique ailleurs, devient ici d'un tragique saisissant par l'ironie amère d'un homme outré, qui jette cet éloge emphatique comme un défi à la face de ses adversaires?

(2) La politique romaine apparaît dans cette menace : elle ne peut souffrir de roi trop puissant dans tout l'univers.

(3) Le terrible railleur rend plaisir à retourner le fer dans la plaie.

NICOMÈDE.
Ou laissez-moi parler, Sire, ou faites-moi taire.
Je ne sais point répondre autrement pour un roi
A qui dessus son trône on veut faire la loi.

PRUSIAS.
Vous m'offensez moi-même en parlant de la sorte,
Et vous devez dompter l'ardeur qui vous emporte.

NICOMEDE.
Quoi! je verrai, Seigneur, qu'on borne vos Etats,
Qu'au milieu de ma course on m'arrête le bras,
Que de vous menacer on a même l'audace,
Et je ne rendrai point menace pour menace!
Et je remercierai qui me dit hautement
Qu'il ne m'est plus permis de vaincre impunement (1)!

PRUSIAS, *à Flaminius*.
Seigneur, vous pardonnez aux chaleurs de son âge;
Le temps et la raison pourront le rendre sage.

NICOMEDE.
La raison et le temps m'ouvrent assez les yeux,
Et l'âge ne fera que me les ouvrir mieux.
 Si j'avais jusqu'ici vécu comme ce frère,
Avec une vertu qui fût imaginaire
(Car je l'appelle ainsi quand elle est sans effets;
Et l'admiration de tant d'hommes parfaits
Dont il a vu dans Rome éclater le mérite,
N'est pas grande vertu si l'on ne les imite;)
Si j'avais donc vécu dans ce même repos
Qu'il a vécu dans Rome auprès de ses héros,
Elle me laisserait la Bithynie entière,
Telle que de tous temps l'aîné la tient d'un père,
Et s'empresserait moins à le faire régner,
Si vos armes sous moi n'avaient su rien gagner.
Mais parce qu'elle voit avec la Bithynie
Par trois sceptres conquis trop de puissance unie,
Il faut la diviser; et dans ce beau projet,
Ce prince est trop bien né pour vivre mon sujet!
Puisqu'il peut la servir à me faire descendre,
Il a plus de vertu que n'en eut Alexandre;
Et je lui dois quitter, pour le mettre en mon rang,
Le bien de mes aïeux, ou le prix de mon sang.

(1) On ne peut qu'applaudir à des accents si généreux : on admire la noble indignation d'un jeune prince bravant les foudres de Rome, et vengeant sa dignité royale lâchement abdiquée par son père.

Grâces aux immortels, l'effort de mon courage
Et ma grandeur future ont mis Rome en ombrage :
Vous pouvez l'en guérir, Seigneur, et promptement ;
Mais n'exigez d'un fils aucun consentement :
Le maître qui prit soin d'instruire ma jeunesse
Ne m'a jamais appris à faire une bassesse (1).

FLAMINIUS.

A ce que je puis voir, vous avez combattu,
Prince, par intérêt, plutôt que par vertu (2).
Les plus rares exploits que vous ayez pu faire
N'ont jeté qu'un dépôt sur la tête d'un père :
Il n'est que gardien de leur illustre prix,
Et ce n'est que pour vous que vous avez conquis,
Puisque cette grandeur à son trône attachée
Sur nul autre que vous ne peut être épanchée.
Certes, je vous croyais un peu plus généreux :
Quand les Romains le sont, ils ne font rien pour eux.
Scipion, dont tantôt vous vantiez le courage,
Ne voulait point régner sur les murs de Carthage ;
Et de tout ce qu'il fit pour l'empire romain,
Il n'en eut que la gloire et le nom d'Africain.
Mais on ne voit qu'à Rome une vertu si pure :
Le reste de la terre est d'une autre nature.
  Quant aux raisons d'Etat qui vous font concevoir
Que nous craignons en vous l'union du pouvoir,
Si vous en consultiez des têtes bien sensées,
Elles vous déferaient de ces belles pensées :
Par respect pour le roi, je ne dis rien de plus (3) ;
Prenez quelque loisir de rêver là-dessus ;
Laissez moins de fumée à vos feux militaires,
Et vous pourrez avoir des visions plus claires.

NICOMÈDE.

Le temps pourra donner quelque décision
Si la pensée est belle, ou si c'est vision.
Cependant....

(1) Dans ce discours si plein de verve et de grandeur, l'ironie de Nicomède flagelle la politique romaine avec une vigueur qui touche au sublime : le trait final est magnifique ; l'éloge d'Annibal qu'il renferme lui donne une saveur particulièrement mordante pour Flaminius.

(2) Flaminius s'enhardit aussi à user de l'ironie ; il la manie avec plus de calme et de mesure : c'est le vieux politique qui n'avance qu'à pas comptés, avec d'autant plus d'assurance qu'il a en réserve un trait qui frappera son rival au cœur.

(3) Flaminius est trop embarrassé de donner des raisons ; son prétendu respect couvre une défaite.

FLAMINIUS.
Cependant, si vous trouvez des charmes
A pousser plus avant la gloire de vos armes,
Nous ne la bornons point; mais comme il est permis
Contre qui que ce soit de servir ses amis,
Si vous ne le savez, je veux bien vous l'apprendre,
Et vous en donne avis, pour ne vous pas surprendre.
Au reste, soyez sûr que vous posséderez
Tout ce qu'en votre cœur déjà vous devorez :
Le Pont sera pour vous avec la Galatie,
Avec la Cappadoce, avec la Bithynie.
Ce bien de vos aïeux, ces prix de votre sang,
Ne mettront point Attale en votre illustre rang;
Et puisque leur partage est pour vous un supplice,
Rome n'a pas dessein de vous faire injustice.
Ce prince régnera sans rien prendre sur vous.
(A Prusias.)
La reine d'Arménie a besoin d'un époux,
Seigneur; l'occasion ne peut être plus belle :
Elle vit sous vos lois, et vous disposez d'elle (1).

NICOMEDE.
Voilà le vrai secret de faire Attale roi,
Comme vous l'avez dit, sans rien prendre sur moi.
La pièce est délicate, et ceux qui l'ont tissue
A de si longs détours font une digne issue.
Je n'y reponds qu'un mot, étant sans intérêt.
Traitez cette princesse en reine comme elle est :
Ne touchez point en elle aux droits du diadème,
Ou pour les maintenir je périrai moi-même.
Je vous en donne avis, et que jamais les rois,
Pour vivre en nos Etats, ne vivent sous nos lois;
Qu'elle seule en ces lieux d'elle-même dispose.

PRUSIAS.
N'avez-vous, Nicomède, à lui dire autre chose?

NICOMEDE.
Non, Seigneur, si ce n'est que la reine, après tout,
Sachant ce que je puis, me pousse trop à bout (2).

(1) Voilà le trait : Nicomède l'a compris, il se redresse avec toute la fierté de son courage : il ne souffrira pas qu'on touche à la liberté de Laodice. — La métaphore est prise d'une *pièce d'étoffe*, dont la trame a été ourdie avec hypocrisie

(2) Cette boutade montre la clairvoyance du jeune prince : derrière Prusias et Flaminius, il sent la cruelle main de sa marâtre.

Racine a dit dans *Bajazet* : *Poussons à bout l'ingrat*; et Bossuet, dans l'oraison funèbre de Condé : *Poussons à bout la gloire humaine.*

PRUSIAS.
Contre elle, dans ma cour, que peut votre insolence?
NICOMEDE.
Rien du tout, que garder ou rompre le silence.
Une seconde fois avisez, s'il vous plaît,
A traiter Laodice en reine comme elle est :
C'est moi qui vous en prie (1).

SCÈNE IV
PRUSIAS, FLAMINIUS, ARASPE.

FLAMINIUS.
Eh quoi! toujours obstacle (2)?
PRUSIAS.
De la part d'un amant, ce n'est pas grand miracle.
Cet orgueilleux esprit, enflé de ses succès,
Pense bien de son cœur nous empêcher l'accès;
Mais il faut que chacun suive sa destinée.
L'amour entre les rois ne fait pas l'hyménée,
Et les raisons d'Etat, plus fortes que ses nœuds,
Trouvent bien les moyens d'en éteindre les feux.
FLAMINIUS.
Comme elle a de l'amour, elle aura du caprice.
PRUSIAS.
Non, non : je vous réponds, Seigneur, de Laodice;
Mais enfin elle est reine, et cette qualité
Semble exiger de nous quelque civilité.
J'ai sur elle après tout une puissance entière;
Mais j'aime à la cacher sous le nom de prière.
Rendons-lui donc visite, et comme ambassadeur,
Proposez cet hymen vous-même à sa grandeur.
Je seconderai Rome, et veux vous introduire.
Puisqu'elle est en nos mains, l'amour ne vous peut nuire.
Allons de sa réponse à votre compliment
Prendre l'occasion de parler hautement (3).

(1) Cette grande scène est une des plus importantes de la tragédie Corneille y a mis admirablement en relief les trois rôles de Nicomède, de Flaminius et de Prusias.

(2) La dernière scène est bien faible après la discussion dramatique à laquelle nous venons d'assister. Flaminius, par politique, accepte le rôle indigne que Prusias lui propose.

(3) Pendant l'entr'acte, le roi et l'ambassadeur romain se préparent à se rendre chez Laodice pour la décider à accepter la main d'Attale; Nicomède produit devant le roi les deux assassins subornés par la reine : leur déposition est à la charge d'Arsinoé.

QUESTIONS SUR LE IIe ACTE.

Quel est le sujet du 2^d acte ?
A quoi sert la confidence que Prusias fait à Araspe ?
Comment le caractère d'Araspe se peint-il dans cette scène ?
Comment Nicomède apaise-t-il le courroux de son père ?
Par quels traits Corneille relève-t-il le caractère de Prusias ?
Quelles demandes Nicomède fait-il à son père ?
Qu'est-ce que Prusias exige de son fils ?
Quelle est l'importance de la 3e scène du 2^d acte ?
Quel piège Prusias tend-il à Nicomède ?
Comment Nicomède répond-il à la 1re demande de Flaminius ?
Quels traits d'ironie Nicomède lance-t-il contre l'ambassadeur romain ?
Comment Flaminius soutient-il la politique romaine ?
Quelle est la 2de demande de Flaminius ?
Comment Nicomède défend-il Laodice ?
Que résout Prusias avec Flaminius ?
Que se passe-t-il dans le 2^d entr'acte ?

ACTE TROISIÈME

Assauts livrés à Laodice. — Nicomède est cité devant le roi.

SCÈNE I

PRUSIAS, FLAMINIUS, LAODICE.

PRUSIAS.

Reine, puisque ce titre a pour vous tant de charmes,
Sa perte vous devrait donner quelques alarmes :
Qui tranche trop du roi ne règne pas longtemps (1).

LAODICE.

J'observerai, Seigneur, ces avis importants ;
Et si jamais je règne, on verra la pratique
D'une si salutaire et noble politique.

PRUSIAS.

Vous vous mettez fort mal au chemin de régner.

LAODICE.

Seigneur, si je m'égare, on peut me l'enseigner.

---

(1) Il y a peu de dignité pour Prusias à engager cette lutte avec une princesse qui a été confiée à ses soins : mais la jeune reine soutient l'assaut avec une grande noblesse.

PRUSIAS.

Vous méprisez trop Rome, et vous devriez faire
Plus d'estime d'un roi qui vous tient lieu de père.

LAODICE.

Vous verriez qu'à tous deux je rends ce que je doi,
Si vous vouliez mieux voir ce que c'est qu'être roi.
  Recevoir ambassade en qualité de reine,
Ce serait à vos yeux faire la souveraine.
Entreprendre sur vous, et dedans votre Etat
Sur votre autorité commettre un attentat :
Je la refuse donc, Seigneur, et me dénie
L'honneur qui ne m'est dû que dans mon Arménie.
C'est là que sur mon trône avec plus de splendeur
Je puis honorer Rome en son ambassadeur,
Faire réponse en reine, et comme le mérite
Et de qui l'on me parle, et qui m'en sollicite.
Ici c'est un métier que je n'entends pas bien,
Car hors de l'Arménie enfin je ne suis rien (1);
Et ce grand nom de reine ailleurs ne m'autorise
Qu'à n'y voir point de trône à qui je sois soumise,
A vivre indépendante, et n'avoir en tous lieux
Pour souverains que moi, la raison, et les dieux.

PRUSIAS.

Ces dieux vos souverains, et le roi votre père,
De leur pouvoir sur vous m'ont fait dépositaire;
Et vous pourrez peut-être apprendre une autre fois
Ce que c'est en tous lieux que la raison des rois.
Pour en faire l'épreuve, allons en Arménie :
Je vais vous y remettre en bonne compagnie;
Partons; et dès demain, puisque vous le voulez,
Preparez-vous à voir vos pays désolés;
Préparez-vous à voir par toute votre terre
Ce qu'ont de plus affreux les fureurs de la guerre,
Des montagnes de morts, des rivieres de sang.

LAODICE.

Je perdrai mes Etats, et garderai mon rang;
Et ces vastes malheurs où mon orgueil me jette
Me feront votre esclave, et non votre sujette ·
Ma vie est en vos mains, mais non ma dignité.

---

(1) Laodice, hors de son royaume, n'a que le titre de reine, sans l'exercice du pouvoir; elle se prévaut habilement de cette situation pour écarter une audience qui la gêne.

PRUSIAS.

Nous ferons bien changer ce courage indompté (1),
Et quand vos yeux, frappés de toutes ces misères,
Verront Attale assis au trône de vos pères,
Alors peut-être, alors vous le prierez en vain
Que pour y remonter il vous donne la main.

LAODICE.

Si jamais jusque-là votre guerre m'engage,
Je serai bien changée et d'âme et de courage.
Mais peut-être, Seigneur, vous n'irez pas si loin :
Les dieux de ma fortune auront un peu de soin ;
Ils vous inspireront, ou trouveront un homme
Contre tant de héros que vous prêtera Rome.

PRUSIAS.

Sur un présomptueux vous fondez votre appui ;
Mais il court à sa perte, et vous traîne avec lui (2).
  Pensez-y bien, Madame, et faites-vous justice :
Choisissez d'être reine, ou d'être Laodice ;
Et pour dernier avis que vous aurez de moi,
Si vous voulez régner, faites Attale roi.
Adieu (3).

SCÈNE II

FLAMINIUS, LAODICE.

FLAMINIUS.
  Madame, enfin une vertu parfaite...

LAODICE.

Suivez le roi, Seigneur, votre ambassade est faite (4) ;
Et je vous dis encor, pour ne vous point flatter,
Qu'ici je ne la dois ni la veux écouter.

FLAMINIUS.

Et je vous parle aussi, dans ce péril extrême,
Moins en ambassadeur qu'en homme qui vous aime,

(1) Une si noble résistance devrait désarmer Prusias ; il s'en irrite au contraire et devient cruel.

(2) Cette menace aggrave le péril de la princesse : elle n'en restera pas moins inflexible.

(3) Flaminius ne parle pas dans cette scène, parce que Prusias ne fait que l'introduire : il se réserve de traiter le sujet de son ambassade après le départ du roi.

(4) Après l'assaut de Prusias, celui de Rome : Laodice par sa brusque interruption et par le laconisme de sa réponse, fait entendre à Flaminius qu'il n'a rien à espérer d'elle.

ACTE III, SCÈNE II

Et qui, touché du sort que vous vous préparez,
Tâche à rompre le cours des maux où vous courez.
　J'ose donc comme ami (1) vous dire en confidence
Qu'une vertu parfaite a besoin de prudence,
Et doit considérer, pour son propre intérêt,
Et les temps où l'on vit, et les lieux où l'on est.
La grandeur de courage en une âme royale
N'est sans cette vertu qu'une vertu brutale,
Que son mérite aveugle, et qu'un faux jour d'honneur
Jette en un tel divorce avec le vrai bonheur,
Qu'elle-même se livre à ce qu'elle doit craindre,
Ne se fait admirer que pour se faire plaindre,
Que pour nous pouvoir dire, après un grand soupir :
« J'avais droit de régner, et n'ai su m'en servir. »
Vous irritez un roi dont vous voyez l'armée
Nombreuse, obéissante, à vaincre accoutumée ;
Vous êtes en ses mains, vous vivez dans sa cour.

LAODICE.

Je ne sais si l'honneur eut jamais un faux jour,
Seigneur ; mais je veux bien vous répondre en amie.
　Ma prudence n'est pas tout à fait endormie ;
Et sans examiner par quel destin jaloux
La grandeur de courage est si mal avec vous,
Je veux vous faire voir que celle que j'étale
N'est pas tant qu'il vous semble une vertu brutale ;
Que si j'ai droit au trône, elle s'en veut servir,
Et sait bien repousser qui me le veut ravir.
　Je vois sur la frontière une puissante armée,
Comme vous l'avez dit, à vaincre accoutumée ;
Mais par quelle conduite, et sous quel général ?
Le roi, s'il s'en fait fort, pourrait s'en trouver mal ;
Et s'il voulait passer de son pays au nôtre,
Je lui conseillerais de s'assurer d'un autre.
Mais je vis dans sa cour, je suis dans ses États,
Et j'ai peu de raison de ne le craindre pas.
Seigneur, dans sa cour même, et hors de l'Arménie,
La vertu trouve appui contre la tyrannie.
Tout son peuple a des yeux pour voir quel attentat
Font sur le bien public les maximes d'État :
Il connaît Nicomède, il connaît sa marâtre,
Il en sait, il en voit la haine opiniâtre ;
Il voit la servitude où le roi s'est soumis,

---

(1) Flaminius renonce au rôle d'ambassadeur : il ne veut plus donner que des conseils d'ami ; c'est pour cela qu'il paraît si faible devant Laodice ; il ne se relève que vers la fin, en prenant le ton de la menace.

Et connaît d'autant mieux les dangereux amis.
Pour moi, que vous croyez au bord du précipice,
Bien loin de mépriser Attale par caprice,
J'évite les mépris qu'il recevrait de moi,
S'il tenait de ma main la qualité de roi.
Je le regarderais comme une âme commune,
Comme un homme mieux né pour une autre fortune,
Plus mon sujet qu'époux, et le nœud conjugal
Ne le tirerait pas de ce rang inégal.
Mon peuple à mon exemple en ferait peu d'estime.
Ce serait trop, Seigneur, pour un cœur magnanime :
Mon refus lui fait grâce, et malgré ses désirs,
J'épargne à sa vertu d'éternels déplaisirs.

FLAMINIUS.

Si vous me dites vrai, vous êtes ici reine :
Sur l'armée et la cour je vous vois souveraine;
Le roi n'est qu'une idée, et n'a de son pouvoir
Que ce que par pitié vous lui laissez avoir.
Quoi! même vous allez jusques à faire grâce!
Après cela, Madame, excusez mon audace;
Souffrez que Rome enfin vous parle par ma voix :
Recevoir ambassade est encor de vos droits;
Ou si ce nom vous choque ailleurs qu'en Arménie,
Comme simple Romain souffrez que je vous die (1)
Qu'être allié de Rome, et s'en faire un appui,
C'est l'unique moyen de régner aujourd'hui (2);
Que c'est par là qu'on tient ses voisins en contrainte,
Ses peuples en repos, ses ennemis en crainte ;
Qu'un prince est dans son trône à jamais affermi
Quand il est honoré du nom de son ami;
Qu'Attale avec ce titre est plus roi, plus monarque
Que tous ceux dont le front ose en porter la marque;
Et qu'enfin....

LAODICE.

Il suffit ; je vois bien ce que c'est :
Tous les rois ne sont rois qu'autant comme il vous plaît;
Mais si de leurs Etats Rome à son gré dispose,
Certes pour son Attale elle fait peu de chose,
Et qui tient en sa main tant de quoi lui donner
A mendier pour lui devrait moins s'obstiner.

---

(1) *Die* pour *dise*; ce mot se trouve plusieurs fois dans Racine.

(2) Voilà encore un des traits de la politique romaine : elle aimait à couvrir de sa protection les rois ses alliés, comme elle abattait ceux qui osaient lui résister, *parcere subjectis et debellare superbos.*

ACTE III, SCÈNE II

Pour un prince si cher sa réserve m'étonne;
Que ne me l'offre-t-elle avec une couronne?
C'est trop m'importuner en faveur d'un sujet,
Moi qui tiendrais un roi pour un indigne objet,
S'il venait par votre ordre, et si votre alliance
Souillait entre ses mains la suprême puissance.
Ce sont des sentiments que je ne puis trahir :
Je ne veux point de rois qui sachent obéir (1);
Et puisque vous voyez mon âme tout entière,
Seigneur, ne perdez plus menace ni prière.

FLAMINIUS.

Puis-je ne pas vous plaindre en cet aveuglement?
Madame, encore un coup, pensez-y mûrement :
Songez mieux ce qu'est Rome et ce qu'elle peut faire;
Et si vous vous aimez, craignez de lui déplaire.
Carthage étant détruite, Antiochus défait,
Rien de nos volontés ne peut troubler l'effet :
Tout fléchit sur la terre, et tout tremble sur l'onde;
Et Rome est aujourd'hui la maîtresse du monde (2).

LAODICE.

La maîtresse du monde! Ah! vous me feriez peur,
S'il ne s'en fallait pas l'Arménie et mon cœur,
Si le grand Annibal n'avait qui lui succède,
S'il ne revivait pas au prince Nicomède,
Et s'il n'avait laissé dans de si dignes mains
L'infaillible secret de vaincre les Romains.
Un si vaillant disciple aura bien le courage
D'en mettre jusqu'au bout les leçons en usage :
L'Asie en fait l'épreuve, où trois sceptres conquis
Font voir en quelle école il en a tant appris.
Ce sont des coups d'essai, mais si grands que peut-être
Le Capitole a droit d'en craindre un coup de maître (3).
Et qu'il ne puisse un jour...

---

(1) Laodice sait tirer du raisonnement de Flaminius un argument contre Flaminius . elle ne veut pas d'un roi avili par l'alliance de Rome; c'est son dernier mot.

(2) Ces vers sont beaux ; la pompe du style égale la grandeur des maîtres du monde. Flaminius croit effrayer la jeune princesse en dressant devant ses yeux le terrible colosse. Laodice en rit; la confiance que lui inspire Nicomède, lui donne des dédains superbes pour cette Rome tant de fois battue par Annibal, son maître.

(3) Rodrigue disait à don Gomes (*le Cid*, acte II, sc. II) .

Mes pareils à deux fois ne se font point connaître,
Et pour leurs coups d'essai veulent des coups de maître.

FLAMINIUS.
Ce jour est encor loin,
Madame, et quelques-uns vous diront, au besoin,
Quels dieux du haut en bas renversent les profanes,
Et que même au sortir de Trébie et de Cannes,
Son ombre épouvanta votre grand Annibal (1).
Mais le voici ce bras à Rome si fatal.

SCENE III
NICOMÈDE, LAODICE, FLAMINIUS.

NICOMEDE
Ou Rome à ses agents donne un pouvoir bien large,
Ou vous êtes bien long à faire votre charge (2).

FLAMINIUS.
Je sais quel est mon ordre, et si j'en sors ou non
C'est à d'autres qu'à vous que j'en rendrai raison.

NICOMEDE.
Allez-y donc, de grâce, et laissez à ma flamme
Le bonheur à son tour d'entretenir Madame :
Vous avez dans son cœur fait de si grands progrès,
Et vos discours pour elle ont de si grands attraits,
Que sans de grands efforts je n'y pourrai détruire
Ce que votre harangue y voulait introduire.

FLAMINIUS.
Les malheurs où la plonge une indigne amitié
Me faisaient lui donner un conseil par pitié.

NICOMEDE.
Lui donner de la sorte un conseil charitable,
C'est être ambassadeur et tendre et pitoyable.
Vous a-t-il conseillé beaucoup de lâchetés (3),
Madame?

FLAMINIUS.
Ah! c'en est trop; et vous vous emportez.

(1) Magnifique image, qui rend d'une manière sublime la grandeur de la constance romaine après la bataille de Cannes, alors qu'elle vendait le champ sur lequel campait le Carthaginois, qu'elle remerciait ses généraux de n'avoir pas désespéré de sa fortune, et envoyait des armées en Espagne, en Sicile et en Afrique.

(2) A voir avec quelle hauteur Nicomède traite Flaminius, on sent qu'il est las à la fois et de Rome et de son ambassadeur; son caractère ne connaît point l'art des ménagements.

(3) Nicomède reprend son ton railleur : il faut avouer qu'on ne peut être plus mordant.

####### NICOMÈDE.
Je m'emporte (1)?

####### FLAMINIUS.
Sachez qu'il n'est point de contrée
Où d'un ambassadeur la dignité sacrée (2)....

####### NICOMÈDE.
Ne nous vantez plus tant son rang et sa splendeur :
Qui fait le conseiller n'est plus ambassadeur;
Il excède sa charge, et lui-même y renonce.
Mais dites-moi, Madame, a-t-il eu sa réponse?

####### LAODICE.
Oui, Seigneur.

####### NICOMÈDE.
Sachez donc que je ne vous prends plus
Que pour l'agent d'Attale, et pour Flaminius;
Et si vous me fâchiez, j'ajouterais peut-être
Que pour l'empoisonneur d'Annibal, de mon maître (3).
Voilà tous les honneurs que vous aurez de moi :
S'ils ne vous satisfont, allez vous plaindre au roi.

####### FLAMINIUS.
Il me fera justice, encor qu'il soit bon père,
Ou Rome à son refus se la saura bien faire.

####### NICOMÈDE.
Allez de l'un et l'autre embrasser les genoux.

####### FLAMINIUS.
Les effets répondront. Prince, pensez à vous (4).

(1) C'est Flaminius qui s'emporte; le ton calme du cruel moqueur tranche avec l'indignation émue du Romain.

(2) Pour se mettre à couvert, Flaminius s'empresse d'invoquer son titre d'ambassadeur : Nicomède le lui dénie avec raison.

(3) La raillerie devient ici sarcasme : Corneille semble se plaire à humilier Rome dans la personne de son ambassadeur; aussi bien son rôle est indigne comme la politique du sénat. Autant le poète a élevé l'héroïsme du peuple romain dans les Horaces, dans Auguste, dans César, dans Sertorius et dans Pompée, autant il ravale ses menées tyranniques et odieuses dans la conquête du monde.

(4) La situation se complique : d'un côté, c'est Flaminius qui sort outré de l'insolence de Nicomède; de l'autre, c'est Arsinoé qu'on voit chargée d'un attentat sur la personne du jeune prince; l'intrigue se serre, et comme Laodice, le spectateur ne peut prévoir comment la lutte finira.

SCÈNE IV
NICOMÈDE, LAODICE.

NICOMÈDE.

Cet avis est plus propre à donner à la reine.
Ma générosité cède enfin à sa haine :
Je l'épargnais assez pour ne découvrir pas
Les infâmes projets de ses assassinats ;
Mais enfin on m'y force, et tout son crime éclate.
J'ai fait entendre au roi Zénon et Métrobate ;
Et comme leur rapport a de quoi l'étonner,
Lui-même il prend le soin de les examiner.

LAODICE.

Je ne sais pas, Seigneur, quelle en sera la suite ;
Mais je ne comprends point toute cette conduite,
Ni comme à cet éclat la reine vous contraint (1).
Plus elle vous doit craindre, et moins elle vous craint
Et plus vous la pouvez accabler d'infamie,
Plus elle vous attaque en mortelle ennemie.

NICOMÈDE.

Elle prévient ma plainte, et cherche adroitement
A la faire passer pour un ressentiment ;
Et ce masque trompeur de fausse hardiesse
Nous déguise sa crainte, et couvre sa faiblesse.

LAODICE.

Les mystères de cour souvent sont si cachés,
Que les plus clairvoyants y sont bien empêchés.
  Lorsque vous n'étiez point ici pour me défendre,
Je n'avais contre Attale aucun combat à rendre ;
Rome ne songeait point à troubler notre amour :
Bien plus, on ne vous souffre ici que ce seul jour ;
Et dans ce même jour Rome, en votre présence,
Avec chaleur pour lui presse mon alliance.
Pour moi, je ne vois goutte en ce raisonnement (2)
Qui n'attend point le temps de votre éloignement,
Et j'ai devant les yeux toujours quelque nuage

---

(1) Pour donner une idée de la légèreté avec laquelle Voltaire entasse ses injustes critiques dans son *Commentaire* sur Corneille, il suffit de citer la suivante qu'il fait à propos de ce vers « On n'a point encore vu cette reine Arsinoé, on n'a dit qu'un mot d'un Métrobate, et cependant on est au milieu du troisième acte. » Or, Arsinoé a paru dès le premier acte, dans trois scènes consécutives (sc. III, IV et V), de plus, on sait que c'est Arsinoé qui a tout mené jusqu'ici.

(2) *Je ne vois goutte* est devenu trop familier.

Qui m'offusque la vue, et m'y jette un ombrage.
Le roi chérit sa femme, il craint Rome ; et pour vous,
S'il ne voit vos hauts faits d'un œil un peu jaloux,
Du moins, à dire tout, je ne saurais vous taire
Qu'il est trop bon mari pour être assez bon père (1)
Voyez quel contre-temps Attale prend ici !
Qui l'appelle avec nous? quel projet? quel souci (2)?
Je conçois mal, Seigneur, ce qu'il faut que j'en pense ;
Mais j'en romprai le coup, s'il y faut ma présence.
Je vous quitte.

SCÈNE V
NICOMÈDE, ATTALE, LAODICE.

ATTALE.

Madame, un si doux entretien
N'est plus charmant pour vous quand j'y mêle le mien.

LAODICE.

Votre importunité, que j'ose dire extrême,
Me peut entretenir en un autre moi-même (3) :
Il connaît tout mon cœur, et répondra pour moi,
Comme à Flaminius il a fait pour le roi.

SCÈNE VI
NICOMÈDE, ATTALE.

ATTALE.

Puisque c'est la chasser, Seigneur, je me retire.

NICOMEDE.

Non, non ; j'ai quelque chose aussi bien à vous dire,
Prince J'avais mis bas, avec le nom d'aîné,
L'avantage du trône où je suis destiné,
Et voulant seul ici défendre ce que j'aime,
Je vous avais prié de l'attaquer de même,
Et de ne mêler point surtout dans vos desseins
Ni le secours du roi, ni celui des Romains.
Mais, ou vous n'avez pas la mémoire fort bonne,
Ou vous n'y mettez rien de ce qu'on vous ordonne.

---

(1) Dans ces quatre vers, Laodice résume avec beaucoup de clairvoyance et de précision les dangers qui environnent Nicomède ; la faiblesse de Prusias vis-à-vis d'Arsinoé et de Rome, et sa jalousie contre le jeune conquérant.

(2) Attale est sans doute envoyé par Arsinoé ou par Prusias pour tenter un dernier effort

(3) C'est bref ; Attale est un importun.

ATTALE.

Seigneur, vous me forcez à m'en souvenir mal,
Quand vous n'achevez pas de rendre tout égal :
Vous vous défaites bien de quelques droits d'aînesse ;
Mais vous défaites-vous du cœur de la princesse,
De toutes les vertus qui vous en font aimer,
Des hautes qualités qui savent tout charmer,
De trois sceptres conquis, du gain de six batailles,
Des glorieux assauts de plus de cent murailles ?
Avec de tels seconds rien n'est pour vous douteux.
Rendez donc la princesse égale entre nous deux :
Ne lui laissez plus voir ce long amas de gloire
Qu'à pleines mains sur vous a versé la victoire ;
Et faites qu'elle puisse oublier une fois
Et vos rares vertus et vos fameux exploits ;
Ou contre son amour, contre votre vaillance,
Souffrez Rome et le roi dedans l'autre balance :
Le peu qu'ils ont gagné vous fait assez juger
Qu'ils n'y mettront jamais qu'un contre-poids léger (1).

NICOMÈDE.

C'est n'avoir pas perdu tout votre temps à Rome,
Que vous savoir ainsi défendre en galant homme :
Vous avez de l'esprit, si vous n'avez du cœur (2).

SCENE VII

ARSINOE, NICOMÈDE, ATTALE, ARASPE.

ARASPE.

Seigneur, le roi vous mande.

NICOMÈDE.
      Il me mande ?

ARASPE.
        Oui, Seigneur (3).

ARSINOÉ.

Prince, la calomnie est aisée à détruire.

(1) Au reproche hautain de son frère aîné, Attale répond avec infiniment d'esprit et de courtoisie : on aime ce jeune homme dont le seul tort est d'avoir été le double élevé de sa mère et de Rome.

(2) Nicomède est désarmé par l'esprit de son jeune frère : il le loue avec une restriction que lui-même bientôt sera heureux de démentir. — *Du cœur*, c'est-à-dire le vrai patriotisme.

(3) Ce brusque appel excite la curiosité et la crainte. Nicomède, tout à l'heure si sûr de la victoire, comptait sans les intrigues de sa marâtre, voilà qu'elle revient triomphante.

NICOMEDE.

J'ignore à quel sujet vous m'en venez instruire,
Moi qui ne doute point de cette vérité,
Madame.

ARSINOÉ.

Si jamais vous n'en aviez douté,
Prince, vous n'auriez pas, sous l'espoir qui vous flatte,
Amené de si loin Zénon et Métrobate.

NICOMEDE.

Je m'obstinais, Madame, à tout dissimuler;
Mais vous m'avez forcé de les faire parler.

ARSINOÉ.

La vérité les force, et mieux que vos largesses.
Ces hommes du commun tiennent mal leurs promesses :
Tous deux en ont plus dit qu'ils n'avaient résolu.

NICOMEDE.

J'en suis fâché pour vous, mais vous l'avez voulu.

ARSINOÉ.

Je le veux bien encore, et je n'en suis fâchée
Que d'avoir vu par là votre vertu tachée,
Et qu'il faille ajouter à vos titres d'honneur
La noble qualité de mauvais suborneur (1).

NICOMEDE.

Je les ai subornés contre vous à ce compte?

ARSINOÉ.

J'en ai le déplaisir, vous en aurez la honte.

NICOMEDE.

Et vous pensez par là leur ôter tout crédit?

ARSINOÉ.

Non, Seigneur : je me tiens à ce qu'ils en ont dit.

NICOMÈDE.

Qu'ont-ils dit qui vous plaise, et que vous vouliez croire!

ARSINOÉ.

Deux mots de vérité qui vous comblent de gloire.

NICOMÈDE.

Peut-on savoir de vous ces deux mots importants?

(1) Arsinoé est méchante dans son triomphe.

ARASPE.

Seigneur, le roi s'ennuie, et vous tardez longtemps.

ARSINOÉ.

Vous les saurez de lui, c'est trop le faire attendre.

NICOMÈDE.

Je commence, Madame, enfin à vous entendre :
Son amour conjugal, chassant le paternel,
Vous fera l'innocente, et moi le criminel.
Mais....

ARSINOÉ.

Achevez, Seigneur; ce mais, que veut-il dire?

NICOMÈDE.

Deux mots de vérité qui font que je respire (1).

ARSINOÉ.

Peut-on savoir de vous ces deux mots importants?

NICOMÈDE.

Vous les saurez du roi; je tarde trop longtemps.

SCENE VIII

ARSINOÉ, ATTALE.

ARSINOÉ.

Nous triomphons, Attale; et ce grand Nicomède
Voit quelle digne issue à ses fourbes succède.
Les deux accusateurs que lui-même a produits,
Que pour l'assassiner je dois avoir séduits,
Pour me calomnier subornés par lui-même,
N'ont su bien soutenir un si noir stratagème.
Tous deux m'ont accusée, et tous deux avoué
L'infâme et lâche tour qu'un prince m'a joué.
Qu'en présence des rois les vérités sont fortes!
Que pour sortir d'un cœur elles trouvent de portes!
Qu'on en voit le mensonge aisément confondu!
Tous deux voulaient me perdre, et tous deux l'ont perdu (2).

ATTALE.

Je suis ravi de voir qu'une telle imposture
Ait laissé votre gloire et plus grande et plus pure;

(1) Cette reprise ironique entre une femme scélérate et un héros calomnié donne le frisson : la guerre est desormais à eux deux, l'un ou l'autre tombera, on craint que ce ne soit l'innocent : voilà le tragique.

(2) Arsinoé a fait ce coup depuis l'échec que Prusias a éprouvé de la part de Laodice.

Mais pour l'examiner, et bien voir ce que c'est,
Si vous pouviez vous mettre un peu hors d'intérêt.
Vous ne pourriez jamais, sans un peu de scrupule,
Avoir pour deux méchants une âme si crédule.
Ces perfides tous deux se sont dits aujourd'hui
Et subornés par vous, et subornés par lui :
Contre tant de vertus, contre tant de victoires,
Doit-on quelque croyance à des âmes si noires?
Qui se confesse traître est indigne de foi.

ARSINOE.

Vous êtes généreux, Attale, et je le voi,
Même de vos rivaux la gloire vous est chère.

ATTALE.

Si je suis son rival, je suis aussi son frère (1);
Nous ne sommes qu'un sang, et ce sang dans mon cœur
A peine a le passer pour calomniateur.

ARSINOE.

Et vous en avez moins à me croire assassine,
Moi, dont la perte est sûre à moins que sa ruine?

ATTALE.

Si contre lui j'ai peine à croire ces témoins,
Quand ils vous accusaient je les croyais bien moins.
Votre vertu, Madame, est au-dessus du crime.
Souffrez donc que pour lui je garde un peu d'estime :
La sienne dans la cour lui fait mille jaloux,
Dont quelqu'un a voulu le perdre auprès de vous;
Et ce lâche attentat n'est qu'un trait de l'envie
Qui s'efforce à noircir une si belle vie.
  Pour moi, si par soi-même on peut juger d'autrui,
Ce que je sens en moi, je le présume en lui (2).
Contre un si grand rival j'agis à force ouverte,
Sans blesser son honneur, sans pratiquer sa perte.
J'emprunte du secours, et le fais hautement;
Je crois qu'il n'agit pas moins généreusement,
Qu'il n'a que les desseins où sa gloire l'invite,
Et n'oppose à mes vœux que son propre mérite.

(1) Belle et touchante parole qui devrait arrêter l'infâme Arsinoé : elle s'en irrite, c'est logique dans son caractère.

(2) Attale a vraiment le cœur généreux ; sa vertu se développe et s'épanouit de plus en plus au contact de son héroïque rival. Il parle à sa mère avec un bon sens, une loyauté et une fermeté qui la déconcertent. Aussi lui cache-t-elle ses intrigues, elle se contente de s'abriter derrière le jugement du roi.

ARSINOÉ.

Vous êtes peu du monde, et savez mal la cour.

ATTALE.

Est-ce autrement qu'en prince on doit traiter l'amour?

ARSINOÉ.

Vous le traitez, mon fils, et parlez en jeune homme.

ATTALE.

Madame, je n'ai vu que des vertus à Rome (1).

ARSINOE.

Le temps vous apprendra, par de nouveaux emplois,
Quelles vertus il faut à la suite des rois.
Cependant si le prince est encor votre frère,
Souvenez-vous aussi que je suis votre mère;
Et malgré les soupçons que vous avez conçus,
Venez savoir du roi ce qu'il croit là-dessus (2).

QUESTIONS SUR LE IIIe ACTE

Quel est le sujet du 3e acte?
Comment Laodice répond-elle aux propositions de Prusias?
Comment reçoit-elle Flaminius?
Quelles sont les raisons politiques que Flaminius met en avant?
Quelles raisons Laodice oppose-t-elle à Flaminius?
Comment Nicomède vient-il rompre cet entretien?
En quels termes Flaminius quitte-t-il Nicomède?
Comment Attale répond-il aux reproches de Nicomède?
Quel est le caractère de la 2de entrevue de Nicomède et d'Arsinoé?
Arsinoé emploie-t-elle aussi l'ironie?
Quel contraste présente la scène finale entre Attale et sa mère?
Que se passe-t-il entre le 3e acte et le 4e?

(1) Cet hommage rendu par le jeune prince aux maîtres de son enfance, adoucit la fâcheuse impression produite par la politique romaine; la Rome des Scipion, des Lélius et des Caton, renfermait encore plus de vertus que les cours de l'Asie.

(2) L'acte, en finissant, laisse les cœurs dans l'anxiété la plus vive Nicomède est obligé de se justifier devant un roi circonvenu et faible; il s'y rend : le tribunal va se dresser à nos yeux; Arsinoé prépare avec sa défense l'acte d'accusation dont elle veut accabler Nicomède.

ACTE QUATRIEME

Nicomède accusé, condamné. — Attale désabusé.

SCÈNE I
PRUSIAS, ARSINOE, ARASPE.

PRUSIAS.

Faites venir le prince, Araspe.
            (*Araspe rentre.*)
                              Et vous, Madame,
Retenez des soupirs dont vous me percez l'âme (1).
Quel besoin d'accabler mon cœur de vos douleurs,
Quand vous y pouvez tout sans le secours des pleurs?
Quel besoin que ces pleurs prennent votre defense?
Doute-je de son crime ou de votre innocence?
Et reconnaissez-vous que tout ce qu'il m'a dit
Par quelque impression ébranle mon esprit?

ARSINOE.

Ah! Seigneur, est-il rien qui répare l'injure
Que fait à l'innocence un moment d'imposture?
Et peut-on voir mensonge assez tôt avorté
Pour rendre à la vertu toute sa pureté?
Il en reste toujours quelque indigne memoire
Qui porte une souillure à la plus haute gloire (2).
Combien en votre cour est-il de médisants?
Combien le prince a-t-il d'aveugles partisans,
Qui, sachant une fois qu'on m'a calomniee,
Croiront que votre amour m'a seul justifiee?
Et si la moindre tache en demeure à mon nom,
Si le moindre du peuple en conserve un soupçon,
Suis-je digne de vous? et de telles alarmes
Touchent-elles trop peu pour meriter mes larmes?

PRUSIAS.

Ah! c'est trop de scrupules, et trop mal présumer
D'un mari qui vous aime, et qui vous doit aimer.
La gloire est plus solide après la calomnie,

---

(1) Cette scene, où la perfide Arsinoé joue si habilement la douleur, met en relief la faiblesse et les preventions de son époux : quelle impartialite presdera à son jugement? Nicomede est condamné d'avance. On attend le jeune heros avec une curiosité mêlée de pitié.

(2) La chose n'est que trop vraie · Calomniez, calomniez, il en reste toujours quelque chose. (BEAUMARCHAIS)

Et brille d'autant mieux qu'elle s'en vit ternie.
Mais voici Nicomède, et je veux qu'aujourd'hui...

SCÈNE II
PRUSIAS, ARSINOÉ, NICOMÈDE, ARASPE,
GARDES.

ARSINOE.
Grâce, grâce, Seigneur, à notre unique appui!
Grâce à tant de lauriers en sa main si fertiles!
Grâce à ce conquérant, à ce preneur de villes!
Grâce....

NICOMEDE.
De quoi, Madame (1)? est-ce d'avoir conquis
Trois sceptres, que ma perte expose à votre fils?
D'avoir porté si loin vos armes dans l'Asie,
Que même votre Rome en a pris jalousie?
D'avoir trop soutenu la majesté des rois?
Trop rempli votre cour du bruit de mes exploits?
Trop du grand Annibal pratiqué les maximes?
S'il faut grâce pour moi, choisissez de mes crimes :
Les voilà tous, Madame; et si vous y joignez
D'avoir cru des méchants par quelque autre gagnés,
D'avoir une âme ouverte, une franchise entière,
Qui dans leur artifice a manqué de lumière,
C'est gloire et non pas crime à qui ne voit le jour
Qu'au milieu d'une armée, et loin de votre cour,
Qui n'a que la vertu de son intelligence,
Et vivant sans remords, marche sans defiance.

ARSINOÉ.
Je m'en dédis, Seigneur : il n'est point criminel (2).

(1) Ces cris d'une génerosite hypocrite ne trompent point Nicomède : il a une telle foi en son innocence qu'il repousse avec mepris un pardon injurieux; il ne craint pas même de rappeler a son ennemie, avec une hauteur héroïque, des services qu'elle abhorre, qu'elle vient de remettre sous les yeux du roi pour reveiller sa jalousie.

(2) Ce plaidoyer artificieux mérite d'être comparé au discours hypocrite de Cleopâtre se défendant contre Rodogune (*Rodogune*, acte V, sc. 4).
Cléopâtre est plus violente : atterree par la situation tragique où elle se trouve, elle a hâte d'accabler Rodogune sous le poids de ses accusations, ici, au contraire, la marâtre, sûre de son époux feint de plaider la cause de Nicomede pour paraître d'autant plus innocente qu'elle se montre plus genereuse. Mais cette apparente indulgence couvre la plus noire perfidie; car, pour excuser son ennemi, elle rejette son crime sur le motif le plus capable d'irriter son faible mari : c'est, dit-elle, parce que je suis votre épouse qu'il veut ma perte; il prétend m'enlever votre amour, malgré les bienfaits dont je l'ai comblé.

S'il m'a voulu noircir d'un opprobre éternel,
Il n'a fait qu'obéir à la haine ordinaire
Qu'imprime à ses pareils le nom de belle-mère.
De cette aversion son cœur préoccupé
M'impute tous les traits dont il se sent frappé.
Que son maître Annibal, malgré la foi publique,
S'abandonne aux fureurs d'une terreur panique ;
Que ce vieillard confie et gloire et liberté
Plutôt au désespoir qu'à l'hospitalité :
Ces terreurs, ces fureurs, sont de mon artifice.
Quelque appas que lui-même il trouve en Laodice,
C'est moi qui fais qu'Attale a des yeux comme lui ;
C'est moi qui force Rome à lui servir d'appui ;
De cette seule main part tout ce qui le blesse ;
Et pour venger ce maître et sauver sa maîtresse,
S'il a tâché, Seigneur, de m'éloigner de vous,
Tout est trop excusable en un amant jaloux.
Ce faible et vain effort ne touche point mon âme.
Je sais que tout mon crime est d'être votre femme ;
Que ce nom seul l'oblige à me persécuter,
Car enfin hors de là que peut-il m'imputer ?
Ma voix, depuis dix ans qu'il commande une armée,
A-t-elle refusé d'enfler sa renommée ?
Et lorsqu'il l'a fallu puissamment secourir,
Que la moindre longueur l'aurait laissé périr,
Quel autre a mieux pressé les secours nécessaires ?
Qui l'a mieux dégagé de ses destins contraires ?
A-t-il eu près de vous un plus soigneux agent
Pour hâter les renforts et d'hommes et d'argent ?
Vous le savez, Seigneur, et pour reconnaissance.
Après l'avoir servi de toute ma puissance,
Je vois qu'il a voulu me perdre auprès de vous (1) ;
Mais tout est excusable en un amant jaloux :
Je vous l'ai déjà dit.

PRUSIAS.

Ingrat, que peux-tu dire ?

(1) Le tableau de ses prétendus bienfaits qu'Arsinoé oppose à l'ingratitude de Nicomède, rappelle l'éloquent discours d'Auguste et sa conclusion foudroyante (*Cinna*, acte V, sc. 1) :

Tu t'en souviens, Cinna : tant d'heur et tant de gloire
Ne peuvent pas sitôt sortir de la mémoire,
Mais ce qu'on ne pourrait jamais s'imaginer,
Cinna, tu t'en souviens, et veux m'assassiner.

NICOMÈDE.

Que la reine a pour moi des bontés que j'admire (1).
Je ne vous dirai point que ces puissants secours
Dont elle a conservé mon honneur et mes jours,
Et qu'avec tant de pompe à vos yeux elle étale,
Travaillaient par ma main à la grandeur d'Attale ;
Que par mon propre bras elle amassait pour lui,
Et préparait dès lors ce qu'on voit aujourd'hui :
Par quelques sentiments qu'elle ait été poussée,
J'en laisse le ciel juge, il connaît sa pensée ;
Il sait pour mon salut comme elle a fait des vœux ;
Il lui rendra justice, et peut-être à tous deux.
    Cependant, puisque enfin l'apparence est si belle,
Elle a parlé pour moi, je dois parler pour elle,
Et pour son intérêt vous faire souvenir
Que vous laissez longtemps deux méchants à punir.
Envoyez Metrobate et Zénon au supplice.
Sa gloire attend de vous ce digne sacrifice :
Tous deux l'ont accusée ; et s'ils s'en sont dédits
Pour la faire innocente et charger votre fils,
Ils n'ont rien fait pour eux, et leur mort est trop juste
Après s'être joués d'une personne auguste.
L'offense une fois faite à ceux de notre rang
Ne se répare point que par des flots de sang :
On n'en fut jamais quitte ainsi pour s'en dedire.
Il faut sous les tourments que l'imposture expire,
Ou vous exposeriez tout votre sang royal
A la légèreté d'un esprit déloyal.
L'exemple est dangereux et hasarde nos vies,
S'il met en sûreté de telles calomnies.

ARSINOE.

Quoi ! Seigneur, les punir de la sincérité
Qui soudain dans leur bouche a mis la vérité (2),
Qui vous a contre moi sa fourbe découverte,
Qui vous rend votre femme et m'arrache à ma perte,
Qui vous a retenu d'en prononcer l'arrêt ;

(1) A l'apostrophe terrible du roi, Nicomède répond avec un sang-froid, une présence d'esprit et une finesse d'ironie qui relèvent la noblesse de sa défense ; en demandant la punition des traîtres, il touche le point sensible, outre qu'il se donne l'avantage de prendre en main l'honneur de la reine.

(2) Arsinoé, furieuse d'un coup si imprévu, se découvre par la chaleur qu'elle montre pour ses assassins. elle craint sans doute que, mis en face de la mort, ils ne dévoilent ses complots ; c'est pourquoi elle se jette ouvertement sur son ennemi. Prusias devrait s'apercevoir d'un embarras qui la condamne.

Et couvrir tout cela de mon seul intérêt!
C'est être trop adroit, prince, et trop bien l'entendre.

PRUSIAS.

Laisse-là Métrobate, et songe à te défendre :
Purge-toi d'un forfait si honteux et si bas.

NICOMEDE.

M'en purger! moi, Seigneur! vous ne le croyez pas (1)!
Vous ne savez que trop qu'un homme de ma sorte,
Quand il se rend coupable, un peu plus haut se porte;
Qu'il lui faut un grand crime a tenter son devoir,
Où sa gloire se sauve à l'ombre du pouvoir.
 Soulever votre peuple, et jeter votre armée
Dedans les intérêts d'une reine opprimée;
Venir, le bras levé, la tirer de vos mains,
Malgré l'amour d'Attale et l'effort des Romains,
Et fondre en vos pays contre leur tyrannie
Avec tous vos soldats et toute l'Arménie,
C'est ce que pourrait faire un homme tel que moi,
S'il pouvait se résoudre à vous manquer de foi.
La fourbe n'est le jeu que des petites âmes,
Et c'est là proprement le partage des femmes (2).
 Punissez donc, Seigneur, Métrobate et Zenon;
Pour la reine, ou pour moi, faites-vous-en raison.
A ce dernier moment la conscience presse;
Pour rendre compte aux dieux tout respect humain cesse;
Et ces esprits légers, approchant des abois,
Pourraient bien se dédire une seconde fois (3).

ARSINOE.

Seigneur....

NICOMEDE.

Parlez, Madame, et dites quelle cause
A leur juste supplice obstinément s'oppose;

---

(1) Ce vers, dit Voltaire, est b au, noble, convenable au caractère et à la situation, » il l'a trouvé « si beau, ajoute Palissot, qu'il s'en est souvenu dans *Œdipe*. (Act. III, sc. 2.)

(2) Ce trait de malice est à l'adresse d'Arsinoé ; on le pardonne à l'humeur hautaine d'un jeune prince poussé à bout par les indignes artifices d'une marâtre. Si la femme est méprisable et criminelle dans Arsinoé et dans la Cléopâtre de *Rodogune*, à quelle hauteur Corneille l'a élevée dans Chimène, Pauline, Cornélie, Laodice et Viriate !

(3) L'argument de Nicomède est digne de sa grande âme, et porte son empreinte sarcastique Voyant que le coup a porté, il réitère sa demande avec une insistance qui devient tragique par l'embarras visible où elle jette la reine

Ou laissez-nous penser qu'aux portes du trépas
Ils auraient des remords qui ne vous plairaient pas.

ARSINOÉ.

Vous voyez à quel point sa haine m'est cruelle :
Quand je le justifie, il me fait criminelle ;
Mais sans doute, Seigneur, ma présence l'aigrit,
Et mon éloignement remettra son esprit (1) ;
Il rendra quelque calme à son cœur magnanime,
Et lui pourra sans doute épargner plus d'un crime.
 Je ne demande point que par compassion
Vous assuriez un sceptre à ma protection,
Ni que, pour garantir la personne d'Attale,
Vous partagiez entre eux la puissance royale ;
Si vos amis de Rome en ont pris quelque soin,
C'était sans mon aveu, je n'en ai pas besoin.
Je n'aime point si mal que de ne vous pas suivre,
Sitôt qu'entre mes bras vous cesserez de vivre ;
Et sur votre tombeau mes premières douleurs
Verseront tout ensemble et mon sang et mes pleurs.

PRUSIAS.

Ah ! Madame.

ARSINOÉ.

  Oui, Seigneur, cette heure infortunée
Par vos derniers soupirs clora ma destinée ;
Et puisque ainsi jamais il ne sera mon roi,
Qu'ai-je à craindre de lui ? que peut-il contre moi ?
Tout ce que je demande en faveur de ce gage,
De ce fils qui déjà lui donne tant d'ombrage,
C'est que chez les Romains il retourne achever
Des jours que dans leur sein vous fîtes élever ;
Qu'il retourne y traîner, sans péril et sans gloire,
De votre amour pour moi l'impuissante mémoire.
Ce grand prince vous sert, et vous servira mieux
Quand il n'aura plus rien qui lui blesse les yeux ;
Et n'appréhendez point Rome ni sa vengeance ;
Contre tout son pouvoir il a trop de vaillance :
Il sait tous les secrets du fameux Annibal,
De ce héros à Rome en tous lieux si fatal
Que l'Asie et l'Afrique admirent l'avantage

(1) Arsinoé, se voyant découverte, songe à la retraite, avant de quitter le champ de bataille. elle essaie sur le cœur de son trop faible époux, l'argument suprême de la tendresse et des larmes ; tout en cherchant, par les souvenirs ironiques de Rome et d'Annibal, à piquer son amour-propre, et à réveiller sa jalousie.

Qu'en tire Antiochus, et qu'en reçut Carthage.
  Je me retire donc, afin qu'en liberté
Les tendresses du sang pressent votre bonté;
Et je ne veux plus voir ni qu'en votre présence
Un prince que j'estime indignement m'offense.
Ni que je sois forcée à vous mettre en courroux
Contre un fils si vaillant et si digne de vous (1).

SCÈNE III
PRUSIAS, NICOMÈDE, ARASPE.

PRUSIAS.

Nicomède, en deux mots, ce désordre me fâche (2).
Quoi qu'on t'ose imputer, je ne te crois point lâche;
Mais donnons quelque chose à Rome qui se plaint,
Et tâchons d'assurer la reine qui te craint.
J'ai tendresse pour toi, j'ai passion pour elle;
Et je ne veux pas voir cette haine éternelle,
Ni que des sentiments que j'aime à voir durer
Ne regnent dans mon cœur que pour le déchirer.
J'y veux mettre d'accord l'amour et la nature.
Etre père et mari dans cette conjoncture....

NICOMEDE.

Seigneur, voulez-vous bien vous en fier à moi?
Ne soyez l'un ni l'autre.

PRUSIAS.

Et que dois-je être?

NICOMEDE.

Roi (3).
Reprenez hautement ce noble caractère.
Un veritable roi n'est ni mari ni père;
Il regarde son trône, et rien de plus. Régnez;
Rome vous craindra plus que vous ne la craignez.

(1) C'est le trait du Parthe.
(2) Le pauvre roi, placé entre Rome qu'il craint, une femme qu'il aime trop et un fils qui lui est suspect, ne sait que résoudre : pour lui, le parti le plus simple sera celui de la concession; c'est bien là le système des cœurs pusillanimes; mais, bien entendu, l'innocent devra faire tous les sacrifices.
(3) La grande âme du fils s'efforce de relever l'âme avilie du père ; le conseil qu'il lui donne est le plus beau qui puisse inspirer la piété filiale; ce rappel à l'honneur royal est sublime. « Il n'y a pas un mot dans ces quatre vers qui ne soit simple et noble; rien de trop ni de trop peu; l'idée est grande, vraie, bien placée, bien exprimée. Je ne connais point dans les anciens de passage qui l'emporte sur celui-ci. » (VOLT)

Malgré cette puissance et si vaste et si grande,
Vous pouvez déjà voir comme elle m'appréhende,
Combien en me perdant elle espère gagner,
Parce qu'elle prévoit que je saurai regner.

PRUSIAS.

Je règne donc, ingrat ; puisque tu me l'ordonnes :
Choisis, ou Laodice, ou mes quatre couronnes (1).
Ton roi fait ce partage entre ton frère et toi :
Je ne suis plus ton père, obéis à ton roi.

NICOMEDE.

Si vous étiez aussi le roi de Laodice
Pour l'offrir à mon choix avec quelque justice,
Je vous demanderais le loisir d'y penser ;
Mais enfin pour vous plaire, et ne pas l'offenser,
J'obéirai, Seigneur, sans répliques frivoles,
A vos intentions, et non à vos paroles.
 A ce frère si cher transportez tous mes droits,
Et laissez Laodice en liberté du choix (2).
Voilà quel est le mien.

PRUSIAS.

 Quelle bassesse d'âme!
Quelle fureur t'aveugle en faveur d'une femme?
Tu la préfères, lâche! à ces prix glorieux
Que ta valeur unit aux biens de tes aïeux!
Après cette infamie es-tu digne de vivre?

NICOMEDE.

Je crois que votre exemple est glorieux à suivre :
Ne préférez-vous pas une femme à ce fils
Par qui tous ces Etats aux vôtres sont unis (3)?

PRUSIAS.

Me vois-tu renoncer pour elle au diadème?

NICOMEDE.

Me voyez-vous pour l'autre y renoncer moi-même?
Que cedé-je à mon frère en cédant vos Etats?
Ai-je droit d'y prétendre avant votre trépas?

(1) Helas! le cœur rampant du vieux monarque ne comprend pas la beauté de la leçon ; il s'en irrite, ou plutôt sa lâcheté s'en saisit avec empressement pour accabler le héros.

(2) La fiere réponse de Nicomède déconcerte les calculs de Prusias.

(3) Le fils ne dépasse-t-il pas ici quelque peu les limites du respect filial, en mêlant l'ironie ou reproche direct qu'il adresse à son père? Il faudrait du moins que l'acteur mit une grande réserve dans le ton de la voix.

Pardonnez-moi ce mot, il est fâcheux à dire,
Mais un monarque enfin comme un autre homme expire (1);
Et vos peuples alors, ayant besoin d'un roi,
Voudront choisir peut-être entre ce prince et moi.
 Seigneur, nous n'avons pas si grande ressemblance,
Qu'il faille de bons yeux pour y voir différence ;
Et ce vieux droit d'aînesse est souvent si puissant,
Que pour remplir un trône il rappelle un absent.
Que si leurs sentiments se règlent sur les vôtres,
Sous le joug de vos lois j'en ai bien rangé d'autres·
Et dussent vos Romains en être encor jaloux,
Je ferai bien pour moi ce que j'ai fait pour vous.

PRUSIAS.

J'y donnerai bon ordre.

NICOMÈDE.

    Oui, si leur artifice
De votre sang par vous se fait un sacrifice ;
Autrement vos Etats à ce prince livrés
Ne seront en ses mains qu'autant que vous vivrez.
Ce n'est point en secret que je vous le déclare ;
Je le dis à lui-même, afin qu'il s'y prépare :
Le voilà qui m'entend.

PRUSIAS.

    Va, sans verser mon sang,
Je saurai bien, ingrat! l'assurer en ce rang,
Et demain....

SCÈNE IV

PRUSIAS, NICOMÈDE, ATTALE, FLAMINIUS, ARASPE, GARDES.

FLAMINIUS.

   Si pour moi vous êtes en colère,
Seigneur, je n'ai reçu qu'une offense légère :
Le sénat en effet pourra s'en indigner ;
Mais j'ai quelques amis qui sauront le gagner.

PRUSIAS.

Je lui ferai raison : et dès demain Attale
Recevra de ma main la puissance royale :

---

(1) Quoique ce vers soit un peu prosaïque, il est si vrai, si ferme, si naturel, si convenable au caractère de Nicomède, qu'il doit plaire beaucoup, ainsi que le reste de la tirade. On aime ces vérités dures et fières, surtout quand elles sont ans la bouche d'un personnage qui les relève encore par sa situation. » (VOLT.)

Je le fais roi de Pont et mon seul héritier;
Et quant à ce rebelle, à ce courage fier,
Rome entre vous et lui jugera de l'outrage :
Je veux qu'au lieu d'Attale il lui serve d'otage;
Et pour l'y mieux conduire, il vous sera donné,
Sitôt qu'il aura vu son frère couronné (1).

NICOMEDE.

Vous m'enverrez à Rome (2)!

PRUSIAS.

On t'y fera justice.
Va, va lui demander ta chère Laodice.

NICOMEDE.

J'irai, j'irai, Seigneur, vous le voulez ainsi;
Et j'y serai plus roi que vous n'êtes ici (3).

FLAMINIUS.

Rome sait vos hauts faits et déjà vous adore.

NICOMEDE.

Tout beau, Flaminius! je n'y suis pas encore :
La route en est mal sûre, à tout considérer,
Et qui m'y conduira pourrait bien s'égarer (4).

PRUSIAS.

Qu'on le remène, Araspe, et redoublez sa garde.
(*A Attale.*)
Toi, rends grâces à Rome, et sans cesse regarde
Que, comme son pouvoir est la source du tien,
En perdant son appui tu ne seras plus rien.
Vous, Seigneur, excusez si, me trouvant en peine
De quelques déplaisirs que m'a fait voir la reine,
Je vais l'en consoler, et vous laisse avec lui.
Attale, encore un coup, rends grâce à ton appui.

(1) Les caractères faibles sont violents, surtout quand ils se sentent dans leur tort. Prusias veut se venger par un coup d'éclat : Attale sera roi, et Nicomède ira en otage à Rome, et c'est Flaminius qui l'y traînera! Quelle indignité !

(2) C'est le cri de la stupeur, de l'indignation : avec quel accent de mépris et de colère ce mot de *Rome* doit sortir de la bouche de Nicomède!

(3) La fierté du héros se retrouve dans cette réplique sublime.

(4) Le lion s'en va en jetant à son ennemi une dernière menace avec ce fier et intrépide regard dont parle Bossuet.

SCÈNE V

FLAMINIUS, ATTALE.

ATTALE.

Seigneur, que vous dirai-je après des avantages
Qui sont même trop grands pour les plus grands courages?
Vous n'avez point de borne, et votre affection
Passe votre promesse et mon ambition.
Je l'avoûrai pourtant, le trône de mon père
Ne fait pas le bonheur que plus je considère :
Ce qui touche mon cœur, ce qui charme mes sens,
C'est Laodice acquise à mes vœux innocents.
La qualité de roi qui me rend digne d'elle (1)....

FLAMINIUS.

Ne rendra pas son cœur à vos vœux moins rebelle.

ATTALE.

Seigneur, l'occasion fait un cœur différent :
D'ailleurs, c'est l'ordre exprès de son père mourant;
Et par son propre aveu la reine d'Armenie
Est due à l'héritier du roi de Bithynie.

FLAMINIUS.

Ce n'est pas loi pour elle; et reine comme elle est.
Cet ordre, à bien parler, n'est que ce qui lui plaît.
Aimerait-elle en vous l'éclat d'un diadème
Qu'on vous donne aux dépens d'un grand prince qu'elle aime?
En vous qui la privez d'un si cher protecteur?
En vous qui de sa chute êtes l'unique auteur?

ATTALE.

Ce prince hors d'ici, Seigneur, que fera-t-elle?
Qui contre Rome et nous soutiendra sa querelle?
Car j'ose me promettre encor votre secours.

FLAMINIUS.

Les choses quelquefois prennent un autre cours;
Pour ne vous point flatter, je n'en veux pas répondre.

ATTALE.

Ce serait bien, Seigneur, de tout point me confondre.

---

(1) Attale était trop naïf pour soupçonner un si prompt revirement et une reserve si cauteleuse : il ne revient pas de son étonnement.

« Cette scène, dit Voltaire, est toute de politique, et par conséquent très froide. » La discussion, il est vrai, pourrait être moins longue, mais elle est intéressante pour un spectateur instruit; elle sert surtout à dessiller les yeux au jeune prince.

Et je serai moins roi qu'un objet de pitié,
Si le bandeau royal m'ôtait votre amitié.
Mais je m'alarme trop, et Rome est plus égale :
N'en avez-vous pas l'ordre?

FLAMINIUS.

Oui, pour le prince Attale,
Pour un homme en son sein nourri dès le berceau,
Mais pour le roi de Pont il faut ordre nouveau.

ATTALE.

Il faut ordre nouveau! Quoi! se pourrait-il faire
Qu'à l'œuvre de ses mains Rome devînt contraire?
Que ma grandeur naissante y fît quelque jaloux?

FLAMINIUS.

Que présumez-vous, prince? et que me dites-vous?

ATTALE.

Vous-même, dites-moi comme il faut que j'explique
Cette inégalité de votre république.

FLAMINIUS.

Je vais vous l'expliquer, et veux bien vous guérir
D'une erreur dangereuse où vous semblez courir.
Rome qui vous servait auprès de Laodice :
Pour vous donner son trône eût fait une injustice:
Son amitié pour vous lui faisait cette loi ;
Mais par d'autres moyens elle vous a fait roi;
Et le soin de sa gloire à présent la dispense
De se porter pour vous à cette violence.
Laissez donc cette reine en pleine liberté,
Et tournez vos désirs de quelque autre côté.
Rome de votre hymen prendra soin elle-même.

ATTALE.

Mais s'il arrive enfin que Laodice m'aime?

FLAMINIUS.

Ce serait mettre encor Rome dans le hasard
Que l'on crût artifice ou force de sa part :
Cet hymen jetterait une ombre sur sa gloire.
Prince, n'y pensez plus, si vous m'en pouvez croire;
Ou si de mes conseils vous faites peu d'état,
N'y pensez plus du moins sans l'aveu du sénat.

ATTALE.

A voir quelle froideur à tant d'amour succède,

Rome ne m'aime pas : elle hait Nicomède (1)
Et lorsqu'à mes désirs elle a feint d'applaudir,
Elle a voulu le perdre, et non pas m'agrandir.

FLAMINIUS.

Pour ne vous faire pas de réponse trop rude
Sur ce beau coup d'essai de votre ingratitude,
Suivez votre caprice, offensez vos amis :
Vous êtes souverain, et tout vous est permis ;
Mais puisque enfin ce jour vous doit faire connaître
Que Rome vous a fait ce que vous allez être,
Que, perdant son appui, vous ne serez plus rien,
Que le roi vous l'a dit, souvenez-vous-en bien.

SCÈNE VI
ATTALE.

Attale, était-ce ainsi que régnaient tes ancêtres (2)?
Veux-tu le nom de roi pour avoir tant de maîtres ?
Ah! ce titre à ce prix déjà m'est importun :
S'il nous en faut avoir, du moins n'en ayons qu'un.
Le ciel nous l'a donné trop grand, trop magnanime,
Pour souffrir qu'aux Romains il serve de victime.
Montrons-leur hautement que nous avons des yeux ;
Et d'un si rude joug affranchissons ces lieux.
Puisqu'à leurs intérêts tout ce qu'ils font s'applique,
Que leur vaine amitié cède à leur politique,
Soyons à notre tour de leur grandeur jaloux,
Et comme ils font pour eux faisons aussi pour nous (3).

(1) Le rusé politique fait tomber une à une toutes les illusions du jeune prince, jusqu'à lui arracher ce poignant aveu : *Rome ne m'aime pas ; elle hait Nicomède.* Cette triste lumière sera son salut.

(2) Désabusé, désillusionné, le jeune prince retrouve un cœur royal : ce monologue si noble et si fier, montre quels progrès la vertu a faits dans son âme franche et généreuse ; il va reprendre l'œuvre de Nicomède

(3) Entre le 4ᵉ et le 5ᵉ acte, Laodice, instruite du sort réservé à Nicomède, envoie ses émissaires par la ville, pour soulever le peuple en faveur du héros qu'il aime. L'émeute éclate et se propage à la faveur des premières ombres de la nuit. La reine en est instruite, mais ce qui la préoccupe avant tout, c'est de faire renoncer Attale au mariage de Laodice ; Flaminius, au sortir de son entrevue avec Attale, se sera sans doute concerté avec elle.

QUESTIONS SUR LE IVᵉ ACTE

Quel est le sujet du 4ᵉ acte?
Quelle en est la scène capitale?
Par quoi cette scène est-elle préparée?
Quel rôle Arsinoé joue-t-elle dès l'arrivée de l'accusé?
Comment Nicomède répond-il à l'intercession de sa belle-mère?
Quel tour Arsinoé donne-t-elle à son accusation?
Comment Nicomède presente-t-il sa défense?
Quel est le coup qu'il porte à sa calomniatrice?
Arsinoé le ressent-elle, et comment cherche-t-elle à le parer?
Pourquoi Nicomède insiste-t-il sur sa demande?
Montrez avec quelle habileté Arsinoé bat en retraite?
Quel est le trait qu'elle lance en partant?
Quel est le noble conseil que Nicomède donne à son père?
Comment Prusias répond-il à cette grandeur d'âme?
De quelle injustice le roi se rend-il coupable envers son fils?
Comment Nicomède reçoit-il son exil à Rome?
Comment Attale se voit-il déçu dans ses espérances?
Comment Flaminius lui expose-t-il la politique romaine?
Pourquoi refuse-t-il désormais d'appuyer son union avec Laodice?
Comment Attale se relève-t-il?
Quels événements se passent dans le dernier entr'acte?

ACTE CINQUIÈME

Emeute. — Dénoûment.

SCÈNE I

ARSINOÉ, ATTALE.

ARSINOÉ.

J'ai prévu ce tumulte, et n'en vois rien à craindre :
Comme un moment l'allume, un moment peut l'éteindre,
Et si l'obscurité laisse croître ce bruit,
Le jour dissipera les vapeurs de la nuit.
Je me fâche bien moins qu'un peuple se mutine
Que de voir que ton cœur dans son amour s'obstine,
Et d'une indigne ardeur lâchement embrasé,
Ne rend point de mépris à qui t'a méprisé
Venge-toi d'une ingrate, et quitte une cruelle (1),

---

(1) Arsinoé n'a triomphé qu'à moitié; elle se croit délivrée du plus redoutable de ses deux ennemis; mais Laodice est là, et Attale aspire toujours à sa main; il faut qu'il y renonce : Flaminius le lui a déjà insinué; maintenant sa mère le lui ordonne, d'abord parce qu'elle hait la princesse et la craint tout ensemble, ensuite parce que Flaminius l'exige.

ACTE V, SCÈNE I

A présent que le sort t'a mis au-dessus d'elle.
Son trône, et non ses yeux, avait dû te charmer :
Tu vas régner sans elle ; à quel propos l'aimer ?
Porte, porte ce cœur à de plus douces chaînes.
Puisque te voilà roi, l'Asie a d'autres reines,
Qui, loin de te donner des rigueurs à souffrir.
T'épargneront bientôt la peine de t'offrir.

ATTALE.

Mais, Madame....

ARSINOÉ.

Eh bien ! soit, je veux qu'elle se rende ;
Prévois-tu les malheurs qu'ensuite j'apprehende ?
Sitôt que d'Arménie elle t'aura fait roi,
Elle t'engagera dans sa haine pour moi.
Qu'est-ce qu'en sa fureur une femme n'essaie ?

ATTALE.

Que de fausses raisons pour me cacher la vraie !
Rome, qui n'aime pas à voir un puissant roi,
L'a craint en Nicomède, et le craindrait en moi (1).
Je ne dois plus prétendre à l'hymen d'une reine,
Si je ne veux déplaire à notre souveraine ;
Et puisque la fâcher ce serait me trahir,
Afin qu'elle me souffre, il vaut mieux obéir.
Je sais par quels moyens sa sagesse profonde
S'achemine à grands pas à l'empire du monde.
Aussitôt qu'un Etat devient un peu trop grand,
Sa chute doit guérir l'ombrage qu'elle en prend (2).

(1) Attale a deviné la vraie raison, ou du moins la raison la plus forte : c'est l'inquiete jalousie de Rome. Le tableau qu'il en trace est d'une vérité et d'une éloquence admirables ; on reconnaît le grand Corneille à ces vigoureux coups de pinceau.

(2) Bossuet, vingt ans plus tard, peindra des mêmes couleurs la politique ambitieuse du sénat : « Quand les Romains eurent goûté la douceur de la victoire, ils voulurent que tout leur cédât, et ne prétendirent à rien moins qu'a mettre premierement leurs voisins, et ensuite tout l'univers sous leurs lois. Pour parvenir a ce but, ils surent parfaitement conserver leurs alliés, les unir entre eux, jeter la division et la jalousie parmi leurs ennemis, pénétrer leurs conseils, decouvrir leurs intelligences et prévenir leurs entreprises ; ils n'observaient pas seulement leurs ennomis, mais encore tous les progres de leurs voisins, curieux surtout, *ou de diviser ou de contre-balancer par quelque autre endroit les puissances qui devenaient trop redoutables, ou qui mettaient de trop grands obstacles a leurs conquêtes* » (*Histoire univers.*, IIIe p ch. 6.)

Montesquieu a developpé ces idées dans le ch VI de ses *Considérations sur les causes de la grandeur des Romains et de leur decadence.*

C'est blesser les Romains que faire une conquête,
Que mettre trop de bras sous une seule tête ;
Et leur guerre est trop juste après cet attentat
Que fait sur leur grandeur un tel crime d'Etat.
Eux, qui pour gouverner sont les premiers des hommes,
Veulent que sous leur ordre on soit ce que nous sommes,
Veulent sur tous les rois un si haut ascendant
Que leur empire seul demeure indépendant.
  Je les connais, Madame, et j'ai vu cet ombrage
Détruire Antiochus, et renverser Carthage
De peur de choir comme eux, je veux bien m'abaisser,
Et cede à des raisons que je ne puis forcer.
D'autant plus justement mon impuissance y cède,
Que je vois qu'en leurs mains on livre Nicomède.
Un si grand ennemi leur repond de ma foi ;
C'est un lion tout prêt à déchaîner sur moi (1).

ARSINOE.

C'est de quoi je voulais vous faire confidence ;
Mais vous me ravissez d'avoir cette prudence.
Le temps pourra changer ; cependant prenez soin
D'assurer des jaloux dont vous avez besoin.

SCENE II
FLAMINIUS, ARSINOÉ, ATTALE.

ARSINOE.

Seigneur, c'est remporter une haute victoire
Que de rendre un amant capable de me croire :
J'ai su le ramener aux termes du devoir.
Et sur lui la raison a repris son pouvoir.

FLAMINIUS.

Madame, voyez donc si vous serez capable
De rendre également ce peuple raisonnable.
Le mal croît (2) ; il est temps d'agir de votre part,
Ou quand vous le voudrez, vous le voudrez trop tard.

  (1) Ici l'historien se montre à la hauteur du poete : ce trait sublime témoigne d'une connaissance profonde de l'histoire et de la politique romaine· « Lorsque les Romains accordaient la paix à quelque prince ils prenaient quelqu'un de ses frères ou de ses enfants en otage : ce qui leur donnait le moyen de troubler son royaume à leur fantaisie Quand ils avaient le plus proche heritier, ils intimidaient le possesseur ; s'ils n'avaient qu'un prince d'un degré éloigné, ils s'en servaient pour animer les révoltes des peuples » (MONTESQUIEU, l. c.) Cette politique apparut dans tout son jour lors de la guerre de Jugurtha. (SALL., *Jug*, surtout ch. 14.)

  (2) L'emeute, dont Arsinoé n'a dit qu'un mot en passant, prend des proportions menaçantes ; Flaminius s'en inquiete.

Ne vous figurez plus que ce soit le confondre
Que de le laisser faire, et ne lui point repondre.
Rome autrefois a vu de ces emotions.
Sans embrasser jamais vos résolutions.
Quand il fallait calmer toute une populace,
Le sénat n'épargnait promesse ni menace,
Et rappelait par là son escadron mutin
Et du mont Quirinal et du mont Aventin,
Dont il aurait vu faire une horrible descente,
S'il eût traité longtemps sa fureur d'impuissante,
Et l'eût abandonnée à sa confusion,
Comme vous semblez faire en cette occasion.

ARSINOE.

Après ce grand exemple en vain on délibère :
Ce qu'a fait le sénat montre ce qu'il faut faire ;
Et le roi.... Mais il vient.

SCÈNE III
PRUSIAS, ARSINOÉ, FLAMINIUS, ATTALE.

PRUSIAS.

Je ne puis plus douter,
Seigneur, d'où vient le mal que je vois éclater :
Ces mutins ont pour chefs les gens de Laodice (1).

FLAMINIUS.

J'en avais soupçonné déjà son artifice.

ATTALE.

Ainsi votre tendresse et vos soins sont payés!

FLAMINIUS.

Seigneur, il faut agir ; et si vous m'en croyez....

SCENE IV
PRUSIAS, ARSINOÉ, FLAMINIUS, ATTALE, CLÉONE.

CLEONE.

Tout est perdu, Madame, à moins d'un prompt remède :
Tout le peuple à grands cris demande Nicomède (2);

---

(1) « Les mutins n'entendent plus raison, dit La Bruyere, *denoûment vulgaire de tragedie* » Voltaire fait remarquer que ce denoûment n'etait pas vulgaire du temps de Corneille qui ne l'avait employé encore que dans *Heraclius*.

(2) Dès les premiers vers du premier acte, Laodice a parlé de l'amour du peuple pour Nicomede : Arsinoe exprimai aussi a Cléone sa crainte que le heros ne fût venu soulever le peuple. La sedition qui eclate en faveur de Nicomede est donc vraisemblable.

Il commence lui-même à se faire raison,
Et vient de déchirer Métrobate et Zénon.

ARSINOÉ.

Il n'est donc plus à craindre, il a pris ses victimes :
Sa fureur sur leur sang va consumer ses crimes ;
Elle s'applaudira de cet illustre effet,
Et croira Nicomède amplement satisfait.

FLAMINIUS.

Si ce désordre était sans chef et sans conduite,
Je voudrais, comme vous, en craindre moins la suite :
Le peuple par leur mort pourrait s'être adouci ;
Mais un dessein formé ne tombe pas ainsi :
Il suit toujours son but jusqu'à ce qu'il l'emporte ;
Le premier sang versé rend sa fureur plus forte ;
Il l'amorce, il l'acharne, il en éteint l'horreur,
Et ne lui laisse plus ni pitié ni terreur (1).

SCÈNE V
PRUSIAS, FLAMINIUS, ARSINOÉ, ATTALE, CLÉONE, ARASPE.

ARASPE.

Seigneur, de tous côtés le peuple vient en foule ;
De moment en moment votre garde s'écoule ;
Et suivant les discours qu'ici même j'entends,
Le prince entre mes mains ne sera pas longtemps ;
Je n'en puis plus repondre.

PRUSIAS.

Allons, allons le rendre,
Ce précieux objet d'une amitié si tendre.
Obéissons, Madame, à ce peuple sans foi,
Qui, las de m'obéir, en veut faire son roi ;
Et du haut d'un balcon, pour calmer la tempête,
Sur ses nouveaux sujets faisons voler sa tête (2).

(1) Corneille avait vu la Fronde ; il fait parler Flaminius en homme habitué aux tumultes du forum et aux révoltes plebeiennes ; il sait ce qu'il faut en craindre, comment il faut les réprimer Les scenes sanglantes des revolutions modernes sont un lugubre commentaire de ces vers si expressifs et si vrais.

(2) C'est son fils, le glorieux vainqueur qui lui a conquis trois royaumes, que l'indigne père sacrifie de la sorte ! Cette résolution violente montre à quels excès peut se porter un cœur pusillanime en face du péril ; cruel envers les faibles, il fuit lâchement devant les forts.

ACTE V, SCÈNE V

ATTALE.

Ah, Seigneur!

PRUSIAS.

C'est ainsi qu'il lui sera rendu :
A qui le cherche ainsi, c'est ainsi qu'il est dû.

ATTALE.

Ah! Seigneur, c'est tout perdre, et livrer à sa rage
Tout ce qui de plus près touche votre courage (1);
Et j'ose dire ici que Votre Majesté
Aura peine elle-même à trouver sûreté.

PRUSIAS.

Il faut donc se résoudre à tout ce qu'il m'ordonne,
Lui rendre Nicomède avecque ma couronne :
Je n'ai point d'autre choix; et s'il est le plus fort,
Je dois à son idole ou mon sceptre ou la mort.

FLAMINIUS.

Seigneur, quand ce dessein aurait quelque justice,
Est-ce à vous d'ordonner que ce prince périsse?
Quel pouvoir sur ses jours vous demeure permis?
C'est l'otage de Rome, et non plus votre fils (2) :
Je dois m'en souvenir quand son père l'oublie.
C'est attenter sur nous qu'ordonner de sa vie;
J'en dois compte au sénat, et n'y puis consentir.
Ma galère est au port toute prête à partir;
Le palais y répond par la porte secrète :
Si vous le voulez perdre, agreez ma retraite;
Souffrez que mon départ fasse connaître à tous
Que Rome a des conseils plus justes et plus doux;
Et ne l'exposez pas à ce honteux outrage
De voir à ses yeux même immoler son otage.

ARSINOÉ.

Me croirez-vous, Seigneur, et puis-je m'expliquer?

PRUSIAS.

Ah! rien de votre part ne saurait me choquer :
Parlez.

---

(1) Une seule voix s'élève en faveur de l'infortuné Nicomède : c'est la voix d'Attale. — *Courage* signifie *cœur*; ce sens est fréquent dans Corneille.

(2) Le Romain intervient avec ses prétentions hautaines. « Tout ce discours est une conséquence de son caractère artificieux parfaitement soutenu. » (VOLT.)

ARSINOÉ.
Le ciel m'inspire un dessein dont j'espère
Et satisfaire Rome et ne vous pas déplaire.
S'il est prêt à partir, il peut en ce moment
Enlever avec lui son otage aisément :
Cette porte secrète ici nous favorise.
Mais pour faciliter d'autant mieux l'entreprise,
Montrez-vous à ce peuple, et flattant son courroux,
Amusez-le du moins à debattre avec vous (1) :
Faites lui perdre temps, tandis qu'en assurance
La galère s'eloigne avec son espérance;
S'il force le palais, et ne l'y trouve plus,
Vous ferez comme lui le surpris, le confus;
Vous accuserez Rome, et promettrez vengeance
Sur quiconque sera de son intelligence.
Vous envoirez apres, sitôt qu'il sera jour,
Et vous lui donnerez l'espoir d'un prompt retour,
Ou mille empêchements que vous ferez vous-même
Pourront de toutes parts aider au stratagème.
Quelque aveugle transport qu'il temoigne aujourd'hui,
Il n'attentera rien tant qu'il craindra pour lui,
Tant qu'il présumera son effort inutile.
Ici la délivrance en paraît trop facile;
Et s'il l'obtient, Seigneur, il faut fuir vous et moi :
S'il le voit à sa tête, il en fera son roi;
Vous le jugez vous-même.

PRUSIAS.
Ah! j'avouerai, Madame,
Que le ciel a versé ce conseil dans votre âme.
Seigneur, se peut-il voir rien de mieux concerté (2)?

FLAMINIUS.
Il vous assure et vie, et gloire, et liberté;
Et vous avez d'ailleurs Laodice en otage;
Mais qui perd temps ici perd tout son avantage.

PRUSIAS.
Il n'en faut donc plus perdre : allons-y de ce pas.

ARSINOE.
Ne prenez avec vous qu'Araspe et trois soldats :
Peut-être un plus grand nombre aurait quelque infidèle.

(1) La reine appuie Flaminius en proposant à son mari, pour fixer ses irrésolutions, le jeu le plus indigne; chacun de ces personnages est dans son rôle.

(2) Le vieux roi accueille avec un empressement aveugle, et quelque peu comique, l'avis de sa femme.

J'irai chez Laodice et m'assurerai d'elle.
Attale, où courez-vous?

ATTALE.

Je vais de mon côté
De ce peuple mutin amuser la fierté,
A votre stratagème en ajouter quelque autre.

ARSINOÉ.

Songez que ce n'est qu'un que mon sort et le vôtre,
Que vos seuls intérêts me mettent en danger.

ATTALE.

Je vais perir, Madame, ou vous en dégager (1).

ARSINOÉ.

Allez donc. J'aperçois la reine d'Arménie.

SCENE VI
ARSINOÉ, LAODICE, CLÉONE.

ARSINOÉ.

La cause de nos maux doit-elle être impunie (2)?

LAODICE.

Non, Madame; et pour peu qu'elle ait d'ambition,
Je vous réponds déjà de sa punition (3).

ARSINOÉ.

Vous qui savez son crime, ordonnez de sa peine.

LAODICE.

Un peu d'abaissement suffit pour une reine :
C'est déjà trop de voir son dessein avorté.

ARSINOÉ.

Dites, pour châtiment de sa témérité,
Qu'il lui faudrait du front tirer le diadème.

LAODICE.

Parmi les généreux (4) il n'en va pas de même :

---

(1) Le départ précipité d'Attale et ses paroles vagues excitent la curiosité, et laissent le spectateur en suspens.

(2) Cette scène, qui donne à Attale le temps de faire sa brillante tentative, soutient l'intérêt par le spectacle animé des deux rivales triomphant tour à tour l'une de l'autre.

(3) La hauteur avec laquelle Laodice parle à la reine, fait plaisir au spectateur qui aime à voir humilier cette méchante femme, au moment où elle commençait à jouir de sa victoire.

(4) L'adjectif *généreux* et plusieurs autres sont souvent pris substantivement dans Corneille; par ex. : *les vertueux, ce téméraire, ce vaillant...*

Ils savent oublier quand ils ont le dessus,
Et ne veulent que voir leurs ennemis confus.

ARSINOÉ.

Ainsi qui peut vous croire, aisément se contente.

LAODICE.

Le ciel ne m'a pas fait l'âme plus violente.

ARSINOÉ.

Soulever des sujets contre leur souverain,
Leur mettre à tous le fer et la flamme en la main,
Jusque dans le palais pousser leur insolence,
Vous appelez cela fort peu de violence?

LAODICE.

Nous nous entendons mal, Madame; et je le voi,
Ce que je dis pour vous, vous l'expliquez pour moi.
 Je suis hors de souci pour ce qui me regarde;
Et je viens vous chercher pour vous prendre en ma garde,
Pour ne hasarder pas en vous la majesté
Au manque de respect d'un grand peuple irrité.
Faites venir le roi, rappelez votre Attale,
Que je conserve en eux la dignité royale :
Ce peuple en sa fureur peut les connaître mal (1).

ARSINOÉ.

Peut-on voir un orgueil à votre orgueil égal?
Vous, par qui seule ici tout ce désordre arrive;
Vous, qui dans ce palais vous voyez ma captive;
Vous, qui me répondrez au prix de votre sang
De tout ce qu'un tel crime attente sur mon rang,
Vous me parlez encore avec la même audace
Que si j'avais besoin de vous demander grâce!

LAODICE.

Vous obstiner, Madame, à me parler ainsi,
C'est ne vouloir pas voir que je commande ici,
Que, quand il me plaira, vous serez ma victime.
Et ne m'imputez point ce grand désordre à crime :
Votre peuple est coupable, et dans tous vos sujets
Ces cris séditieux sont autant de forfaits;

---

(1) Cette situation est intéressante. Laodice, qui ne sait pas encore qu'en ce moment même on entraîne Nicomède au port pour l'envoyer à Rome, se croit victorieuse parce que le peuple qui le réclame assiège le palais : de là cet air protecteur qu'elle affecte vis-à-vis d'Arsinoé. Celle-ci, au contraire, se voyant débarrassée de son ennemi s'indigne des offres de Laodice.

Mais pour moi qui suis reine, et qui dans nos querelles
Pour triompher de vous, vous ai fait ces rebelles,
Par le droit de la guerre il fut toujours permis
D'allumer la révolte entre ses ennemis :
M'enlever mon époux, c'est vous faire la mienne.

ARSINOÉ.

Je la suis donc, Madame; et quoi qu'il en advienne,
Si ce peuple une fois enfonce le palais,
C'est fait de votre vie, et je vous le promets.

LAODICE.

Vous tiendrez mal parole, ou bientôt sur ma tombe
Tout le sang de vos rois servira d'hécatombe (1).
Mais avez-vous encor parmi votre maison
Quelque autre Métrobate, ou quelque autre Zénon?
N'appréhendez-vous point que tous vos domestiques
Ne soient déjà gagnés par mes sourdes pratiques?
En savez-vous quelqu'un si prêt à se trahir,
Si las de voir le jour, que de vous obéir?
  Je ne veux point régner sur votre Bithynie :
Ouvrez-moi seulement les chemins d'Arménie;
Et pour voir tout d'un coup vos malheurs terminés
Rendez-moi cet époux qu'en vain vous retenez.

ARSINOÉ.

Sur le chemin de Rome il vous faut l'aller prendre;
Flaminius l'y mène, et pourra vous le rendre :
Mais hâtez-vous, de grâce, et faites bien ramer,
Car déjà sa galère a pris le large en mer.

LAODICE.

Ah! si je le croyais (2)!...

ARSINOÉ.

    N'en doutez point, Madame.

LAODICE.

Fuyez donc les fureurs qui saisissent mon âme :
Après le coup fatal de cette indignité,
Je n'ai plus ni respect ni générosité.
  Mais plutôt demeurez pour me servir d'otage,
Jusqu'à ce que ma main de ses fers le dégage.
J'irai jusque dans Rome en briser les liens,

---

(1) La menace répond à la menace : l'une et l'autre se croient maîtresses de la position. Laodice ajoute les traits de l'ironie la plus amère.

(2) Arsinoé fait expier à la princesse sa joie prématurée. L'émotion devient tragique.

Avec tous vos sujets, avecque tous les miens;
Aussi bien Annibal nommait une folie
De présumer la vaincre ailleurs qu'en Italie (1).
Je veux qu'elle me voie au cœur de ses Etats
Soutenir ma fureur d'un million de bras;
Et sous mon désespoir rangeant sa tyrannie (2)....

ARSINOÉ.

Vous voulez donc enfin regner en Bithynie?
Et dans cette fureur qui vous trouble aujourd'hui,
Le roi pourra souffrir que vous régniez pour lui?

LAODICE.

J'y régnerai, Madame, et sans lui faire injure.
Puisque le roi veut bien n'être roi qu'en peinture,
Que lui doit importer qui donne ici la loi,
Et qui règne pour lui des Romains ou de moi?
Mais un second otage entre mes mains se jette.

SCÈNE VII
ARSINOÉ, LAODICE, ATTALE, CLÉONE.

ARSINOÉ.

Attale, avez-vous su comme ils ont fait retraite?

ATTALE.

Ah! Madame.

ARSINOÉ.

Parlez.

ATTALE.

Tous les dieux irrités
Dans les derniers malheurs nous ont précipités.
Le prince est échappé (3).

LAODICE.

Ne craignez plus, Madame :
La générosité déjà rentre en mon âme.

---

(1) Ces vers ont inspiré ceux de Racine dans *Mithridate* (acte III, scène I):
  Annibal l'a prédit, croyons-en ce grand homme :
  On ne vaincra jamais les Romains que dans Rome.

(2) Laodice est sublime dans son indignation; elle oublie qu'elle est femme, qu'elle est sous la tutelle de Prusias; pour délivrer Nicomède, pour se venger de Rome, elle s'élève jusqu'aux projets d'Annibal et de Mithridate.

(3) Le récit d'Attale excite une grande curiosité; la délivrance de Nicomède, la mort d'Araspe, les frayeurs de Prusias, la fuite honteuse de Flaminius, forment un très beau coup de théâtre dont on desire connaître l'auteur.

ARSINOE.

Attale, prenez-vous plaisir à m'alarmer?

ATTALE.

Ne vous flattez point tant que de le présumer.
Le malheureux Araspe, avec sa faible escorte,
L'avait déjà conduit à cette fausse porte;
L'ambassadeur de Rome était déjà passé,
Quand dans le sein d'Araspe un poignard enfoncé
Le jette au pied du prince. Il s'écrie, et sa suite,
De peur d'un pareil sort, prend aussitôt la fuite.

ARSINOE.

Et qui dans cette porte a pu le poignarder?

ATTALE.

Dix ou douze soldats qui semblaient la garder.
Et ce prince....

ARSINOE.

Ah! mon fils, qu'il est partout de traîtres!
Qu'il est peu de sujets fidèles à leurs maîtres!
Mais de qui savez-vous un désastre si grand?

ATTALE.

Des compagnons d'Araspe, et d'Araspe mourant.
Mais écoutez encor ce qui me désespère.
J'ai couru me ranger auprès du roi mon père;
Il n'en était plus temps : ce monarque étonné
A ses frayeurs déjà s'était abandonné,
Avait pris un esquif pour tâcher de rejoindre
Le Romain dont l'effroi peut-être n'est pas moindre.

SCENE VIII

PRUSIAS, FLAMINIUS, ARSINOÉ, LAODICE,
ATTALE, CLEONE.

PRUSIAS.

Non, non; nous revenons l'un et l'autre en ces lieux
Défendre votre gloire, ou mourir à vos yeux (1).

ARSINOÉ.

Mourons, mourons, Seigneur, et dérobons nos vies
A l'absolu pouvoir des fureurs ennemies;

---

(1) Prusias et Flaminius reviennent avec un héroïsme de parade ; on peut craindre, il est vrai, les justes représailles d'un vainqueur irrité.

N'attendons pas leur ordre, et montrons-nous jaloux
De l'honneur qu'ils auraient à disposer de nous.

LAODICE.

Ce désespoir, Madame, offense un si grand homme
Plus que vous n'avez fait en l'envoyant à Rome :
Vous devez le connaître ; et puisqu'il a ma foi,
Vous devez présumer qu'il est digne de moi.
Je le désavoûrais s'il n'était magnanime (1),
S'il manquait à remplir l'effort de mon estime,
S'il ne faisait paraître un cœur toujours égal.
Mais le voici : voyez si je le connais mal.

SCENE IX

PRUSIAS, NICOMÈDE, ARSINOÉ, LAODICE, FLAMINIUS, ATTALE, CLÉONE.

NICOMEDE.

Tout est calme, Seigneur : un moment de ma vue
A soudain apaisé la populace émue.

PRUSIAS.

Quoi ! me viens-tu braver jusque dans mon palais,
Rebelle ?

NICOMEDE.

   C'est un nom que je n'aurai jamais.
Je ne viens point ici montrer à votre haine
Un captif insolent d'avoir brisé sa chaîne :
Je viens en bon sujet vous rendre le repos
Que d'autres intérêts troublaient mal à propos.
Non que je veuille à Rome imputer quelque crime :
Du grand art de régner elle suit la maxime ;
Et son ambassadeur ne fait que son devoir,
Quand il veut entre nous partager le pouvoir.
Mais ne permettez pas qu'elle vous y contraigne :
Rendez-moi votre amour, afin qu'elle vous craigne (2) ;
Pardonnez à ce peuple un peu trop de chaleur
Qu'à sa compassion a donné mon malheur ;
Pardonnez un forfait qu'il a cru nécessaire,
Et qui ne produira qu'un effet salutaire.
 Faites-lui grâce aussi, Madame, et permettez

(1) Les nobles assurances de Laodice préparent les cœurs au magnifique spectacle de la clémence de Nicomède.

(2) Un langage aussi magnanime touche jusqu'aux larmes ; le héros met sa vengeance à rassurer le roi son père, à implorer de lui le pardon du peuple, à promettre à sa marâtre des couronnes pour le fils qu'elle aime,

Que jusques au tombeau j'adore vos bontés.
Je sais par quel motif vous m'êtes si contraire :
Votre amour maternel veut voir régner mon frère;
Et je contribuerai moi-même à ce dessein,
Si vous pouvez souffrir qu'il soit roi de ma main.
Oui, l'Asie à mon bras offre encor des conquêtes;
Et pour l en couronner mes mains sont toutes prêtes :
Commandez seulement, choisissez en quels lieux,
Et j'en apporterai la couronne à vos yeux (1).

ARSINOÉ.

Seigneur, faut-il si loin pousser votre victoire,
Et qu'ayant en vos mains et mes jours et ma gloire,
La haute ambition d'un si puissant vainqueur
Veuille encor triompher jusque dedans mon cœur?
Contre tant de vertu je ne puis le défendre;
Il est impatient lui-même de se rendre (2).
Joignez cette conquête à trois sceptres conquis,
Et je 'croirai gagner en vous un second fils.

PRUSIAS.

Je me rends donc aussi, Madame; et je veux croire
Qu'avoir un fils si grand est ma plus grande gloire.
Mais parmi les douceurs qu'enfin nous recevons,
Faites-nous savoir, prince, à qui nous vous devons.

NICOMÈDE.

L'auteur d'un si grand coup m'a caché son visage;
Mais il m'a demandé mon diamant pour gage,
Et me le doit ici rapporter dès demain.

ATTALE.

Le voulez-vous, Seigneur, reprendre de ma main (3)?

NICOMÈDE.

Ah! laissez-moi toujours à cette digne marque
Reconnaître en mon sang un vrai sang de monarque.
Ce n est plus des Romains l'esclave ambitieux,

---

(1) Le poète nous présente ici en Nicomède un très beau contraste. Ce héros, toujours si fier et si hautain devant ses ennemis triomphants, n'écoute plus que son cœur depuis qu'il est le maître : il est bon, simple, généreux, lui qui parlait naguère l'indignation au cœur et la menace à la bouche, le voilà qui prie, qui rassure, qui promet à Arsinoé plus qu'elle ne voulait lui enlever.

(2) Tant de générosité désarme Arsinoé; le roi se rend après la reine.

(3) C'est Attale qui a été le sauveur de son rival : dévoûment sublime, admirablement préparé par le poète. « Ce denoûment est imprévu, naturel, grandiose ; ce serait un des plus beaux du théâtre, si Prusias et Flaminius continuaient leur chemin vers Rome. » (CHARAUX, *Corneille*, I, 12° cours).

C'est le liberateur d'un sang si precieux.
Mon frère, avec mes fers vous en brisez bien d'autres.
Ceux du roi, de la reine, et les miens et les vôtres.
Mais pourquoi vous cacher en sauvant tout l'Etat?

ATTALE.

Pour voir votre vertu dans son plus haut éclat;
Pour la voir seule agir contre notre injustice,
Sans la préoccuper par ce faible service;
Et me venger enfin ou sur vous ou sur moi,
Si j'eusse mal juge de tout ce que je voi.
Mais, Madame...

ARSINOÉ.

Il suffit : voilà le stratagème
Que vous m'aviez promis pour moi contre moi-même.
(*A Nicomede.*)
Et j'ai l'esprit, Seigneur, d'autant plus satisfait,
Que mon sang rompt le cours du mal que j'avais fait.

NICOMEDE, *a Flaminius.*

Seigneur, à découvert toute âme généreuse
D'avoir votre amitié doit se tenir heureuse;
Mais nous n'en voulons plus avec ses dures lois
Qu'elle jette toujours sur la tête des rois (1) :
Nous vous la demandons hors de la servitude,
Ou le nom d'ennemi nous semblera moins rude.

FLAMINIUS, *à Nicomede.*

C'est de quoi le sénat pourra délibérer;
Mais cependant pour lui j'ose vous assurer,
Prince, qu'à ce defaut vous aurez son estime,
Telle que doit l'attendre un cœur si magnanime;
Et qu'il croira se faire un illustre ennemi,
S'il ne vous reçoit pas pour genereux ami (2).

PRUSIAS.

Nous autres, réunis sous de meilleurs auspices,
Préparons à demain de justes sacrifices;
Et demandons aux dieux, nos dignes souverains,
Pour comble de bonheur l'amitié des Romains (3).

---

(1) Flaminius fait une triste figure dans un triomphe aussi éclatant · Corneille semble n'avoir voulu le ramener que pour l'attacher au char du vainqueur; la politique romaine a reçu son châtiment. (V. l'*Examen* de la piece.)

(2) Flaminius se relève un peu par cet hommage rendu a la grandeur d'âme de Nicomède

(3) Prusias, même réconcilié avec son fils, reste Prusias, l'allié craintif et obséquieux des Romains.

QUESTIONS SUR LE Ve ACTE

Que se propose Arsinoé en revoyant Attale ?
Comment Attale juge-t-il la politique romaine ?
Pourquoi Flaminius craint-il si fort l'émeute qui vient d'éclater ?
Qui en est l'auteur ?
Quel fut le sort de Métrobate et de Zénon ?
A quelle résolution se porta Prusias contre Nicomède ?
Qui défend le héros ? Que proposent Flaminius et Arsinoé ?
Quel projet a conçu Attale ? Et pourquoi sort-il avec précipitation ?
Pourquoi Laodice vient-elle trouver Arsinoé ? Quel est son langage ?
Quelles sont ses menaces, en apprenant l'exil de Nicomède ?
Qui vient raconter le dénoûment ?
Quel a été le sort d'Araspe ?
Comment Nicomède a-t-il été délivré ?
Pourquoi Prusias et Flaminius reviennent-ils sur la scène ?
Quel est le langage de Nicomède dans sa victoire ?
Comment reconnait-il son libérateur ?
Comment se fait la réconciliation entre le fils, le père et la belle-mère ?
En quels termes Flaminius prend-il congé de son vainqueur ?
Quel est le dernier vœu de Prusias ? Est-il conforme à son caractère ?

PERTHARITE

ROI DES LOMBARDS

tragédie, représentée en 1652.

Cette pièce n'est pas sans mérite ; Racine y a trouvé d'heureuses inspirations pour sa tragédie d'*Andromaque* ; néanmoins elle tomba. Découragé par cet échec, Corneille renonça au théâtre ; il l'annonça lui-même au public par ce fier adieu : « La mauvaise réception que le public a faite a cet ouvrage m'avertit qu'il est temps que je sonne la retraite... J'en remporte la satisfaction que je laisse le théâtre français en meilleur état que je ne l'ai trouvé, et du côté de l'art et du côté des mœurs. » (*Au lecteur.*) Il n'avait encore que quarante-six ans.

La traduction en vers français de l'*Imitation de Jésus-Christ* l'occupa exclusivement jusqu'en 1659 : il y transporta, avec l'onction de la piété, l'éclat et l'énergie de son style.

ŒDIPE

TRAGÉDIE

1659.

PERSONNAGES :

ŒDIPE, roi de Thèbes.
THÉSÉE, prince d'Athènes.
JOCASTE, reine de Thèbes.
DIRCÉ, princesse de Thèbes, fille de Laïus et de Jocaste.
PHORBAS, vieillard thébain.
CLÉANTE, }
DYMAS, } confidents d'Œdipe.
IPHICRATE, vieillard de Corinthe.
NÉRINE, dame d'honneur de la reine.
MÉGARE, fille d'honneur de Dircé. — PAGE.

La scène est à Thèbes.

Examen d'Œdipe par Corneille (1)

La mauvaise fortune de *Pertharite* m'avait assez dégoûté du théâtre pour m'obliger à faire retraite, et à m'imposer un silence que je garderais encore si M. le procureur général Fouquet me l'eût permis. Comme il n'était pas moins surintendant des belles-lettres que des finances, je ne pus me défendre des ordres qu'il daigna me donner de mettre sur notre scène un des trois sujets qu'il me proposa. Il m'en laissa le choix, et je m'arrêtai à celui-ci, dont le bonheur me vengea bien de la déroute de l'autre, puisque le roi s'en satisfit assez pour me faire recevoir des marques solides de son approbation par ses libéralités, que je puis pour des commandements tacites de consacrer aux divertissements de Sa Majesté ce que l'âge et les vieux travaux m'avaient laissé d'esprit et de vigueur.

Je ne déguiserai point qu'après avoir fait le choix de ce sujet, sur cette confiance que j'aurais pour moi les suffrages de tous les savants, qui le regardent encore comme le chef-d'œuvre de l'antiquité, et que les pensées de Sophocle et de Sénèque, qui l'ont traité en leurs langues, me faciliteraient les moyens d'en venir à bout, je tremblai quand je l'envisageai de près : je reconnus que ce qui avait passé pour merveilleux en leurs

(1) Cet *Examen* reproduit presque textuellement l'*Avis au lecteur*, sauf l'éloge de Fouquet, fort abrégé ici.

siècles pourrait sembler horrible au nôtre ; que cette éloquente et sérieuse description de la manière dont ce malheureux prince se crève les yeux (1). qui occupe tout leur cinquième acte, ferait soulever la délicatesse de nos dames, dont le dégoût attire aisément celui du reste de l'auditoire ; et qu'enfin l'amour n'ayant point de part en cette tragédie, elle était dénuée des principaux agrements qui sont en possession de gagner la voix publique. Ces considerations m'ont fait cacher aux yeux un si dangereux spectacle, et introduire l'heureux episode de Thésée et de Dircé (2) J'ai retranché le nombre des oracles qui pouvait être importun, et donner à Œdipe trop de soupçon de sa naissance. J'ai rendu la réponse de Laius, évoqué

(1) Dacier, traducteur d'*Œdipe Roi*, croyait répondre au scrupule de Corneille par les vers de Boileau (*Art poet.*, ch. III) :

> Il n'est point de serpent, ni de monstre odieux....
> Ainsi, pour nous charmer, la tragédie en pleurs
> D'Œdipe tout sanglant fit parler les douleurs

« Ces vers, dit Geoffroy, doivent être expliqués et corrigés par ceux-ci, qui peuvent en fixer le sens :

> Ce qu'on ne doit point voir, qu'un récit nous l'expose.
> Il est de ces objets que l'art judicieux
> Doit offrir à l'oreille et reculer des yeux.

» On n'oserait sans doute nous offrir Œdipe s'arrachant les yeux.

» Il ne faut donc pas le produire à l'instant où il vient de se faire cette cruelle opération il n'est point alors en état de paraitre en public. »

Mais Sophocle l'a bien fait — Oui, mais les Grecs n'étaient pas les Français ; les spectateurs d'Athènes n'étaient pas ceux de la cour de Louis XIV, de plus les theatres etroits de Paris ne ressemblaient guere à la scène si vaste, si grandiose des anciens M Patin a raison d'insister sur cette dernière circonstance qui nous explique jusqu'à un certain point la hardiesse du poete grec : « Des vers d'une affreuse beauté représentent Œdipe detachant le corps de Jocaste du lien auquel il le trouve suspendu ; puis, avec une agrafe attachée des vêtements de l'infortunée et dont s'arme sa fureur,

> Creusant ses yeux sanglants, en chassant la lumiere (DUCIS).

Un tel récit fait frissonner.... Le poete n'a point, comme Corneille, à ménager *la délicatesse des dames*; à prevenir, comme Voltaire, les plaisanteries des petits maitres assis sur les banquettes le long des coulisses. Sa scene est libre ; une scène immense, reculée du regard de la foule qui se presse dans le theatre, avide d'émotions Cette grande attente, ces proportions colossales de la representation tragique, *cette perspective lointaine qui en adoucit l'horreur*, tout cela va lui permettre, puisqu'il l'ose, de faire reparaître son Œdipe » (*Tragiques grecs.*)

Ajoutons, avec Geoffroy, que « le peuple le plus sensible est celui qui a le plus de répugnance pour les atrocités Rien ne dessèche et n'endurcit l'âme, rien ne fletrit le cœur comme l'habitude de contempler les objets les plus effroyables, les plus terribles attentats de la rage et de la sceleratesse humaine Les arts sont des liqueurs fortes dont le bon usage fortifie et favorise la circulation, mais dont l'abus donne la mort. »

(2) Corneille, trompé par le goût de l'époque, trouvait *heureux* un épisode qui, en realité, est le plus grand defaut de la piece.

par Tirésie, assez obscure dans sa clarté apparente pour en faire une fausse application à cette princesse; j'ai rectifié ce qu'Aristote y trouve sans raison, et qu'il n'excuse que parce qu'il arrive avant le commencement de la pièce; et j'ai fait en sorte qu'Œdipe, loin de se croire l'auteur de la mort du roi son prédécesseur, s'imagine l'avoir vengée sur trois brigands à qui le bruit commun l'attribue; et ce n'est pas un petit artifice qu'il s'en convainque lui-même lorsqu'il en veut convaincre Phorbas.

Ces changements m'ont fait perdre l'avantage que je m'étais promis, de n'être souvent que le traducteur de ces grands génies qui m'ont précédé. La différente route que j'ai prise m'a empêché de me rencontrer avec eux, et de me parer de leur travail; mais, en récompense, j'ai eu le bonheur de faire avouer qu'il n'est point sorti de pièce de ma main où il se trouve tant d'art qu'en celle-ci.

On m'y a fait deux objections : l'une, que Dircé, au troisième acte, manque de respect envers sa mère, ce qui ne peut être une faute de théâtre, puisque nous ne sommes pas obligés de rendre parfaits ceux que nous y faisons voir : outre que cette princesse considère encore tellement ces devoirs de la nature, que, bien qu'elle ait lieu de regarder cette mère comme une personne qui s'est emparée d'un trône qui lui appartient, elle lui demande pardon de cette échappée, et la condamne aussi bien que les plus rigoureux de mes juges. L'autre objection regarde la guérison publique, sitôt qu'Œdipe s'est puni. La narration s'en fait par Cléante et par Dymas; et l'on veut qu'il eût pu suffire de l'un des deux pour la faire : à quoi je réponds que ce miracle s'étant fait tout d'un coup, un seul homme n'en pouvait savoir assez tôt tout l'effet, et qu'il a fallu donner à l'un le récit de ce qui s'était passé dans la ville, et à l'autre, de ce qu'il avait vu dans le palais. Je trouve plus à dire à Dircé, qui les écoute, et devrait avoir couru auprès de sa mère sitôt qu'on lui en a dit la mort : mais on peut répondre que si les devoirs de la nature nous appellent auprès de nos parents quand ils meurent, nous nous retirons d'ordinaire d'auprès d'eux quand ils sont morts, afin de nous épargner ce funeste spectacle, et qu'ainsi Dircé a pu n'avoir aucun empressement de voir sa mère, à qui son secours ne pouvait plus être utile, puisqu'elle était morte; outre que, si elle y eût couru, Thésée l'aurait suivie, et il ne me serait demeuré personne pour entendre ces récits. C'est une incommodité de la représentation qui doit faire souffrir quelque manquement à l'exacte vraisemblance. Les anciens avaient leurs chœurs qui ne sortaient point du théâtre, et étaient toujours prêts d'écouter tout ce qu'on leur voulait apprendre; mais cette facilité était compensée par tant d'autres importunités de leur part, que nous ne devons point nous repentir du retranchement que nous en avons fait.

Appréciation.

Ce fut avec *Œdipe* que Corneille rentra au théâtre en 1659, après sept années de silence. « Les bienfaits de Fouquet rajeunirent le poète, dit Geoffroy; mais son bienfaiteur lui fit un mauvais présent en lui donnant le sujet d'*Œdipe* : au lieu de plier son talent au sujet, il accommoda le sujet à son talent, et il le dénatura. » On trouve néanmoins dans cette tragédie de la force, de l'élan, de grandes idées, des caractères mâles et bien tracés, une marche régulière, des accents généreux et de beaux vers Mais « dans une tragédie d'*Œdipe*, il fallait être plus touchant que sublime, inspirer la terreur et la pitié plutôt que l'admiration. »

Le défaut capital de la pièce est le manque de *pathétique* (1).

Une double intrigue, de politique et d'amour, a enlevé au sujet la simplicité majestueuse qu'il a chez Sophocle ; les récriminations de Dircé contre un beau-père qu'elle regarde comme un usurpateur, ôtent à Œdipe ce prestige de vertu et de grandeur que lui a laissé le poète grec pour nous intéresser à ses malheurs immérités.

Dircé a de la noblesse, de la générosité ; elle accepte avec héroïsme le rôle de victime quand elle se croit désignée par la voix de l'oracle ; mais elle garde vis-à-vis d'Œdipe et de sa mère une fierté de ton peu convenable.

La pièce, du reste, eut un grand succès ; tout Paris y courut pendant le mois de janvier 1659, et le roi alla la voir le 8 février à l'hôtel de Bourgogne. Corneille avait composé son *Œdipe* en deux mois.

L'*Œdipe* de Voltaire, qui resta seul au théâtre à partir de 1718, ne l'emporte guère sur celui de Corneille que par les endroits qui se rapprochent davantage de Sophocle.

La narration de l'*histoire du Sphinx*, la tirade sur *la Fatalité*, les scènes où Œdipe est reconnu *pour le meurtrier et le fils de Laïus*, sont les passages les plus remarquables de la tragédie de Corneille.

---

(1) Pourquoi, se demande Voltaire, *Œdipe Roi*, qui est le chef-d'œuvre du théâtre grec, n'a-t-il pu être traité par les modernes avec un plein succès? Est-ce parce qu'on ne peut s'intéresser aux crimes involontaires d'Œdipe et que son châtiment révolte plus qu'il ne touche ? Non, car tout ce qui a été imité de Sophocle, quoique très faiblement, dans *Œdipe*, a toujours réussi parmi nous ; et tout ce qu'on a mêlé d'étranger à ce sujet a été condamné. Il faut donc conclure, *qu'il fallait traiter Œdipe dans toute la simplicité grecque*. Voltaire a raison ; mais pourquoi lui-même, dans l'*Œdipe* qu'il donna en 1718, a-t-il cédé au mauvais goût des comédiens, comme il le rapporte, et avili ce beau sujet par le froid souvenir d'un amour insipide entre Philoctète et Jocaste?

ACTE PREMIER

Une peste envoyée par les dieux ravage la ville de Thèbes. Œdipe fait consulter à ce sujet l'oracle de Delphes ; mais il en reçoit une réponse si obscure qu'il se décide, pour pénétrer ce mystère, à faire évoquer l'ombre de Laïus par le devin Tirésias. L'ombre du vieux roi apparaît, et déclare qu'il faut verser le sang de sa race pour expier un grand crime impuni.

Histoire du Sphinx (1).

ŒDIPE, à *Cléante* (Sc. *IV*)

Toi qui, né dans Argos et nourri dans Mycènes,
Peux être mal instruit de nos secrètes haines,
Vois-les jusqu'en leur source, et juge entre elle et moi
Si je règne sans titre, et si j'agis en roi.
  On t'a parlé du Sphinx, dont l'énigme funeste
Ouvrit plus de tombeaux que n'en ouvre la peste.
Ce monstre à voix humaine, aigle, femme et lion (2),
Se campait fièrement sur le mont Cithéron,
D'où chaque jour ici devait fondre sa rage,
A moins qu'on n'éclaircît un si sombre nuage.
Ne porter qu'un faux jour dans son obscurité,
C'était de ce prodige enfler la cruauté ;
Et les membres épars des mauvais interprètes
Ne laissaient dans ces murs que des bouches muettes.
Mais, comme aux grands périls le salaire enhardit,
Le peuple offre le sceptre, et la reine son lit ;
De cent cruelles morts cette offre est tôt suivie :
J'arrive, je l'apprends, j'y hasarde ma vie.
Au pied du roc affreux semé d'os blanchissants,
Je demande l'énigme et j'en cherche le sens ;
Et, ce qu'aucun mortel n'avait encor pu faire,
J'en dévoile l'image et perce le mystère.
Le monstre, furieux de se voir entendu,
Venge aussitôt sur lui tant de sang répandu,
Du roc s'élance en bas, et s'écrase lui-même.
La reine tint parole, et j'eus le diadème (3).
  Dircé fournissait lors à peine un lustre entier,
Et me vit sur le trône avec un œil altier.
J'en vis frémir son cœur, j'en vis couler ses larmes ;

(1) Ce récit est beau : on y retrouve le style vigoureux de Corneille.
(2) Voltaire a inséré ce vers dans son *Œdipe*.
(3) Ce qui suit complète l'exposition du sujet : on y voit l'ambition jalouse de Dircé, son amour pour Thésée, la préférence d'Œdipe pour Æmon, la mort du roi de Corinthe dont Œdipe se croyait le fils.

J'en pris pour l'avenir dès lors quelques alarmes ;
Et, si l'âge en secret a pu la révolter.
Vois ce que mon départ n'en doit point redouter.
La mort du roi mon père à Corinthe m'appelle ;
J'en attends aujourd'hui la funeste nouvelle,
Et je hasarde tout à quitter les Thébains
Sans mettre ce dépôt en de fideles mains.
Æmon serait pour moi digne de la princesse :
S'il a de la naissance, il a quelque faiblesse ;
Et le peuple du moins pourrait se partager,
Si dans quelque attentat il osait l'engager ;
Mais un prince voisin, tel que tu vois Thésée,
Ferait de ma couronne une conquête aisée,
Si d'un pareil hymen le dangereux lien
Armait pour lui son peuple et soulevait le mien.
Athènes est trop proche, et durant une absence,
L'occasion qui flatte anime l'espérance ;
Et, quand tous mes sujets me garderaient leur foi,
Désolés comme ils sont, que pourraient-ils pour moi ?
La reine a pris le soin d'en parler à sa fille.
Æmon est de son sang, et chef de sa famille ;
Et l'amour d'une mère a souvent plus d'effet
Que n'ont.... Mais la voici, sachons ce qu'elle a fait.

ACTES II et III

Dircé, se croyant désignée par l'ordre de son père, se résigne volontiers à la mort ; l'opposition politique faite par Œdipe à son mariage avec Thésée, lui a fait prendre la vie en dégoût. Cependant Jocaste et Œdipe lui-même la prient de ne point s'offrir en sacrifice avant que les oracles ne soient devenus plus clairs. — Thésée, à son tour, afin de soustraire Dircé à la mort, prétend être cet enfant de Jocaste et de Laïus que ses parents avaient fait exposer sur le mont Cithéron.

La Fatalité.

JOCASTE.

Eh bien ! soyez mon fils, puisque vous voulez l'être ;
Mais donnez-moi la marque où je le dois connaître.
Vous n'êtes point ce fils, si vous n'êtes méchant :
Le ciel sur sa naissance imprima ce penchant (1)....
C'était là de mon fils la noire destinée ;

(1) Jocaste refuse de croire Thésée, parce qu'elle ne voit pas en ce noble prince le penchant irrésistible au mal qui est le signe de la fatalité.

Sa vie à ces forfaits par le ciel condamnée
N'a pu se dégager de cet astre ennemi,
Ni de son ascendant s'échapper à demi.
Si ce fils vit encore, il a tué son père :
C'en est l'indubitable et le seul caractère;
Et le ciel, qui prit soin de nous en avertir,
L'a dit trop hautement pour se voir démentir (1).

THÉSÉE.

Quoi! la nécessité des vertus et des vices
D'un astre impérieux doit suivre les caprices,
Et Delphes, malgré nous, conduit nos actions
Au plus bizarre effet de ses prédictions (2)!
L'âme est donc tout esclave : une loi souveraine
Vers le bien ou le mal incessamment l'entraîne;
Et nous ne recevons ni crainte ni désir
De cette liberté qui n'a rien à choisir,
Attachés sans relâche à cet ordre sublime,
Vertueux sans mérite, et vicieux sans crime.
Qu'on massacre les rois, qu'on brise les autels,
C'est la faute des dieux, et non pas des mortels.
De toute la vertu sur la terre épandue,
Tout le prix à ces dieux, toute la gloire est due;
Ils agissent en nous quand nous pensons agir;
Alors qu'on delibère on ne fait qu'obeir;
Et notre volonté n'aime, hait, cherche, évite,
Que suivant que d'en haut leur bras la précipite.
 D'un tel aveuglement daignez me dispenser.
Le ciel, juste à punir, juste à récompenser,
Pour rendre aux actions leur peine ou leur salaire,
Doit nous offrir son aide, et puis nous laisser faire.
N'enfonçons toutefois ni votre œil ni le mien
Dans ce profond abîme où nous ne voyons rien :
Delphes a pu vous faire une fausse réponse;
L'argent put inspirer la voix qui les prononce. (*A. III, sc. V*)

(1) Jocaste parle sous l'empire de la fatalité : elle croit à cette prédestination horrible au mal, et à la véracité des oracles.

(2) Thésée répond par une réfutation éloquente de ce dogme monstrueux; il revendique avec une noble fierté les droits de la liberté de l'âme, et traite, comme ils le meritent, ces oracles mensongers de la superstition païenne. Tout ce morceau est magnifique. — En 1659, deux ans après les *Provinciales*, c'était de la part de Corneille, une profession énergique de la foi catholique sur le libre arbitre, à l'encontre de l'hérésie janseniste formellement condamnée par Innocent X (1653).

ACTE QUATRIÈME

Mais bientôt tout s'éclaircit. Œdipe apprend avec effroi qu'il est l'assassin de Laïus.

Le Meurtrier de Laïus.

SCÈNE III

JOCASTE, THÉSÉE, PHORBAS, NÉRINE.

JOCASTE.

Laissez-moi lui parler, et prêtez-nous silence.
Phorbas, envisagez ce prince en ma présence (1) :
Le reconnaissez-vous ?

PHORBAS.

Je crois vous avoir dit
Que je ne l'ai point vu depuis qu'on le perdit,
Madame : un si long temps laisse mal reconnaître
Un prince qui pour lors ne faisait que de naître ;
Et, si je vois en lui l'effet de mon secours,
Je n'y puis voir les traits d'un enfant de deux jours.

JOCASTE.

Je sais, ainsi que vous, que les traits de l'enfance
N'ont avec ceux d'un homme aucune ressemblance ;
Mais comme ce héros, s'il est sorti de moi,
Doit avoir de sa main versé le sang du roi,
Seize ans n'ont pas changé tellement son visage,
Que vous n'en conserviez quelque imparfaite image.

PHORBAS.

Hélas ! j'en garde encor si bien le souvenir,
Que je l'aurai présent durant tout l'avenir.
Si pour connaître un fils il vous faut cette marque,
Ce prince n'est point né de notre grand monarque.
Mais désabusez-vous, et sachez que sa mort
Ne fut jamais d'un fils le parricide effort.

JOCASTE.

Et de qui donc, Phorbas ? Avez-vous connaissance
Du nom du meurtrier ? Savez-vous sa naissance ?

---

(1) La réponse ambiguë du grand prêtre Tirésias fait planer d'horribles soupçons sur la tête de Thésée. Ce fils que Jocaste avait fait exposer dans la forêt pour l'empêcher de devenir parricide, se trouve, disait le devin, à la cour même du roi. C'est avec le plus vif intérêt qu'on suit le premier interrogatoire, où Jocaste désire apprendre de Phorbas s'il reconnaît en Thésée l'enfant qu'elle lui avait confié.

PHORBAS.
Et, de plus, sa demeure et son rang. Est-ce assez?
JOCASTE.
Je saurai le punir si vous le connaissez.
Pourrez-vous le convaincre ?
PHORBAS.
Et par sa propre bouche (1).
JOCASTE.
A nos yeux?
PHORBAS.
A vos yeux. Mais peut-être il vous touche,
Peut-être y prendrez-vous un peu trop d'intérêt
Pour m'en croire aisément quand j'aurai dit qui c'est.
THÉSÉE.
Ne nous déguisez rien, parlez en assurance ;
Que le fils de Laïus en hâte la vengeance (2).
JOCASTE.
Il n'est pas assuré, prince, que ce soit vous,
Comme il l'est que Laïus fut jadis mon époux;
Et d'ailleurs, si le ciel vous choisit pour victime,
Vous me devez laisser à punir ce grand crime.
THÉSÉE.
Avant que de mourir, un fils peut le venger.
PHORBAS.
Si vous l'êtes ou non, je ne le puis juger;
Mais je sais que Thésée est si digne de l'être,
Qu'au seul nom qu'il en prend je l'accepte pour maître.
Seigneur, vengez un pere, ou ne soutenez plus
Que nous voyons en vous le vrai sang de Laïus.
JOCASTE.
Phorbas, nommez ce traître, et nous tirez de doute ;
Et j'atteste à vos yeux le ciel qui nous écoute
Que pour cet assassin il n'est point de tourments
Qui puissent satisfaire à mes ressentiments (3).

(1) On retrouve l'art de Sophocle dans ces révélations successives, coupées par des suspensions habiles; chaque mot, en excitant de plus en plus la curiosité, augmente l'inquiétude et le trouble.

(2) Thésée montre de la grandeur d'âme, en acceptant d'avance les conséquences affreuses d'une origine si redoutable

(3) La malheureuse reine ignore que ces vengeances vont tomber sur ce qu'elle a de plus cher, sur son fils et son époux.

PHORBAS.

Mais, si je vous nommais quelque personne chère,
Æmon votre neveu, Créon votre seul frère,
Ou le prince Lycus, ou le roi votre époux (1),
Me pourriez-vous en croire, ou garder ce courroux?

JOCASTE.

De ceux que vous nommez je sais trop l'innocence.

PHORBAS.

Peut-être qu'un des quatre a fait plus qu'il ne pense;
Et j'ai lieu de juger qu'un trop cuisant ennui....

JOCASTE.

Voici le roi qui vient; dites tout devant lui (2).

SCENE IV
OEDIPE, JOCASTE, THÉSÉE, PHORBAS, SUITE.

OEDIPE.

Si vous trouvez un fils dans le prince Thésée,
Mon âme en son effroi s'était bien abusée :
Il ne choisira point de chemin criminel
Quand il voudra rentrer au trône paternel,
Madame; et ce sera du moins à force ouverte
Qu'un si vaillant guerrier entreprendra ma perte.
   Mais dessus ce vieillard plus je porte les yeux.
Plus je crois l'avoir vu jadis en d'autres lieux :
Ses rides me font peine à le bien reconnaître.
Ne m'as-tu jamais vu?

PHORBAS.
   Seigneur, cela peut être.

OEDIPE.

Il y pourrait avoir entre quinze et vingt ans.

PHORBAS.

J'ai de confus rapports d'environ même temps.

OEDIPE.

Environ ce temps-là fis-tu quelque voyage?

(1) Ce trait, habilement jeté dans l'énumération de tant de personnes si chères, fait plus d'impression sur le spectateur que sur Jocaste.

(2) L'arrivée d'Œdipe donne le frisson; on tremble pour lui d'autant plus qu'il pense moins à son propre danger, et que par ses questions il va provoquer lui-même la découverte de l'affreuse vérité.

PHORBAS.
Oui, Seigneur, en Phocide; et là, dans un passage....

OEDIPE.
Ah! je te reconnais, ou je suis fort trompé :
C'est un de mes brigands à la mort échappé,
Madame, et vous pouvez lui choisir des supplices;
S'il n'a tué Laïus, il fut un des complices.

JOCASTE.
C'est un de vos brigands! Ah! que me dites-vous (1)!

OEDIPE.
Je le laissai pour mort, et tout percé de coups.

PHORBAS.
Quoi! vous m'auriez blessé? moi, Seigneur?

OEDIPE.
Oui, perfide (2).
Tu fis, pour ton malheur, ma rencontre en Phocide,
Et tu fus un des trois que je sus arrêter
Dans ce passage étroit qu'il fallut disputer;
Tu marchais le troisième : en faut-il davantage?

PHORBAS.
Si de mes compagnons vous peigniez le visage,
Je n'aurais rien à dire, et ne pourrais nier.

OEDIPE.
Seize ans, à ton avis, m'ont fait les oublier!
Ne le présume pas : une action si belle
En laisse au fond de l'âme une idée immortelle;
Et si dans un combat on ne perd point de temps
A bien examiner les traits des combattants,
Après que celui-ci m'eut tout couvert de gloire,
Je sus tout à loisir contempler ma victoire.
Mais tu niras encore, et n'y connaîtras rien.

PHORBAS.
Je serai convaincu, si vous les peignez bien :
Les deux que je suivis sont connus de la reine.

OEDIPE.
Madame, jugez donc si sa défense est vaine.

(1) Jocaste a tout compris cette exclamation trahit son trouble et sa douleur

(2) Rien de plus tragique que cette assurance d'Œdipe et l'indignation qu'il fait éclater contre un innocent, alors qu'il devrait la tourner contre lui-même.

ACTE IV, SCÈNE IV

Le premier de ces trois que mon bras sut punir
A peine méritait un léger souvenir :
Petit de taille, noir, le regard un peu louche,
Le front cicatrisé, la mine assez farouche ;
Mais homme, à dire vrai, de si peu de vertu,
Que dès le premier coup je le vis abattu.
    Le second, je l'avoue, avait un grand courage,
Bien qu'il parût déjà dans le penchant de l'âge (1) :
Le front assez ouvert, l'œil perçant, le teint frais ;
(On en peut voir en moi la taille et quelques traits),
Chauve sur le devant, mêlé sur le derrière,
Le port majestueux, et la démarche fière.
Il se défendit bien, et me blessa deux fois ;
Et tout mon cœur s'émut de le voir aux abois.
Vous pâlissez, Madame !

JOCASTE.

              Ah ! Seigneur, puis-je apprendre
Que vous ayez tué Laïus après Nicandre,
Que vous ayez blessé Phorbas de votre main,
Sans en frémir d'horreur, sans en pâlir soudain ?

OEDIPE.

Quoi ! c'est là ce Phorbas qui vit tuer son maître ?

JOCASTE.

Vos yeux, après seize ans, l'ont trop su reconnaître ;
Et ses deux compagnons, que vous avez dépeints,
De Nicandre et du roi portent les traits empreints.

OEDIPE.

Mais ce furent brigands, dont le bras....

JOCASTE.

                          C'est un conte
Dont Phorbas au retour voulut cacher sa honte.
Une main seule, hélas ! fit ces funestes coups,
Et, par votre rapport, ils partirent de vous.

PHORBAS.

J'en fus presque sans vie un peu plus d'une année.
Avant ma guérison on vit votre hyménée.
Je guéris ; et mon cœur, en secret mutiné
De connaître quel roi vous nous aviez donné,
S'imposa cet exil dans un séjour champêtre,
Attendant que le ciel me fît un autre maître.

(1) L'infortuné ne voit pas qu'en faisant ce portrait de sa victime, en signalant les traits de ressemblance qu'elle avait avec lui, il se désigne pour son meurtrier.

OEDIPE

THÉSÉE.

Seigneur, je suis le frère ou l'amant de Dircé ;
Et son père ou le mien, de votre main percé...

OEDIPE.

Prince, je vous entends, il faut venger ce père,
Et ma perte à l'Etat semble être nécessaire,
Puisque de nos malheurs la fin ne se peut voir
Si le sang de Laïus ne remplit son devoir.
C'est ce que Tirésie avait voulu me dire.
Mais ce reste du jour souffrez que je respire :
Le plus sévère honneur ne saurait murmurer
De ce peu de moments que j'ose différer ;
Et ce coup surprenant permet à votre haine
De faire cette grâce aux larmes de la reine.

ACTE CINQUIEME

Œdipe apprend coup sur coup que Polybe, ce roi de Corinthe qui vient de mourir et qu'il appelait son père, a seulement pris soin de son enfance, et que, voué à la mort aussitôt après sa naissance par Jocaste sa mère, il avait été sauvé secrètement et élevé à Corinthe.

Le Fils de Laïus.

SCENE II
OEDIPE, IPHICRATE, SUITE.

OEDIPE.

Eh bien ! Polybe est mort ?

IPHICRATE.

Oui, Seigneur.

OEDIPE

Mais vous-même
Venir me consoler de ce malheur suprême !
Vous, qui, chef du conseil, devriez maintenant,
Attendant mon retour, être mon lieutenant !
Vous, à qui tant de soins d'élever mon enfance
Ont acquis justement toute ma confiance !
Ce voyage me trouble autant qu'il me surprend.

IPHICRATE.

Le roi Polybe est mort ; ce malheur est bien grand ;
Mais comme enfin, Seigneur, il est suivi d'un pire,
Pour l'apprendre de moi faites qu'on se retire.

Œdipe fait un signe de tête à sa suite, qui se retire.

OEDIPE.

Ce jour est donc pour moi le grand jour des malheurs (1),
Puisque vous apportez un comble à mes douleurs.
J'ai tué le feu roi jadis sans le connaître;
Son fils, qu'on croyait mort, vient ici de renaître;
Son peuple mutiné me voit avec horreur;
Sa veuve mon épouse en est dans la fureur.
Le chagrin accablant qui me dévore l'âme
Me fait abandonner et peuple, et sceptre, et femme,
Pour remettre à Corinthe un esprit éperdu;
Et par d'autres malheurs je m'y vois attendu!

IPHICRATE.

Seigneur, il faut ici faire tête à l'orage;
Il faut faire ici ferme, et montrer du courage.
Le repos à Corinthe en effet serait doux;
Mais il n'est plus de sceptre à Corinthe pour vous.

OEDIPE.

Quoi! l'on s'est emparé de celui de mon père?

IPHICRATE.

Seigneur, on n'a rien fait que ce qu'on a dû faire;
Et votre amour en moi ne voit plus qu'un banni,
De son amour pour vous trop doucement puni.

OEDIPE.

Quelle énigme!

IPHICRATE.

   Apprenez avec quelle justice
Ce roi vous a dû rendre un si mauvais office :
Vous n'étiez point son fils.

OEDIPE.

    Dieux! qu'entends-je?

IPHICRATE.

        A regret
Ses remords en mourant ont rompu le secret.
Il vous gardait encore une amitié fort tendre,
Mais le compte qu'aux dieux la mort force de rendre
A porté dans son cœur un si pressant effroi,
Qu'il a remis Corinthe aux mains de son vrai roi.

---

(1) « Je retrouve le véritable esprit de la tragédie dans cette scène d'Iphicrate, où l'on ne dit rien qui ne soit nécessaire à la pièce, dans cette simplicité éloignée de la fatigante dissertation, dans cet art théâtral et naturel qui fait naître successivement tous les malheurs d'Œdipe les uns des autres. Voilà la vraie tragédie. » (Volt.)

OEDIPE.
Je ne suis point son fils! et qui suis-je, Iphicrate (1)?
IPHICRATE.
Un enfant exposé, dont le mérite éclate,
Et de qui par pitié j'ai dérobé les jours
Aux ongles des lions, aux griffes des vautours.
OEDIPE.
Et qui m'a fait passer pour le fils de ce prince?
IPHICRATE.
Le manque d'héritiers ébranlait sa province.
Les trois que lui donna le conjugal amour
Perdirent en naissant la lumière du jour;
Et la mort du dernier me fit prendre l'audace
De vous offrir au roi, qui vous mit en sa place.
Ce que l'on se promit de ce fils supposé
Réunit sous ses lois son Etat divisé;
Mais comme cet abus finit avec sa vie,
Sa mort de mon supplice aurait été suivie,
S'il n'eût donné cet ordre à son dernier moment
Qu'un juste et prompt exil fût mon seul châtiment.
OEDIPE.
Ce revers serait dur pour quelque âme commune;
Mais je me fis toujours maître de ma fortune;
Et puisqu'elle a repris l'avantage du sang,
Je ne dois plus qu'à moi tout ce que j'eus de rang.
Mais n'as-tu point appris de qui j'ai reçu l'être?
IPHICRATE.
Seigneur, je ne puis seul vous le faire connaître.
Vous fûtes exposé jadis par un Thébain
Dont la compassion vous remit en ma main,
Et qui, sans m'éclaircir touchant votre naissance,
Me chargea seulement d'éloigner votre enfance.
J'en connais le visage, et l'ai revu souvent
Sans nous être tous deux expliqués plus avant :
Je lui dis qu'en éclat j'avais mis votre vie
Et lui cachai toujours mon nom et ma patrie,
De crainte, en les sachant, que son zele indiscret
Ne vînt mal à propos troubler notre secret.
Mais comme de sa part il connaît mon visage,
Si je le trouve ici, nous saurons davantage.

(1) Enfin le malheureux OEdipe commence à entrevoir son horrible destinée.

OEDIPE.
Je serais donc Thébain à ce compte?

IPHICRATE.
Oui, Seigneur.

OEDIPE.
Je ne sais si je dois le tenir à bonheur :
Mon cœur, qui se soulève, en forme un noir augure
Sur l'éclaircissement de ma triste aventure.
Où me reçûtes-vous?

IPHICRATE.
Sur le mont Cithéron.

OEDIPE.
Ah! que vous me frappez par ce funeste nom!
Le temps, le lieu, l'oracle, et l'âge de la reine,
Tout semble concerté pour me mettre à la gêne.
Dieux! serait-il possible? Approchez-vous, Phorbas.

SCENE III
OEDIPE, IPHICRATE, PHORBAS.

IPHICRATE.
Seigneur, voilà celui qui vous mit en mes bras;
Permettez qu'à vos yeux je montre un peu de joie.
Se peut-il faire, ami, qu'encor je te revoie!

PHORBAS.
Que j'ai lieu de bénir ton retour fortuné!
Qu'as-tu fait de l'enfant que je t'avais donné?
Le genereux Thésée a fait gloire de l'être;
Mais sa preuve est obscure, et tu dois le connaître.
Parle.

IPHICRATE.
Ce n'est point lui, mais il vit en ces lieux (1).

PHORBAS.
Nomme-le donc, de grâce.

IPHICRATE.
Il est devant tes yeux.

PHORBAS.
Je ne vois que le roi.

---

(1) Ce dialogue est d'un effet saisissant; chaque parole d'Iphicrate est un éclair sinistre qui déchire la nuit jusqu'à ce qu'éclate enfin le dernier coup de foudre.

IPHICRATE.
C'est lui-même.
PHORBAS.
Lui-même!
IPHICRATE.
Oui : le secret n'est plus d'une importance extrême;
Tout Corinthe le sait. Nomme-lui ses parents.
PHORBAS.
En fussions-nous tous trois à jamais ignorants!
IPHICRATE.
Seigneur, lui seul enfin peut dire qui vous êtes.
OEDIPE.
Hélas! je le vois trop; et vos craintes secrètes,
Qui vous ont empêchés de vous entr'eclaircir,
Loin de tromper l'oracle, ont fait tout réussir.
 Voyez où m'a plongé votre fausse prudence :
Vous cachiez ma retraite, il cachait ma naissance.
Vos dangereux secrets, par un commun accord,
M'ont livré tout entier aux rigueurs de mon sort.
PHORBAS.
Oui, Seigneur, j'ai tout fait, sauvant votre personne :
M'en punissent les dieux, si je me le pardonne!

SCÈNE IV
OEDIPE, IPHICRATE.
OEDIPE.
Que n'obéissais-tu, perfide, à mes parents,
Qui se faisaient pour moi d'équitables tyrans?
Que ne lui disais-tu ma naissance et l'oracle,
Afin qu'à mes destins il pût mettre un obstacle?
Car, Iphicrate, en vain j'accuserais ta foi :
Tu fus dans ces destins aveugle comme moi;
Et tu ne m'abusais que pour ceindre ma tête
D'un bandeau dont par là tu faisais ma conquête.
IPHICRATE.
Seigneur, comme Phorbas avait mal obéi,
Que l'ordre de son roi par là se vit trahi,
Il avait lieu de craindre, en me disant le reste,
Que son crime par moi devenu manifeste.....
OEDIPE.
Cesse de l'excuser. Que m'importe en effet

ACTE V, SCÈNE IV

S'il est coupable ou non de tout ce que j'ai fait?
En ai-je moins de trouble, ou moins d'horreur en l'âme (1)?

Jocaste, voyant en son époux son propre fils, meurtrier de son père, se tue de désespoir; quant à Œdipe, après avoir consenti au mariage de Dircé avec Thésée, il se crève volontairement les yeux. L'expiation réclamée par la colère du ciel, est accomplie, et le fléau suspend ses ravages

(1) Dans Sophocle, la reconnaissance se fait d'une manière plus dramatique encore. Le berger, que le roi s'obstine à interroger, refuse de parler, Œdipe insiste avec autorité, avec colère; le berger finit par ceder aux menaces, et lâche le terrible secret; aussitôt l'infortune monarque pousse un cri de desespoir et s'enfuit épouvante : les spectateurs restent dans la consternation.

« ŒDIPE. Et toi, parleras-tu de bonne grâce? sinon, ce sera de force.
LE BERGER. Au nom des dieux, ne maltraite pas un vieillard!
ŒDIPE. Qu'au plus tôt on lui attache les mains derrière le dos
LE BERGER. Malheureux! et pourquoi? que veux-tu apprendre?
ŒDIPE Lui as-tu remis cet enfant dont il parle?
LE BERGER. Oui, je le lui donnai, et que ne suis-je mort ce jour-là!
ŒDIPE. C'est ce qui t'arrivera aujourd'hui, si tu ne dis la verite.
LE BERGER. Ce sera bien plutôt si je parle, que je perirai.
ŒDIPE. Cet homme, je le vois, cherche des delais.
LE BERGER. Non, vraiment, car j'ai déja dit que je le lui avais remis
ŒDIPE. D'où le tenais-tu? etait-il à toi, ou l'avais-tu reçu d'un autre?
LE BERGER. Il n'etait pas à moi, je l'ai reçu de quelqu'un.
ŒDIPE. De quel habitant de la ville, et de quelle maison?
LE BERGER. Au nom des dieux, mon maître, ne me questionne pas davantage
ŒDIPE Tu es mort, si je repete ma question.
LE BERGER. Eh bien! c'etait quelqu'un de la maison de Laïus
ŒDIPE Esclave, ou de la famille du roi?
LE B. Malheur à moi! me voila revenu à ce secret, le plus terrible à dire.
ŒDIPE. Et le plus terrible à entendre. N'importe, je veux l'apprendre.
LE BERGER. On le disait fils de Laïus; mais celle qui est dans le palais, ton epouse, pourrait mieux que personne dire ce qui en est.
ŒDIPE. Est-ce donc elle qui te le remit? — LE B. Elle-même, ô roi!
ŒDIPE. Dans quelle intention? — LE BERGER. Pour le faire périr.
ŒDIPE. Elle qui lui avait donné le jour! Ah! malheureuse!
LE BERGER. Elle redoutait de funestes oracles.
ŒDIPE. Que disaient-ils?
LE BERGER. Qu'il tuerait les auteurs de ses jours.
ŒDIPE. Pourquoi donc l'as tu remis à ce vieillard?
LE BERGER. J'en eus pitié, mon maître; je crus qu'il l'emporterait sur une terre etrangère, dans sa patrie, il l'a conservé pour les plus grands malheurs; car si tu es celui dont il parle, tu es le plus infortuné des hommes.
ŒDIPE. Helas! hélas! tout est revélé maintenant. O lumière, je te vois pour la dernière fois. Il est trop vrai! par ma naissance, par mon hymen, par mon affreux parricide, j'ai violé les plus saintes lois de la nature. (*Il sort.*)

LA CONQUÊTE DE LA TOISON D'OR

TRAGÉDIE
1660.

« On se souviendra longtemps, dit le rédacteur du *Mercure galant*, de la magnificence avec laquelle le marquis de Sourdeac donna une grande fête dans son château de Neubourg, en réjouissance de l'heureux mariage de Sa Majesté, et de la paix qu'il lui avait plu de donner à ses peuples (1). La tragédie de la *Toison d'or*, mêlée de musique et de superbes spectacles, fut faite exprès pour cela. »

PROLOGUE [2]

LA FRANCE, LA VICTOIRE.

LA FRANCE.

Doux charme des héros, immortelle Victoire (3),
Ame de leur vaillance, et source de leur gloire,
Vous qu'on fait si volage, et qu'on voit toutefois
Si constante à me suivre, et si ferme en ce choix,
Ne vous offensez pas si j'arrose de larmes
Cette illustre union qu'ont avec vous mes armes,
Et si vos faveurs même obstinent mes soupirs
A pousser vers la Paix mes plus ardents désirs.
Vous faites qu'on m'estime aux deux bouts de la terre,
Vous faites qu'on m'y craint; mais il vous faut la guerre;
Et quand je vois quel prix me coûtent vos lauriers,
J'en vois avec chagrin couronner mes guerriers.

(1) Le traité des Pyrénées, conclu le 7 novembre 1659 entre la France et l'Espagne, avait été suivi du mariage de Louis XIV avec l'infante Marie-Thérèse, le 19 juin 1660.

(2) « Les prologues d'*Andromède* et de la *Toison d'or*, où Louis XIV était loué, servirent ensuite de modèles à tous les prologues de Quinault, et ce fut une coutume indispensable de faire l'éloge du Roi à la tête de tous les opéras, comme dans les discours à l'Académie française. Il y a de grandes beautés dans le prologue de la *Toison d'or* » (VOLT.)

(3) Tout ce dialogue est écrit dans le plus beau style de Corneille : ces vers d'une majesté si harmonieuse, ces grandes pensées, ces fortes images et ces traits vigoureux nous montrent le poète encore dans tout l'éclat de son génie.

LA VICTOIRE.

Je ne me repens point, incomparable France,
De vous avoir suivie avec tant de constance ;
Je vous prépare encor mêmes attachements ;
Mais j'attendais de vous d'autres remercîments.
Vous lassez-vous de moi qui vous comble de gloire,
De moi qui de vos fils assure la mémoire,
Qui fais marcher partout l'effroi devant leurs pas ?

LA FRANCE.

Ah ! Victoire, pour fils n'ai-je que des soldats ?
La gloire qui les couvre, à moi-même funeste,
Sous mes plus beaux succès fait trembler tout le reste ;
Ils ne vont au combat que pour me protéger,
Et n'en sortent vainqueurs que pour me ravager.
S'ils renversent des murs, s'ils gagnent des batailles,
Ils prennent droit par là de ronger mes entrailles :
Leur retour me punit de mon trop de bonheur,
Et mes bras triomphants me déchirent le cœur.
A vaincre tant de fois mes forces s'affaiblissent :
L'Etat est florissant, mais les peuples gémissent ;
Leurs membres décharnés courbent sous mes hauts faits,
Et la gloire du trône accable les sujets (1).
 Voyez autour de moi, que de tristes spectacles !
Voilà ce qu'en mon sein enfantent vos miracles.
 Quelque encens que je doive à cette fermeté
Qui vous fait en tous lieux marcher à mon côté,
Je me lasse de voir mes villes désolées,
Mes habitants pillés, mes campagnes brûlées.
Mon roi, que vous rendez le plus puissant des rois,
En goûte moins le fruit de ses propres exploits ;
Du même œil dont il voit ses plus nobles conquêtes
Il voit ce qu'il leur faut sacrifier de têtes ;
De ce glorieux trône où brille sa vertu,
Il tend sa main auguste à son peuple abattu ;
Et, comme à tous moments la commune misère
Rappelle en son grand cœur les tendresses de père,
Ce cœur se laisse vaincre aux vœux que j'ai formés,
Pour faire respirer ce que vous opprimez.

(1) Ces quatre vers sont au-dessus de tout éloge ; le dernier présente une image et un contraste sublimes.
 La description des ravages de la guerre ne pouvait déplaire à un prince victorieux, qui venait de rendre la paix à ses sujets : c'était lui adresser le plus délicat des éloges. Trente ans plus tard, lorsque Campistron reproduisit ce couplet dans son *Tiridate*, il fut supprimé par la police ; au début d'une nouvelle guerre, on pouvait y voir une satire du gouvernement.

SERTORIUS
TRAGÉDIE
1662.

AU LECTEUR

Ne cherchez point dans cette tragédie les agréments qui sont en possession de faire réussir au théâtre les poèmes de cette nature : vous n'y trouverez ni tendresses d'amour, ni emportements de passions, ni descriptions pompeuses, ni narrations pathétiques. Je puis dire toutefois qu'elle n'a point déplu, et que la dignité des noms illustres, la grandeur de leurs intérêts, et la nouveauté de quelques caractères, ont suppléé au manque de ces grâces.

Le sujet est simple, et du nombre de ces événements connus, où il ne nous est pas permis de rien changer qu'autant que la nécessité indispensable de les réduire dans la règle nous force d'en resserrer les temps et les lieux. Comme il ne m'a fourni aucunes femmes, j'ai été obligé de recourir à l'invention pour en introduire deux, assez compatibles l'une et l'autre avec les vérités historiques à qui je me suis attaché. L'une a vécu de ce temps-là; c'est la première femme de Pompée, qu'il répudia pour entrer dans l'alliance de Sylla, par le mariage d'Émilie, fille de sa femme. Ce divorce est constant par le rapport de tous ceux qui ont écrit la vie de Pompée, mais aucun d'eux ne nous apprend ce que devint cette malheureuse, qu'ils appellent tous Antistie, à la réserve d'un Espagnol, évêque de Girone, qui lui donne le nom d'Aristie, que j'ai préféré, comme plus doux à l'oreille. Leur silence m'ayant laissé liberté entière de lui faire un refuge, j'ai cru ne lui en pouvoir choisir un avec plus de vraisemblance que chez les ennemis de ceux qui l'avaient outragée : cette retraite en a d'autant plus, qu'elle produit un effet véritable par les lettres des principaux de Rome que je lui fais porter à Sertorius, et que Perpenna remit entre les mains de Pompée, qui en usa comme je le marque.

L'autre femme est une pure idée de mon esprit, mais qui ne laisse pas d'avoir aussi quelque fondement dans l'histoire. Elle nous apprend que les Lusitaniens appelèrent Sertorius d'Afrique pour être leur chef contre le parti de Sylla; mais elle ne nous dit point s'ils étaient en république, ou sous une monarchie. Il n'y a donc rien qui répugne à leur donner une reine; et je ne la pouvais faire sortir d'un sang plus considérable que celui de Viriatus, dont je lui fais porter le nom, le plus grand homme que l'Espagne ait opposé aux Romains, et le dernier qui leur ait fait tête dans ces provinces avant Sertorius. Il n'était pas roi en effet, mais il en avait toute l'autorité ; et les préteurs et consuls que Rome envoya pour le combattre, et qu'il defit souvent, l'estimèrent assez pour faire des traités de paix avec lui comme avec un souverain et juste ennemi. Sa mort arriva soixante et huit ans avant celle que je traite ; de sorte qu'il aurait pu être aïeul ou bisaïeul de cette reine que je fais parler ici.

Il fut défait par le consul Q. Servilius, et non par Brutus, comme je l'ai fait dire à cette princesse, sur la foi de cet évêque espagnol que je viens de citer, et qui m'a jeté dans l'erreur après lui. Elle est aisée a corriger par le changement d'un mot dans ce vers unique qui en parle, et qu'il faut rétablir ainsi :

  Et de Servilius l'astre prédominant.

Je sais bien que Sylla, dont je parle tant dans ce poème, était mort six ans avant Sertorius ; mais, à le prendre à la rigueur, il est permis de presser les temps pour faire l'unité de jour ; et, pourvu qu'il n'y ait point d'impossibilité formelle, je puis faire arriver en six jours, voire en six heures, ce qui s'est passé en six ans. Cela posé, rien n'empêche que Sylla ne meure avant Sertorius, sans rien detruire de ce que je dis ici, puisqu'il a pu mourir depuis qu'Arcas est parti de Rome pour apporter la nouvelle de la démission de sa dictature : ce qu'il fait en même temps que Sertorius est assassiné. Je dis de plus que, bien que nous devions être assez scrupuleux observateurs de l'ordre des temps, neanmoins, pourvu que ceux que nous faisons parler se soient connus, et aient eu ensemble quelques intérêts à démêler, nous ne sommes pas obligés à nous attacher si précisement a la durée de leur vie. Sylla était mort quand Sertorius fut tué, mais il pouvait vivre encore sans miracle ; et l'auditeur, qui communément n'a qu'une teinture superficielle de l'histoire, s'offense rarement d'une pareille prolongation qui ne sort point de la vraisemblance. Je ne voudrais pas toutefois faire une règle générale de cette licence, sans y mettre quelque distinction.

La mort de Sylla n'apporta aucun changement aux affaires de Sertorius en Espagne, et lui fut de si peu d'importance, qu'il est malaisé, en lisant la vie de ce heros chez Plutarque, de remarquer lequel des deux est mort le premier, si l'on n'en est instruit d'ailleurs. Autre chose est de celles qui renversent les États, détruisent les partis, et donnent une autre face aux affaires, comme a été celle de Pompée, qui ferait révolter tout l'auditoire contre un auteur, s'il avait l'imprudence de la mettre après celle de Cesar.

D'ailleurs il fallait colorer et excuser en quelque sorte la guerre que Pompée et les autres chefs romains continuaient contre Sertorius ; car il est assez malaisé de comprendre pourquoi l'on s'y obstinait, après que la république semblait être rétablie par la démission volontaire et la mort de son tyran. Sans doute que son esprit de souveraineté qu'il avait fait revivre dans Rome n'y était pas mort avec lui, et que Pompée et beaucoup d'autres, aspirant dans l'âme à prendre sa place, craignaient que Sertorius ne leur y fût un puissant obstacle, ou par l'amour qu'il avait toujours pour sa patrie, ou par la grandeur de sa réputation et le mérite de ses actions, qui lui eussent fait donner la préférence, si ce grand ébranlement de la république l'eût mise en état de ne se pouvoir passer de maître.

Pour ne pas déshonorer Pompée par cette jalousie secrète de son ambition, qui semait dès lors ce qu'on a vu depuis éclater si hautement, et qui peut-être était le véritable motif de cette guerre, je me suis persuadé qu'il était plus à propos de faire vivre Sylla, afin d'en attribuer l'injustice à la violence de sa domination. Cela m'a servi de plus à arrêter l'effet de ce puissant amour que je lui fais conserver pour son Aristie, avec qui il n'eût pu se défendre de renouer, s'il n'eût eu rien à craindre du côté de Sylla, dont le nom odieux, mais illustre, donne un grand poids aux raisonnements de la politique, qui fait l'âme de toute cette tragédie.

Le même Pompée semble s'écarter un peu de la prudence d'un général d'armée, lorsque, sur la foi de Sertorius, il vient conférer avec lui dans une ville dont ce chef du parti contraire est maître absolu : mais c'est une confiance de généreux à généreux, et de Romain à Romain, qui lui donne quelque droit de ne craindre aucune supercherie de la part d'un si grand homme (1). Ce n'est pas que je ne veuille bien accorder aux critiques qu'il n'a pas assez pourvu à sa propre sûreté ; mais il m'était impossible de garder l'unité de lieu sans lui faire faire cette échappée, qu'il faut imputer à l'incommodité de la règle, plus qu'à moi qui l'ai bien vue. Si vous ne voulez la pardonner à l'impatience qu'il avait de voir sa femme, dont je le fais encore si passionné, et à la peur qu'elle ne prît un autre mari, faute de savoir ses intentions pour elle, vous la pardonnerez au plaisir qu'on a pris à cette conférence, que quelques-uns des premiers dans la cour et pour la naissance et pour l'esprit ont estimée autant qu'une pièce entière. Vous n'en serez pas désavoué par Aristote, qui souffre qu'on mette quelquefois des choses sans raison sur le théâtre, quand il y a apparence qu'elles seront bien reçues, et qu'on a lieu d'espérer que les avantages que le poëme en tirera pourront mériter cette grâce.

(1) « Charles-Quint, prince très prudent, ne vint-il pas à Paris se mettre entre les mains de son rival François Ier ? Cette confiance sied aux grands hommes, et Pompée estimait assez Sertorius pour ne pas le soupçonner capable de la plus lâche trahison. » (GEOFFROY.)

SERTORIUS

PERSONNAGES :

SERTORIUS, général du parti de Marius en Espagne.
PERPENNA, lieutenant de Sertorius
AUFIDE, tribun de l'armée de Sertorius.
POMPÉE, général du parti de Sylla (1)
ARISTIE, femme de Pompée.
VIRIATE, reine de Lusitanie, à présent Portugal (2)
THAMIRE, dame d'honneur de Viriate.
CELSUS, tribun du parti de Pompée.
ARCAS, affranchi d'Aristius, frère d'Aristie.

La scène est à Nertobrige, ville d'Aragon, conquise par Sertorius, à présent Catalayud (plutôt Calataiud).

(L'an 72 av. J.-C.)

Analyse

Perpenna, poussé par une basse jalousie, avait formé le projet d'assassiner Sertorius ; mais, désireux d'épouser Viriate, il renonce à son dessein et vient prier le général de présenter sa demande à la reine. Sertorius, qui aspire aussi à sa main, sacrifie généreusement son amour au désir de son lieutenant ; quant à lui, il se contentera d'épouser Aristie, première femme de Pompée, qui est venue se réfugier dans son camp.

Mais Viriate déclare à Sertorius qu'elle ne veut pas d'autre époux que lui. Cependant elle n'a garde de rebuter ouvertement Perpenna ; elle préfère s'en servir en l'amusant avec des paroles, et lui demande, comme preuve de son amour, de s'opposer au mariage d'Aristie avec le général romain

Pompée se présente au camp pour avoir une conférence avec Sertorius Le général, après l'avoir engagé inutilement à quitter le parti de Sylla, le menace d'épouser Aristie, s'il ne consent pas à la reprendre pour épouse. Aristie joint elle-même ses prières à cet avis. Mais Pompée, dominé par la crainte de déplaire à Sylla, qui lui a fait épouser Émilie la fille de sa femme, se montre inexorable.

Sertorius, ne voyant de salut que dans l'alliance de Viriate, lui déclare son amour, mais il lui demande un délai, afin de ne pas irriter Perpenna dans un moment où il a besoin de toute son armée.

Sur ces entrefaites, Perpenna s'aperçoit qu'il est abandonné par Viriate ; pour se venger, il assassine Sertorius ; il pousse même l'audace jusqu'à se présenter à la reine pour lui demander sa main Viriate et Aristie indignées éclatent en reproches et stigmatisent son infamie. Alors ce misérable,

---

(1) Pompée, né l'an 106, avait alors 34 ans
(2) Pour Viriate et Aristie, voir l'avis *au Lecteur*, p 294

abandonné par les soldats de Sertorius qui tournent au parti de Sylla, ne voit plus d'autre ressource que de se vanter auprès de Pompée du service qu'il lui a rendu par son crime. Pour toute réponse Pompée l'envoie au supplice. Il accorde ensuite une paix honorable à Viriate, et la mort d'Emilie, arrivée subitement, lui permet de reprendre Aristie pour épouse.

Appréciation.

Le sujet de *Sertorius* est tout héroïque. On n'y trouve, dit Corneille, « ni tendresses d'amour, ni emportements de passions, ni descriptions pompeuses, ni narrations pathétiques. » La pièce cependant eut une vogue immense ; tout Paris y courut, on l'acclama comme la *dernière merveille* du *divin* Corneille (LORET) ; et ce succès se soutint pendant plus d'un siècle (1).

C'est que, à défaut du pathétique et de l'éclat qu'on admire dans ses autres tragédies, Corneille a mis dans *Sertorius* des personnages, des intérêts, des caractères, des vertus qui par leur grandeur et leur nouveauté, excitent l'intérêt et commandent l'admiration (2).

Rome y apparaît dans les premières convulsions de sa liberté mourante; la lutte de Marius et de Sylla l'a courbée sous le joug d'une dictature de sang. En face du proscripteur se dressent deux illustres figures comme deux sublimes protestations : un grand capitaine, *Sertorius*, et une femme héroïque, *Aristie*, que Pompée avait cru devoir sacrifier aux rancunes politiques de son maître.

Une autre héroïne, *Viriate*, de la création de Corneille, se mêle à l'action comme la personnification de tous ces peuples libres que le despotisme de Rome menaçait dans leur indépendance.

Pompée, jeune encore, mais déjà couvert de lauriers, rehausse la scène par la grandeur de son nom et de son courage : on voit reluire sur son front les derniers reflets de cette gloire romaine qui, après avoir illuminé le monde, va bientôt s'éteindre dans le sang.

L'action est grande comme les noms : il s'agit du sort même de la république; est-ce le sénat de Sylla, est-ce celui de Sertorius qui désormais donnera des lois aux nations ? Pompée n'est que le lieutenant de Sylla

---

(1) De 1680 à 1814, *Sertorius* fut joué quatre-vingt-trois fois à la ville, et dix-sept fois à la cour.

(2) « *Sertorius* est l'un des ouvrages de Corneille que Voltaire a le plus honorés par l'amertume de sa critique. Je soupçonne, à l'acharnement, aux sarcasmes, aux traits envieux et malins du commentateur, qu'il sentait vivement la supériorité de ce genre héroïque dont Corneille est le créateur. On dirait que Voltaire a voulu dégoûter le public de ce genre, parce que lui-même ne se croyait pas capable d'y atteindre. » (GEOFFROY.) Le critique pouvait ajouter que la précipitation, une tournure d'esprit tout opposée à celle du grand tragique, enfin une certaine jalousie de métier ont été souvent pour beaucoup dans les étranges aberrations et les injustes procédés de Voltaire.

mais un lieutenant plus noble et plus généreux que son chef : il vient pour rallier ou pour écraser Sertorius. Sertorius se sent assez fort de ses victoires et de ses alliances pour disputer l'empire à l'heureux rival de Marius. Quant aux deux nobles femmes que Corneille fait paraître à nos yeux, ce n'est pas l'amour qui les inspire; Aristie, en vraie romaine, ne connaît que l'honneur et la gloire ; Viriate ne rêve que la liberté de sa patrie.

Par malheur, à des intérêts si élevés se mêle une intrigue misérable : c'est l'amour égoïste d'un officier subalterne, de Perpenna, pour la reine de Lusitanie. Viriate, un moment, veut le faire servir à son ambition, au défaut de Sertorius; mais elle condamne bientôt avec une généreuse indignation le crime du traître.

Toutes les parties de cette grande œuvre ne sont pas également belles · le 4e et le 5e acte sont faibles et froids. Les personnages dissertent trop longuement et font perdre de vue le sujet même de la pièce, à savoir la conjuration, la mort de Sertorius. Il n'est pas vrai cependant que le mérite de la pièce se borne à la magnifique conférence du 3e acte; le développement des caractères d'Aristie et de Viriate amène souvent de belles situations et des scènes dramatiques.

Aussi, quelle que soit la distance qui sépare la tragédie de *Sertorius* de celles du *Cid,* d'*Horace,* de *Cinna* et de *Polyeucte,* chefs-d'œuvre absolument hors de pair et vrais miracles de l'art, elle mérite, par la beauté imposante du sujet et les morceaux sublimes qu'elle renferme, d'être associée aux chefs-d'œuvre secondaires du grand poète. Ce n'est plus, il est vrai, le génie des premiers jours planant avec assurance dans les régions les plus élevées; mais, pour avoir le vol moins puissant, il n'a point quitté les hautes cimes, son regard sait encore fixer le soleil (1).

ACTE PREMIER

Exposition. — La Conjuration.

SCÈNE I

PERPENNA, AUFIDE 2.

PERPENNA.

D'où me vient ce désordre, Aufide? et que veut dire
Que mon cœur sur mes vœux garde si peu d'empire?

(1) · *Sertorius* est la dernière pièce de Corneille où la critique trouve plus à louer qu'à reprendre; où quelques grandes scènes, à peu près irréprochables et dignes de ses plus beaux chefs-d'œuvre, entraînent notre admiration, et font oublier ce qu'il peut y avoir de faible dans la conception générale, ou de défectueux en certains passages. » (HEINRICH, *Note sur Sertorius.*)

(2) Cette scène de confidence expose bien le sujet et montre le danger que court le héros; toutefois elle n'est pas assez noble pour ouvrir heureusement la pièce : la vue de deux caractères vicieux déplaît et resserre le cœur.

L'horreur que malgré moi me fait la trahison
Contre tout mon espoir révolte ma raison ;
Et de cette grandeur sur le crime fondée,
Dont jusqu'à ce moment m'a trop flatté l'idée,
L'image tout affreuse au point d'exécuter
Ne trouve plus en moi de bras à lui prêter.
En vain l'ambition qui presse mon courage
D'un faux brillant d'honneur pare son noir ouvrage,
En vain, pour me soumettre à ses lâches efforts,
Mon âme a secoué le joug de cent remords :
Cette âme, d'avec soi tout à coup divisée,
Reprend de ses remords la chaîne mal brisée (1) ;
Et de Sertorius le surprenant bonheur
Arrête une main prête à lui percer le cœur.

AUFIDE.

Quel honteux contre-temps de vertu délicate
S'oppose au beau succès de l'espoir qui vous flatte ?
Et depuis quand, Seigneur, la soif du premier rang
Craint-elle de répandre un peu de mauvais sang (2) ?
Avez-vous oublié cette grande maxime,
Que la guerre civile est le règne du crime ;
Et qu'aux lieux où le crime a plein droit de régner
L'innocence timide est seule à dédaigner ?
L'honneur et la vertu sont des noms ridicules (3) :
Marius ni Carbon n'eurent point de scrupules ;
Jamais Sylla, jamais....

PERPENNA.

Sylla ni Marius
N'ont jamais épargné le sang de leurs vaincus :
Tour à tour la victoire autour d'eux en furie
A poussé leur courroux jusqu'à la barbarie ;
Tour à tour le carnage et les proscriptions
Ont sacrifié Rome à leurs dissensions ;
Mais leurs sanglants discords qui nous donnent des maîtres
Ont fait des meurtriers, et n'ont point fait de traîtres :
Leurs plus vastes fureurs jamais n'ont consenti
Qu'aucun versât le sang de son propre parti ;

---

(1) Corneille prête des remords au traître, pour ne pas le rendre trop odieux.

(2) Cette expression serait de mauvais goût aujourd'hui ; Corneille l'a employée aussi dans *Polyeucte* et dans *Héraclius*.

(3) Aufide débite les maximes les plus horribles, comme Photin dans *Pompée* (v. p. 25) Narcisse, dans *Britannicus*, est plus habile ; il insinue le poison avec plus d'hypocrisie.

Et dans l'un ni dans l'autre aucun n'a pris l'audace
D'assassiner son chef pour monter en sa place (1).

AUFIDE.

Vous y renoncez donc, et n'êtes plus jaloux
De suivre les drapeaux d'un chef moindre que vous?
Ah! s'il faut obéir, ne faisons plus la guerre :
Prenons le même joug qu'a pris toute la terre.
Pourquoi tant de périls? pourquoi tant de combats?
Si nous voulons servir, Sylla nous tend les bras.
C'est mal vivre en Romain que prendre loi d'un homme;
Mais, tyran pour tyran, il vaut mieux vivre à Rome.

PERPENNA.

Vois mieux ce que tu dis quand tu parles ainsi.
Du moins la liberté respire encore ici :
De notre république à Rome anéantie
On y voit refleurir la plus noble partie;
Et cet asile ouvert aux illustres proscrits
Réunit du sénat le précieux débris (2).
Par lui Sertorius gouverne ces provinces,
Leur impose tribut, fait des lois à leurs princes,
Maintient de nos Romains le reste indépendant;
Mais comme tout parti demande un commandant,
Ce bonheur imprévu qui partout l'accompagne,
Ce nom qu'il s'est acquis chez les peuples d'Espagne (3)....

AUFIDE.

Ah! c'est ce nom acquis avec trop de bonheur
Qui rompt votre fortune et vous ravit l'honneur :
Vous n'en sauriez douter, pour peu qu'il vous souvienne
Du jour que votre armée alla joindre la sienne.
Lors....

PERPENNA.

N'envenime point le cuisant souvenir
Que le commandement devait m'appartenir.
Je le passais en nombre, aussi bien qu'en noblesse;

(1) Perpenna fait très noblement la distinction du *meurtrier* et du *traître* ; il recule devant le rôle d'*assassin*. Toute cette tirade est remarquable d'entrain, de vivacité et de force.

(2) Corneille nous présente Sertorius conforme au portrait que Plutarque nous en a laissé. Il avait donné le nom de Sénat aux sénateurs qui s'étaient enfuis de Rome ; toujours il gouverna l'Espagne en vrai Romain, « car il était véritablement plein d'amour pour sa patrie et possédé du désir d'y retourner.» (V^{ie} de Ser orius)

(3) Ce tableau montre Sertorius sous un jour intéressant : c'est un grand capitaine, et son parti est comme le refuge de l'honneur et de la liberté.

Il succombait sans moi sous sa propre faiblesse :
Mais sitôt qu'il parut, je vis en moins de rien
Tout mon camp déserte pour repeupler le sien ;
Je vis par mes soldats mes aigles arrachées
Pour se ranger sous lui voler vers ses tranchées,
Et pour en colorer l'emportement honteux,
Je les suivis de rage, et m'y rangeai comme eux.
   L'impérieuse aigreur de l'âpre jalousie
Dont en secret dès lors mon âme fut saisie
Grossit de jour en jour sous une passion
Qui tyrannise encor plus que l'ambition :
J'adore Viriate ; et cette grande reine,
Des Lusitaniens l'illustre souveraine,
Pourrait par son hymen me rendre sur les siens
Ce pouvoir absolu qu'il m'ôte sur les miens.
Mais elle-même, hélas ! de ce grand nom charmée,
S'attache au bruit heureux que fait sa renommée,
Cependant qu'insensible à ce qu'elle a d'appas
Il me dérobe un cœur qu'il ne demande pas.
De son astre opposé telle est la violence,
Qu'il me vole (1) partout, même sans qu'il y pense,
Et que, toutes les fois qu'il m'enlève mon bien,
Son nom fait tout pour lui, sans qu'il en sache rien
Je sais qu'il peut aimer, et nous cacher sa flamme :
Mais je veux sur ce point lui découvrir mon âme ;
Et s'il peut me ceder ce trône où je prétends,
J'immolerai ma haine à mes désirs contents ;
Et je n'envîrai plus le rang dont il s'empare,
S'il m'en assure autant chez ce peuple barbare,
Qui, formé par nos soins, instruit de notre main,
Sous notre discipline est devenu romain.

AUFIDE.

Lorsqu'on fait des projets d'une telle importance,
Les intérêts d'amour entrent-ils en balance ?
Et si ces intérêts vous sont enfin si doux,
Viriate, lui mort, n'est-elle pas à vous ?

PERPENNA.

Oui ; mais de cette mort la suite m'embarrasse.
Aurai-je sa fortune aussi bien que sa place ?
Ceux dont il a gagné la croyance et l'appui
Prendront-ils même joie à m'obéir qu'à lui ?

---

(1) Nouvel exemple de cette familiarité de style que Corneille aime à semer dans ses plus beaux morceaux, et qui donne un air plus naturel et moins monotone aux discours de ses personnages.

Et pour venger sa trame indignement coupée,
N'arboreront-ils point l'étendard de Pompée?

AUFIDE.

C'est trop craindre, et trop tard : c'est dans votre festin
Que ce soir par votre ordre on tranche son destin (1).
La trêve a dispersé l'armée à la campagne,
Et vous en commandez ce qui nous accompagne.
L'occasion nous rit dans un si grand dessein ;
Mais tel bras n'est à nous que jusques à demain :
Si vous rompez le coup, prévenez les indices ;
Perdez Sertorius, ou perdez vos complices.
Craignez ce qu'il faut craindre : il en est parmi nous
Qui pourraient bien avoir mêmes remords que vous ;
Et si vous différez.... Mais le tyran arrive.
Tâchez d'en obtenir l'objet qui vous captive ;
Et je prîrai les dieux que dans cet entretien
Vous ayez assez d'heur pour n'en obtenir rien.

SCÈNE II
SERTORIUS, PERPENNA.

SERTORIUS.

Apprenez un dessein qui me vient de surprendre.
Dans deux heures Pompée en ce lieu se doit rendre :
Il veut sur nos débats conférer avec moi,
Et pour toute assurance il ne prend que ma foi.

PERPENNA.

La parole suffit entre les grands courages.
D'un homme tel que vous la foi vaut cent otages :
Je n'en suis point surpris ; mais ce qui me surprend,
C'est de voir que Pompée ait pris le nom de Grand,
Pour faire encore au vôtre entière déférence,
Sans vouloir de lieu neutre à cette conférence.
C'est avoir beaucoup fait que d'avoir jusque-là
Fait descendre l'orgueil des héros de Sylla.

SERTORIUS.

S'il est plus fort que nous, ce n'est plus en Espagne,
Où nous forçons les siens de quitter la campagne,
Et de se retrancher dans l'empire douteux
Que lui souffre à regret une province ou deux,
Qu'à sa fortune lasse il craint que je n'enlève,
Sitôt que le printemps aura fini la trêve.

---

(1) Voilà le sujet de la pièce : la conjuration contre la vie de Sertorius ; le poëte la laissera trop dans l'ombre par la suite.

C'est l'heureuse union de vos drapeaux aux miens
Qui fait ces beaux succès qu'à toute heure j'obtiens ;
C'est à vous que je dois ce que j'ai de puissance :
Attendez tout aussi de ma reconnaissance.
Je reviens à Pompée, et pense deviner
Quels motifs jusqu'ici peuvent nous l'amener.
 Comme il trouve avec nous peu de gloire à prétendre,
Et qu'au lieu d'attaquer il a peine à défendre,
Il voudrait qu'un accord avantageux ou non,
L'affranchît d'un emploi qui ternit ce grand nom ;
Et chatouillé d'ailleurs par l'espoir qui le flatte
De faire avec plus d'heur la guerre à Mithridate,
Il brûle d'être à Rome, afin d'en recevoir
Du maître qu'il s'y donne et l'ordre et le pouvoir.

PERPENNA.

J'aurais cru qu'Aristie ici refugiée (1),
Que, forcé par ce maître, il a répudiée,
Par un reste d'amour l'attirât en ces lieux
Sous une autre couleur lui faire ses adieux ;
Car de son cher tyran l'injustice fut telle,
Qu'il ne lui permit pas de prendre congé d'elle.

SERTORIUS.

Cela peut être encore : ils s'aimaient chèrement ;
Mais il pourrait ici trouver du changement.
L'affront pique à tel point le grand cœur d'Aristie,
Que, sa première flamme en haine convertie,
Elle cherche bien moins un asile chez nous,
Que la gloire d'y prendre un plus illustre époux.
C'est ainsi qu'elle parle, et m'offre l'assistance
De ce que Rome encore a de gens d'importance,
Dont les uns ses parents, les autres ses amis,
Si je veux l'épouser, ont pour moi tout promis.
Leurs lettres en font foi, qu'elle me vient de rendre.
Voyez avec loisir ce que j'en dois attendre :
Je veux bien m'en remettre à votre sentiment.

PERPENNA.

Pourriez-vous bien, Seigneur, balancer un moment,
A moins d'une secrète et forte antipathie
Qui vous montre un supplice en l'hymen d'Aristie ?
Voyant ce que pour dot Rome lui veut donner,
Vous n'avez aucun lieu de rien examiner.

---

(1) Corneille a supposé qu'Aristie, par vengeance, s'était jetée dans le parti contraire à Sylla.

ACTE I, SCÈNE II

SERTORIUS.

Il faut donc, Perpenna, vous faire confidence
Et de ce que je crains, et de ce que je pense (1).
　J'aime ailleurs. A mon âge il sied si mal d'aimer,
Que je le cache même à qui m'a su charmer ;
Mais, tel que je puis être, on m'aime, ou, pour mieux dire,
La reine Viriate à mon hymen aspire :
Elle veut que ce choix de son ambition
De son peuple avec nous commence l'union,
Et qu'ensuite à l'envi mille autres hyménées
De nos deux nations l'une à l'autre enchaînées
Mêlent si bien le sang et l'intérêt commun,
Qu'ils réduisent bientôt les deux peuples en un.
C'est ce qu'elle prétend pour digne récompense
De nous avoir servis avec cette constance
Qui n'épargne ni biens ni sang de ses sujets
Pour affermir ici nos généreux projets :
Non qu'elle me l'ait dit, ou quelque autre pour elle;
Mais j'en vois chaque jour quelque marque fidèle;
Et comme ce dessein n'est plus pour moi douteux,
Je ne puis l'ignorer qu'autant que je le veux.
　Je crains donc de l'aigrir si j'épouse Aristie,
Et que de ses sujets la meilleure partie,
Pour venger ce mépris, et servir son courroux,
Ne tourne obstinément ses armes contre nous.
Auprès d'un tel malheur, pour nous irréparable,
Ce qu'on promet pour l'autre est peu considérable ;
Et, sous un faux espoir de nous mieux établir,
Ce renfort accepté pourrait nous affaiblir.
　Voilà ce qui retient mon esprit en balance.
Je n'ai pour Aristie aucune répugnance ;
Et la reine à tel point n'asservit pas mon cœur,
Qu'il ne fasse encor tout pour le commun bonheur.

PERPENNA.

Cette crainte, Seigneur, dont votre âme est gênée
Ne doit pas d'un moment retarder l'hyménée.
Viriate, il est vrai, pourra s'en émouvoir ;
Mais que sert la colère où manque le pouvoir ?
Malgré sa jalousie et ses vaines menaces,
N'êtes-vous pas toujours le maître de ses places ?
Les siens, dont vous craignez le vif ressentiment,
Ont-ils dans votre armée aucun commandement ?

---

(1) La confidence est dramatique : Sertorius ignore qu'il a un rival en Perpenna.

Des plus nobles d'entre eux, et des plus grands courages.
N'avez-vous pas les fils dans Osca pour otages?
Tous leurs chefs sont romains; et leurs propres soldats,
Dispersés dans nos rangs, ont fait tant de combats,
Que la vieille amitié qui les attache aux nôtres
Leur fait aimer nos lois et n'en vouloir point d'autres.
Pourquoi donc tant les craindre? et pourquoi refuser (1)....

SERTORIUS.

Vous-même, Perpenna, pourquoi tant déguiser?
Je vois ce qu'on m'a dit : vous aimez Viriate;
Et votre amour caché dans vos raisons éclate.
Mais les raisonnements sont ici superflus :
Dites que vous l'aimez; et je ne l'aime plus.
Parlez : je vous dois tant, que ma reconnaissance
Ne peut être sans honte un moment en balance.

PERPENNA.

L'aveu que vous voulez à mon cœur est si doux,
Que j'ose....

SERTORIUS.

C'est assez : je parlerai pour vous (2).

PERPENNA.

Ah! Seigneur, c'en est trop; et....

SERTORIUS.

Point de repartie :
Tous mes vœux sont déjà du côté d'Aristie,
Et je l'épouserai, pourvu qu'en même jour
La reine se résolve à payer votre amour;
Car, quoi que vous disiez, je dois craindre sa haine,
Et fuirais à ce prix cette illustre Romaine.
La voici · laissez-moi ménager son esprit;
Et voyez cependant de quel air on m'écrit.

SCENE III

SERTORIUS, ARISTIE.

ARISTIE.

Ne vous offensez pas si dans mon infortune
Ma faiblesse me force à vous être importune :

---

(1) Perpenna donne son conseil intéressé avec trop de chaleur pour n'être pas compris de Sertorius

(2) Sertorius, en grand homme qui met l'honneur au-dessus de l'amour, agit ici avec magnanimité, son caractère de chef de parti se dessine parfaitement dans cette scène, par le contraste même de la bassesse de Perpenna.

Non pas pour mon hymen; les suites d'un tel choix
Méritent qu'on y pense un peu plus d'une fois;
Mais vous pouvez, Seigneur, joindre à mes espérances
Contre un péril nouveau nouvelles assurances.
J'apprends qu'un infidèle, autrefois mon époux,
Vient jusque dans ces murs conférer avec vous.
L'ordre de son tyran, et sa flamme inquiète,
Me pourront envier l'honneur de ma retraite :
L'un en prévoit la suite, et l'autre en craint l'éclat;
Et tous les deux contre elle ont leur raison d'Etat.
Je vous demande donc sûreté tout entière
Contre la violence et contre la prière,
Si par l'une ou par l'autre il veut se ressaisir
De ce qu'il ne peut voir ailleurs sans déplaisir.

SERTORIUS.

Il en a lieu, Madame : un si rare mérite
Semble croître de prix quand par force on le quitte;
Mais vous avez ici sûreté contre tous,
Pourvu que vous puissiez en trouver contre vous,
Et que contre un ingrat dont l'amour fut si tendre,
Lorsqu'il vous parlera, vous sachiez vous défendre.
On a peine à haïr ce qu'on a bien aimé,
Et le feu mal éteint est bientôt rallumé (1).

ARISTIE.

L'ingrat, par son divorce en faveur d'Émilie,
M'a livrée au mépris de toute l'Italie.
Vous savez à quel point mon courage est blessé;
Mais s'il se dédisait d'un outrage forcé,
S'il chassait Emilie, et me rendait ma place,
J'aurais peine, Seigneur, à lui refuser grâce;
Et tant que je serai maîtresse de ma foi,
Je me dois toute à lui, s'il revient tout à moi.

SERTORIUS.

En vain donc je me flatte; en vain j'ose, Madame,
Promettre à mon espoir quelque part en votre âme :
Pompée en est encor l'unique souverain.
Tous vos ressentiments n'offrent que votre main;
Et quand par ses refus j'aurai droit d'y prétendre,
Le cœur toujours à lui ne voudra pas se rendre.

ARISTIE.

Qu'importe de mon cœur, si je sais mon devoir,
Et si mon hyménée enfle votre pouvoir ?

(1) Vers devenu proverbial.

Vous ravaleriez-vous jusques à la bassesse
D'exiger de ce cœur des marques de tendresse,
Et de les préférer à ce qu'il fait d'effort
Pour braver mon tyran et relever mon sort?
Laissons, Seigneur, laissons pour les petites âmes
Ce commerce rampant de soupirs et de flammes;
Et ne nous unissons que pour mieux soutenir
La liberté que Rome est prête à voir finir (1).
Unissons ma vengeance à votre politique,
Pour sauver des abois toute la république :
L'hymen seul peut unir des intérêts si grands.
Je sais que c'est beaucoup que ce que je prétends :
Mais, dans ce dur exil que mon tyran m'impose,
Le rebut de Pompée est encor quelque chose;
Et j'ai des sentiments trop nobles ou trop vains,
Pour le porter ailleurs qu'au plus grand des Romains.

SERTORIUS.

Ce nom ne m'est pas dû; je suis....

ARISTIE.

Ce que vous faites
Montre à tout l'univers, Seigneur, ce que vous êtes;
Mais quand même ce nom semblerait trop pour vous,
Du moins mon infidèle est d'un rang au-dessous :
Il sert dans son parti, vous commandez au vôtre;
Vous êtes chef de l'un, et lui sujet dans l'autre;
Et son divorce enfin, qui m'arrache sa foi,
L'y laisse par Sylla plus opprimé que moi,
Si votre hymen m'élève à la grandeur sublime,
Tandis qu'en l'esclavage un autre hymen l'abîme.
Mais, Seigneur, je m'emporte, et l'excès d'un tel heur
Me fait vous en parler avec trop de chaleur.
Tout mon bien est encor dedans l'incertitude :
Je n'en conçois l'espoir qu'avec inquiétude;
Et je craindrai toujours d'avoir trop prétendu,
Tant que de cet espoir vous m'ayez répondu.
Vous me pouvez d'un mot assurer ou confondre.

SERTORIUS.

Mais, Madame, après tout, que puis-je vous répondre?
De quoi vous assurer, si vous-même parlez

(1) Aristie est Romaine vant tout · l'amour de Rome, de la république, de la liberté, de sa gloire, fait battre son cœur C'est une Émilie plus grave, mais non moins fière que celle de *Cinna*, Corneille a mis dans son âme quelque chose du grand Pompée, comme il avait fait Cornélie à l'image de son illustre époux.

Sans être sûre encor de ce que vous voulez?
 De votre illustre hymen je sais les avantages;
J'adore les grands noms que j'en ai pour otages,
Et vois que leur secours, nous rehaussant le bras,
Aurait bientôt jeté la tyrannie à bas;
Mais cette attente aussi pourrait se voir trompée
Dans l'offre d'une main qui se garde à Pompée,
Et qui n'étale ici la grandeur d'un tel bien,
Que pour me tout promettre et ne me donner rien.

ARISTIE.

Si vous vouliez ma main par choix de ma personne,
Je vous dirais, Seigneur : « Prenez, je vous la donne;
Quoi que veuille Pompée, il le voudra trop tard. »
Mais comme en cet hymen l'amour n'a point de part,
Qu'il n'est qu'un pur effet de noble politique,
Souffrez que je vous die, afin que je m'explique,
Que quand j'aurais pour dot un million de bras,
Je vous donne encor plus en ne l'achevant pas.
 Si je réduis Pompée à chasser Emilie,
Peut-il, Sylla régnant, regarder l'Italie?
Ira-t-il se livrer à son juste courroux?
Non, non : si je le gagne, il faut qu'il vienne à vous.
Ainsi par mon hymen vous avez assurance
Que mille vrais Romains prendront votre défense (1) :
Mais si j'en romps l'accord pour lui rendre mes vœux,
Vous aurez ces Romains, et Pompée avec eux;
Vous aurez ses amis par ce nouveau divorce;
Vous aurez du tyran la principale force,
Son armée, ou du moins ses plus braves soldats,
Qui de leur général voudront suivre les pas;
Vous marcherez vers Rome à communes enseignes.
Il sera temps alors, Sylla, que tu me craignes.
Tremble, et crois voir bientôt trébucher ta fierté,
Si je puis t'enlever ce que tu m'as ôté.
Pour faire de Pompée un gendre de ta femme,
Tu l'as fait un parjure, un méchant, un infâme;
Mais s'il me laisse encor quelques droits sur son cœur,
Il reprendra sa foi, sa vertu, son honneur :

(1) Toujours fidèle à Pompée, Aristie ne se tourne vers Sertorius que par politique; elle a la franchise de le lui dire. Non seulement elle ne croit pas l'offenser par cet aveu, mais elle honore assez ce grand homme pour le croire capable d'agir contre l'amour qu'il a pour elle, en lui réconciliant Pompée. Sa proposition est étrange, et ressemble assez à celle que fait Pauline à Sévère, quand elle le prie de s'employer au salut de Polyeucte : c'est le propre des âmes héroïques de supposer l'héroïsme aux autres, et de le leur demander.

Pour rentrer dans mes fers il brisera tes chaînes;
Et nous t'accablerons sous nos communes haines.
　　　J'abuse trop, Seigneur, d'un précieux loisir;
Voilà vos intérêts : c'est à vous de choisir.
Si votre amour trop prompt veut borner sa conquête,
Je vous le dis encor, ma main est toute prête.
Je vous laisse y penser : surtout souvenez-vous
Que ma gloire en ces lieux me demande un époux;
Qu'elle ne peut souffrir que ma fuite m'y range,
En captive de guerre, au péril d'un échange,
Qu'elle veut un grand homme à recevoir ma foi,
Qu'après vous et Pompée, il n'en est point pour moi,
Et que (1)....

SERTORIUS.
Vous le verrez, et saurez sa pensée.

ARISTIE.
Adieu, Seigneur : j'y suis la plus intéressée,
Et j'y vais preparer mon reste de pouvoir.

SERTORIUS.
Moi, je vais donner ordre à le bien recevoir.
Dieux, souffrez qu'à mon tour avec vous je m'explique.
Que c'est un sort cruel d'aimer par politique!
Et que ses intérêts sont d'étranges malheurs,
S'ils font donner la main, quand le cœur est ailleurs!

ACTE SECOND

Scène I. Viriate expose à Thamire le but qu'elle poursuit par son mariage avec Sertorius : c'est d'assurer l'indépendance de sa patrie.

VIRIATE.
J'aime en Sertorius ce grand art de la guerre
Qui soutient un banni contre toute la terre;
J'aime en lui ces cheveux tout couverts de lauriers,
Ce front qui fait trembler les plus braves guerriers,
Ce bras qui semble avoir la victoire en partage.
L'amour de la vertu n'a jamais d'yeux pour l'âge :
Le mérite a toujours des charmes éclatants;

---

(1) Voltaire reproche à Aristie « d'être indecise, de n'être ni assez animée par la vengeance, ni assez puissante pour se venger, ni assez touchée, ni assez héroique. » La réponse est dans cette tirade même d'Aristie : elle aime toujours Pompée, elle veut le regagner, incertaine du succès, elle cherche à ne point perdre trop tôt l'appui de Sertorius; c'est pour cela qu'elle flatte sa politique. « singulier melange de fierte toute patricienne et d'habileté toute feminine. » (HEINRICH, l. c.)

Et quiconque peut tout est aimable en tout temps (1).

THAMIRE.

Mais, Madame, nos rois, dont l'amour vous irrite,
N'ont-ils tous ni vertu, ni pouvoir, ni merite?
Et dans votre parti se peut-il qu'aucun d'eux
N'ait signalé son nom par des exploits fameux?
Celui des Turdetans, celui des Celtibères,
Soutiendraient-ils si mal le sceptre de vos pères?

VIRIATE.

Contre des rois comme eux j'aimerais leur soutien;
Mais contre des Romains tout leur pouvoir n'est rien
 Rome seule aujourd'hui peut résister à Rome.
Il faut pour la braver qu'elle nous prête un homme
Et que son propre sang en faveur de ces lieux
Balance les destins, et partage les dieux.
Depuis qu'elle a daigne proteger nos provinces,
Et de son amitié faire honneur à leurs princes,
Sous un si haut appui nos rois humiliés
N'ont été que sujets sous le nom d'alliés;
Et ce qu'ils ont ose contre leur servitude
N'en a rendu le joug que plus fort et plus rude.
 Qu'a fait Mandonius, qu'a fait Indibilis,
Qu'y plonger plus avant leurs trônes avilis,
Et voir leur fier amas de puissance et de gloire
Brisé contre l'ecueil d'une seule victoire?
 Le grand Viriatus, de qui je tiens le jour (2),
D'un sort plus favorable eut un pareil retour.
Il défit trois preteurs, il gagna dix batailles,
Il repoussa l'assaut de plus de cent murailles;
Et de Servilius l'astre predominant
Dissipa tout d'un coup ce bonheur etonnant.
Ce grand roi fut détait, il en perdit la vie,
Et laissait sa couronne à jamais asservie,
Si pour briser les fers de son peuple captif
Rome n'eût envoye ce noble fugitif (3).

---

(1) Viriate aime Sertorius parce que c'est un grand homme, parce qu'il est Romain, et que, pour sauvegarder la Lusitanie, il faut opposer Romains à Romains. C'est ce qu'elle lui dira tout à l'heure (acte II, sc. 2):

 Je ne vois que vous seul qui des ers aux montagnes
  Sous un même cieu aid puisse uni. nos Espagnes.

(2) Ce héros est célèbre par ses victoires sur Rome. Il peut assassiné à l'instigation du general romain Servilius Cepion, l'an 140 avant Jesus Christ.

(3) On reconnaît le *grand historien* dans ce tableau des luttes de l'independance iberique

Depuis que son courage a nos destins préside,
Un bonheur si constant de nos armes decide,
Que deux lustres de guerre assurent nos climats
Contre ces souverains de tant de potentats,
Et leur laissent à peine, au bout de dix années,
Pour se couvrir de nous, l'ombre des Pyrénées (1).
 Nos rois, sans ce heros, l'un de l'autre jaloux,
Du plus heureux sans cesse auraient rompu les coups,
Jamais ils n'auraient pu choisir entre eux un maître.

THAMIRE.

Mais consentiront-ils qu'un Romain puisse l'être?

VIRIATE.

Il n'en prend pas le titre, et les traite d'égal ;
Mais, Thamire, après tout, il est leur géneral :
Ils combattent sous lui, sous son ordre ils s'unissent;
Et tous ces rois de nom en effet obeissent,
Tandis que de leur rang l'inutile fierté
S'applaudit d'une vaine et fausse égalité.

THAMIRE.

Je n'ose vous rien dire après cet avantage,
Et voudrais comme vous faire grâce à son âge ;
Mais enfin ce héros, sujet au cours des ans,
A trop longtemps vaincu pour vaincre encor longtemps,
Et sa mort....

VIRIATE.

 Jouissons, en dépit de l'envie,
Des restes glorieux de son illustre vie :
Sa mort me laissera pour ma protection
La splendeur de son ombre et l'éclat de son nom.
Sur ces deux grands appuis ma couronne affermie
Ne redoutera point de puissance ennemie :
Ils feront plus pour moi que ne feraient cent rois.
Mais nous en parlerons encor quelque autre fois :
Je l'aperçois qui vient.

Scene II. Sertorius vient, selon sa promesse, proposer à Viriate d'épouser Perpenna ; Viriate lui déclare qu'elle ne veut d'autre epoux que Sertorius ; car lui seul peut résister a Sylla et sauver l'Espagne de l'esclavage. Sertorius n'ose se prononcer. — *Scènes III, IV, V.* Perpenna survient dans l'espoir de gagner la reine ; celle-ci lui demande de la defaire d'Aristie qui vient troubler ses projets ; Perpenna le lui promet.

(1) Grande et belle image qui rappelle le vers de *Nicomède* (a. III, sc 2) :
 Son ombre (du Capitole) épouvanta votre grand Annibal.

ACTE TROISIEME

Conférence de Sertorius et de Pompée.

Entrevue de Pompée et d'Aristie.

SCÈNE I

SERTORIUS, POMPÉE; SUITE (1).

SERTORIUS.

Seigneur, qui des mortels eût jamais osé croire
Que la trêve à tel point dût rehausser ma gloire;
Qu'un nom à qui la guerre a fait trop applaudir
Dans l'ombre de la paix trouvât à s'agrandir?
Certes, je doute encor si ma vue est trompée,
Alors que dans ces murs je vois le grand Pompée;
Et quand il lui plaira, je saurai quel bonheur
Comble Sertorius d'un tel excès d'honneur.

POMPÉE.

Deux raisons. Mais, Seigneur, faites qu'on se retire,
Afin qu'en liberté je puisse vous le dire.
L'inimitié qui règne entre nos deux partis
N'y rend pas de l'honneur tous les droits amortis.
Comme le vrai mérite a ses prérogatives,
Qui prennent le dessus des haines les plus vives,
L'estime et le respect sont de justes tributs
Qu'aux plus fiers ennemis arrachent les vertus;
Et c'est ce que vient rendre à la haute vaillance
Dont je ne fais ici que trop d'expérience,
L'ardeur de voir de près un si fameux héros,
Sans lui voir en la main piques ni javelots,
Et le front désarmé de ce regard terrible
Qui dans nos escadrons guide un bras invincible.
Je suis jeune, et guerrier, et tant de fois vainqueur,
Que mon trop de fortune a pu m'enfler le cœur (2);

---

(1) « Cette scène fit le succès de *Sertorius*, et elle aura toujours une grande réputation. S'il y a quelques défauts dans le style, ces défauts n'ôtent rien à la noblesse des sentiments, à la politique, aux bienséances de toute espèce, qui font un *chef-d'œuvre* de cette conversation. » (VOLT.) Dans l'*Alexandre* de Racine, il y a aussi une conférence de ce genre, mais beaucoup moins belle, entre Porus, Ephestion et Taxile (acte II, scene 2).

(2) Pompée fut si bien servi par la *fortune*, que dans les différentes guerres qu'il eut à soutenir, la victoire semblait n'avoir attendu que son arrivée pour se déclarer. (Voir *Cic.*, *pro lege Man*, 16.)

Mais (et ce franc aveu sied bien aux grands courages)
J'apprends plus contre vous par mes désavantages,
Que les plus beaux succès qu'ailleurs j'aie emportés
Ne m'ont encore appris par mes prospérités.
Je vois ce qu'il faut faire, à voir ce que vous faites :
Les sièges, les assauts, les savantes retraites,
Bien camper, bien choisir à chacun son emploi,
Votre exemple est partout une etude pour moi (1).
Ah! si je vous pouvais rendre à la république,
Que je croirais lui faire un présent magnifique (2)!
Et que j'irais, Seigneur, à Rome avec plaisir,
Puisque la trêve enfin m'en donne le loisir,
Si j'y pouvais porter quelque faible espérance
D'y conclure un accord d'une telle importance!
Près de l'heureux Sylla ne puis-je rien pour vous?
Et près de vous, Seigneur, ne puis-je rien pour tous?

SERTORIUS.

Vous me pourriez sans doute épargner quelque peine,
Si vous vouliez avoir l'âme toute romaine;
Mais avant que d'entrer en ces difficultes,
Souffrez que je réponde à vos civilités.
Vous ne me donnez rien par cette haute estime
Que vous n'ayez déjà dans le degré sublime.
La victoire attachée à vos premiers exploits,
Un triomphe avant l'âge où le souffrent nos lois,
Avant la dignité qui permet d'y prétendre,
Font trop voir quels respects l'univers vous doit rendre.
Si dans l'occasion je ménage un peu mieux
L'assiette du pays et la faveur des lieux,
Si mon experience en prend quelque avantage,

---

(1) On rapporte qu'a ce passage Turenne s'écria : « Où donc Corneille a-t-il appris l'art de la guerre? » On ne voit pas pourquoi Voltaire traite cette anecdote de *conte ridicule*. Evidemment Turenne ne prêtait pas au poete l'art même de la guerre ; mais il admirait en lui la science des termes de la guerre, cette justesse de l'expression reservée d'ordinaire aux hommes du métier. Si Corneille aime les termes généraux quand le discours demande de la majesté, il se sert aussi volontiers du mot *propre* quand il s'agit de préciser. L'amour du *mot technique* est même l'un des traits de son style, si bien qu'il semble avoir fait une étude particulière de chaque art, de chaque science, de chaque métier « Il parle avec aisance et justesse de theologie, de chasse, d'art militaire, de broderie, de toutes choses » (MARTY-LAVEAUX, *Preface du Lexique*) Comparez les passages de l'*Illusion* et du *Menteur*, cités plus haut (page 21 et 69).

(2) Comme cette exclamation, si adroitement amenée par les éloges les plus flatteurs, est spontanée et touchante! C'est l'amour de la patrie qui parle: Pompée souffre des discordes qui déchirent la république.

Le grand art de la guerre attend quelquefois l'âge;
Le temps y fait beaucoup; et de mes actions
S'il vous a plu tirer quelques instructions.
Mes exemples un jour ayant fait place aux vôtres,
Ce que je vous apprends, vous l'apprendrez à d'autres,
Et ceux qu'aura ma mort saisis de mon emploi
S'instruiront contre vous, comme vous contre moi.
  Quant à l'heureux Sylla, je n'ai rien à vous dire :
Je vous ai montré l'art d'affaiblir son empire;
Et si je puis jamais y joindre des leçons
Dignes de vous apprendre à repasser les monts,
Je suivrai d'assez près votre illustre retraite
Pour traiter avec lui sans besoin d'interprète.
Et sur les bords du Tibre, une pique à la main,
Lui demander raison pour le peuple romain (1).

POMPEE

De si hautes leçons, Seigneur, sont difficiles,
Et pourraient vous donner quelques soins inutiles,
Si vous faisiez dessein de me les expliquer
Jusqu'à m'avoir appris à les bien pratiquer.

SERTORIUS.

Aussi me pourriez-vous épargner quelque peine,
Si vous vouliez avoir l'âme toute romaine (2) :
Je vous l'ai déjà dit.

POMPÉE.

  Ce discours rebattu
Lasserait une austère et farouche vertu.
Pour moi, qui vous honore assez pour me contraindre
A fuir obstinément tout sujet de m'en plaindre,
Je ne veux rien comprendre en ces obscurités.

SERTORIUS.

Je sais qu'on n'aime point de telles vérités;
Mais, Seigneur, étant seuls, je parle avec franchise:
Bannissant les témoins, vous me l'avez permise;
Et je garde avec vous la même liberté

---

(1) Sertorius ne le cède pas en courtoisie à Pompée; mais au nom de Sylla la fierté de son âme se révolte, le dernier trait fait voir quels ressentiments il nourrit contre le tyran qui a écrasé Marius et qui tient Rome dans les fers

(2) Le vieux général est presque brutal dans sa franchise; son âge lui permet du reste ce ton de supériorité Il ne connaît qu'une chose : c'est qu'un Romain doit avoir *l'âme toute romaine* Pour faire sentir au jeune protégé de Sylla combien l'amitié du tyran le dégrade, il ne se lasse pas de lui répéter, dans les termes les plus éloquents, le mot qui doit toucher son noble cœur.

Que si votre Sylla n'avait jamais été (1).
　Est-ce être tout Romain qu'être chef d'une guerre
Qui veut tenir aux fers les maîtres de la terre?
Ce nom, sans vous et lui, nous serait encor dû :
C'est par lui, c'est par vous que nous l'avons perdu.
C'est vous qui sous le joug traînez des cœurs si braves;
Ils étaient plus que rois, ils sont moindres qu'esclaves;
Et la gloire qui suit vos plus nobles travaux
Ne fait qu'approfondir l'abîme de leurs maux :
Leur misère est le fruit de votre illustre peine;
Et vous pensez avoir l'âme toute romaine!
Vous avez hérité ce nom de vos aïeux;
Mais s'il vous était cher, vous le rempliriez mieux.

POMPÉE.

Je crois le bien remplir quand tout mon cœur s'applique
Aux soins de rétablir un jour la république (2);
Mais vous jugez, Seigneur, de l'âme par le bras;
Et souvent l'un paraît ce que l'autre n'est pas.
　Lorsque deux factions divisent un empire,
Chacun suit au hasard la meilleure ou la pire
Suivant l'occasion ou la nécessité
Qui l'emporte vers l'un ou vers l'autre côté.
Le plus juste parti, difficile à connaître,
Nous laisse en liberté de nous choisir un maître;
Mais, quand ce choix est fait, on ne s'en dédit plus.
J'ai servi sous Sylla du temps de Marius,
Et servirai sous lui tant qu'un destin funeste
De nos divisions soutiendra quelque reste.
Comme je ne vois pas dans le fond de son cœur,
J'ignore quels projets peut former son bonheur :
S'il les pousse trop loin, moi-même je l'en blâme;
Je lui prête mon bras sans engager mon âme;
Je m'abandonne au cours de sa félicité (3).
Tandis que tous mes vœux sont pour la liberté (4);
Et c'est ce qui me force à garder une place
Qu'usurperaient sans moi l'injustice et l'audace,

　(1) *Votre Sylla* rappelle *votre grand Annibal, leur Flaminius* de *Nicomède*
　(2) La réponse de Pompée est habile; il cherche à justifier sa conduite, sans se montrer froissé du reproche.
　(3) Sylla, à qui tout avait réussi, avait pris le surnom de *Felix*.
　(4) La maxime de Pompée est peu morale : à ce compte, on pourrait servir tous les tyrans, en se contentant de faire dans son cœur *des vœux pour la liberté*. Sa conduite avait cependant pour circonstances atténuantes, l'impossibilité de distinguer dans les dissensions civiles le parti le plus juste, et l'espoir fondé de servir mieux sa patrie en ne livrant pas la place aux intrigants.

ACTE III, SCÈNE I 317

Afin que, Sylla mort, ce dangereux pouvoir
Ne tombe qu'en des mains qui sachent leur devoir.
Enfin je sais mon but, et vous savez le vôtre.

SERTORIUS.

Mais cependant, Seigneur, vous servez comme un autre;
Et nous, qui jugeons tout sur la foi de nos yeux,
Et laissons le dedans à pénétrer aux dieux,
Nous craignons votre exemple, et doutons si dans Rome
Il n'instruit point le peuple à prendre loi d'un homme (1);
Et si votre valeur sous le pouvoir d'autrui
Ne sème point pour vous lorsqu'elle agit pour lui
  Comme je vous estime, il m'est aisé de croire
Que de la liberté vous feriez votre gloire,
Que votre âme en secret lui donne tous ses vœux;
Mais si je m'en rapporte aux esprits soupçonneux,
Vous aidez aux Romains à faire essai d'un maître,
Sous ce flatteur espoir qu'un jour vous pourrez l'être (2).
La main qui les opprime, et que vous soutenez,
Les accoutume au joug que vous leur destinez;
Et doutant s'ils voudront se faire à l'esclavage,
Aux périls de Sylla vous tâtez (3) leur courage.

POMPÉE.

Le temps détrompera ceux qui parlent ainsi;
Mais justifiera-t-il ce que l'on voit ici?
Permettez qu'à mon tour je parle avec franchise;
Votre exemple à la fois m'instruit et m'autorise :
Je juge, comme vous, sur la foi de mes yeux,
Et laisse le dedans à pénétrer aux dieux (4).
  Ne vit-on pas ici sous les ordres d'un homme?
N'y commandez-vous pas comme Sylla dans Rome?
Du nom de dictateur, du nom de général,
Qu'importe, si des deux le pouvoir est égal?
Les titres différents ne font rien à la chose :

(1) Sertorius refute admirablement bien les raisons de Pompée : ce que les habiles politiques ne considèrent pas assez, c'est la contagion de leur exemple, c'est la responsabilité qu'ils assument en autorisant le peuple qui voit *le bras* sans voir *l'âme*, à se régler sur leur conduite, et à encourager les usurpations par une servitude trop facile.

(2) L'insinuation de Sertorius est très juste : l'égoïsme est trop commun, et trop facilement se fait illusion.

(3) Cette expression familière fait un bel effet dans ce discours de Sertorius, que Voltaire proclame avec raison « un des plus beaux morceaux de Corneille »

(4) Corneille aime à faire reprendre à ses personnages les assertions et les termes mêmes de leurs adversaires pour les mieux réfuter

Vous imposez des lois ainsi qu'il en impose;
Et s'il est périlleux de s'en faire haïr,
Il ne serait pas sûr de vous désobéir.
   Pour moi, si quelque jour je suis ce que vous êtes,
J'en userai peut-être alors comme vous faites :
Jusque-là....

SERTORIUS.

                Vous pourriez en douter jusque-là,
Et me faire un peu moins ressembler à Sylla (1).
Si je commande ici, le sénat me l'ordonne;
Mes ordres n'ont encore assassiné personne.
Je n'ai pour ennemis que ceux du bien commun;
Je leur fais bonne guerre, et n'en proscris pas un.
C'est un asile ouvert que mon pouvoir suprême;
Et si l'on m'obéit, ce n'est qu'autant qu'on m'aime (2).

POMPÉE.

Et votre empire en est d'autant plus dangereux,
Qu'il rend de vos vertus les peuples amoureux,
Qu'en assujettissant vous avez l'art de plaire,
Qu'on croit n'être en vos fers qu'esclave volontaire,
Et que la liberté trouvera peu de jour
A détruire un pouvoir que fait régner l'amour (3).
   Ainsi parlent, Seigneur, les âmes soupçonneuses.
Mais n'examinons point ces questions fâcheuses,
Ni si c'est un sénat qu'un amas de bannis
Que cet asile ouvert sous vous a réunis.
Une seconde fois, n'est-il aucune voie
Par où je puisse à Rome emporter quelque joie?
Elle serait extrême à trouver les moyens
De rendre un si grand homme à ses concitoyens.
Il est doux de revoir les murs de la patrie :
C'est elle par ma voix, Seigneur, qui vous en prie;
C'est Rome....

(1) C'est un argument *ad hominem* assez sérieux pour embarrasser Sertorius; mais le général saisit avec promptitude le trait qui le distingue de son ennemi. Sylla est un tyran qui noie Rome dans le sang : lui, Sertorius, il hait les proscriptions.

(2) La simplicité du vers laisse apparaître la pensée dans toute sa beauté. Richelieu disait en mourant : « Je n'ai eu d'autres ennemis que ceux du roi et de l'État. »

(3) Pompée n'a garde d'oublier le reproche d'ambition que lui adressait Sertorius : il lui rend habilement la pareille, en se hâtant toutefois de glisser sur un point si délicat, comme aussi sur la légitimité de son sénat : il essaie de trouver le chemin du cœur, en rappelant à un Romain ce qu'un Romain aimait le plus, *Rome*, sa patrie. « Le fond d'un Romain, pour ainsi parler, était l'amour de sa liberté et de sa patrie » (BOSSUET, *Hist. univ.*, III. 6.)

ACTE III, SCÈNE I 319

SERTORIUS.
Le séjour de votre potentat,
Qui n'a que ses fureurs pour maximes d'Etat?
Je n'appelle plus Rome un enclos de murailles
Que ses proscriptions comblent de funérailles;
Ces murs, dont le destin fut autrefois si beau,
N'en sont que la prison, ou plutôt le tombeau;
Mais, pour revivre ailleurs dans sa première force,
Avec les faux Romains elle a fait plein divorce;
Et comme autour de moi j'ai tous ses vrais appuis,
Rome n'est plus dans Rome, elle est toute où je suis (1).
 Parlons pourtant d'accord. Je ne sais qu'une voie
Qui puisse avec honneur nous donner cette joie.
Unissons-nous ensemble, et le tyran est bas (2) :
Rome à ce grand dessein ouvrira tous ses bras.
Ainsi nous ferons voir l'amour de la patrie,
Pour qui vont les grands cœurs jusqu'à l'idolâtrie;
Et nous épargnerons ces flots de sang romain
Que versent tous les ans votre bras et ma main.

POMPÉE.
Ce projet, qui pour vous est tout brillant de gloire,
N'aurait-il rien pour moi d'une action trop noire?
Moi qui commande ailleurs, puis-je servir sous vous?

SERTORIUS.
Du droit de commander je ne suis point jaloux;

(1) Ce doux nom de Rome, au lieu d'attendrir l'illustre proscrit, fait éclater au contraire son patriotisme indigné. Dans Rome, il ne voit plus qu'un despote et des esclaves, du sang, une prison, un tombeau. Un souffle puissant anime cette magnifique tirade : Sertorius est sublime, comme le vieil Horace, quand il s'écrie : *Rome n'est plus dans Rome, ell. est toute où je suis.*

« Voilà encore, dit Voltaire, un des plus beaux endroits de Corneille ; il y a de la force, de la grandeur de la vérité, et même il est supérieurement écrit à quelques négligences, à quelques familiarités près... Mais quand une expression familière et commune est bien placée et fait contraste, alors elle tient presque du sublime. Tel est ce vers :

Je n'appelle plus Rome un enclos de murailles

Ce mot *enclos*, qui ailleurs est si commun et même bas, s'ennoblit ici et fait un très beau contraste avec ce vers admirable :

Rome n'est plus dans Rome, elle est toute où je suis. »

Cette note de Voltaire renferme, avec le juste éloge dû à ce morceau célèbre, une observation sur la familiarité du style qu'il a trop souvent oubliée dans son *Commentaire*.

(2) La proposition de Sertorius est belle et généreuse ; Pompée la repousse par égoïsme, Sertorius s'élève au contraire par le sacrifice volontaire du pouvoir

Je ne l'ai qu'en dépôt; et je vous l'abandonne :
Non jusqu'à vous servir de ma seule personne,
Je prétends un peu plus; mais dans cette union
De votre lieutenant m'envieriez-vous le nom?

POMPÉE.

De pareils lieutenants n'ont des chefs qu'en idée :
Leur nom retient pour eux l'autorité cédée;
Ils n'en quittent que l'ombre; et l'on ne sait que c'est
De suivre ou d'obéir que suivant qu'il leur plaît.
Je sais une autre voie, et plus noble et plus sûre.
Sylla, si vous voulez, quitte sa dictature;
Et déjà de lui-même il s'en serait démis,
S'il voyait qu'en ces lieux il n'eût plus d'ennemis.
Mettez les armes bas, je réponds de l'issue :
J'en donne ma parole après l'avoir reçue.
Si vous êtes Romain, prenez l'occasion.

SERTORIUS.

Je ne m'éblouis point de cette illusion.
Je connais le tyran, j'en vois le stratagème :
Quoi qu'il semble promettre, il est toujours lui-même.
Vous qu'à sa défiance il a sacrifié
Jusques à vous forcer d'être son allié....

POMPÉE.

Hélas! ce mot me tue, et je le dis sans feinte,
C'est l'unique sujet qu'il m'a donné de plainte.
J'aimais mon Aristie, il m'en vient d'arracher;
Mon cœur frémit encore à me le reprocher;
Vers tant de biens perdus sans cesse il me rappelle;
Et je vous rends, Seigneur, mille grâces pour elle,
A vous, à ce grand cœur dont la compassion
Daigne ici l'honorer de sa protection (1).

SERTORIUS.

Protéger hautement les vertus malheureuses,
C'est le moindre devoir des âmes généreuses :
Aussi fais-je encor plus, je lui donne un époux

POMPÉE.

Un époux! Dieux! qu'entends-je? Et qui, Seigneur?

(1) L'intérêt commence à baisser du moment où de Rome le discours tombe sur Aristie. Mais il n'était guère possible de continuer sur le ton de la haute politique; la question était épuisée, la conférence avait échoué. Sertorius essaie de retenir Pompée en le menaçant d'épouser la femme qu'il a répudiée et qu'il aime encore. C'est une transition naturelle à l'entrevue de Pompée et d'Aristie.

SERTORIUS.

Moi.

POMPEE.

Vous!
Seigneur, toute son âme est à moi dès l'enfance :
N'imitez point Sylla par cette violence ;
Mes maux sont assez grands, sans y joindre celui
De voir tout ce que j'aime entre les bras d'autrui.

SERTORIUS.

Tout est encore à vous.

SERTORIUS.

Venez, venez, Madame,
Faire voir quel pouvoir j'usurpe sur votre âme!
Et montrer, s'il se peut, à tout le genre humain
La force qu'on vous fait pour me donner la main.

POMPEE.

C'est elle-même, ô ciel!

SERTORIUS.

Je vous laisse avec elle,
Et sais que tout son cœur vous est encor fidèle.
Reprenez votre bien; ou ne vous plaignez plus,
Si j'ose m'enrichir, Seigneur, de vos refus (1).

SCÈNE II
ARISTIE, SERTORIUS, POMPEE

POMPÉE.

Me dit-on vrai, Madame? et serait-il possible....

ARISTIE.

Oui, Seigneur, il est vrai que j'ai le cœur sensible :

(1) Corneille, en mettant en présence deux personnages aussi considérables dans de si graves conjonctures, avait assumé une lourde tâche, son génie a répondu à notre attente. Jamais la politique et l'histoire n'ont tenu un langage plus noble, plus éloquent, plus majestueux

La scène, toute longue qu'elle est, ne languit pas un instant. Corneille avait eu peur de son étendue. Le 3 novembre 1661, il écrivait à l'abbé de Pure : « J'espère dans trois ou quatre jours avoir achevé le troisième acte J'y fais un entretien de Pompée avec Sertorius que les deux premiers preparent assez, mais je ne sais si on en pourra souffrir la longueur Il est de deux cent cinquante-deux vers Il me semble que deux hommes tels qu'eux, généraux de deux armées ennemies, ne peuvent achever en deux mots une conférence si attendue durant une trève On a souffert Cinna et Maxime qui en ont consumé davantage à consulter avec Auguste. Les vers de ceux ci me semblent bien aussi forts et plus pointilleux, ce qui aide souvent au théâtre, ou les picoteries soutiennent et réveillent l'attention de l'auditeur. » Corneille n'a retranché que huit vers · Il eût mal fait d'en ôter un de plus.

Suivant qu'on m'aime ou hait, j'aime ou hais à mon tour,
Et ma gloire soutient ma haine et mon amour.
Mais si de mon amour elle est la souveraine,
Elle n'est pas toujours maîtresse de ma haine (1)....
　J'aimais votre tendresse et vos empressements;
Mais je suis au-dessus de ces attachements;
Et tout me sera doux, si ma trame coupée
Me rend à mes aieux en femme de Pompée,
Et que sur mon tombeau ce grand titre gravé
Montre à tout l'avenir que je l'ai conservé.
J'en fais toute ma gloire et toutes mes delices;
Un moment de sa perte a pour moi des supplices.
Vengez-moi de Sylla qui me l'ôte aujourd'hui,
Ou souffrez qu'on me venge et de vous et de lui;
Qu'un autre hymen me rende un titre qui l'egale;
Qu'il me relève autant que Sylla me ravale :
Non que je puisse aimer aucun autre que vous;
Mais pour venger ma gloire il me faut un epoux,
Il m'en faut un illustre, et dont la renommee....

POMPEE.

Ah! ne vous lassez point d'aimer et d'être aimée.
Peut-être touchons-nous au moment désiré
Qui saura réunir ce qu'on a séparé.
Ayez plus de courage et moins d'impatience;
Souffrez que Sylla meure, ou quitte sa puissance....

ARISTIE.

J'attendrai de sa mort ou de son repentir
Qu'à me rendre l'honneur vous daigniez consentir?
Et je verrai toujours votre cœur plein de glace,
Mon tyran impuni, ma rivale en ma place,
Jusqu'à ce qu'il renonce au pouvoir absolu,
Après l'avoir gardé tant qu'il l'aura voulu (2)?

(1) « Voltaire convient que la scene de Pompee et d'Aristie etait très difficile a faire; il faut en effet avoir un grand fond de grandeur et de sublime pour hasarder une situation qui n'est séparee du comique que par une nuance legère Une femme repuliee qui menace son mari, s'il ne la reprend, de se marier à un autre, semble n'offrir qu'un detail domestique, qu'une querelle de menage plus plaisante que tragique, surtout pour des Français. Corneille a osé braver le ridicule toujours voisin d'un pareil sujet. » Il comptait sur l'effet produit par le grand nom de Pompee, par la fierte et le mâle ressentiment d'Aristie il ne s'est pas trompé

(2) Bien qu'Aristie, dans cette scène, montre plus de grandeur que Pompée, il n'est pas vrai cependant que Pompée soit avili, comme le pretend Voltaire. Pompee s'est vu forcé, par raison d'Etat, pour sauver sa dignité, sa vie peut-être, de répudier sa femme : il est à plaindre; mais il n'excite pas le mepris.

ACTE III, SCÈNE II

POMPÉE.

Mais tant qu'il pourra tout, que pourrai-je, Madame?

ARISTIE.

Suivre en tous lieux, Seigneur, l'exil de votre femme (1)
La ramener chez vous avec vos légions,
Et rendre un heureux calme à nos divisions.
Que ne pourrez-vous point en tête d'une armée
Partout, hors de l'Espagne, à vaincre accoutumée?
Et quand Sertorius sera joint avec vous,
Que pourra le tyran? qu'osera son courroux?

POMPÉE.

Ce n'est pas s'affranchir qu'un moment le paraître,
Ni secouer le joug que de changer de maître.
Sertorius pour vous est un illustre appui;
Mais en faire le mien, c'est me ranger sous lui;
Joindre nos étendards, c'est grossir son empire.
Perpenna qui l'a joint saura que vous en dire.
Je sers; mais jusqu'ici l'ordre vient de si loin,
Qu'avant qu'on le reçoive il n'en est plus besoin;
Et ce peu que j'y rends de vaine deférence,
Jaloux du vrai pouvoir, ne sert qu'en apparence.
Je crois n'avoir plus même à servir qu'un moment·
Et quand Sylla prépare un si doux changement,
Pouvez-vous m'ordonner de me bannir de Rome,
Pour la remettre au joug sous les lois d'un autre homme;
Moi qui ne suis jaloux de mon autorité
Que pour lui rendre un jour toute sa liberté?
Non, non : si vous m'aimez, comme j'aime à le croire.
Vous saurez accorder votre amour et ma gloire,
Céder avec prudence au temps prêt à changer,
Et ne me perdre pas au lieu de vous venger (2).

ARISTIE.

Si vous m'avez aimé, et qu'il vous en souvienne,
Vous mettrez votre gloire à me rendre la mienne;
Mais il est temps qu'un mot termine ces débats.
Me voulez-vous, Seigneur, ne me voulez-vous pas?

(1) Vers très beau et digne, par sa forte simplicité, d'une héroïne de Corneille. C'est un exemple de ces situations assez fréquentes chez notre poète, où les femmes ont un caractère plus viril, un langage plus résolu que les hommes auxquels elles s'adressent. La faiblesse toute politique de Pompée pâlit devant le caractère ferme et décidé d'Aristie » (HEINR CH.)

(2) Pompée plaide bien sa cause, mais en politique : Aristie qui invoque l'honneur et l'amour, trouve plus d'écho dans nos cœurs; d'un mot elle fait tomber toutes les raisons d'État.

Parlez, que votre choix règle ma destinée.
Suis-je encore à l'époux à qui l'on m'a donnée?
Suis-je à Sertorius? C'est assez consulté;
Rendez-moi mes liens, ou pleine liberté....

POMPÉE.

Je le vois bien, Madame, il faut rompre la trêve,
Pour briser en vainqueur cet hymen, s'il s'achève;
Et vous savez si peu l'art de vous secourir,
Que, pour vous en instruire, il faut vous conquérir.

ARISTIE.

Sertorius sait vaincre, et garder ses conquêtes.

POMPÉE.

La vôtre à la garder coûtera bien des têtes
Comme elle fermera la porte à tout accord.
Rien ne la peut jamais assurer que ma mort.
Oui, j'en jure les dieux, s'il faut qu'il vous obtienne,
Rien ne peut empêcher sa perte que la mienne;
Et peut-être tous deux, l'un par l'autre percés,
Nous vous ferons connaître à quoi vous nous forcez.

ARISTIE.

Je ne suis pas, Seigneur, d'une telle importance.
D'autres soins éteindront cette ardeur de vengeance;
Ceux de vous agrandir vous porteront ailleurs,
Où vous pourrez trouver quelques destins meilleurs;
Ceux de servir Sylla, d'aimer son Emilie,
D'imprimer du respect à toute l'Italie,
De rendre à votre Rome un jour sa liberté,
Sauront tourner vos pas de quelque autre côté.
Surtout ce privilège acquis aux grandes âmes
De changer à leur gré de maris et de femmes,
Mérite qu'on l'étale au bout de l'univers,
Pour en donner l'exemple à cent climats divers.

POMPÉE.

Ah! c'en est trop, Madame; et de nouveau je jure....

ARISTIE.

Seigneur, les vérités font-elles quelque injure

POMPÉE.

Vous oubliez trop tôt que je suis votre époux.

ARISTIE.

Ah! si ce nom vous plaît, je suis encore à vous:
Voilà ma main, Seigneur.

ACTE III. SCÈNE II

POMPÉE.

Gardez-la-moi, Madame.

ARISTIE.

Tandis que vous avez à Rome une autre femme?
Que par un autre hymen vous me déshonorez?
Me punissent les dieux que vous avez jurés,
Si, passé ce moment et hors de votre vue,
Je vous garde une foi que vous avez rompue!

POMPÉE.

Qu'allez-vous faire? hélas!

ARISTIE.

Ce que vous m'enseignez.

POMPÉE.

Éteindre un tel amour!

ARISTIE.

Vous-même l'éteignez.

POMPÉE.

La victoire aura droit de le faire renaître.

ARISTIE.

Si ma haine est trop faible, elle la fera croître.

POMPÉE.

Pourrez-vous me haïr?

ARISTIE.

J'en fais tous mes souhaits.

POMPÉE.

Adieu donc pour deux jours.

ARISTIE.

Adieu pour tout jamais (1).

---

(1) Cette entrevue finit aussi par une rupture : Pompée ne peut céder, Aristie ne veut pas attendre; Pompée veut gagner du temps, Aristie reste dans son caractère en disant : *Adieu pour tout jamais*.

Bien que Sertorius et Pompée aient échoué dans leurs desseins, les deux entrevues néanmoins n'ont pas été *inutiles* dans la tragédie comme l'affirme Voltaire. L'action dramatique a fait un grand pas : l'intrigue s'est nouée plus fortement : car Sertorius, sachant qu'il n'a rien à espérer de Pompée, flotte de plus en plus indécis entre Aristie et Viriate ; Aristie, se voyant délaissée par son époux, presse Sertorius; Pompée, de son côté, est prêt à rompre la trêve si Sertorius épouse Aristie. Quant à Viriate, Sertorius n'ose l'épouser à cause de Perpenna qui pourrait se joindre à Pompée.

ACTE QUATRIÈME

Scène I. Sertorius déclare à Thamire son amour pour Viriate. — *Scène II.* Viriate, de son côté, presse le général d'accepter sa main et son trône ; Sertorius, qui craint de ne pouvoir affranchir Rome en perdant Perpenna, résiste à ses instances :

SERTORIUS.

Pourrions-nous venger Rome après de telles pertes?
Pourrions-nous l'affranchir des misères souffertes?
Et de ses intérêts un si haut abandon....

VIRIATE.

Et que m'importe a moi si Rome souffre ou non (1)?
Quand j'aurai de ses maux effacé l'infamie,
J'en obtiendrai pour fruit le nom de son amie!
Je vous verrai consul m'en apporter les lois,
Et m'abaisser vous-même au rang des autres rois!
Si vous m'aimez, Seigneur, nos mers et nos montagnes
Doivent borner vos vœux, ainsi que nos Espagnes :
Nous pouvons nous y faire un assez beau destin,
Sans chercher d'autre gloire au pied de l'Aventin.
Affranchissons le Tage, et laissons faire au Tibre.
La liberté n'est rien quand tout le monde est libre;
Mais il est beau de l'être, et voir tout l'univers
Soupirer sous le joug, et gémir dans les fers.
Il est beau d'étaler cette prérogative
Aux yeux du Rhône esclave et de Rome captive;
Et de voir envier aux peuples abattus
Ce respect que le sort garde pour les vertus....
    La perte de Sylla n'est pas ce que je veux;
Rome attire encor moins la fierté de mes vœux :
L'hymen où je prétends ne peut trouver d'amorces
Au milieu d'une ville où règnent les divorces,
Et du haut de mon trône on ne voit point d'attraits
Où l'on n'est roi qu'un an, pour n'être rien après (2).

(1) Viriate a ici sur Sertorius le même avantage qu'Aristie avait sur Pompée dans l'acte précédent : Sertorius ne sait que soupirer, Viriate est ferme et noble. Elle voudrait le détacher d'une république en proie aux factions, l'associer à son trône et assurer par la l'indépendance de sa patrie : son langage est empreint de la plus mâle éloquence.

(2) Viriate veut triompher des hésitations de Sertorius ; sa parole devient vive et pressante. Le contraste qu'elle établit entre le pouvoir éphémère que le général peut espérer à Rome et la puissance souveraine qu'elle lui offre, est saisissant; son âme, éprise du noble but qu'elle poursuit, s'échauffe de plus en plus pour enflammer l'âme irrésolue de Sertorius.

Enfin, pour achever, j'ai fait pour vous plus qu'elle :
Elle vous a banni, j'ai pris votre querelle ;
Je conserve des jours qu'elle veut vous ravir.
Prenez le diadème, et laissez-la servir.
Il est beau de tenter des choses inouïes,
Dût-on voir par l'effet ses volontés trahies.
Pour moi, d'un grand Romain je veux faire un grand roi (1) ;
Vous, s'il y faut périr, périssez avec moi :
C'est gloire de se perdre en servant ce qu'on aime (2).

Scène III. Sertorius cherche à faire comprendre à Perpenna qu'il ne peut plus espérer la main de Viriate, car elle ne veut que Sertorius — *Scène IV.* Aufide excite Perpenna contre son maître ; il finira par le pousser au crime.

ACTE CINQUIÈME

Scène I. Viriate et Aristie s'exposent l'une à l'autre leurs projets. — *Scène II.* Un courrier remet à Aristie des lettres de Rome qui lui apprennent l'abdication de Sylla ; pouvant retrouver Pompée, elle cède Sertorius à Viriate — *Scène III* Thamire vient annoncer l'assassinat de Sertorius ; bientôt le meurtrier vient lui-même

SCÈNE IV
PERPENNA, ARISTIE, VIRIATE, THAMIRE, ARCAS.

PERPENNA, *à Viriate.*

Sertorius est mort (3) ; cessez d'être jalouse,
Madame, du haut rang qu'aurait pris son épouse,
Et n'appréhendez plus, comme de son vivant,

(1) Vers magnifique, un des plus beaux de Corneille.

(2) Rebutée par l'insensibilité de Sertorius, la reine reprend sa fierté, et sort en menaçant Sertorius, si grand devant Pompée, a perdu de son prestige ; il baissera plus encore dans les scènes suivantes : c'est un des défauts de la pièce ; de plus, on a perdu de vue son danger et la conjuration qui est le sujet même de la tragédie.

(3) « L'assassinat de Sertorius qui devait faire un grand effet, n'en fait aucun · la raison en est que ce qui n'est point préparé avec terreur n'en peut point causer » (VOLT.)

Il faut ajouter : 1° que Sertorius, à part la fameuse conférence, joue un rôle trop indécis et trop équivoque, son amour pour Viriate est fade et vulgaire ; 2° que depuis la 1re scène du 1er acte, il a été à peine question une fois, et seulement en passant, du complot de Perpenna ; 3° que la nouvelle de l'abdication de Sylla et de la prochaine réconciliation d'Aristie et de Pompée, a déjà commencé le dénoûment : Aristie ne pense plus à Sertorius, et Viriate compte peu sur un Romain à qui Rome est encore trop chère Enfin le dénoûment se ressent aussi du rôle bas et méprisable de l'assassin venant demander le salaire de son crime.

Qu'en vos propres Etats elle ait le pas devant.
Si l'espoir d'Aristie a fait ombrage au vôtre,
Je puis vous assurer et d'elle et de tout autre,
Et que ce coup heureux saura vous maintenir
Et contre le présent et contre l'avenir.
C'était un grand guerrier, mais dont le sang ni l'âge
Ne pouvaient avec vous faire un digne assemblage;
Et malgré ces defauts, ce qui vous en plaisait,
C'etait sa dignite qui vous tyrannisait.
Le nom de general vous le rendait aimable;
A vos rois, à moi-même, il etait préferable;
Vous vous eblouissiez du titre et de l'emploi;
Et je viens vous offrir et l'un et l'autre en moi (1),
Avec des qualités où votre âme hautaine
Trouvera mieux de quoi mériter une reine.
Un Romain qui commande et sort du sang des rois
(Je laisse l'âge à part) peut esperer son choix,
Surtout quand d'un affront son amour l'a vengée,
Et que d'un choix abject son bras l'a dégagée.

ARISTIE.

Après t'être immolé chez toi ton général,
Toi, que faisait trembler l'ombre d'un tel rival,
Lâche, tu viens ici braver encor des femmes,
Vanter insolemment tes detestables flammes,
T'emparer d'une reine en son propre palais,
Et demander sa main pour prix de tes forfaits!
Crains les dieux, scelerat; crains les dieux, ou Pompée;
Crains leur haine, ou son bras, leur foudre, ou son épee;
Et, quelque noir orgueil qui te puisse aveugler,
Apprends qu'il m'aime encore et commence à trembler.
Tu le verras, mechant, plutôt que tu ne penses :
Attends, attends de lui tes dignes recompenses (2).

PERPENNA.

S'il en croit votre ardeur, je suis sûr du trépas;
Mais peut-être, Madame, il ne l'en croira pas;
Et quand il me verra commander une armée
Contre lui tant de fois à vaincre accoutumée,

(1) Voltaire fait ressortir avec raison ce qu'il y a de revoltant dans ce discours de Perpenna, revenant couvert du sang de son general : « Jamais on ne doit mettre un grand crime sur la scene, qu'on ne fasse fremir le spectateur... C'est une regle puisee dans la nature, qu'il ne faut point parler d'amour quand on vient de commettre un crime horrible, moins par amour que par ambition.»

(2) Cette invective si éloquente est d'autant plus belle qu'Aristie, par les nouvelles qu'elle vient de recevoir de Rome, n'avait plus rien a attendre de Sertorius, assuree qu'elle est de retrouver Pompée.

Il se rendra facile à conclure une paix
Qui faisait dès tantôt ses plus ardents souhaits.
J'ai même entre mes mains un assez bon otage,
Pour faire mes traités avec quelque avantage.
Cependant vous pourriez, pour votre heur et le mien,
Ne parler pas si haut à qui ne vous dit rien.
Ces menaces en l'air vous donnent trop de peine.
Après ce que j'ai fait, laissez faire la reine;
Et sans blâmer des vœux qui ne vont point à vous,
Songez à regagner le cœur de votre époux.

VIRIATE.

Oui, Madame, en effet c'est à moi de répondre;
Et mon silence ingrat a droit de me confondre.
Ce généreux exploit, ces nobles sentiments,
Méritent de ma part de hauts remercîments;
Les différer encor, c'est lui faire injustice (1).
Il m'a rendu sans doute un signalé service;
Mais il n'en sait encor la grandeur qu'à demi :
Le grand Sertorius fut son parfait ami.
Apprenez-le, Seigneur (car je me persuade
Que nous devons ce titre à votre nouveau grade;
Et pour le peu de temps qu'il pourra vous durer,
Il me coûtera peu de vous le déférer) :
Sachez donc que pour vous il osa me déplaire,
Ce héros; qu'il osa mériter ma colère;
Que malgré son amour, que malgré mon courroux,
Il a fait ses efforts pour me donner à vous;
Et qu'à moins qu'il vous plût lui rendre sa parole,
Tout mon dessein n'était qu'une attente frivole;
Qu'il s'obstinait pour vous au refus de ma main.

ARISTIE.

Et tu peux lui plonger un poignard dans le sein!
Et ton bras....

VIRIATE.

Permettez, Madame, que j'estime
La grandeur de l'amour par la grandeur du crime.
Chez lui-même, à sa table, au milieu d'un festin,
D'un si parfait ami devenir l'assassin,
Et de son général se faire un sacrifice,
Lorsque son amitié lui rend un tel service;
Renoncer à la gloire, accepter pour jamais

---

(1) Ce discours de Viriate tient le spectateur en suspens, ce n'est que peu à peu que l'on s'aperçoit de l'ironie cachée sous l'expression affectée de sa reconnaissance.

L'infamie et l'horreur qui suit les grands forfaits;
Jusqu'en mon cabinet porter sa violence,
Pour obtenir ma main m'y tenir sans défense :
Tout cela d'autant plus fait voir ce que je doi
A cet excès d'amour qu'il daigne avoir pour moi;
Tout cela montre une âme au dernier point charmée.
Il serait moins coupable à m'avoir moins aimée;
Et comme je n'ai point les sentiments ingrats,
Je lui veux conseiller de ne m'épouser pas.
Ce serait en son lit mettre son ennemie,
Pour être à tous moments maîtresse de sa vie;
Et je me résoudrais à cet excès d'honneur,
Pour mieux choisir la place à lui percer le cœur.
Seigneur, voilà l'effet de ma reconnaissance.
Du reste, ma personne est en votre puissance;
Vous êtes maître ici; commandez, disposez,
Et recevez enfin ma main, si vous l'osez (1).

PERPENNA.

Moi! si je l'oserai? Vos conseils magnanimes
Pouvaient perdre moins d'art à m'étaler mes crimes :
J'en connais mieux que vous toute l'énormité,
Et pour la bien connaître ils m'ont assez coûté.
On ne s'attache point sans un remords bien rude
A tant de perfidie et tant d'ingratitude :
Pour vous je l'ai dompté, pour vous je l'ai détruit;
J'en ai l'ignominie, et j'en aurai le fruit.
Menacez mes forfaits, et proscrivez ma tête :
De ces mêmes forfaits vous serez la conquête;
Et n'eût tout mon bonheur que deux jours à durer,
Vous n'avez dès demain qu'à vous y préparer.
J'accepte votre haine, et l'ai bien méritée;
J'en ai prévu la suite, et j'en sais la portée.
Mon triomphe....

SCÈNE V

PERPENNA, ARISTIE, VIRIATE, AUFIDE,
ARCAS, THAMIRE.

AUFIDE.

Seigneur, Pompée est arrivé,
Nos soldats mutinés, le peuple soulevé.
La porte s'est ouverte à son nom, à son ombre.
Nous n'avons point d'amis qui ne cèdent au nombre :

(1) Cette déclaration si ferme et si noble soulage le cœur; on reconnaît Viriate dans ce fier défi jeté à l'assassin triomphant.

Antoine et Manlius, déchirés par morceaux,
Tous morts et tous sanglants ont encor des bourreaux.
On cherche avec chaleur le reste des complices,
Que lui-même il destine à de pareils supplices.
Je défendais mon poste : il l'a soudain forcé,
Et de sa propre main vous me voyez percé ;
Maître absolu de tout, il change ici la garde.
Pensez à vous, je meurs ; la suite vous regarde.

ARISTIE.

Pour quelle heure, Seigneur, faut-il se préparer
A ce rare bonheur qu'il vient vous assurer ?
Avez-vous en vos mains un assez bon otage
Pour faire vos traités avec grand avantage ?

PERPENNA.

C'est prendre en ma faveur un peu trop de souci,
Madame ; et j'ai de quoi le satisfaire ici.

SCÈNE VI

POMPÉE, PERPENNA, VIRIATE, ARISTIE, CELSUS, ARCAS, THAMIRE.

PERPENNA.

Seigneur, vous aurez su ce que je viens de faire.
Je vous ai de la paix immolé l'adversaire,
L'amant de votre femme, et ce rival fameux
Qui s'opposait partout au succès de vos vœux.
Je vous rends Aristie, et finis cette crainte
Dont votre âme tantôt se montrait trop atteinte ;
Et je vous affranchis de ce jaloux ennui
Qui ne pouvait la voir entre les bras d'autrui.
Je fais plus : je vous livre une fière ennemie
Avec tout son orgueil et sa Lusitanie ;
Je vous en ai fait maître, et de tous ces Romains
Que déjà leur bonheur a remis en vos mains.
Comme en un grand dessein, et qui veut promptitude,
On ne s'explique pas avec la multitude,
Je n'ai point cru, Seigneur, devoir apprendre à tous
Celui d'aller demain me rendre auprès de vous ;
Mais j'en porte sur moi d'assurés témoignages.
Ces lettres de ma foi vous seront de bons gages ;
Et vous reconnaîtrez par leurs perfides traits
Combien Rome pour vous a d'ennemis secrets,
Qui tous, pour Aristie enflammés de vengeance,

Avec Sertorius étaient d'intelligence.
Lisez (1).
(*Il lui donne les lettres qu'Aristie avait apportées de Rome à Sertorius*)

ARISTIE.

Quoi? scélérat! quoi? lâche! oses-tu bien....

PERPENNA.

Madame, il est ici votre maître et le mien;
Il faut en sa presence un peu de modestie,
Et si je vous oblige à quelque repartie,
La faire sans aigreur, sans outrages mêlés,
Et ne point oublier devant qui vous parlez.
  Vous voyez là, Seigneur, deux illustres rivales,
Que cette perte anime à des haines égales.
Jusques au dernier point elles m'ont outragé;
Mais, puisque je vous vois, je suis assez vengé.
Je vous regarde aussi comme un dieu tutélaire;
Et ne puis.... Mais, ô dieux! Seigneur, qu'allez-vous faire!

POMPEE, *après avoir brûlé les lettres sans les lire* (2).

Montrer d'un tel secret ce que je veux savoir.
Si vous m'aviez connu, vous l'auriez su prevoir.
  Rome en deux factions trop longtemps partagée
N'y sera point pour moi de nouveau replongée;
Et quand Sylla lui rend sa gloire et son bonheur,
Je n'y remettrai point le carnage et l'horreur.
Oyez, Celsus....
(*Il lui parle à l'oreille.*)
                Surtout empêchez qu'il ne nomme
Aucun des ennemis qu'elle m'a faits à Rome.
(*A Perpenna.*)
Vous, suivez ce tribun : j'ai quelques intérêts
Qui demandent ici des entretiens secrets.

(1) Perpenna, vil assassin, se montre ici lâche délateur; son rôle, odieux dès le principe, devient de plus en plus méprisable.

(2) L'action de Pompée est héroïque et conforme à l'histoire. Voici le récit de Plutarque : « Pompée fit une action qui n'était nullement d'un jeune homme, mais au contraire d'un homme d'un très grand sens et d'une prudence consommée, et qui délivra Rome de grandes craintes et d'une infinite de nouvelles discordes qui allaient s'allumer dans son sein. Rassemblant toutes les lettres et tous les papiers de Sertorius, il les brûla sans les lire, et sans permettre que personne les lût, et sur l'heure même il fit mourir Perpenna, de peur qu'il ne découvrît et ne nommât quelques-uns de ceux qui avaient écrit ces lettres, et que ce ne fût une source de troubles et de séditions. » (*Vie de Sertorius.*)

ACTE V, SCÈNE VII

PERPENNA.
Seigneur, se pourrait-il qu'après un tel service....
POMPÉE.
J'en connais l'importance, et lui rendrai justice.
Allez.
PERPENNA.
Mais cependant leur haine....
POMPÉE.
C'est assez.
Je suis maître; je parle; allez, obéissez.

SCENE VII
POMPÉE, VIRIATE, ARISTIE, THAMIRE, ARCAS.

POMPÉE.
Ne vous offensez pas d'ouïr parler en maître,
Grande reine; ce n'est que pour punir un traître.
Criminel envers vous d'avoir trop écouté
L'insolence où montait sa noire lâcheté,
J'ai cru devoir sur lui prendre ce haut empire
Pour me justifier avant que vous rien dire;
Mais je n'abuse point d'un si facile accès,
Et je n'ai jamais su dérober mes succès.
Quelque appui que son crime aujourd'hui vous enlève,
Je vous offre la paix, et ne romps point la trêve;
Et ceux de nos Romains qui sont auprès de vous
Peuvent y demeurer sans craindre mon courroux.
Si de quelque péril je vous ai garantie,
Je ne veux pour tout prix enlever qu'Aristie,
A qui devant vos yeux, enfin maître de moi,
Je rapporte avec joie et ma main et ma foi.
Je ne dis rien du cœur, il tint toujours pour elle.

ARISTIE.
Le mien savait vous rendre une ardeur mutuelle;
Et pour mieux recevoir ce don renouvelé,
Il oubliera, Seigneur, qu'on me l'avait volé.

VIRIATE.
Moi, j'accepte la paix que vous m'avez offerte;
C'est tout ce que je puis, Seigneur, après ma perte :
Elle est irréparable; et comme je ne voi
Ni chefs dignes de vous, ni rois dignes de moi,
Je renonce à la guerre, ainsi qu'à l'hyménée;
Mais j'aime encor l'honneur du trône où je suis née.

D'une juste amitié je sais garder les lois,
Et ne sais point régner comme règnent nos rois.
S'il faut que sous votre ordre ainsi qu'eux je domine,
Je m'ensevelirai sous ma propre ruine :
Mais si je puis régner sans honte et sans époux,
Je ne veux d'héritiers que votre Rome, ou vous.
Vous choisirez, Seigneur ; ou si votre alliance
Ne peut voir mes États sous ma seule puissance,
Vous n'avez qu'à garder cette place en vos mains,
Et je m'y tiens déjà captive des Romains (1).

POMPÉE.

Madame, vous avez l'âme trop généreuse
Pour n'en pas obtenir une paix glorieuse,
Et l'on verra chez eux mon pouvoir abattu,
Ou j'y ferai toujours honorer la vertu (2).

Un officier vient annoncer le supplice du traître. Pompée se prépare à rendre à Sertorius les honneurs funèbres.

(1) La jeune reine garde jusqu'au bout son caractère généreux.

(2) Le rôle de Pompée se relève dans ces dernières scènes ; sa magnanimité à l'égard de ses ennemis, sa sévérité envers le traître, la générosité qu'il montre pour Viriate et l'hommage qu'il rend à Sertorius, laissent le spectateur sous une impression favorable.

SOPHONISBE

TRAGÉDIE

1663.

PERSONNAGES :

SYPHAX, roi de Numidie.
MASSINISSA, autre roi de Numidie.
LÉLIUS, lieutenant de Scipion, consul de Rome.
LEPIDE, tribun romain.
BOCCHAR, lieutenant de Syphax.
MÉZÉTULLE, lieutenant de Massinissa.
ALBIN, centenier romain.
SOPHONISBE, fille d'Asdrubal, général des Carthaginois, et reine de Numidie.
ERYXE, reine de Gétulie.
HERMINIE, BARCÉE, dames d'honneur de Sophonisbe et d'Eryxe.

La scène est a Cyrte (aujourd'hui Constantine), capitale du royaume de Syphax, dans le palais du roi.

Corneille et Quinault.

Sophonisbe n'eut qu'un succès éphémère. L'abandon où la pièce tomba, peut être attribué en grande partie au changement qui s'opérait dès lors dans le goût du public sous l'influence de Quinault.

Corneille n'était pas sans s'apercevoir qu'il se formait un nouveau courant à la cour et à la ville ; que le théâtre qu'il avait relevé avec tant de peine par le spectacle de l'héroïsme, rentrait dans la voie vulgaire et glissante des passions. La nouvelle génération, se façonnant à l'image de son jeune roi, préférait à l'admiration austère de la vertu, la peinture plus agréable de l'amour sacrifiant trop souvent le devoir. Mais Corneille resta Corneille, dût la vogue passer à d'autres ; les vieux admirateurs de sa jeunesse lui restèrent seuls fidèles.

L'avis *Au lecteur* renferme une révélation fort curieuse à cet égard : « Comme je ne sais que les règles d'Aristote et d'Horace, et je ne les sais pas même trop bien, je ne hasarde pas volontiers en dépit d'elles ces agrements surnaturels et miraculeux, qui défigurent quelquefois nos personnages autant qu'ils les embellissent, et détruisent l'histoire au lieu de la corriger. Ces grands coups de maître passent ma portée ; je les laisse à ceux qui en savent plus que moi ; et j'aime mieux qu'on me reproche d'avoir fait mes femmes trop héroïnes, par une ignorante et basse affectation de les faire ressembler aux originaux qui en sont venus jusqu'à nous, que de m'entendre louer d'avoir efféminé mes héros par une docte et sublime complaisance au goût de nos délicats, qui veulent de l'amour partout et ne permettent qu'à lui de faire auprès d'eux la bonne ou mauvaise fortune de nos ouvrages (1). »

Grandeur d'âme de Sophonisbe. (*Acte IV, sc. V.*)

Syphax ayant été vaincu par les Romains, Sophonisbe était destinée avec son époux à orner le char du vainqueur Pour éviter cet opprobre, elle offrit sa main au roi des Numides Massinissa, allié de Rome. Mais Lelius, fidèle à cette politique romaine qui s'etait opposée à l'union de Nicomède avec Laodice, avait déclaré à Massinissa que jamais Rome ne souffrirait son mariage avec Sophonisbe, la fille d'Asdrubal. Le roi de Numidie conjure alors Sophonisbe d'appuyer ses prières auprès de Scipion, pour en obtenir une sentence plus favorable. La fière Carthaginoise lui répond par le discours suivant :

SOPHONISBE, *à Massinissa.*

Le trouble de vos sens, dont vous n'êtes plus maître,
Vous a fait oublier, Seigneur, à me connaître.
  Quoi ! j'irais mendier jusqu'au camp des Romains
La pitié de leur chef qui m'aurait en ses mains !
J'irais déshonorer, par un honteux hommage,
Le trône où j'ai pris place, et le sang de Carthage ;
Et l'on verrait gémir la fille d'Asdrubal
Aux pieds de l'ennemi pour eux le plus fatal (2) !
Je ne sais si mes yeux auraient là tant de force,
Qu'en sa faveur sur l'heure il pressât un divorce (3) ;
Mais je ne me vois pas en état d'obéir,
S'il osait jusque-là cesser de me haïr.
La vieille antipathie entre Rome et Carthage
N'est pas prête à finir par un tel assemblage.
Ne vous préparez point à rien sacrifier

---

(1) Voltaire nous dit que c'est de Quinault qu'il est ici question. Quinault, profitant de la retraite de Corneille, venait de donner successivement *la Mort de Cyrus* (1656), *Stratonice* (1657), *Amalasonte* (1658), *le Faux Tiberinus* (1660), *Astrate* (1663) Cet *Astrate* surtout, joué dans le même temps que *Sophonisbe*. avait attiré tout Paris, tandis que *Sophonisbe* était négligée. « Le nouvel auteur empruntait ses tragédies ridicules aux romans de Mlle de Scudéry et de La Calprenède, et il donnait aux héros de l'antiquité le langage et les sentiments des ruelles. » (F. GODEFROY, *Hist. de la litt. fr.*)

(2) On retrouve dans ces accents la fierté de Viriate et de Laodice.

(3) Massinissa désirait que Scipion ratifiât le divorce de Syphax et de Sophonisbe, et lui permît d'épouser la reine.

A l'honneur qu'il aurait de vous justifier.
Pour effet de vos feux et de votre parole,
Je ne veux qu'éviter l'aspect du Capitole (1);
Que ce soit par l'hymen ou par d'autres moyens,
Que je vive avec vous ou chez nos citoyens,
La chose m'est égale, et je vous tiendrai quitte,
Qu'on nous sépare ou non, pourvu que je l'évite.
Mon amour voudrait plus : mais je règne sur lui (2),
Et n'ai changé d'époux que pour prendre un appui.

Vous m'avez demandé la faveur de ce titre
Pour soustraire mon sort à son injuste arbitre ;
Et puisqu'à m'affranchir il faut que j'aide un roi,
C'est là tout le secours que vous aurez de moi.
Ajoutez-y des pleurs, mêlez-y des bassesses ;
Mais laissez-moi, de grâce, ignorer vos faiblesses ;
Et si vous souhaitez que l'effet m'en soit doux,
Ne me donnez point lieu d'en rougir après vous (3).
Je ne vous cèle point que je serais ravie
D'unir à vos destins les restes de ma vie ;
Mais si Rome en vous-même ose braver les rois,
S'il faut d'autres secours, laissez-les à mon choix :
J'en trouverai, Seigneur, et j'en sais qui peut-être
N'auront à redouter ni maîtresse ni maître (4);
Mais mon amour préfère à cette sûreté
Le bien de vous devoir toute ma liberté.

(1) Ce que la princesse veut avant tout, c'est d'éviter l'humiliation du triomphe ; ce n'est que pour ce motif qu'elle cherche à épouser Massinissa.

(2) Ici encore nous voyons l'honneur maître de l'amour : Corneille est fidèle à son passé ; l'amour après le devoir, c'est la marque de ses héroïnes comme de ses héros.

(3) Sophonisbe montre plus de grandeur d'âme que Massinissa : ce spectacle est fréquent chez Corneille. Voyez dans *Sertorius* Viriate et Aristie en face de Sertorius et de Pompée.

Dans son avis *au lecteur*, Corneille s'attache à montrer qu'il a peint Sophonisbe avec le beau caractère qu'elle a dans l'histoire : « Vous trouverez en cette tragédie les caractères tels que chez Tite-Live ; vous y verrez Sophonisbe avec le même attachement aux intérêts de son pays, et la même haine pour Rome qu'il lui attribue. Je lui prête un peu d'amour, mais elle règne sur lui, et ne daigne l'écouter qu'autant qu'il peut servir à ses passions dominantes qui règnent sur elle, et à qui elle sacrifie toutes les tendresses de son cœur, Massinissa, Syphax, sa propre vie. Elle en fait son unique bonheur, et en soutient la gloire avec une fierté si noble et si élevée, que Lelius est contraint d'avouer lui-même qu'elle méritait d'être née Romaine. »

(4) « En Afrique, c'était la coutume des rois de porter toujours sur eux du poison très violent, pour s'épargner la honte de tomber vivants entre les mains de leurs ennemis. » (*Au lecteur*) Sophonisbe se donna ainsi la mort

OTHON
TRAGÉDIE
1665.

AU LECTEUR

Si mes amis ne me trompent, cette pièce égale ou passe la meilleure des miennes. Quantité de suffrages illustres et solides se sont déclarés pour elle, et si j'ose y mêler le mien, je vous dirai que vous y trouverez quelque justesse dans la conduite, et un peu de bon sens dans le raisonnement. Quant aux vers, on n'en a point vu de moi que j'aie travaillés avec plus de soin. Le sujet est tiré de Tacite, qui commence ses Histoires par celle-ci; et je n'en ai encore mis aucune sur le théâtre à qui j'aie gardé plus de fidélité et prêté plus d'invention (1). Les caractères de ceux que j'y fais parler y sont les mêmes que chez cet incomparable auteur, que j'ai traduit tant qu'il m'a été possible. J'ai tâché de faire paraître les vertus de mon héros en tout leur éclat, sans en dissimuler les vices, non plus que lui; et je me suis contenté de les attribuer à une politique de cour, où, quand le souverain se plonge dans les débauches et que sa faveur n'est qu'à ce prix, il y a presse à qui sera de la partie (2). J'y ai conservé les événements, et pris la liberté de changer la manière dont ils arrivent, pour en jeter tout le crime sur un méchant homme, qu'on soupçonna dès lors d'avoir donné des ordres secrets pour la mort de

---

(1) « Corneille, disait Tallemant des Réaux, va vous mettre sur le théâtre toute la politique de Tacite. » (*Historiettes*, t. VII.) Le malicieux critique ne se trompait pas : aussi bien, quand le grand poète s'empare d'un sujet, d'un personnage politique d'une époque de l'histoire, il va jusqu'au fond, puis il en fixe l'idée dans des traits vivants et impérissables.

(2) Boileau, lit-on dans le *Bolœana*, n'était point du tout content de la tragédie d'*Othon*, qui se passait toute en raisonnements et où il n'y avait point d'action tragique. Corneille avait affecté d'y faire parler trois ministres d'État dans le temps où Louis XIV n'en avait pas moins que Galba, c'est-à-dire MM. le Tellier, Colbert et de Lionne. M. Despréaux ne se cachait pas d'avoir attaqué directement *Othon* dans ces vers de son *Art poétique* :

    Vos froids raisonnements ne feront qu'attiédir
    Un spectateur toujours paresseux d'applaudir.

Un autre contemporain, J ly, appréciait mieux les beaux discours politiques qui se trouvent dans *Othon* : « On peut, dit-il, appliquer à cette tragédie ces paroles de M. le maréchal de Gramont : Corneille est le bréviaire des rois. »

Vinius, tant leur inimitié était forte et declarée ! Othon avait promis à ce consul d'epouser sa fille, s'il le pouvait faire choisir à Galba pour successeur; et comme il se vit empereur sans son ministère, il se crut dégagé de cette promesse, et ne l'épousa point. Je n'ai pas voulu aller plus loin que l'histoire; et je puis dire qu'on n'a point encore vu de pièce où il se propose tant de mariages pour n'en conclure aucun. Ce sont intrigues de cabinet qui se détruisent les unes les autres. J'en dirai davantage quand mes libraires joindront celle-ci aux recueils qu'ils ont faits de celles de ma façon qui l'ont précédée (1).

PERSONNAGES :

GALBA, empereur de Rome.
VINIUS, consul.
OTHON, sénateur romain.
LACUS, préfet du prétoire.
CAMILLE, nièce de Galba.
PLAUTINE, fille de Vinius.
MARTIAN, affranchi de Galba.
ALBIN, ami d'Othon.
ALBIANE, sœur d'Albin, et dame d'honneur de Camille.
FLAVIE, amie de Plautine.
ATTICUS, } soldats romains.
RUTILE, }

La scène est à Rome, dans le palais impérial.
(L'an 69 de J.-C.)

Appréciation.

Othon est encore une tragédie politique. Corneille y a peint la Rome impériale au lendemain de la chute de Néron, à cette époque troublée où le pouvoir, tombé aux mains de patriciens ambitieux, était exploité sous leur nom par quelques parvenus intrigants, vils affranchis pour la plupart, et empressés, selon le mot énergique du poète, à *dévorer ces règnes d'un moment*.

Othon fut le précurseur et le modèle de *Britannicus*. Plusieurs scènes de Corneille ne pâliraient pas à côté des scènes les plus remarquables de Racine.

Voltaire regardait l'exposition de cette tragédie comme une des plus belles du théâtre. La conférence des deux ministres est un morceau magnifique. « Quant aux vers, dit Corneille lui-même, on n'en a point vu de

(1) Le succès d'*Othon* fut si grand que le *Journal des savants* (16 février 1665), peu favorable à la pièce, ne put s'empêcher de le constater : Il y a peu de personnes curieuses à Paris, qui n'aient vu jouer cette pièce.

moi que j'aie travaillés avec plus de soin » Le style, en effet, se distingue par la netteté, l'élégance et la vigueur.

Ce qui manque, c'est l'intérêt tragique; il ne s'agit dans toute la pièce que de mariages politiques, et le danger des personnages principaux ne paraît pas assez grave dans les premiers actes pour exciter la pitié ou la terreur.

Les caractères sont d'ailleurs bien tracés. A côté de l'empereur Galba et du sénateur Othon dont les portraits sont copiés sur Tacite, on admire la physionomie noble, sympathique et généreuse de *Plautine*, et le caractère altier de *Camille*; l'une et l'autre se détachent admirablement sur les figures vulgaires et odieuses du préfet du prétoire *Lacus*, et de l'affranchi *Martian*.

Le grand mérite de la pièce consiste dans la peinture fidèle et vivante de Rome telle que l'avaient faite les Tibère, les Caligula et les Néron.

ACTE PREMIER

Exposition. — La cour de Galba.

Othon sollicite la main de Plautine, fille du consul Vinius, de préférence à celle de Camille, nièce de l'empereur Galba. Mais Vinius, menacé par des rivaux politiques, conseille à Othon de faire le sacrifice de son amour, et d'épouser Camille afin de pouvoir le défendre, lui et sa fille, contre leurs ennemis. Plautine elle-même se joint aux instances de son père et Othon y accède.

SCÈNE I
OTHON, ALBIN (1).

ALBIN.

Votre amitié, Seigneur, me rendra téméraire :
J'en abuse, et je sais que je vais vous déplaire,
Que vous condamnerez ma curiosité;
Mais je croirais vous faire une infidélité,
Si je vous cachais rien de ce que j'entends dire
De votre amour nouveau sous ce nouvel empire.
  On s'étonne de voir qu'un homme tel qu'Othon,
Othon, dont les hauts faits soutiennent le grand nom,
Daigne d'un Vinius se réduire à la fille,
S'attache à ce consul, qui ravage, qui pille,
Qui peut tout, je l'avoue, auprès de l'empereur,
Mais dont tout le pouvoir ne sert qu'à faire horreur,
Et détruit d'autant plus, que plus on le voit croître,

(1) « La première scène du premier acte est pleine de très grandes beautés Quand le sujet porte l'auteur, il vogue à pleines voiles. Il y a peu de pièces qui commencent plus heureusement » (VOLT.)

ACTE I, SCÈNE I

Ce que l'on doit d'amour aux vertus de son maître (1).

OTHON.
Ceux qu'on voit s'étonner de ce nouvel amour
N'ont jamais bien conçu ce que c'est que la cour.
Un homme tel que moi jamais ne s'en détache ;
Il n'est point de retraite ou d'ombre qui le cache ;
Et si du souverain la faveur n'est pour lui,
Il faut, ou qu'il périsse, ou qu'il prenne un appui (2).
Quand le monarque agit par sa propre conduite,
Mes pareils sans péril se rangent à sa suite :
Le mérite et le sang nous y font discerner ;
Mais quand le potentat se laisse gouverner,
Et que de son pouvoir les grands dépositaires
N'ont pour raison d'Etat que leurs propres affaires,
Ces lâches ennemis de tous les gens de cœur
Cherchent à nous pousser avec toute rigueur,
A moins que notre adroite et prompte servitude
Nous dérobe aux fureurs de leur inquiétude.
Sitôt que de Galba le sénat eut fait choix,
Dans mon gouvernement j'en établis les lois,
Et je fus le premier qu'on vit au nouveau prince
Donner toute une armée et toute une province.
Ainsi je me comptais de ses premiers suivants.
Mais déjà Vinius avait pris les devants ;
Martian l'affranchi, dont tu vois les pillages,
Avait avec Lacus fermé tous les passages (3) :
On n'approchait de lui que sous leur bon plaisir.
J'eus donc pour m'y produire un des trois à choisir.
Je les voyais tous trois se hâter sous un maître
Qui, chargé d'un long âge, a peu de temps à l'être,
Et tous trois à l'envi s'empresser ardemment
A qui dévorerait ce règne d'un moment (4).
J'eus horreur des appuis qui restaient seuls à prendre,
J'espérai quelque temps de m'en pouvoir défendre ;

(1) Corneille a suivi Tacite en retraçant le tableau de la cour de Galba.

(2) C'est le portrait fidèle du courtisan.

(3) Tableau frappant d'un Etat où le gouvernement est livré à des hommes plus soucieux de leurs affaires que du bien public.

(4) Rien de plus tristement vrai que cette avidité égoïste de ministres pressés de jouir et de s'enrichir, se disputant les dépouilles de l'Etat, dans la crainte de voir finir trop tôt leur règne éphémère.

« Corneille n'a jamais fait quatre vers plus forts, plus pleins, plus sublimes » Voltaire va un peu loin dans son enthousiasme, ce qui n'empêche pas que ces quatre vers ne soient réellement très beaux ; la métaphore surtout du dernier vers est d'un effet saisissant.

Mais quand Nymphidius dans Rome assassiné
Fit place au favori qui l'avait condamné,
Que Lacus par sa mort fut préfet du prétoire,
Que pour couronnement d'une action si noire
Les mêmes assassins furent encor percer
Varron, Turpilian, Capiton et Macer,
Je vis qu'il était temps de prendre mes mesures,
Qu'on perdait de Néron toutes les creatures,
Et que, demeuré seul de toute cette cour,
A moins d'un protecteur j'aurais bientôt mon tour.
Je choisis Vinius dans cette défiance;
Pour plus de sûreté j'en cherchai l'alliance.
Les autres n'ont ni sœur ni fille à me donner ;
Et d'eux sans ce grand nœud tout est à soupçonner

ALBIN.

Vos vœux furent reçus?

OTHON.

Oui : déjà l'hyménée
Aurait avec Plautine uni ma destinée,
Si ces rivaux d'Etat n'en savaient divertir
Un maître qui sans eux n'ose rien consentir.

ALBIN.

Ainsi tout votre amour n'est qu'une politique,
Et le cœur ne sent point ce que la bouche explique?

OTHON.

Il ne le sentit pas, Albin, du premier jour;
Mais cette politique est devenue amour :
Tout m'en plaît, tout m'en charme, et mes premiers scrupules
Près d'un si cher objet passent pour ridicules.
Vinius est consul, Vinius est puissant;
Il a de la naissance; et s'il est agissant,
S'il suit des favoris la pente trop commune,
Plautine hait en lui ces soins de sa fortune :
Son cœur est noble et grand.

ALBIN.

Quoi qu'elle ait de vertu,
Vous devriez dans l'âme être un peu combattu.
La nièce de Galba pour dot aura l'empire,
Et vaut bien que pour elle à ce prix on soupire :
Son oncle doit bientôt lui choisir un époux.
Le mérite et le sang font un éclat en vous,
Qui pour y joindre encor celui du diadème....

ACTE I, SCÈNE I

OTHON.

Quand mon cœur se pourrait soustraire à ce que j'aime
Et que pour moi Camille aurait tant de bonté
Que je dusse esperer de m'en voir écouté,
Si, comme tu le dis, sa main doit faire un maître,
Aucun de nos tyrans n'est encor las de l être;
Et ce serait tous trois les attirer sur moi,
Qu'aspirer sans leur ordre à recevoir sa foi.
Surtout de Vinius le sensible courage
Ferait tout pour me perdre après un tel outrage,
Et se vengerait même à la face des dieux,
Si j avais sur Camille osé tourner les yeux.

ALBIN.

Pensez-y toutefois : ma sœur est auprès d'elle;
Je puis vous y servir; l'occasion est belle;
Tout autre amant que vous s'en laisserait charmer;
Et je vous dirais plus, si vous osiez l'aimer.

OTHON.

Porte à d'autres qu'à moi cette amorce inutile;
Mon cœur, tout à Plautine, est fermé pour Camille.
La beauté de l'objet, la honte de changer,
Le succès incertain, l'infaillible danger,
Tout fait à tes projets d'invincibles obstacles.

ALBIN.

Seigneur, en moins de rien il se fait des miracles :
A ces deux grands rivaux peut-être il serait doux
D'ôter à Vinius un gendre tel que vous;
Et si l'un par bonheur à Galba vous propose...
Ce n'est pas qu'après tout j'en sache aucune chose :
Je leur suis trop suspect pour s'en ouvrir à moi;
Mais si je vous puis dire enfin ce que j'en croi,
Je vous proposerais, si j'étais en leur place.

OTHON.

Aucun d'eux ne fera ce que tu veux qu'il fasse;
Et s ils peuvent jamais trouver quelque douceur
A faire que Galba choisisse un successeur,
Ils voudront par ce choix se mettre en assurance,
Et n'en proposeront que de leur dépendance.
Je sais ... Mais Vinius que j'aperçois venir (1)....

(1) « Cette scene est claire, vigoureuse, attachante: trois mérites très rares dans les expositions. Cette première scène d'*Othon* prouve que Cornelle avait encore *beaucoup de génie*. (VOLT.) Nous enregistrons un aveu si extraordinaire avec d'autant plus d'empressement, que Voltaire et La Harpe ont trop habitué notre siècle à condamner en bloc toutes les pièces de Corne qui appartiennent à la période de *sa décadence*.

SCÈNE II
VINIUS, OTHON.

VINIUS.

Laissez-nous seuls. Albin; je veux l'entretenir.
Je crois que vous m'aimez, Seigneur, et que ma fille
Vous fait prendre intérêt en toute la famille.
Il en faut une preuve, et non pas seulement
Qui consiste aux devoirs dont s'empresse un amant :
Il la faut plus solide, il la faut d'un grand homme,
D'un cœur digne en effet de commander à Rome.
Il faut ne plus l'aimer.

OTHON.

Quoi ! pour preuve d'amour....

VINIUS.

Il faut faire encor plus, Seigneur, en ce grand jour :
Il faut aimer ailleurs.

OTHON.

Ah ! que m'osez-vous dire ?

VINIUS.

Je sais qu'à son hymen tout votre cœur aspire ;
Mais elle, et vous, et moi, nous allons tous périr (1);
Et votre change seul nous peut tous secourir
Vous me devez, Seigneur, peut-être quelque chose :
Sans moi, sans mon crédit qu'à leurs desseins j'oppose,
Lacus et Martian vous auraient peu souffert ;
Il faut à votre tour rompre un coup qui me perd,
Et qui, si votre cœur ne s'arrache à Plautine,
Vous enveloppera tous deux en ma ruine.

OTHON.

Dans le plus doux espoir de mes vœux acceptés,
M'ordonner que je change ! et vous-même !

VINIUS.

Ecoutez.
L'honneur que nous ferait votre illustre hyménée
Des deux que j'ai nommés tient l'âme si gênée,
Que jusqu'ici Galba, qu'ils obsèdent tous deux,
A refusé son ordre à l'effet de nos vœux

---

(1) La proposition de Vinius est vive, surprenante, le motif qui l'inspire, est pressant : c'est le salut d'Othon, de Vinius et de sa fille. L'intérêt devient tragique.

L'obstacle qu'ils y font vous peut montrer sans peine
Quelle est pour vous et moi leur envie et leur haine;
Et qu'aujourd'hui, de l'air dont nous nous regardons,
Ils nous perdront bientôt si nous ne les perdons.
C'est une vérité qu'on voit trop manifeste;
Et sur ce fondement, Seigneur, je passe au reste.
 Galba, vieil et cassé, qui se voit sans enfants,
Croit qu'on méprise en lui la faiblesse des ans.
Et qu'on ne peut aimer à servir sous un maître
Qui n'aura pas loisir de le bien reconnaître.
Il voit de toutes parts du tumulte excité :
Le soldat en Syrie est presque révolté;
Vitellius avance avec la force unie
Des troupes de la Gaule et de la Germanie;
Ce qu'il a de vieux corps le souffre avec ennui;
Tous les prétoriens murmurent contre lui.
De leur Nymphidius l'indigne sacrifice
De qui se l'immola leur demande justice :
Il le sait, et prétend par un jeune empereur
Ramener les esprits, et calmer leur fureur.
Il espère un pouvoir ferme, plein, et tranquille,
S'il nomme pour César un époux de Camille;
Mais il balance encor sur ce choix d'un époux,
Et je ne puis, Seigneur, m'assurer que sur vous.
J'ai donc pour ce grand choix vanté votre courage,
Et Lacus à Pison a donné son suffrage.
Martian n'a parlé qu'en termes ambigus,
Mais sans doute il ira du côté de Lacus,
Et l'unique remède est de gagner Camille :
Si sa voix est pour nous, la leur est inutile.
Nous serons pareil nombre, et dans l'égalité
Galba pour cette nièce aura de la bonté.
Il a remis exprès à tantôt d'en résoudre,
De nos têtes sur eux détournez cette foudre :
Je vous le dis encor, contre ces grands jaloux
Je ne me puis, Seigneur, assurer que sur vous.
De votre premier choix quoi que je doive attendre,
Je vous aime encor mieux pour maître que pour gendre;
Et je ne vois pour nous qu'un naufrage certain,
S'il nous faut recevoir un prince de leur main (1).

(1) Il y a de la chaleur, et une vraie éloquence dans ce discours du consul; on sent qu'il parle sous l'impression d'un danger imminent; ses envieux ont juré sa perte; pour sauver ses jours, il n'est qu'un moyen, c'est de mettre l'empire dans les mains d'Othon par son mariage avec la nièce de Galba, de peur qu'il ne tombe au pouvoir de ses ennemis.

OTHON.

Ah ! Seigneur, sur ce point c'est trop de confiance ;
C'est vous tenir trop sûr de mon obéissance.
Je ne prends plus de lois que de ma passion :
Plautine est l'objet seul de mon ambition ;
Et si votre amitié me veut détacher d'elle,
La haine de Lacus me serait moins cruelle.
Que m'importe, après tout, si tel est mon malheur,
De mourir par son ordre, ou mourir de douleur ?

VINIUS.

Seigneur, un grand courage, à quelque point qu'il aime,
Sait toujours au besoin se posséder soi-même.
Poppée avait pour vous du moins autant d'appas ;
Et quand on vous l'ôta vous n'en mourûtes pas.

OTHON.

Non, Seigneur ; mais Poppée était une infidèle,
Qui n'en voulait qu'au trône, et qui m'aimait moins qu'elle.
Ce peu qu'elle eut d'amour ne fit du lit d'Othon
Qu'un degré pour monter à celui de Néron ;
Elle ne m'épousa qu'afin de s'y produire,
D'y ménager sa place au hasard de me nuire :
Aussi j'en fus banni sous un titre d'honneur ;
Et pour ne me plus voir on me fit gouverneur.
Mais j'adore Plautine, et je règne en son âme :
Nous ordonner d'éteindre une si belle flamme,
C'est... je ne l'ose dire. Il est d'autres Romains,
Seigneur, qui sauront mieux appuyer vos desseins ;
Il en est dont le cœur pour Camille soupire,
Et qui seront ravis de vous devoir l'empire.

VINIUS.

Je veux que cet espoir à d'autres soit permis ;
Mais êtes-vous fort sûr qu'ils soient de nos amis ?
Savez-vous mieux que moi s'ils plairont à Camille ?

OTHON.

Et croyez-vous pour moi qu'elle soit plus facile ?
Pour moi, que d'autres vœux....

VINIUS.

A ne vous rien celer,
Sortant d'avec Galba, j'ai voulu lui parler :
J'ai voulu sur ce point pressentir sa pensée ;
J'en ai nommé plusieurs pour qui je l'ai pressée.
A leurs noms, un grand froid, un front triste, un œil bas,

ACTE I, SCÈNE II

M'ont fait voir aussitôt qu'ils ne lui plaisaient pas :
Au vôtre elle a rougi, puis s'est mise à sourire,
Et m'a soudain quitté sans me vouloir rien dire.
C'est à vous, qui savez ce que c'est que d'aimer,
A juger de son cœur ce qu'on doit présumer.

OTHON.

Je n'en veux rien juger, Seigneur; et sans Plautine
L'amour m'est un poison, le bonheur m'assassine;
Et toutes les douceurs du pouvoir souverain
Me sont d'affreux tourments, s'il m'en coûte sa main.

VINIUS.

De tant de fermeté j'aurais l'âme ravie,
Si cet excès d'amour nous assurait la vie;
Mais il nous faut le trône, ou renoncer au jour;
Et quand nous périrons que servira l'amour?

OTHON.

A de vaines frayeurs un noir soupçon vous livre :
Pison n'est point cruel et nous laissera vivre.

VINIUS.

Il nous laissera vivre, et je vous ai nommé (1)!
Si de nous voir dans Rome il n'est point alarmé,
Nos communs ennemis, qui prendront sa conduite,
En préviendront pour lui la dangereuse suite.
Seigneur, quand pour l'empire on s'est vu désigner,
Il faut, quoi qu'il arrive, ou périr, ou régner.
Le posthume Agrippa vécut peu sous Tibère (2);
Néron n'épargna point le sang de son beau-frère (3);
Et Pison vous perdra par la même raison,
Si vous ne vous hâtez de prévenir Pison.
Il n'est point de milieu qu'en saine politique....

OTHON.

Et l'amour est la seule où tout mon cœur s'applique.
Rien ne vous a servi, Seigneur, de me nommer :
Vous voulez que je règne, et je ne sais qu'aimer.
Je pourrais savoir plus, si l'astre qui domine
Me voulait faire un jour régner avec Plautine;

(1) Ce trait est digne de Tacite : il peint au vif la jalousie inquiète et cruelle des Tibère et des Néron.

(2) Tibère fit égorger ce fils d'Agrippa et de Julie, fille d'Auguste : « Ce fut le coup d'essai du tyran, » dit Tacite. (*Ann.*, I, 6.)

(3) Britannicus, fils de Claude et de Messaline, dont Racine a représenté le sort tragique.

Mais dérober son âme à de si doux appas,
Pour attacher sa vie à ce qu'on n'aime pas!

VINIUS.

Eh bien! si cet amour a sur vous tant de force,
Regnez. qui fait des lois peut bien faire un divorce.
Du trône on considère enfin ses vrais amis,
Et quand vous pourrez tout, tout vous sera permis.

SCENE III
VINIUS, OTHON, PLAUTINE.

PLAUTINE

Non pas, Seigneur, non pas : quoi que le ciel m'envoie,
Je ne veux rien tenir d'une honteuse voie (1);
Et cette lâcheté qui me rendrait son cœur,
Sentirait le tyran, et non pas l'empereur.
A votre sûreté, puisque le péril presse,
J'immolerai ma flamme et toute ma tendresse;
Et je vaincrai l'horreur d'un si cruel devoir
Pour conserver le jour à qui me l'a fait voir;
Mais ce qu'à mes désirs je fais de violence
Fuit les honteux appas d'une indigne espérance;
Et la vertu qui dompte et bannit mon amour
N'en souffrira jamais qu'un vertueux retour.

OTHON.

Ah! que cette vertu m'apprête un dur supplice,
Seigneur! et le moyen que je vous obéisse?
Voyez, et s'il se peut, pour voir tout mon tourment,
Quittez vos yeux de père, et prenez-en d'amant.

VINIUS.

L'estime de mon sang ne m'est pas interdite;
Je lui vois des attraits, je lui vois du merite;
Je crois qu'elle en a même assez pour engager,
Si quelqu'un nous perdait, quelque autre à nous venger.
Par là nos ennemis la tiendront redoutable;
Et sa perte par là devient inévitable.
Je vois de plus, Seigneur, que je n'obtiendrai rien,
Tant que votre œil blessé rencontrera le sien.
Que le temps se va perdre en repliques frivoles;
Et pour les éviter j'achève en trois paroles:
Si vous manquez le trône, il faut périr tous trois.

(1) Plautine entre en scene par l'expression des sentiments les plus nobles e'le repousse l'idée d'un divorce qui plus tard la ferait asseoir sur le trôn; d'Othon.

Prévenez, attendez cet ordre, à votre choix :
Je me remets à vous de ce qui vous regarde;
Mais en ma fille et moi ma gloire se hasarde;
De ses jours et des miens je suis maître absolu,
Et j'en disposerai comme j'ai résolu.
Je ne crains point la mort, mais je hais l'infamie
D'en recevoir la loi d'une main ennemie;
Et je saurai verser tout mon sang en Romain,
Si le choix que j'attends ne me retient la main.
C'est dans une heure ou deux que Galba se déclare.
Vous savez l'un et l'autre à quoi je me prépare :
Resolvez-en ensemble (1).

SCENE IV

OTHON, PLAUTINE.

OTHON.

Arrêtez donc, Seigneur;
Et s'il faut prévenir ce mortel déshonneur,
Recevez-en l'exemple, et jugez si la honte....

PLAUTINE.

Quoi! Seigneur, à mes yeux une fureur si prompte!
Ce noble desespoir, si digne des Romains,
Tant qu'ils ont du courage est toujours en leurs mains;
Et pour vous et pour moi, fût-il digne d'un temple,
Il n'est pas encor temps de m'en donner l'exemple (2).
Il faut vivre, et l'amour nous y doit obliger,
Pour me sauver un père, et pour me protéger.
Quand vous voyez ma vie a la vôtre attachée,
Faut-il que malgré moi votre âme effarouchée
Pour m'ouvrir le tombeau hâte votre trépas,
Et m'avance un destin où je ne consens pas?

OTHON.

Quand il faut m'arracher tout cet amour de l'âme,
Puis-je que dans mon sang en éteindre la flamme?
Puis-je sans le trépas....

PLAUTINE.

Et vous ai-je ordonné
D'éteindre tout l'amour que je vous ai donné?

---

(1) Cette tirade est rapide et pleine de vigueur

(2) Plautine est de la race des héroïnes de Corneille. Elle s'élève au dessus de son amour, pour presser Othon de renoncer à sa main, puisqu'elle ne pourrait l'epouser sans se perdre avec lui et avec son pere.

Si l'injuste rigueur de notre destinée
Ne permet plus l'espoir d'un heureux hyménée,
Il est un autre amour, dont les vœux innocents
S'élèvent au-dessus du commerce des sens.
Plus la flamme en est pure, et plus elle est durable;
Il rend de son objet le cœur inséparable;
Il a de vrais plaisirs dont ce cœur est charmé,
Et n'aspire qu'au bien d'aimer et d'être aimé.

OTHON.

Qu'un tel épurement demande un grand courage!
Qu'il est même aux plus grands d'un difficile usage!
Madame, permettez que je die à mon tour
Que tout ce que l'honneur peut souffrir à l'amour
Un amant le souhaite, il en veut l'espérance,
Et se croit mal aimé s'il n'en a l'assurance.

PLAUTINE.

Aimez-moi toutefois sans l'attendre de moi,
Et ne m'enviez pas l'honneur que j'en reçoi.
Quelle gloire à Plautine. Ô ciel! de pouvoir dire
Que le choix de son cœur fut digne de l'empire;
Qu'un héros destiné pour maître à l'univers
Voulut borner ses vœux à vivre dans ses fers;
Et qu'à moins que d'un ordre absolu d'elle-même
Il aurait renoncé pour elle au diadème!

OTHON.

Ah! qu'il faut aimer peu pour faire son bonheur,
Pour tirer vanité d'un si fatal honneur!
Si vous m'aimiez, Madame, il vous serait sensible
De voir qu'à d'autres vœux mon cœur fût accessible;
Et la nécessité de le porter ailleurs
Vous aurait fait déjà partager mes douleurs.
Mais tout mon désespoir n'a rien qui vous alarme :
Vous pouvez perdre Othon sans verser une larme;
Vous en témoignez joie, et vous-même aspirez
A tout l'excès des maux qui me sont préparés.

PLAUTINE.

Que votre aveuglement a pour moi d'injustice!
Pour épargner vos maux j'augmente mon supplice;
Je souffre, et c'est pour vous que j'ose m'imposer
La gêne de souffrir, et de le déguiser.
Tout ce que vous sentez, je le sens dans mon âme;
J'ai mêmes déplaisirs comme j'ai même flamme;
J'ai mêmes désespoirs; mais je sais les cacher,

Et paraître insensible afin de moins toucher.
Faites à vos desirs pareille violence,
Retenez-en l'éclat, sauvez-en l'apparence :
Au péril qui nous presse immolez le dehors,
Et pour vous faire aimer montrez d'autres transports
Je ne vous défends point une douleur muette,
Pourvu que votre front n'en soit point l'interprète,
Et que de votre cœur vos yeux indépendants
Triomphent comme moi des troubles du dedans.
Suivez, passez l'exemple, et portez à Camille
Un visage content, un visage tranquille,
Qui lui laisse accepter ce que vous offrirez,
Et ne démente rien de ce que vous direz.

OTHON.

Hélas! Madame, hélas! que pourrai-je lui dire?

PLAUTINE.

Il y va de ma vie, il y va de l'empire;
Réglez-vous là-dessus. Le temps se perd, Seigneur.
Adieu : donnez la main, mais gardez-moi le cœur;
Ou, si c'est trop pour moi, donnez et l'un et l'autre.
Emportez mon amour, et retirez le vôtre;
Mais dans ce triste état si je vous fais pitié,
Conservez-moi toujours l'estime et l'amitié;
Et n'oubliez jamais, quand vous serez le maître,
Que c'est moi qui vous force et qui vous aide à l'être (1).

OTHON, *seul*.

Que ne m'est-il permis d'éviter par ma mort
Les barbares rigueurs d'un si cruel effort!

ACTE SECOND

Pendant qu'Othon demande la main de Camille, Plautine n'est pas peu étonnée de voir se présenter devant elle un ennemi de son père, un favori de Galba, l'affranchi Marthan, qui aspire à l'honneur de son union ; à la condition d'être agréé, dit-il, il fera pencher le choix de Galba en faveur d'Othon, dans la prochaine élection d'un successeur à l'empire. Plautine se contente de le railler cruellement, lorsqu'elle voit arriver Lacus, autre courtisan hostile à son père. Ce Lacus vient lui annoncer qu'il a obtenu pour elle de Galba l'autorisation d'épouser Othon.

(1) Cette hauteur de sentiment, cette fermeté et cette décision font la plus heureuse impression sur le spectateur : Chimène parlait ainsi à Rodrigue

SCÈNE II
MARTIAN, PLAUTINE, FLAVIE.

PLAUTINE.

Je m'étonne de voir qu'il ne vous souvient plus
Que l'heureux Martian fut l'esclave Icélus,
Qu'il a changé de nom sans changer de visage.

MARTIAN.

C'est ce crime du sort qui m'enfle le courage :
Lorsque en dépit de lui je suis ce que je suis,
On voit ce que je vaux, voyant ce que je puis.
Un pur hasard sans nous règle notre naissance ;
Mais comme le mérite est en notre puissance,
La honte d'un destin qu'on vit mal assorti
Fait d'autant plus d'honneur quand on en est sorti.
Quelque tache en mon sang que laissent mes ancêtres,
Depuis que nos Romains ont accepté des maîtres,
Ces maîtres ont toujours fait choix de mes pareils
Pour les premiers emplois et les secrets conseils :
Ils ont mis en nos mains la fortune publique :
Ils ont soumis la terre à notre politique ;
Patrobe, Polyclète, et Narcisse, et Pallas,
Ont déposé des rois, et donné des Etats (1).
On nous enlève au trône au sortir de nos chaînes ;
Sous Claude on vit Félix le mari de trois reines (2) :
Et quand l'amour en moi vous présente un époux,
Vous me traitez d'esclave et d'indigne de vous !
Madame, en quelque rang que vous ayez pu naître,
C est beaucoup que d'avoir l'oreille du grand maître.
Vinius est consul, et Lacus est préfet ;
Je ne suis l'un ni l'autre, et suis plus en effet ;
Et de ces consulats, et de ces préfectures,
Je puis quand il me plaît faire des créatures :
Galba m'écoute enfin ; et c'est être aujourd'hui,
Quoique sans ces grands noms, le premier après lui.

PLAUTINE.

Pardonnez donc, Seigneur, si je me suis méprise :

---

(1) Quelle vérité dans cette peinture du règne des affranchis ! vile race de flatteurs qui ont été la peste de la cour des premiers Césars. Racine n'aura qu'à regarder ce tableau si vigoureusement tracé, pour en détacher l'odieuse figure de Narcisse.

(2) L'affranchi Felix, procurateur de la Judée sous Claude et Néron, épousa successivement Drusilla, petite-fille d'Antoine et de Cléopâtre, une autre Drusilla, fille du roi Hérode Agrippa, enfin une troisième fille de roi dont le nom n'est pas connu.

Mon orgueil dans vos fers n'a rien qui l'autorise.
Je viens de me connaître, et me vois à mon tour
Indigne des honneurs qui suivent votre amour.
Avoir brisé ses fers fait un degré de gloire
Au-dessus' des consuls, des préfets du prétoire ;
Et si de cet amour je n'ose être le prix,
Le respect m'en empêche, et non plus le mépris.
On m'avait dit pourtant que souvent la nature
Gardait en vos pareils sa première teinture,
Que ceux de nos Césars qui les ont écoutés
Ont tous souillé leurs noms par quelques lâchetés,
Et que pour dérober l'empire à cette honte
L'univers a besoin qu'un vrai héros y monte.
C'est ce qui me faisait y souhaiter Othon ;
Mais à ce que j'apprends ce souhait n'est pas bon.
Laissons-en faire aux dieux, et faites-vous justice ;
D'un cœur vraiment romain dédaignez le caprice.
Cent reines à l'envi vous prendront pour époux :
Félix en eut bien trois et valait moins que vous.

SCÈNE IV
LACUS, MARTIAN.

LACUS.

Quoi ! vous nous donneriez vous-même Othon pour maître ?

MARTIAN.

Et quel autre dans Rome est plus digne de l'être ?

LACUS

Ah ! pour en être digne, il l'est, et plus que tous ;
Mais aussi, pour tout dire, il en sait trop pour nous.
Il sait trop ménager ses vertus et ses vices.
Il était sous Néron de toutes ses délices ;
Et la Lusitanie a vu ce même Othon
Gouverner en César et juger en Caton (1).
Tout favori dans Rome, et tout maître en province,
De lâche courtisan il s'y montra grand prince,
Et son âme ployant, attendant l'avenir,
Sait faire également sa cour et la tenir.
Sous un tel souverain nous sommes peu de chose ;
Son soin jamais sur nous tout à fait ne repose :

(1) « Le portrait d'Othon est très beau dans cette scène. Il est permis à un auteur dramatique d'ajouter des traits aux caractères qu'il dépeint et d'aller plus loin que l'histoire Tacite (*Hist.* I. 13) dit d'Othon : Son enfance fut paresseuse, sa jeunesse débauchée ; il plut à Néron en imitant ses vices et son luxe » (VOLT.)

Sa main seule départ ses libéralités ;
Son choix seul distribue Etats et dignités.
Du timon qu'il embrasse il se fait le seul guide,
Consulte et résout seul, écoute et seul décide ;
Et quoi que nos emplois puissent faire de bruit,
Sitôt qu'il nous veut perdre, un coup d'œil nous détruit (1)
   Voyez d'ailleurs Galba, quel pouvoir il nous laisse,
En quel poste sous lui nous a mis sa faiblesse (2).
Nos ordres règlent tout, nous donnons, retranchons ;
Rien n'est exécuté dès que nous l'empêchons :
Comme par un de nous il faut que tout s'obtienne,
Nous voyons notre cour plus grosse que la sienne ;
Et notre indépendance irait au dernier point
Si l'heureux Vinius ne la partageait point :
Notre unique chagrin est qu'il nous la dispute.
L'âge met cependant Galba près de sa chute ;
De peur qu'il nous entraîne il faut un autre appui ;
Mais il le faut pour nous aussi faible que lui.
Il nous en faut prendre un qui, satisfait des titres,
Nous laisse du pouvoir les suprêmes arbitres (3).
Pison a l'âme simple et l'esprit abattu ;
S'il a grande naissance, il a peu de vertu ;
Non de cette vertu qui déteste le crime ;
Sa probité sévère est digne qu'on l'estime ;
Elle a tout ce qui fait un grand homme de bien ;
Mais en un souverain c'est peu de chose, ou rien.
Il faut de la prudence, il faut de la lumière,
Il faut de la vigueur adroite autant que fière,
Qui pénètre, éblouisse, et sème des appas....
Il faut mille vertus enfin qu'il n'aura pas (4).
Lui-même il nous priera d'avoir soin de l'empire,
En saura seulement ce qu'il nous plaira dire ·
Plus nous l'y tiendrons bas, plus il nous mettra haut ;

(1) Les conjurés craignent Othon, parce que Othon gouvernera par lui-même. Allusion flatteuse au gouvernement personnel de Louis XIV, qui sut se passer de premier ministre depuis la mort de Mazarin.

(2) Au portrait d'un roi qui règne et qui gouverne, Corneille oppose celui d'un prince qui laisse tout le gouvernement à ses ministres; le souverain, ce sont les ministres; à eux toute l'influence et tout le prestige.

(3) Des ministres tout-puissants, et un soliveau pour empereur : voilà l'idéal de ces affranchis.

(4) Ces vils politiques ont cependant l'idée du vrai monarque : le portrait qu'ils en tracent est admirable. Au souverain il ne suffit pas d'être *homme de bien* : il lui faut de la prudence, de la lumière, de la vigueur, de l'habileté, de la fierté, *mille vertus enfin*.

ACTE II, SCÈNE III

Et c'est là justement le maître qu'il nous faut (1).

MARTIAN.

Mais, Seigneur, sur le trône élever un tel homme,
C'est mal servir l'Etat, et faire opprobre à Rome (2).

LACUS.

Et qu'importe à tous deux de Rome et de l'Etat?
Qu'importe qu'on leur voie ou plus ou moins d'éclat?
Faisons nos sûretés, et moquons-nous du reste (3).
Point, point de bien public s'il nous devient funeste.
De notre grandeur seule ayons des cœurs jaloux;
Ne vivons que pour nous, et ne pensons qu'à nous.
Je vous le dis encor : mettre Othon sur nos têtes,
C'est nous livrer tous deux à d'horribles tempêtes
Si nous l'en voulons croire, il nous devra le tout;
Mais de ce grand projet s'il vient par nous à bout,
Vinius en aura lui seul tout l'avantage :
Comme il l'a proposé, ce sera son ouvrage;
Et la mort, ou l'exil, ou les abaissements,
Seront pour vous et moi ses vrais remercîments.

MARTIAN.

Oui. notre sûreté veut que Pison domine :
Obtenez-en pour moi qu'il m'assure Plautine;
Je vous promets pour lui mon suffrage à ce prix.
La violence est juste après de tel mépris.
Commençons à jouir par là de son empire,
Et voyons s'il est homme à nous oser dédire (4).

(1) Ce dernier mot d'une vérité si brutale, et jeté avec tant de cynisme, souleve l'indignation ; car il s'agit ici des plus grands intérêts d'un peuple, du monde romain tout entier.

(2) Martian a quelques scrupules d'honnête homme : hélas! l'ambition les étouffera vite.

(3) Voilà bien ces odieux exploiteurs des peuples : ils sont peints en traits de feu. Sans y penser, l'effronté Lacus stigmatise lui-même son égoïsme impudent par des vers dignes de passer en proverbes.

(4) Cette scène est digne des grandes scènes politiques de *Cinna*, de *Pompée*, de *Nicomède* et de *Sertorius*.

« La pièce de Corneille se résume en ces quelques mots : un roi, un vrai roi, et plus de premier ministre. Tel est le sens d'*Othon* qui semble écrit expressément afin de mettre Louis XIV en garde contre des influences assez fortes pour le réduire à n'être que l'instrument d'une volonté supérieure à la sienne.... C'est à cinquante-huit ans que Corneille trouvait ces accents d'une fierté sublime qui, pour être bien compris, exigeaient, selon le mot de Louvois, un parterre de ministres d'Etat. » (LEVALLOIS, *Corneille inconnu*.)

ACTE TROISIEME

Mais Martian fait bientôt revenir Lacus sur son projet, et il s'unit avec lui pour faire élire à l'empire le jeune Pison sous lequel ils espèrent conserver plus facilement leur pouvoir. Sur leurs conseils Galba déclare à Camille qu'il la destine à ce nouvel époux. Camille répond qu'elle préfère Othon a l'héritier de l'empire ; Galba irrité lui abandonne Othon et choisit Pison pour César.

Servilité de Rome.

SCENE III
GALBA, CAMILLE, ALBIANE

GALBA.

Quand la mort de mes fils désola ma famille (1),
Ma nièce, mon amour vous prit dès lors pour fille ;
Et regardant en vous les restes de mon sang,
Je flattai ma douleur en vous donnant leur rang.
Rome, qui m'a depuis chargé de son empire,
Quand sous le poids de l'âge à peine je respire,
A vu ce même amour me le faire accepter,
Moins pour me seoir si haut, que pour vous y porter.
Non que si jusque-là Rome pouvait renaître,
Qu'elle fût en état de se passer de maître,
Je ne me crusse digne, en cet heureux moment,
De commencer par moi son rétablissement :
Mais cet empire immense est trop vaste pour elle :
A moins que d'une tête un si grand corps chancelle (2);
Et pour le nom des rois son invincible horreur
S'est d'ailleurs si bien faite aux lois d'un empereur,
Qu'elle ne peut souffrir, après cette habitude,
Ni pleine liberté, ni pleine servitude (3).
Elle veut donc un maître, et Néron condamné
Fait voir ce qu'elle veut en un front couronné.
Vindex, Rufus, ni moi, n'avons causé sa perte ;
Ses crimes seuls l'ont faite (4); et le ciel l'a soufferte,

(1) Le magnifique discours de Galba reproduit les plus beaux traits de celui que Tacite prête à cet empereur, lorsqu'il déclare à Pison pour quels motifs il l'adopte de préférence aux membres mêmes de sa famille. (*Hist. l. I, chap.* 15, 16.)
Galba avait perdu deux fils.
(2) « Si immensum imperii corpus stare ac librari sine rectore posset, dignus eram a quo respublica inciperet. » (TAC. *Ibidem*)
(3) « Imperaturus es hominibus qui nec totam servitutem pati possunt, nec totam libertatem. » (*Ibidem*)
(4) « Sit ante oculos Nero, quem longa Cæsarum serie tumentem, non Vindex cum inermi provincia, aut ego cum una legione, sed sua immanitas, sua luxuria cervicibus publicis depulere. » (*Ibidem*)

Pour marque aux souverains qu'ils doivent par l'effet
Répondre dignement au grand choix qu'il en fait.
Jusques à ce grand coup, un honteux esclavage
D'une seule maison nous faisait l'héritage,
Rome n'en a repris, au lieu de liberté,
Qu'un droit de mettre ailleurs la souveraineté (1);
Et laisser après moi dans le trône un grand homme,
C'est tout ce qu'aujourd'hui je puis faire pour Rome (2).
Prendre un si noble soin, c'est en prendre de vous.
Ce maître qu'il lui faut vous est dû pour époux;
Et mon zèle s'unit à l'amour paternelle
Pour vous en donner un digne de vous et d'elle.
Jule et le grand Auguste ont choisi dans leur sang,
Ou dans leur alliance, à qui laisser ce rang.
Moi, sans considérer aucun nœud domestique,
J'ai fait ce choix comme eux, mais dans la république (3) :
Je l'ai fait de Pison; c'est le sang de Crassus,
C'est celui de Pompée, il en a les vertus (4),
Et ces fameux héros dont il suivra la trace
Joindront de si grands noms aux grands noms de ma race,
Qu'il n'est point d'hyménée en qui l'égalité
Puisse élever l'empire à plus de dignité (5).

CAMILLE.

J'ai tâché de répondre à cet amour de père
Par un tendre respect qui chérit et revère,
Seigneur; et je vois mieux encor par ce grand choix,
Et combien vous m'aimez, et combien je vous dois.
Je sais ce qu'est Pison et quelle est sa noblesse;
Mais, si j'ose à vos yeux montrer quelque faiblesse,
Quelque digne qu'il soit et de Rome et de moi.
Je tremble à lui promettre et mon cœur et ma foi;
Et j'avouerai, Seigneur, que pour mon hyménée
Je crois tenir un peu de Rome où je suis née.
Je ne demande point la pleine liberté,
Puisqu'elle en a mis bas l'intrépide fierté;

(1) « Sub Tiberio et Caio et Claudio, unius familiæ quasi hæreditas fuimus: loco libertatis erit, quod eligi cœpimus » (*Ibidem.*)

(2) « Nunc eo necessitatis jampridem ventum est, ut nec mea senectus conferre plus populo romano possit quam bonum successorem, nec tua plus juventa quam bonum principem. » (*Ibidem.*)

(3) « Augustus in domo successorem quæsivit, ego in republica. » (*Ibidem.*)

(4) « Et mihi egregium erat Cn. Pompeii et M. Crassi sobolem in Penates meos adscribere. » (*Ibidem.*)

(5) « Præclara indoles tua et amor patriæ impulit ut principatum... bello adeptus quiescenti offeram. » (*Ibidem.*)

Mais si vous m'imposez la pleine servitude,
J'y trouverai, comme elle, un joug un peu bien rude.
Je suis trop ignorante en matière d'Etat
Pour savoir quel doit être un si grand potentat;
Mais Rome dans ses murs n'a-t-elle qu'un seul homme,
N'a-t-elle que Pison qui soit digne de Rome?
Et dans tous ses Etats n'en saurait-on voir deux
Que puissent vos bontés hasarder à mes vœux?
  Néron fit aux vertus une cruelle guerre,
S'il en a dépeuplé les trois parts de la terre,
Et si, pour nous donner de dignes empereurs,
Pison seul avec vous echappe à ses fureurs.
Il est d'autres héros dans un si vaste empire;
Il en est qu'après vous on se plairait d'elire,
Et qui sauraient mêler, sans vous faire rougir,
L'art de gagner les cœurs au grand art de régir (1).

GALBA.

Ce long raisonnement dans sa délicatesse
A vos tendres respects mêle beaucoup d'adresse.
Si le refus n'est juste, il est doux et civil.
Parlez donc, et sans feinte, Othon vous plairait-il?
On me l'a proposé, qu'y trouvez-vous à dire?

CAMILLE.

L'avez-vous cru d'abord indigne de l'empire,
Seigneur?

GALBA.

     Non; mais depuis, consultant ma raison,
J'ai trouvé qu'il fallait lui préférer Pison.
Sa vertu plus solide et tout inébranlable
Nous fera, comme Auguste, un siècle incomparable
Où l'autre, par Néron dans le vice abîme,
Ramenera ce luxe où sa main l'a formé,
Et tous les attentats de l'infâme licence
Dont il osa souiller la suprême puissance.

CAMILLE.

Othon près d'un tel maître a su se ménager
Jusqu'à ce que le temps ait pu l'en degager.
Qui sait faire sa cour se fait aux mœurs du prince;
Mais il fut tout à soi quand il fut en province
Et sa haute vertu par d'illustres effets
Y dissipa soudain ces vices contrefaits.
Chaque jour a sous vous grossi sa renommée;

---

(1) Ces sentiments sont nobles, et les vers sont beaux.

Mais Pison n'eut jamais de charge ni d'armée;
Et comme il a vécu jusqu'ici sans emploi,
On ne sait ce qu'il vaut que sur sa bonne foi.
Je veux croire, en faveur des héros de sa race,
Qu'il en a les vertus, qu'il en suivra la trace,
Qu'il en égalera les plus illustres noms;
Mais j'en croirais bien mieux de grandes actions.
Si dans un long exil il a paru sans vice,
La vertu des bannis souvent n'est qu'artifice.
Mais quand vous consultez Lacus et Martian,
Un époux de leur main me paraît un tyran;
Et, si j'ose tout dire en cette conjoncture,
Je regarde Pison comme leur créature,
Qui, régnant par leur ordre et leur prêtant sa voix,
Me forcera moi-même à recevoir leurs lois.
Je ne veux point d'un trône où je sois leur captive,
Où leur pouvoir m'enchaîne, et, quoi qu'il en arrive,
J'aime mieux un mari qui sache être empereur,
Qu'un mari qui le soit et souffre un gouverneur.

GALBA.

Ce n'est pas mon dessein de contraindre les âmes.
N'en parlons plus : dans Rome il sera d'autres femmes
A qui Pison en vain n'offrira pas sa foi.
Votre main est à vous, mais l'empire est à moi.

SCÈNE IV

OTHON.

Ah! Madame, quittez cette vaine espérance
De nous voir quelque jour remettre en la balance :
S'il faut que de Pison on accepte la loi,
Rome, tant qu'il vivra, n'aura plus d'yeux pour moi;
Elle a beau murmurer contre un indigne maître :
Elle en souffre, pour lâche ou méchant qu'il puisse être (1).
Tibere était cruel, Caligule brutal,
Claude faible, Néron en forfaits sans égal :
Il se perdit lui-même à force de grands crimes;
Mais le reste a passé pour princes légitimes.
Claude même, ce Claude et sans cœur et sans yeux,
A peine les ouvrit qu'il devint furieux;
Et Narcisse et Pallas, l'ayant mis en furie,
Firent sous son aveu régner la barbarie.
Il régna toutefois, bien qu'il se fît haïr,

(1) Voici encore un tableau historique admirablement tracé : c'est la servilité de Rome prête à toutes les tyrannies.

Jusqu'à ce que Néron se fâchât d'obéir;
Et ce monstre ennemi de la vertu romaine
N'a succombé que tard sous la commune haine.
Par ce qu'ils ont osé, jugez sur vos refus
Ce qu'osera Pison gouverné par Lacus.

ACTES IV et V

Mais Othon, que l'ambition seule avait poussé à rechercher l'union de Camille, y renonce, dès qu'il la voit déchue de ses droits à l'empire ; il se rend au milieu des prétoriens mécontents et se fait proclamer César.

Cependant Pison vient d'être massacré, et à peine Galba est-il sorti de son palais, sur la fausse nouvelle de la mort d'Othon, qu'il est lui-même poignardé par Lacus. Vinius subit le même sort, et Martian est livré aux conjurés victorieux. Othon reste fidèle à Plautine, mais avant de consentir à ses vœux, l'orpheline demande à pleurer son père. Le nouvel empereur acclamé par Rome entière, monte en triomphe au Capitole.

AGÉSILAS
TRAGÉDIE
1666.

PERSONNAGES :

AGÉSILAS, roi de Sparte (1)
LYSANDER, fameux capitaine de Sparte.
COTYS, roi de Paphlagonie.
SPITRIDATE, grand seigneur persan.
MANDANE, sœur de Spitridate.
ELPINICE, AGLATIDE, filles de Lysander.
XÉNOCLES, lieutenant d'Agésilas.
CLÉON, orateur grec, natif d'Halicarnasse.

La scène est à Éphèse.

L'*Agésilas* de Corneille n'est guère connu que par l'épigramme de Boileau. La pièce avait paru dans les circonstances les plus défavorables ; c'était en février 1666, quelques jours à peine après les funérailles d'Anne d'Autriche, pendant le deuil de la cour ; elle tomba sans bruit, et ne fut jamais reprise.

L'*Alexandre* de Racine avait paru trois mois auparavant (2).

Agésilas est écrit en vers libres : l'essai ne fut pas heureux; Voltaire n'eut pas plus de succès avec les vers croisés dont il fit usage dans *Tancrède*. L'emploi du vers libre réussit mieux dans l'*Amphitryon* de Molière.

Les caractères d'Agésilas et de Lysander, conformes à l'histoire, ne manquent ni de noblesse ni de vigueur; leur dispute, au 3º acte, présente un beau tableau politique.

(1) Agésilias régna de l'an 399 à l'an 361 avant J.-C.

(2) La tragédie de Corneille, toute faible qu'elle est en comparaison de ses chefs-d'œuvre, supporterait parfaitement le parallèle avec celle de Racine; les défauts de l'une se retrouvent dans l'autre, et les qualités peuvent se balancer; mais une question plus grave était en jeu : c'était un nouveau système de tragédie qui s'inaugurait.

Nous avons vu plus haut la protestation de Corneille dans l'avis *Au lecteur* de *Sophonisbe* (p. 335); voici le témoignage de Joly :

« La révolution qui se fit alors dans les sentiments du public, le parti que prit le plus grand nombre en faveur du nouveau poète, forment une époque à laquelle on peut rapporter la naissance d'un genre inconnu de tragédie, où l'amour dominait sur toutes les autres passions. M. Quinault l'avait ébauché avec quelque succès, dix ans auparavant, mais non pas avec autant d'éclat. »

AGÉSILAS

Le Roi et le Général.

Agésilas reproche à Lysander d'avoir affecté l'autorité royale et imposé aux peuples alliés un gouvernement arbitraire et despotique. (*A. III, sc. I*)

AGÉSILAS.

Dites tout : vous avez la mémoire trop bonne
Pour avoir oublié que vous me fîtes roi,
  Lorsqu'on balança ma couronne
  Entre Léotychide et moi.
Peut-être n'osez-vous me vanter un service
  Qui ne me rendit que justice,
Puisque nos lois voulaient ce qu'il sut maintenir;
Mais moi qui l'ai reçu, je veux m'en souvenir.
Vous m'avez donc fait roi, vous m'avez de la Grèce
Contre celui de Perse établi général;
Et quand je sens dans l'âme une ardeur qui me presse
  De ne m'en revancher pas mal,
A peine sommes-nous arrivés dans Ephèse,
Où de nos alliés j'ai mis le rendez-vous,
Que, sans considérer si j'en serai jaloux,
  Ou s'il se peut que je m'en taise,
  Vous vous saisissez par vos mains
  De plus que votre récompense;
Et tirant toute à vous la suprême puissance,
  Vous me laissez des titres vains.
On s'empresse à vous voir, on s'efforce à vous plaire;
On croit lire en vos yeux ce qu'il faut qu'on espère;
On pense avoir tout fait quand on vous a parlé.
Mon palais près du vôtre est un lieu désolé;
Et le généralat comme le diadème
M'érige sous votre ordre en fantôme éclatant,
En colosse d'Etat qui de vous seul attend
  L'âme qu'il n'a pas de lui-même,
  Et que vous seul faites aller
Où pour vos intérêts il le faut étaler.
Général en idée et monarque en peinture (1),
De ces illustres noms pourrais-je faire cas
S'il les fallait porter moins comme Agésilas
  Que comme votre créature,
Et montrer avec pompe au reste des humains
En ma propre grandeur l'ouvrage de vos mains?
Si vous m'avez fait roi, Lysander, je veux l'être (2).
Soyez-moi bon sujet, je vous serai bon maître;
Mais ne prétendez plus partager avec moi

(1) Le tableau est vivant ; le contraste est rendu d'une manière saisissante.
(2) Ce langage est noble et digne d'un roi.

Ni la puissance ni l'emploi.
Si vous croyez qu'un sceptre accable qui le porte,
A moins qu'il prenne un aide à soutenir son poids,
　　　Laissez discerner à mon choix
Quelle main à m'aider pourrait être assez forte.
Vous aurez bonne part à des emplois si doux
　　　Quand vous pourrez m'en laisser faire;
Mais soyez sûr aussi d'un succès tout contraire,
Tant que vous ne voudrez les tenir que de vous.
Je passe à vos amis qu'il m'a fallu détruire.
Si dans votre vrai rang je voulais vous réduire
Et d'un pouvoir surpris saper les fondements,
Ils étaient tout à vous; et par reconnaissance
　　　D'en avoir reçu leur puissance,
Ils ne considéraient que vos commandements.
Vous seul les aviez faits souverains dans leurs villes,
Et j'y verrais encor mes ordres inutiles,
A moins que d'avoir mis leur tyrannie à bas,
Et changé comme vous la face des Etats.
　　　Chez tous nos Grecs asiatiques
Votre pouvoir naissant trouva des Républiques,
Que sous votre cabale il vous plut asservir :
La vieille liberté, si chère à leurs ancêtres,
Y fut partout forcée à recevoir dix maîtres;
Et dès qu'on murmurait de se la voir ravir,
On voyait par votre ordre immoler les plus braves
　　　A l'empire de vos esclaves (1).
J'ai tiré de ce joug les peuples opprimés :
En leur premier état j'ai remis toutes choses,
Et la gloire d'agir par de plus justes causes
A produit des effets plus doux et plus aimés
J'ai fait, à votre exemple, ici des créatures,
Mais sans verser de sang, sans causer de murmures;
Et comme vos tyrans prenaient de vous la loi,
Comme ils étaient à vous, les peuples sont à moi.
Voilà quelles raisons ôtent à vos services
　　　Ce qu'ils vous semblent mériter,
　　　Et colorent ces injustices
Dont vous avez raison de vous mécontenter.
Si d'abord elles ont quelque chose d'étrange,
Repassez-les deux fois au fond de votre cœur;
Changez, si vous pouvez, de conduite et d'humeur;
　　　Mais n'espérez pas que je change.

(1) L'énergie d'Agésilas est d'autant plus digne d'admiration, qu'il devait Lysander sa couronne et le commandement des armées grecques en Asie.